Crosslink 理学療法学テキスト

地域理学療法学

編集 浅川康吉
首都大学東京 健康福祉学部 理学療法学科 教授

MEDICAL VIEW

Crosslink Textbook : Community-Based Physical Therapy
(ISBN 978-4-7583-2010-8 C3347)

Editor: Yasuyoshi Asakawa

2019. 3. 30   1st ed

©MEDICAL VIEW, 2019
Printed and Bound in Japan

Medical View Co., Ltd.
2-30 Ichigayahonmuracho, Shinjyukuku, Tokyo, 162-0845, Japan
E-mail   ed@medicalview.co.jp

編集の序

　地域理学療法の始まりは古く，今から50年以上前，理学療法士という専門職が誕生してまもないころ，すでに患者会支援などに取り組み地域で活躍する理学療法士がいました。現在では地域包括ケアシステムなどさまざまな制度を基盤にして多くの理学療法士が地域で活躍していますし，一方では自営や起業を志す理学療法士もみられるようになっています。本書の重要な目的は，このように大きく発展してきた地域理学療法の全体像をとらえ，地域理学療法学を初学者にわかりやすく，魅力的な学問として提示することでした。

　この目的に沿って本書では大ベテランから新進気鋭の若手まで多くの先生方にご執筆を賜りました。また，メジカルビュー社編集部北條智美氏，髙岡隼人氏には図や表を効果的に配した視覚的に理解しやすい紙面づくりを担っていただきました。ともすれば疾患別理学療法に比べてわかりにくいといわれる地域理学療法ですが，おかげさまで本書は養成校での講義や臨床実習にはもちろん，新卒理学療法士として地域理学療法の実践に取り組む際にも大いに活用していただけるものになったと思います。

　本書の構成は，まず「総論」で地域理学療法の特徴や基礎を解説しています。その後「地域理学療法の実際」，「個別支援の技術」，「地域づくりの技術」として理学療法士がどのように評価，介入，連携していくかなどを解説しています。それぞれの章では「臨床に役立つアドバイス」をはじめとした囲み記事を設けて，さまざまな角度からの情報を盛り込んでいます。特に養成校の学生のみなさんには，学んでいる内容が臨床の場で実際にどのように生かされているのかを考えながら，広い視野をもって学習に取り組んでいただきたいと思います。

　本書が理学療法士を目指すみなさんの学習の一助となることを願っています。

2019年2月

首都大学東京

浅川康吉

執筆者一覧

編集

浅川康吉	首都大学東京 健康福祉学部 理学療法学科 教授

執筆者（掲載順）

浅川康吉	首都大学東京 健康福祉学部 理学療法学科 教授
新田 収	首都大学東京 健康福祉学部 理学療法学科 教授
白井宏明	名古屋市総合リハビリテーションセンター 総合相談室長
小林量作	新潟医療福祉大学 リハビリテーション学部 理学療法学科 教授
山上徹也	群馬大学大学院 保健学研究科 准教授
中島英樹	東京都保健医療公社 豊島病院 リハビリテーション科 医長
川野和也	立川市北部東わかば地域包括支援センター
山田圭子	前橋市地域包括支援センター西部 主幹主任介護支援専門員
小森昌彦	兵庫県 但馬県民局 但馬長寿の郷 地域ケア課 課長補佐
正木光裕	新潟医療福祉大学 リハビリテーション学部 理学療法学科 講師
久川裕美子	ヘイセイ訪問看護ステーション
最相伸彦	倉敷在宅総合ケアセンター 通所リハビリテーション 副主任
寺中雅智	倉敷老健
井上 優	倉敷平成病院 リハビリテーション部 主任
原田和宏	吉備国際大学 保健医療福祉学部 理学療法学科 教授
橋立博幸	杏林大学 保健学部 理学療法学科 准教授
金谷さとみ	菅間記念病院 在宅総合ケアセンター センター長
河添竜志郎	株式会社 くすすま 代表
阿部 勉	リハビリ推進センター株式会社
矢嶋昌英	日本医療科学大学 保健医療学部 リハビリテーション学科 理学療法学専攻
松林義人	新潟リハビリテーション大学 医療学部 リハビリテーション学科 理学療法学専攻 准教授
信太奈美	首都大学東京 健康福祉学部 理学療法学科
齊藤道子	玉村町 健康福祉課 高齢政策係
浦野幸子	株式会社 孫の手・ぐんま 代表取締役
南雲健吾	リハビリ企画合同会社 りは職人 代表
田中康之	千葉県千葉リハビリテーションセンター 地域リハ推進部長
丸谷康平	埼玉医科大学 保健医療学部 理学療法学科
山口泰成	株式会社 アールアンドシー湘南 代表取締役
木村 朗	群馬パース大学 保健科学部 理学療法学科 教授
可児利明	竹川病院 リハビリテーション部 部長

企画協力

中山恭秀	東京慈恵会医科大学附属病院 リハビリテーション科 技師長

目次

第1章 総論 ... 1

地域理学療法の特徴

1 地域のとらえ方 .... 浅川康吉 2
  ① 地域のとらえ方 2
    ● まとめ 4

2 対象のとらえ方 .... 浅川康吉 5
  ① 対象のとらえ方 5
    ● まとめ 6

3 理学療法士の役割 .... 浅川康吉 7
  ① 理学療法士の役割 7
    ● まとめ 11

地域理学療法の基礎知識

1 疾患と障害の理解 12
  ① 小児期 .... 新田　収 12
  ② 成人期(中途障害：脳血管障害) .... 白井宏明 15
  ③ 成人期(中途障害：難病) .... 小林量作 18
  ④ 老年期(高齢期) .... 山上徹也 25
    ● まとめ 34

2 生活の理解 36
  ① 小児期 .... 新田　収 36
  ② 成人期(中途障害：脳血管障害) .... 白井宏明 40
  ③ 成人期(中途障害：難病) .... 小林量作 45
  ④ 老年期(高齢期) .... 山上徹也 54
    ● まとめ 62

3 隣接領域の理解 64
  ① 地域リハビリテーション .... 中島英樹 64
  ② 地域保健 .... 川野和也 66

3 地域福祉 .... 山田圭子　69
　　　　●まとめ 71

4 多職種連携の理解 72
　　1 さまざまな連携の形 .... 浅川康吉　72
　　2 施設内での多職種連携 .... 浅川康吉　74
　　3 施設間での連携 .... 山田圭子　76
　　　　●まとめ 80

5 制度の理解 .... 小森昌彦　81
　　1 医療保険 81
　　2 介護保険 84
　　3 障害者総合支援法 89
　　4 地域包括ケアシステム 92
　　　　●まとめ 96

第2章　地域理学療法の実際　99

1 小児 .... 正木光裕　100
　　1 訪問 100
　　2 通所 108
　　3 入所 111
　　4 病院 113
　　　　●まとめ 117

2 成人 .... 久川裕美子，最相伸彦，寺中雅智，井上　優，原田和宏　119
　　1 訪問 119
　　2 通所 123
　　3 入所 127
　　4 病院 131
　　　　●まとめ 136

3 高齢者 137
　　1 訪問 .... 橋立博幸　137

② 通所 ………………………………………………………… 橋立博幸 146

③ 入所 ………………………………………………………… 金谷さとみ 155

④ 病院 ………………………………………………………… 金谷さとみ 160

● まとめ …………………………………………………………… 165

4 住民支援 …………………………………………………………… 167

① 介護予防事業支援 …………………………………………… 浅川康吉 167

② 復興支援（災害対応）………………………………………… 河添竜志郎 171

③ パーソナルニーズの充足 …………………………………… 阿部 勉 176

● まとめ …………………………………………………………… 180

第3章 個別支援の技術 …………………………………………………… 181

1 日常生活活動（ADL）の拡大 ………………………………… 矢嶋昌英 182

① 理学療法アプローチの視点 ………………………………………… 182

② 評価 ……………………………………………………………………… 184

● まとめ …………………………………………………………… 187

2 生活の質（QOL）の向上 ……………………………………… 矢嶋昌英 188

① 理学療法アプローチの視点 ………………………………………… 188

② 評価 ……………………………………………………………………… 191

● まとめ …………………………………………………………… 194

3 行動変容 …………………………………………………………… 松林義人 195

① 行動変容を導き出す理学療法アプローチの視点 ………………… 195

② 行動変容のための評価と理学療法アプローチの実際 …………… 198

● まとめ …………………………………………………………… 201

4 社会参加の促進 …………………………………………………… 202

① 就学・復学支援 ……………………………………………… 信太奈美 202

② 就労支援 ……………………………………………………… 信太奈美 204

③ 障害者スポーツ ……………………………………………… 信太奈美 207

④ 通いの場 ……………………………………………………… 齊藤道子 210

● まとめ …………………………………………………………… 214

5 福祉用具の利用と住環境の整備 .... 浦野幸子 215
　1 移動支援 215
　2 セルフケア支援 223
　3 外出支援 227
　4 制度 230
　　● まとめ 233

6 マネジメント .... 南雲健吾 234
　1 ケアマネジメント 234
　2 リハビリテーションマネジメント 240
　3 介護者支援 246
　　● まとめ 246

第4章 地域作りの技術 249

1 地域へのかかわり方 250
　1 行政と働く・行政で働く .... 田中康之 250
　2 自治体事業に関わる .... 田中康之 258
　3 地域貢献活動に関わる .... 丸谷康平 260
　4 起業・自営 .... 山口泰成 263
　　● まとめ 265

2 住民への関わり方 267
　1 ヘルスプロモーション .... 木村　朗 267
　2 公衆衛生理学療法学 .... 木村　朗 269
　　● まとめ 272

3 情報通信技術(ICT)の活用 274
　1 在宅生活の評価 .... 浅川康吉 274
　2 在宅生活への介入 .... 浅川康吉 277
　　● まとめ 278

事例集 279

- 脳性麻痺 .... 正木光裕　280
- 片麻痺① .... 原田和宏　284
- 片麻痺② .... 橋立博幸　288
- 介護予防事業支援 .... 浅川康吉　292
- 地域リハビリテーション活動支援事業 .... 可児利明　294
- 地域貢献活動 .... 丸谷康平　297

- 索引 300

第1章

総論

1 地域のとらえ方

1 地域のとらえ方

POINT
- 地域という言葉の意味を理解する
- 住み慣れた地域という言葉の意味を知る
- 地域理学療法の歴史を理解する

地域という言葉の意味

地域という言葉にはさまざまな意味がある。

市町村などの自治体では施策の実施の基礎として行政区を設けているが，このほかにも校区や圏域といった地域のとらえ方もある。**校区**とは学校に通学する住民の居住地の範囲で，小学校であれば小学校区，中学校であれば中学校区とよばれる。**圏域**は保健，医療，福祉の分野において使用される。どの地域にどの程度の規模の病院を設けるべきかといった検討は圏域を単位に行われることが多い。保健医療行政に関しては一次，二次，三次の**保健医療圏域**が設定される。それぞれの範囲は三次圏域が都道府県全体，二次圏域が複数の市町村にまたがる地域，一次圏域が身近な医療の体制を整備する市町村などにあたる。例として群馬県における二次保健医療圏の構成を示した（**図1**）。

「地域」という言葉は風土，慣習，文化の面から使われることもある。例えば豪雪地帯で家屋構造や生活様式に共通点がみられる住民が住む範囲を1つの地域とみなしたり，鉄道沿線で通勤スタイルや家族構成に共通点がみられる住民が住む範囲を1つの地域とみなしたりすることがある。

住み慣れた地域

リハビリテーション（以下，リハ）医療の場では「住み慣れた地域」という言葉がよく使われる。この場合，**地域**とは対象者がこれまで暮らしてきた**住み慣れたわが家**を拠点として形成された生活圏を意味している。「住み慣れた」とは単に時間的に長い年月を暮らしてきたという意味ではない。その生活圏が社会的交流と社会的役割がある生活圏であることを意味している。この言葉は，患者や障害者，高齢者などリハ医療を必要とする当事者の視点に立った表現であり，行政的な意味での「地域」や，風土，慣習，文化の面から意味する「地域」とは必ずしも合致しない。

理学療法士の地域活動

地域理学療法の源流

1965年に**理学療法士及び作業療法士法**が公布された。その後，現在まで理学療法士の主たる職場は医療機関であるが，医療機関に在職しながら，院外でも活動する理学療法士はかなり早い時期から存在していたようである。

例えば，病院に勤務する理学療法士が，休日にボランティアとして患者会や家族会の会合に出向きホームエクササイズを指導する，といった活動である。このような活動は，医療機関の外で病院を退院した者に対する活動であったこ

とから「地域での活動」などとよばれた。地域理学療法の源流になっているのはこうした活動であり、現在も多種多様な活動が行われている。

老人保健法

理学療法士の活動が病院の外へと大きく広がる契機となったのは1982年の**老人保健法**の制定である。この法律を受けて、市町村の事業として身体障害のある住民に対して、理学療法士や作業療法士がホームエクササイズなどを指導する**機能訓練事業**が開始された。その対象の多くは脳卒中などに罹患し病院で機能訓練を受けたものの、身体障害を抱えたまま退院、在宅生活となっていた元患者であった。

1986年にはこの法律により**老人保健施設**の整備も始まった。老人保健施設とは病院と在宅との中間に位置付けられた施設で、理学療法士または作業療法士の配置が義務化されていた。機能訓練事業や老人保健施設といった病院ではないところでの理学療法士や作業療法士の活動は地域リハの代表的な活動とされた。なお、機能訓練事業は介護保険法の制定に伴い縮小し、現在ではほとんどみられなくなっている。

介護保険法

2000年の**介護保険法**の制定は、理学療法士の職能の多様化と職域の拡大をもたらした。自立支援の理念に基づいて訪問系のサービス、通所系のサービス、入所系のサービスのそれぞれにおいてリハ機能の充実が図られた。こうした場所が新たな職場となり、病院や診療所ではないところで働く理学療法士が増えた。

その後、2006年には**介護予防**という考え方が示された。これを受けて市町村が、住民向けに転倒予防教室などを行うようになり、普段は病院で働く理学療法士がときどきはその教室の講

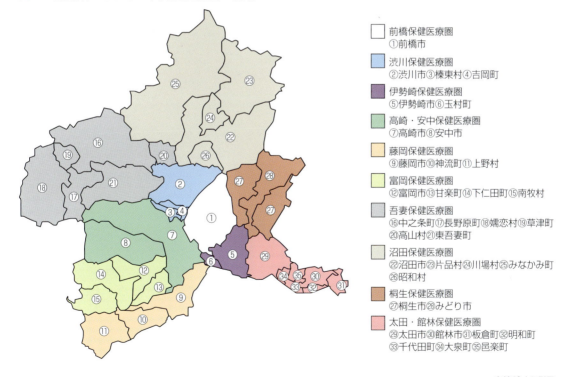

図1　群馬県における二次保健医療圏の構成

文献1)より引用

師役として協力するという場所が全国各地でみられるようになった。

こうした場所を通じて理学療法士には地域で暮らす高齢者，日常生活が自立している高齢者といった患者とは異なる対象者にかかわる機会が生まれた。2015年には「地域リハビリテーション活動支援事業」も進められ，現在の理学療法士には地域包括ケアシステムの構築に向けて地域づくりをはじめとする多様な役割が期待されるようになっている。

> **まとめ**
> - ●「地域」という言葉にはどのような意味があるか（☞p.2）。 試験
> - ● 保健医療圏域とは何か（☞p.2）。 試験
> - ● 老人保健法に基づく機能訓練事業とはどのような事業か（☞p.3）。 実習
> - ● 介護保険法は理学療法士の職能・職域にどのような影響を与えたか（☞p.3）。 実習

【引用文献】
1) 群馬県ホームページ：第8次群馬県保健医療計画の概要について．
   (http://www.pref.gunma.jp/contents/100089567.pdf)（2018年12月12日アクセス）

2 対象のとらえ方

1 対象のとらえ方

- 生活者としてとらえる
- 介護者・家族への影響を考慮する
- 社会資源はフォーマルとインフォーマルに大別される

生活者

　医療モデルでは疾病の治療や機能障害の回復など医療ニーズが重視され対象者は患者とよばれる。これに対して生活モデルでは社会生活を主体的に営むための生活ニーズが重視され対象者は**生活者**とよばれる。

　社会生活のありようは人それぞれである。生活ニーズをとらえることは難しいが，社会生活の基本的要求[1]の視点からそれらの充足がなされているかどうかをみるのは一つの方法であろう（**表1**）。日常生活活動（ADL）としての評価では自立レベルにあり介助も監視も不要だったとしても，日常生活のなかに趣味や娯楽の機会などがない場合，その生活は社会生活としては要求が満たされていないとみることができる。

表1　社会生活の基本的要求

①経済的安定
②職業的安定
③家族的安定
④保健・医療の保障
⑤教育の保障
⑥社会参加ないし社会的協働の機会
⑦文化・娯楽の機会

文献1）より引用

私らしい暮らし

　リハビリテーション（以下，リハ）医療の場では「住み慣れた地域」とともに**私らしい暮らし**という言葉もよく使われる。Maslowは成長や自己実現を求める人間について欲求の階層を示した[2]（**図1**）。「私らしい暮らし」を実現できているかどうかはこの階層でいう成長欲求が満たされているかどうかという視点からみると理解しやすい。

　患者あるいは障害者として基本的欲求（欠乏欲求）は満たされていても，日々の生活において自己実現，愛・集団所属，自尊心，他者による尊敬といった成長欲求がみたされる場面がなければその生活は患者あるいは障害者としての生活であり「私らしい暮らし」とはいえない。

介護者・家族

　生計をともにする家族など，介護を担う介護者の暮らしは対象者本人の病気や障害の状態に大きな影響を受ける。こうした人々にもそれぞれの**住み慣れた地域**や**私らしい暮らし**がある。最近では，老老介護（介護を受ける側も担う側も高齢者）とか遠距離介護（介護を受ける側が地方在住で介護を担う側が都市部在住など両者の距離が離れている）といった形も増えており，対象者本人だけでなく介護者・家族など周囲の人も地域理学療法の対象者となることがある。

＊ADL：activities of daily living

図1　マズローの欲求5段階説

社会資源（地域資源）

　社会資源とは社会生活の基盤となっている施設，人材，環境とそれらを成り立たせている制度のすべてを包含した概念である。特定のある地域における社会資源のことをその地域の**地域資源**とよんだり，社会資源の内容をリハにかかわるものに限定して**リハ資源**とよんだりすることもある。

　社会資源は**フォーマル**なものと**インフォーマル**なものに大別される。フォーマルとは公的を意味しており，法律や制度に基づいて整備された社会資源などを指す。インフォーマルとはフォーマルではないという意味で，その範囲は広い。例えば，住民が自主運営しているボランティア組織などはインフォーマルな社会資源の代表的なものである。障害者が通院を手伝うボランティア（インフォーマルな社会資源）の介助を受けて市民病院（フォーマルな社会資源）に通院するといったようにフォーマルとインフォーマルな資源が混合して利用されることが多い。

> **補足**
> 「利用者」という表現：リハやケアのサービスを提供する事業者や専門職の側はその対象者を利用者とよぶ。リハやケアの専門職は利用者が適時適切な選択ができるように自らの専門性を地域住民に知ってもらうように努めなければならない。

臨床に役立つアドバイス

生活の連続性
　今日という日は過去から続き未来へと続く流れのなかにある。このため過去・現在の流れから離れて未来の生活を想像することは意外に難しい。例えば，歩行障害で外出が困難な生活を何年も続けている人にとって，福祉用具を活用して気軽に外出できる未来をイメージするといったことは簡単ではない。理学療法士は対象者や介護者・家族が現在困っていることを解決するだけでなく，未来の生活をイメージすることも支援する。

まとめ

- 生活者という言葉にはどのような意味があるか（☞p.5）。[試験]
- 欲求の階層とはどのようなものか（☞p.5）。[試験]
- 社会資源におけるフォーマルとインフォーマルの違いはどのようなものか（☞p.6）。[試験]

【引用文献】
1）岡村重夫：社会福祉原論，全国社会福祉協議会，1983．
2）フランク・ゴーブル：第三勢力　マズローの心理学（小口忠彦　監訳），第42版，p83，産業能率大学出版部，1997．

1章 総論／1 地域理学療法の特徴

3 理学療法士の役割

1 理学療法士の役割

- 地域と理学療法のかかわり方を理解する
- 地域理学療法の職場と働き方を理解する
- 地域理学療法における理学療法士の役割を理解する

地域とのかかわり方

池田[1]は地域と理学療法のかかわり方について**生活分離型**（**図1**）と**生活一体型**（**図2**）の2つの型を示している。「生活分離型」とは医療機関からみた地域で，在宅生活者の周囲に保健・福祉に関する社会資源が配置された型であり，「生活一体型」は在宅生活者からみた地域で，保健・医療・福祉に関する**社会資源**が対象者の周囲に網羅した型とされている。

なお，**図1**と**図2**に記載されている施設（機関）の名称は高齢者向けのものが記されている。理学療法士と地域住民とのかかわりは小児期，成人期，老年期と生涯にわたっており，関係する社会資源は多種多様であるが，これらの図は老年期の地域住民を対象にした場合の地域とのかかわり方の例を示したものとなっている。

地域理学療法の職場

職場

住みなれた地域や**私らしい暮らし**といった地域理学療法の視点をもった理学療法士を必要とする職場はいろいろある。**図1**と**図2**を踏まえて代表的な職場を以下に整理する（それぞれの職場の実際については第2章を参照）。

- 病院（医療機関）
- 通所

図1 生活分離型

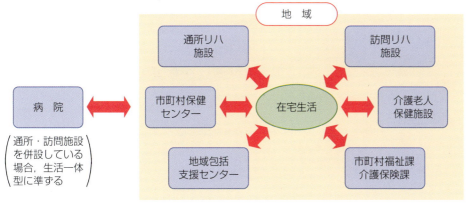

文献1）より引用

- ・訪問
- ・施設
- ・保健センター
- ・地域包括支援センター
- ・行政

理学療法の実施方法

　理学療法の実施方法はそれぞれの職場で異なる。
　例えば，病院では個別の理学療法を毎日実施することが普通であるが，通所リハの場では頻度が週に数回になる一方で，個別の理学療法のほかに集団での運動やレクリエーションなどの機会を設けることもできる。**表1**は病院，通所，訪問のそれぞれの場所で行われる理学療法を比較したものである。病院での理学療法を通所の場に持ち込むのではなく，病院には病院にあった理学療法を，通所には通所にあった理学療法を実施することが必要である。

理学療法士の働き方

　理学療法士の働き方は多様であるが，それぞれの職場に常勤者として専従で勤務することが一般的である。なかには入院患者を担当しつつ訪問業務も兼任するといった働き方をする場合もある。この場合，病院では病院にあった理学療法を実施し，訪問では訪問にあった理学療法を実施するといったことが求められる。このような働き方は高度かつ幅広い技量が必要とされるため豊富な臨床経験をもつ理学療法士が担うことが多い。

　勤務先の病院が地域医療の拠点となっている場合には，病院職員の立場で行政が推進する介護予防事業に参画するといった働き方をする者もいる。行政の理学療法士として働くのとは異なるが，経験豊富なベテラン理学療法士のなかにはこのような形で行政にかかわる理学療法士もいる。

> **補足**
> 近年，起業する理学療法士や自ら施設運営にあたる自営の理学療法士などが増加傾向にある。その多くは地域住民の健康づくりとか，介護や福祉の分野で地域理学療法の視点をもって働いていると思われる。その意味では起業や自営も地域理学療法の職場の一つとみることができる。

理学療法士の役割

　地域理学療法は，対象者を**生活者**としてとらえ，その対象者の住み慣れた地域での**私らしい暮ら**

図2　生活一体型

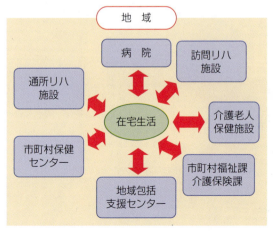

文献1）より引用

表1　病院，通所，訪問における理学療法の違い

	病院（入院）	通所リハ	訪問リハ
対象	急性期，回復期	維持期（リハ経験者）	維持期（リハ経験者）
介入頻度	毎日	週1〜3回	週1〜2回
介入期間	数週〜数カ月	数カ月〜	数カ月
提供方法	個別	個別集団リハ	個別
アウトカム	機能障害，ADL	ADL，社会参加	ADL，社会参加

自主練習（ホームエクササイズ）はいずれの場所でも用いられるがこの表には記載していない。

しを実現できるように支援する理学療法である。どのような職場でどのような働き方で取り組むのかによらず地域理学療法の担い手たる理学療法士は以下の役割を担っている。

医療ニーズと生活ニーズの充足

私らしく暮らすを実現するためには**医療ニーズ**の充足と**生活ニーズ**の充足の両方が必要である。理学療法士は運動療法や物理療法といった機能障害の回復手段を通じて医療ニーズの充足にアプローチできるし，基本動作の回復を通じて移動や外出の能力を向上させるなど生活ニーズの充足にもアプローチできる。さらに生活ニーズの充足にあたっては福祉用具など物的な面と介助者など人的な面の両面からアプローチすることができる。理学療法士には医療モデルと生活モデルの両面からバランスよくアプローチし，両方のニーズを充足する役割を担っている。

活動能力の開発

他人の介助を必要としない意味での日常生活が自立したとしても，その暮らしは単に誰にも迷惑をかけない暮らしということであって，「私らしく暮らす」ことにはならない可能性がある。日常生活活動（ADL）の能力には単純なものも複雑なものもあり，高齢者では**図3**に示すような階層性がみられる[2]。理学療法士は身体的自立をもって理学療法を終了とは考えず，こうした活動能力の階層性を踏まえて**私らしく暮らす**を実現するためにより上位の能力を開発する。

理学療法士ができる能力の開発方法には機能障害の回復，残存機能の活用，他者による介護や住環境の改造といったさまざまな方法がある。それらの方法を駆使して対象者ができるだけ高い水準の活動能力を得ることを目指す。

理学療法士の役割－リハ専門職としての役割

マネジメント

理学療法士はリハの専門職でもある。この面からみると理学療法士はリハチームの中心メンバーとして他職種と協働する機会が多く，チー

図3 高齢者における活動能力の段階

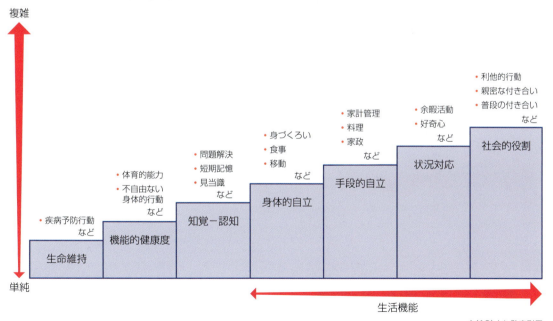

文献2)より改変引用

* ADL：activities of daily living

ムの**マネジメント**を担うに適した立場にある。地域リハの定義ではリハの立場からあらゆる職種が連携することが謳われている。理学療法士はリハの専門職としてこうした連携の**マネジメント**を積極的に担うべきである。

マネジメントを必要とする場面

さまざまあるが，特に，病院に入院してのリハを終えて退院し，在宅生活に戻って新たに通所リハを開始する，などのようにリハを受ける場が大きく変わるときには欠かせない。病院側と通所施設側のそれぞれにリハチームがありその連携がスムーズにいかないと病院入院中に獲得した機能・能力が在宅生活を始めた途端に低下してしまいかねない。

エンパワーメント

世界保健機関(WHO)は地域リハ(CBR)を推進するためのマトリクスを示し，そのなかで6つのコンポーネントを示している(**図4**)。対象者が主体的に「私らしい暮らし」の実現に向けて意欲や自信を育むことに関係が深いコンポーネントは**エンパワーメント**である。

地域理学療法の職場にはさまざまな場所があるが，一人の対象者を理学療法士だけでなく作業療法士や言語聴覚士とともに担当する場面は多い。こうした場面では理学療法，作業療法，言語療法の各場面での対象者と療法士とのコミュニケーション方針を共有し，対象者が**エンパワーメント**できるように理学療法を実施することが必要である。

学習の要点

理学療法士の専門性
理学療法士は歴史的にはリハの専門職として位置付けられており，技術面では「理学療法士及び作業療法士法」にあるとおり基本的動作能力の回復を図る専門職である。理学療法士の職場はこれら2つの専門性が基盤となって大きく広がった。

実践!! 臨床に役立つアドバイス

専門理学療法士・認定理学療法士
日本理学療法士協会には専門理学療法士や認定理学療法士の制度がある。地域理学療法と特に関連深いものには生活環境支援や介護予防などの分野であるが，この制度は今後ますます拡充していくと思われる。

 用語解説 **地域リハの定義** 現在，日本で最も広く受け入れられている地域リハの定義は，1991年の日本リハビリテーション病院・施設協会によるものであろう。そこでは「地域リハとは，障害のある子供や成人・高齢者とその家族が，住み慣れたところで，一生安全に，その人らしくいきいきとした生活ができるよう，保健・医療・福祉・介護および地域住民を含め生活にかかわるあらゆる人々や機関・組織がリハの立場から協力し合って行う活動のすべてをいう。」と定義している[3]。
CBR WHOはCBRを提唱している[4]。そこでは「CBRとは，障害のあるすべての人々のリハ，機会均等，そして社会への統合を地域のなかにおいて進めるための戦略である。(以下，略)」と説明されている。地域リハという言葉はこのCBRの訳語としても用いられている。

＊WHO：world health oranization　＊CBR：community based rehabilitation

図4 CBRマトリックス

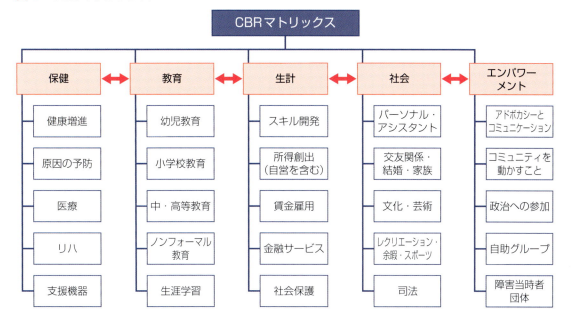

まとめ

- 地域理学療法の代表的な職場を挙げよ(☞p.7)。 実習
- 通所と訪問で必要とされる理学療法の特徴を挙げよ(☞p.8)。 実習
- 生活ニーズとはどのようなものか述べよ(☞p.9)。 試験
- マネジメントはなぜ必要なのか述べよ(☞p.10)。 試験

【引用文献】
1) 池田 誠：地域理学療法(学)の考え方．ゴールド・マスター・テキスト7 地域理学療法学(柳澤 健 編)，メジカルビュー社，p5，2009．
2) Lawton MP：Assessing the competence of older people. In：Research Planning and Action for the Elderly：the Power and Potential of Social Science. Human Sciences Press, 122-143. 1972.
3) 日本リハビリテーション病院・施設協会：https://www.rehakyoh.jp/teigi.html
4) 日本障害者リハビリテーション協会 訳：CBRガイドライン日本語訳，CBRガイドライン・導入
(http://www.dinf.ne.jp/doc/japanese/intl/un/CBR_guide/cbr01_04.html)

1章 総論／2 地域理学療法の基礎知識

1 疾患と障害の理解

1 小児期

- 脳性麻痺の病態とタイプを理解する
- 重症心身障害の定義と医療的ケアを理解する
- 二分脊椎の分類と二分脊椎の病態を理解する
- Duchenne（デュシェンヌ）型筋ジストロフィーの原因と病態を理解する
- 発達障害の分類と病態を理解する

脳性麻痺

概要

　脳性麻痺は，受胎から新生児期に発症原因をもつ代表的な疾患である．成熟過程が損なわれる点にある．小児中枢神経疾患では以下2つの段階で成熟過程が阻害される．1つは，脳内血液循環の障害などにより，脳機能の一部が失われることである．これに加えて，脳機能障害があるために，運動機能成熟過程が障害される点にある．機能障害によって感覚と運動制御の一部が損なわれると，運動範囲が制限され，感覚フィードバックが行われないことにより運動経験が欠如する．このことにより動機発達が限られた段階にとどまることになる．

症候・障害

■脳性麻痺のタイプ

- **アテトーゼ型（ジスキネジア）脳性麻痺の特徴**：随意的ではない筋の緊張・弛緩が繰り返されることを特徴としている．新生児期には筋の緊張が正常範囲を下回る低緊張を示す場合も多いが，月齢とともに不随意運動が現れ，生後1年前後でアテトーゼ型の脳性麻痺であることが明らかになる．
特徴的な姿勢として，頸部，体幹，上下肢に強い回旋の筋緊張が観察される．ときとして強い筋緊張を伴う．

- **痙直型脳性麻痺の特徴**：痙直型脳性麻痺は伸張反射解放現象を主症状としており，伸張反射は亢進し，筋緊張は高まり，スムーズな関節運動は阻害される結果となる．

■運動発達からみた脳性麻痺

　脳性麻痺は，姿勢と運動の障害と定義される．生まれたばかりの新生児は，姿勢保持することができない．その後，定型発達では，約12カ月で，歩行が可能な状態に変化する．脳性麻痺が示す姿勢・運動の問題とは，運動発達が，正常な範囲を逸脱している状態と解釈できる（**図1**）．

　また，運動発達は，姿勢反射（**図2**）の成熟と深くかかわり合っている．対象児の中枢神経系の成熟過程に異常が存在する場合，出生からの経過時間（週齢，月齢あるいは年齢）に応じて出現すべき反射が観察されないことがある．中枢

用語解説　姿勢反射の大分類　姿勢反射はさまざまな反射・反応を含む広い概念である．このなかに原始反射，立ち直り反応，平衡反応などの分類が存在する．姿勢反射はそれぞれ固有名詞をもつが，大きくこれら3分類に分類可能である．
　原始反射（primitive reflex）：出生後早期に出現し，やがて表面的には観察されなくなる反射．
　立ち直り反応（righting reaction）：空間において頭部を正常な位置に保つように反応する．
　平衡反応（equilibrium reactions in standing position）：座位，立位などにおいてバランスが崩れたときに，姿勢保持のために反応する．

12

神経系の成熟過程に問題があると協調性が崩れ，本来抑制されているべき反射が強く表れるため姿勢保持の阻害につながる。

重症心身障害

概要

近年の医療の進歩によって，分娩時，新生児期の死亡率が減少傾向にある反面，出生体重児が重篤な障害を発症する可能性が高い。加えて，出生前の原因による発生率は増加を示しており，全体の発生率は決して減少していない。また，出生前の原因によるものの障害の重さも指摘されている。

大島分類（図3）

こうしたなか，重症心身障害児が増加傾向にある。重症心身障害児とは，診断名ではなく，行政上の定義である。重度の肢体不自由と，知的障害を重複する児を指し示す。定義としては，大島の分対における，1～4群であり，運動機能は座位保持まで，知能指数は35以下とされている。

日常生活全般に，介護を必要としており，「医療的ケア」に必要性も高い。

> **補足**
> 「医療的ケア」とは，人工呼吸器，口鼻腔吸引，気管切開，在宅酸素，経管栄養（経鼻経管，胃瘻，腸瘻）などの医学的な生活援助行為を示す[2]。重症児の1/3～1/2が何らかの医療的ケアを必要としている。

> **補足**
> 超・準超重症児判断基準：医療的ケアを必要とする児者の増加に伴い，医療介護度を基準にした「超重症児・準超重症児」という分類が使用されている（**表1**）。この基準では，知的障害について問わないため，超重症児・準超重症児が必ずしも，重症心身障害児とならない。

図1 運動発達と脳性麻痺

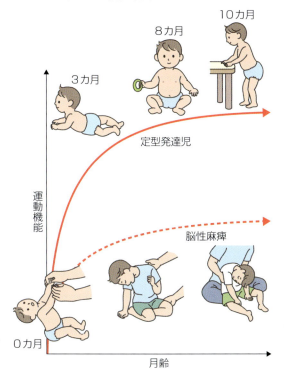

図2 姿勢反射の分類

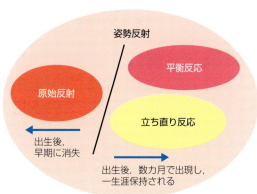

図3 大島分類

21	22	23	24	25	80
20	13	14	15	16	70
19	12	7	8	9	50
18	11	6	3	4	35
17	10	5	2	1	20
走れる	歩ける	歩行障害	座れる	寝たきり	0

運動機能／知能指数

大島分類1,2,3,4を「定義上の重症心身障害」とする。

文献1）より引用

表1　超・準超重症児判定基準

1. 運動機能：座位まで
2. 判定スコア
(呼吸管理)
　レスピレーター管理(カフマシン含む)(10点)
　気管内挿管・気管切開(8点)，鼻咽頭エアウェイ(5点)
　酸素吸入またはSpO$_2$ 90%以下の状態が10%以上 (5点)
　1回/時間以上の頻回の吸引(8点)，6回/日以上の頻回の吸引(3点)
　ネブライザー6回/日以上または継続使用(3点)
(食事機能)
　経口摂取(全介助)(3点)，経管(経鼻・胃瘻)(5点)，人工肛門(5点)
　過緊張で発汗による更衣と姿勢修正を3回/日以上(3点)
　継続する透析(腹膜灌流を含む)(10点)，定期導尿(3回/日以上)(5点)

＊25点以上：超重症児者，10点以上25点未満：準超重症児者

文献3)より改変引用

二分脊椎

概要

　二分脊椎は脊椎管背側の椎弓，棘突起が先天的に欠損している病態を示す。外見所見により囊胞性二分脊椎と潜在性二分脊椎に分けられる。

■囊胞性二分脊椎

　囊胞性二分脊椎は背部に皮膚の欠損があり，脊髄などの神経組織・髄膜が露出し瘤を形成している。瘤の内容物によって分類され，神経構造が含まれるものが脊髄髄膜瘤，髄膜だけが瘤を形成するものは髄膜瘤である。脊髄髄膜瘤は多彩な症状を示すが，髄膜瘤で神経症状を示すものは比較的まれである。

　脊髄髄膜瘤の主な症状として運動麻痺，知覚麻痺，膀胱直腸障害，脊柱および下肢の変形がある。症状は，病変部位よりも下で症状が発現するため，脊髄髄膜瘤が高位にあるほど障害の範囲は広く，神経症状も強くなる。病変髄節に相応する筋の萎縮筋力低下，解離性知覚，歩行障害，脊柱・足部変形，背部痛などがある。

■潜在性二分脊椎

　潜在性二分脊椎は背部の皮膚はほぼ正常であり，神経・髄膜が体表に露出していない。

> **学習の要点**
>
> **二分脊椎で合併する中枢神経疾患**
> 　二分脊椎には高頻度で，以下に示す中枢神経疾患が合併する。
> ①水頭症：脳室内に髄液が過剰に貯留し，脳室が拡大する。脊髄髄膜瘤では80〜90%でみられる。多くはChiari奇形により大孔部や第Ⅳ脳室出口で髄液通過が障害されるために起こる。
> ②キアリ奇形：延髄や小脳の一部が下垂し，大孔より脊椎管内に嵌入する状態。脊髄髄膜瘤の90%以上にみられる。脳幹や下位脳神経を障害して喘鳴・嚥下困難・無呼吸発作を引き起こす。
> ③水髄症：脊髄中心管が髄液の貯留によって拡大される状態。

デュシェンヌ型筋ジストロフィー

概要

　デュシャンヌ型筋ジストロフィーはX関連性劣性遺伝であり，原則として患者は男性である。発生頻度は出生男子約5,000人に1人である。乳児期の歩行開始が遅れ，2歳過ぎより歩行異常が生じる。階段昇降が困難となり，動揺性歩行が目立つようになる。両下肢を開き，上半身を左右に揺らし，腹部を突き出すようにして歩く。

　筋萎縮は腰帯筋から肩甲帯筋，そして全身へと広がる。10歳までに歩行不能となり，四肢の関節拘縮，側弯などの変形が著明となる。20歳前後で，心不全・呼吸器感染症などで死亡することが多い。

> **補足**
> デュシャンヌ型筋ジストロフィーにおける異常所見：血清クレアチンキナーゼ（CK）値の異常高値，生検筋のジストロフィン抗体の欠失，筋電図所見（筋原性）などが診断根拠となる。

発達障害

概要

今われわれが対象としようとする「発達障害」が一般的に知られるようになったのは最近のことである．文部科学省による，2002年全国実態調査によれば，知的発達に遅れがないものの，学習面や行動面で著しい困難を示す児童生徒が6.3％在籍していた可能性があると報告している．

発達障害には，注意欠陥・多動障害（AD/HD），自閉症スペクトラム障害（ASD），限局性学習障害（SLD），発達性協調運動障害（DCD）が含まれる．

AD/HDでよく観察される症状としては，①注意を持続できない，必要なものをなくすといった不注意，②じっと座っていられない多動性，③順番を待つことが難しい，他人の会話に干渉するといった衝動性が知られている．

ASD1は社会性，コミュニケーション，イマジネーションの3領域における，質的障害と定義される．

SLDには，会話および言語の特異的発達障害，学習能力の特異的発達障害，運動機能の特異的発達障害，が含まれる．

また近年，運動の不器用さを主症状としたDCDが注目されている．

図4 登攀性起立（とうはんせい）

2 成人期（中途障害：脳血管障害）

POINT
- 成人期中途障害の社会復帰上の特徴を理解する
- 脳血管障害（片麻痺）についての障害像を理解する
- 生活期理学療法の評価と関連領域の評価を理解する

成人期中途障害の特徴

成人期にみられる中途障害で非進行性のものは，脳血管障害で起こる片麻痺，頸髄損傷で起こる四肢麻痺，外傷性脳損傷で起こる障害が代表的なものである．これらの障害は社会復帰をするうえで大きな支障となるが，一方，成人期はとりわけ家計を支える立場にもあり，ほとんどの場合が復職を希望する．

しかし，復職までの社会復帰にあてられる期間はそれほど長くはなく，多くの企業では**休職期間**は1年半までとなっている．つまり，その時点で障害が残ったまま復職か退職かの判断を

用語解説　登攀性起立（Gowers徴候） デュシェンヌ型筋ジストロフィーでは，筋力低下の過程において，登攀性起立を示す．登攀性起立とは起立時に両手を膝につき，その手を大腿部上部にずらしながら上半身を起こす起立動作である（図4）．

＊CK：creatine kinaze　＊AD/HD：attention-deficit／hyperactivity disorder　＊ASD：autism spectrum disorder
＊SLD：specific leaning disorder　＊DCD：developmental coordination disorder

迫られることとなり，この時間的制約が小児期や高齢期リハビリテーション（以下，リハ）との大きな違いとなる。

脳血管障害後片麻痺の障害像

脳の責任病巣によって異なる障害

　脳には機能分担があり，例えば右大脳半球の障害では左片麻痺が起き，左半身の運動麻痺・感覚障害に加えて，左側の物を見落とす**半側空間無視**も起きやすい。対して，左大脳半球の障害では右片麻痺が起き，その場合は失語症が前面に出てくる。失語症は，相手の言っていることはわかるが自分では言葉が出てこない**運動失語**と，相手の言っていることが理解できない**感覚失語**に分かれる。臨床では，CT・MRI上の病巣と，実際に出ている障害との関係を主治医が判断し，リハカンファレンスで持ち寄った各療法士の評価結果と合わせて，チームで障害像を把握していく。

　半側空間無視や失語症のような，身体の麻痺とは別に出てくる脳の障害は**高次脳機能障害**とよばれ，単に麻痺だけの場合と比べてリハ上の問題が大きくなる。麻痺のみならば，その人が単独でできなくても，介助してほしいことを人に指示したり，**代替手段**を工夫したりすることができる。しかし，高次脳機能障害があると認知やコミュニケーションそのものが障害されるため，適切な指示さえ出せないからである。

> **補足**
> **外傷性脳損傷でも起こる高次脳機能障害**
> 外傷性脳損傷では強い衝撃で脳全体が揺さぶられてダメージを受けるため，傷つくのは脳全体となる。画像上，脳のいたるところで微少出血痕が認められたり責任病巣もはっきりしなかったりする場合もある（びまん性軸索損傷）。しかも，脳血管障害のような外見上目立つ麻痺は急性期で消えてしまい，易怒性などの社会的行動障害が顕著に残ることも多い。外見は健常者と変わらないので「みえない障害」ともいわれている。

評価

　それまでの急性期・回復期と同様に，生活期においても評価が第一歩となる。

医学的情報の収集・確認

　医師から理学療法士へ，どのような理学療法をしてほしいかが記された指示書が発行され，これが主な医学的な情報となる。訪問看護師などの多職種からの情報もあり，以下の①～⑤が挙げられる。

> ①発症日・受傷日，疾患・事故の経過
> ②治療過程，服薬状況，手術歴，各種検査結果
> ③全身状態，合併症，既往歴
> ④リスク管理に必要な情報（運動の中止基準，禁忌）
> ⑤急性期および回復期理学療法の経過・ADL・認知機能

生活期における評価

　生活課題に密着した評価が主であり，以下の①～④が挙げられる。

> ①身体機能の評価
> ②ADLの評価
> ③生活環境の評価
> ④介助者の評価

実践!! 臨床に役立つアドバイス

医学的情報のあれこれ

　電子カルテなどを使って情報を管理する急性期病院・回復期リハ病院に比べ，生活期の理学療法を行う事業所では医学的情報が不足しがちとなる。これを補うために，例えば前医でのインフォームドコンセントのときの資料や，人によっては各種診断書のコピーなどを家族が保管している場合もあり，その提供を受けて正確な病歴などを拾い出すことができる。

　なお，医療から離れた福祉分野でも個人情報はデリケートに扱われており，本人・家族の了解をとってから他の支援者に伝達することを忘れてはならない。

用語解説　高次脳機能障害　高次脳機能は知覚，記憶，学習，思考，判断などの認知過程と感情を含めた精神機能を総称する。脳血管障害などによって脳が傷ついたために，この障害が起きた状態を高次脳機能障害という。臨床像は，注意力や集中力の低下，古い記憶は保たれているのに新しいことが覚えられない，怒りの感情が抑えられなくなる，頭に思いついた行動をすぐに実行してしまう，よく知っている場所や道で迷う，言葉が出ない，ものによくぶつかるなどの症状が現れ，周囲の状況に見合った適切な行動がとれなくなり生活に支障をきたす。

関連領域の評価

復職が視野に入った人々には、さらにもう1段階上の総合的な評価を受ける。就労支援における**職業準備性**とよばれるもので、理学療法士が直接評価をすることは少ないが、関連職員と連携する際のベースとなるため触れておきたい。

仕事に戻る前に、多くの人は自分の作業遂行能力やスキルが落ちていないことだけに目が行きがちになる。しかし、スキル以前の土台である「心と身体の健康管理」、「日常生活管理」をないがしろにすると就労継続が難しくなる（**図5**）。土台となる管理ができていないのに復職を焦って職務のところにしか目が向かっていない利用者がいると、復職をサポートする就労支援員は、この図を見ながら状況を整理して、本人・家族・支援者で課題を共有する。

理学療法の実際

生活期の理学療法は、多職種が集まるケース会議で決まった全体の方針に沿うように実施される。また、それまでの回復期病院でのケース会議が医療スタッフ中心であったものから、生活期では、介護サービス事業者や障害福祉サービス事業者などの幅広い分野での**多職種連携**となっていることが特徴である。このように、生活期の理学療法の実際は多岐にわたるが、代表的なものを示していきたい。

生活に関する指導内容

①起居・立ち上がり動作（**廃用症候群**の予防として、介護者の負担軽減として）
②座位・立位・歩行・作業の耐久性向上
③**応用歩行**（横歩きや不整地などに対応する力をつけることで転倒予防的効果）
④補装具などの自己管理（装具の調子がいつもと違う…などと気付くことができる）
⑤脳卒中友の会などの家族会の紹介（**社会参加・ピアカウンセリング**として）
⑥住宅改修に関するアドバイス（建築士の示した

図5 職業準備性ピラミッド

職業適性	業務処理能力、作業速度、持続力、正確性、クオリティ、創意工夫、興味関心など
基本的労働習慣	ビジネスマナー、職場のルール、出勤状況、報連相、欠勤などの連絡、指示に従う、安全管理など
社会生活能力（対人技能）	身だしなみ、会話、意思表示、感情コントロール、協調性、場の空気を読む、環境変化適応など
日常生活管理（基本的な生活リズム）	金銭財産管理、規則正しい生活、就寝起床、食事、衛生管理など
心と身体の健康管理（病状管理）	服薬管理、通院、健康管理、症状の理解、セルフコントロールなど

文献4）より引用

 用語解説　医師診断書で「就労可」とは　非進行性疾患では多少の障害が残っていても、一般的な健康状態が安定していれば、主治医は「就労可」との診断書を書く傾向にある。しかし、これはあくまで医学的な立場で会社に行くことができるという意味で、職務そのものに対する調整は復職をサポートする就労支援員に委ねられている。よって、就労支援員に正しい情報を伝えるため、理学療法士らコメディカルスタッフは、通勤方法や作業耐久性・姿勢などの基礎的情報を押さえておく必要がある。

手すり位置からの微調整など）
⑦ガイドヘルパーなどの障害福祉サービスが必要時に相談支援事業所へつなげる

就労に関する指導内容
①通勤方法に関するアドバイス
②就労中の作業姿勢・職場特有の移動方法のチェック，**不良姿勢**からくる筋疲労などへの指導
③**余暇活動**などの紹介（仕事と家以外の時間の充実が就労定着に良い影響をもつ）
④就労上のトラブル発生時に専門機関につなげる（障害者職業センター，就業・生活支援センターなど）

> **補足　ケース会議での医師の関与**
> 従来，介護保険分野のケース会議で医師の出席は必須ではなかったが，近年はリハマネジメントの概念が広まり，テレビ電話での参加も含めて医師の関与があると報酬に反映される仕組みに変化してきている。

3　成人期（中途障害：難病）

POINT

Parkinson病（PD）
- 中脳黒質-線条体の神経伝達物質であるドパミンの不足による
- 中・高年期に発症し，神経難病の中でも患者数が最も多い
- 安静時振戦，固縮，無動・寡動，姿勢反射障害の4大徴候を示す
- L-DOPAなどの薬物療法が著効を示す
- 運動障害と非運動障害が患者の日常生活，QOLに影響する

脊髄小脳変性症（SCD）／多系統萎縮症（MSA）
- 協調運動障害，平衡機能障害を主症状とする神経変性疾患の総称である
- 孤発性7割と遺伝性3割に大別され，中・高年に発病する
- 小脳系，錐体路系，錐体外路系，自律神経系の症候を示す
- 企図振戦，測定障害，変換運動障害，運動開始の遅延などの運動症状を示す
- いくつかの治療法が報告されているが，今後も検討が必要である

筋萎縮性側索硬化症（ALS）
- 一次運動ニューロンと二次運動ニューロンが損傷される
- いくつかの学説があるが，原因は不明である
- 随意筋の筋萎縮，筋力低下を主症状とする
- 上肢型，下肢型，球麻痺型に分類される。球麻痺型は進行が速い
- 終末期の「完全閉じ込め状態」になると，意思疎通も困難になる

難病とは

難病，指定難病
　難病とは①原因が不明で，②治療法が確立されておらず，③希少な疾病で，④慢性的経過をたどり，本人・家族の経済的・身体的・精神的負担が大きいという4条件が当てはまる疾患である。
　そのなかでも「難病の患者に対する医療等に関

> **用語解説　リハマネジメント**　調査（survey），計画（plan），実行（do），評価（check），改善（action）（SPDCA）のサイクルの構築を通じて，心身機能，活動および参加について，バランスよくアプローチできているかを継続的に管理することによって，質の高いリハの提供を目指すものである。

する法律」(難病法)により医療費を助成できる疾患を**指定難病**とよび，331疾患が認められている(2018年4月時点)。指定難病は先述の4条件に，人口の0.1％未満の希少な疾病，客観的な診断基準等が確立されていることが条件として加わっている(**図6**)[6]。

神経難病

難病のうち神経系に原因をもつ疾患をいわゆる「神経難病」とよんでいる。理学療法の対象となる代表的な神経難病は，PD，SCD/MSA，ALS，多発性硬化症(MS)/視神経脊髄炎(NMOSD)などが挙げられる。

リスク管理

進行性疾患は原疾患の治療を行っても病巣の拡大や症状が悪化する疾患特性をもっている。つまり病気と障害の関係は「病気と共存する障害」[7]の状態にある。そのため医学的な管理の継続が必要で，理学療法を実施するうえでもリスク管理が必須となる(**表2**)[8]。

図6 難病，指定難病について

PD

疾患の概要

PDは，中脳の黒質の変性脱落に伴う大脳基底核，特に線条体のドパミン不足(正常のおおよそ1/10まで減少)を起因とする慢性進行性の神経変性疾患である(**図7**)。発症は50〜60歳代にピークがあり，高齢期に発症する場合もある。また，わが国では40歳までの発症は若年性PDと定義し，遺伝的要素の影響が強い。

わが国の有病率は100〜300人/10万人当たり，罹患率(発症率)は14〜19人/10万人・年当たりで，患者数は20万人余りと推定される[9]。

症候・障害

①安静時振戦(tremor)，②固縮(rigidity)，③無動・寡動(akinesia)，④姿勢反射障害の4大徴

図7 PDの病巣部位

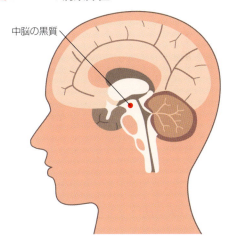

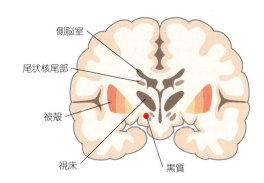

---

* PD：Parkinson's disease　　* SCD：spinocerebellar degeneration　　* MSA：multiple system atrophy
* ALS：amyotrophic lateral sclerosis　　* MS：multiple sclerosis
* NMOSD：neuromyelitis optica spectrum disorders

表2 神経難病のリスク管理

リスク項目	疾患			
	PD	SCD/MSA	ALS	その他の神経難病
転倒	すくみ足による転倒およびすくみ足と無関係の転倒などがある。すくみ足対策として、視覚・聴覚を利用した手がかり(cue)など、さまざまな工夫を指導する。	運動失調、平衡機能障害により移動時、姿勢変換時に転倒を生じる。深部感覚障害では夜間、閉眼時の姿勢保持・移動に注意する。上肢で支持できる箇所を確保しておく。	筋力低下によるつまずき、膝折れなどで転倒を生じる。	いずれの疾患においても転倒のリスクはある。多発性硬化症の視力・視野障害に留意する。
起立性低血圧	自律神経障害によりときどき生じる。罹病期間が長い、重度の療養者、抗パーキンソン病薬服用の作用で合併しやすい。	自律神経障害により早期あるいは晩期から生じる。臥位から一気に起立しないで中間姿勢を経る。下肢の弾性ストッキング着用を行う。		自律神経障害を合併する疾患では注意する。
体温調節障害	自律神経障害による。体温調整がうまくできない。特に室温に注意し、屋外での直射日光は避ける。主にPD、SCD/MSA、MSが挙げられる。MSにはUhthoff徴候がある。			
嚥下障害	晩期では嚥下障害を合併する。窒息、誤嚥性肺炎に対するリスク管理は重要である。		球麻痺型では早期から生じる。晩期にはどの型にも生じる。誤嚥に注意する。経管栄養、胃瘻造設の選択がある。	多発性硬化症でも脱髄部位により舌咽神経、迷走神経などの脳神経の機能低下で生じる。
呼吸障害	晩期にはパーキンソン症状で胸郭の可動性が低下して呼吸機能が低下する。		球麻痺型では早期から呼吸機能低下が生じる。人工呼吸器装着している療養者の呼吸療法に留意する。	
褥瘡	寝返りが自立していない療養者は常に褥瘡のリスクがある。褥瘡予防マットレスの選択は重要である。			
脱水	高齢者、食事摂取の少ない者に注意する。排尿回数を減らすために水分摂取を控えることがないよう監視する。			
その他	悪性症候群の合併、便秘、夜間頻尿などの非運動症候群に注意する。	排尿障害では尿量を記録する。	過負荷が可用性弱化を惹起する。	多発性硬化症では過負荷・疲労が再燃の原因になる。Guillain-Barré症候群、多発性筋炎など脆弱性の筋肉には負荷量に注意する。

文献7)より引用

候を示す。日常生活には歩行などの基本動作が不自由になる運動障害と自律神経障害などの非運動障害が影響する。運動障害は歩行障害(小刻み歩行、すくみ足、加速歩行など)、協調運動障害、動作緩慢、前傾・前屈姿勢などが挙げられる。前屈・前傾姿勢とともに傾斜現象(pisa現象)や体幹の回旋も合併してくる(**図8**)。非運動障害は嗅覚障害、精神症状、衝動抑制障害、疲労、幻覚・妄想、認知機能障害、睡眠障害、自律神経障害、疼痛が患者の生活の質(QOL)低下に大きく影響するため重要視されている(**表3**)[10]。また、非運動障害は運動障害の発現以前に認められることからも注目されている。

治療

・薬物療法

　PDはいわゆる神経難病のなかでも薬物療法の効果が著明な疾患で、さまざまな治療薬が使われている。脳内のドパミンの不足を補うためにL-DOPAが第一選択として使われ、運動障害の改善に効果的である。長期服用はwearing off現象、on-off現象、ジスキネジアといった副作用が生じるので、服用方法を工夫してこれらの副作

*QOL：quality of life

用を抑制している。ドパミンアゴニストは、ドパミン受容体の作用を活性化してPD症状全般を改善する。

- 外科的治療

薬物療法がその効果の減弱や副作用の増強で困難になった場合に脳深部刺激療法（DBS）が選択されることがある。通常は脳深部の視床下核や淡蒼球内節の左右に電極を植め込んで刺激する。off時間・症状の減少，振戦，ジスキネジアに効果が示される。

SCD/MSA

疾患の概要

SCDは協調運動障害，平衡機能障害を主症状とする神経変性疾患の総称である。臨床像あるいは遺伝的に異なる多数の病型がある。臨床像は，病型によって小脳系，錐体路系，錐体外路系，自律神経系の症候を示し，合併症，予後も異なる。病型は孤発性（非遺伝性）と遺伝性に大分類され，孤発性はMSA，皮質性小脳萎縮症（CCA）が代表的である。遺伝性は常染色体優性遺伝のMachado-Joseph病（マチャド・ジョセフ）が代表的である。

MSAは，従来，オリーブ橋小脳変性症（OPCA），線条体黒質変性症（SND），Shy-Drager症候群（シャイドレーガー）（SDS）を独立した疾患としてとらえられていたが，現在は病態から同一の疾患としてとらえられるようになった。従来のOPCAをMSA-C（cerebellar），SNDをMSA-P（parkinsonism），SDSを

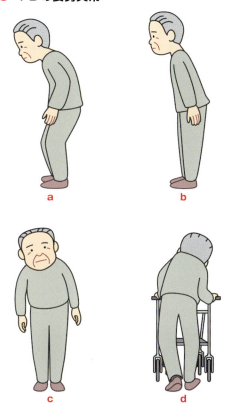

図8　PDの姿勢異常

a, b：前屈・前傾姿勢，c：傾斜現象（pisa現象），d：体幹の回旋

表3　PDの主な非運動症状

1. 嗅覚障害 2. 精神症状 　a. うつ 　b. アパシー 　c. アンヘドニア 3. 衝動制御障害 　a. 病的賭博 　b. 病的性欲亢進 　c. 脅迫的買物 　d. 脅迫的過食 　e. ドパミン調整異常症候群 　f. punding 4. 疲労 5. 幻覚・妄想 6. 認知機能障害	7. 睡眠障害 　a. 不眠 　b. 日中の過度の眠気 　c. 突発性睡眠 　d. レム睡眠行動異常症 　e. レストレスレッグス症候群 8. 自律神経障害 　a. 起立性低血圧 　b. 食事性低血圧 　c. 便秘 　d. 排尿障害 　e. 性機能障害 　f. 発汗障害 9. 疼痛

＊DBS：deep brain stimulation　＊CCA：cortical cerebellar atrophy　＊OPCA：olivopontocerebellar atrophy
＊SND：striatonigral degeneration　＊SDS：Shy-Drager syndrome

MSA-A(autonomic)としている。

わが国における疫学は，2008年調査によると患者数（医療受給者）約23,000人，有病率10万人あたり18.6人，男女比0.99，発病年齢は男性50歳代，女性60歳代にピークがある。弧発例67％，遺伝性29％である。発症後4～5年は，OPCAで33％が歩行可能であり，43％が開脚立位保持可能である[11]。

症候・障害

協調運動障害，平衡機能障害が主症状であるが，中高年での発症や重度化・不動による運動器障害（関節可動域，筋力低下など）についても検査しておくことが必要である。

協調運動障害は，上肢，下肢，体幹で生じる可能性がある。小脳性の協調運動障害が著明で，その検査項目も多数ある。企図振戦，測定障害，変換運動障害，運動開始の遅延，運動の分解，協働収縮の異常があげられる（**表4**）[12]。

平衡機能障害は，反射の遅れや制御できない過剰な反応により立位，歩行バランスを崩すことが多い。このようなことが転倒を惹起する。

フリッドライヒ型失調症（Friedreich's ataxia）は，深部感覚障害によるRomberg（ロンベルグ）徴候が陽性になる。

自律神経症状を主徴とした病型もあるので，そのリスク管理も必要である（**表2**）。

治療

運動失調への対症療法として甲状腺刺激ホルモン放出ホルモン誘導体の内服薬が保険適応として認められている。近年，経頭蓋磁気刺激（TMS）治療が報告されているが，効果については今後も検討が必要である。また，包括的集中的リハの短・長期効果が報告されている[13]。

ALS

疾患の概要

ALSは大脳皮質から脊髄側索の前核細胞までの一次運動ニューロンと，脊髄前核細胞から神経筋接合部までの二次運動ニューロン（末梢性運動神経）の両方が選択的に損傷される進行性疾患である（**図9**）。

その原因は不明であるが，いくつかの学説がある。神経伝達物質であるグルタミン酸の代謝異常，フリーラジカルによる神経細胞の損傷，古くからのアルミニウム，マグネシウムなどの環境による影響がいわれている。また，ALSの5～10％の占める認知症を伴ったALSは，家族性ALSとして遺伝性が明らかになっている。

日本人の疫学調査では，発症年齢は70～79歳にピークがあり，有病率は10万人当たり9.9人，年間発生率は2.3人，男女比は1.5：1，患者数約9,000人と推定される。

症候・障害

一次ニューロン損傷による中枢性麻痺と二次ニューロン損傷による末梢性麻痺が混在する。筋萎縮，筋力低下を主症状とする。四肢の線維束性攣縮（ピクツキ感），四肢の脱力，垂れ足，手指骨間筋の萎縮，舌の萎縮，深部腱反射の亢進あるいは低下などの症状を示す。

さらに脳神経支配筋の障害，呼吸筋の筋力低下などにより，嚥下障害，呼吸機能障害を生じる。障害の分類から上肢型，下肢型，球麻痺型に分けられ，障害像の把握に適する。古典的ALSでは，外眼筋麻痺，膀胱直腸障害，感覚障害は陰性徴候とされていたが，近年は人工呼吸器による長期生存が可能になり外眼筋麻痺，膀胱直腸障害も出現することが明らかになってきた。最重度になると眼球運動を含めて全身の随意運動がまったくできなくなる「完全閉じ込め状態」（TLS）になり，通常は意思疎通が全くできなくなる。

呼吸筋麻痺および肺コンプライアンス低下による呼吸機能障害は，日常生活だけではなく，直接生命予後に影響する障害である。呼吸機能

* TMS：transcranial magnetic stimulation * TLS：totally locked-in state

低下の日常生活で留意すべきチェックリストを**表5**に示す。

治療

薬物治療はリルゾールのみが推奨されている（生存期間を2～3カ月延長）。対症療法として痛みや痙縮に対する筋弛緩剤，運動療法，体位交換が行われる。流涎に対して唾液専用低圧持続吸引器，不眠やうつ・不安に対する薬物療法，心理的支援が行われる。

表4　協調性検査法とその障害像

検査名	姿勢	検査法	障害像
四肢の一般的検査			
・鼻指鼻試験 　nose-finger-nose test	座位	患者自身の鼻―検査者の指―鼻を反復しながら触れる。検査者の指の位置を変えてもよい。	企図振戦，測定異常，運動のぎこちなさが生じる。深部感覚障害では閉眼すると鼻に触れられない。
・指鼻試験 　finger-nose test	座位	上肢を伸展・外転位から患者自身の鼻に触れる。反復する。	深部感覚障害では閉眼すると鼻に触れられない。
・膝打ち試験 　knee pat (pronation-supination) test	座位	一側あるいは両側同時に手掌と手背で交互に膝上を叩く。	速く，リズミカルにできない。
・足指手指試験 　toe finger test	背臥位	患者は母趾で，検査者の示指に触れるようにする。 検査者は示指を動かしてよい。	下肢の企図振戦が生じる。
・踵膝試験 　heel-knee test	背臥位	一側の踵を他側の膝に下ろし，脛に沿って下ろし，足背まで達したら，反復する。閉眼で行う。	小脳失調では踵が膝に乗らない，向こう脛に沿ってスムーズに下ろせない。
・向こう脛叩打試験 　shin tapping test	背臥位	一側踵で他側の脛をたたく。	一定のリズムで脛を叩けない。
・arm stopping test	座位	示指で耳朶に触れる	指は耳朶を過ぎて測定異常を示す。
・コップをつかむ	座位	コップをつかむ。	手指の過度な伸展，測定異常を示す。
・過回内試験 　hyperpronation test	座位	両手を前方水平位まで挙上，手掌を上向きから回内して下向きにする。	障害側では過剰な回内を生じ，母指が下方を向く。
・線引き試験 　line drawing test	座位	決まった距離間（10 cm）に対して横線を引く。	測定異常（hypermetria, hypometria）を生じる。
・模倣試験 　imitation phenomenon	背臥位	一側上（下）肢の他動的な運動を，他側上肢（下）肢で模倣する。閉眼で行う。	深部感覚障害や小脳障害では正確な模倣ができない。
反復拮抗運動不能　dysdiadochokinesis			
・手回内・回外検査 　hand pronation-supination test	座位・立位	両手を挙上してできるだけ速く回内―回外を反復する。	運動が遅く，不規則になる。
・finger winggle	座位	机上に手を置き，母指から順に素早く机を叩く。	運動が遅くなる。
・foot pat	座位	踵は床に付けて足底で床面を速く叩く。反復する。	運動が遅くなる。
・tongue winggle	座位	舌を出して左右に速く動かす，あるいは出し入れすることを反復する。	舌突出，左右に動かすことが拙劣になる。

文献11）より引用

図9　筋萎縮性側索硬化症の徴候

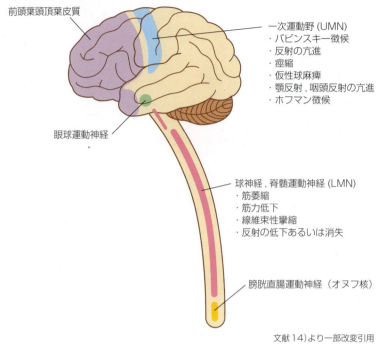

文献14)より一部改変引用

表5　呼吸のチェックリスト

症状	チェック内容
自覚症状	咳払いが小さい，声が小さい，朝に頭痛がする，息苦しい 食事やトイレなど日常生活で疲れやすい，日中に頻回に眠気がある よくむせる，嚥下障害が軽いのに食事量が減る，最近体重減少が激しい
呼吸数	安静時1分間に30回以上の呼吸では疲労する，25回以上になったら要注意
呼吸パターン	肩・頸・顎などを使って努力して呼吸していないか，浅くて早い呼吸でないか リズムが不規則でないか，楽な姿勢が決まっているか
痰の様子	痰が多くないか，いつも絡んでいないか，ゴロゴロしていないか， スムーズに出るか，色や性状はどうか
表情	チアノーゼはないか，苦しそうか，ボーとしていないか，なにかいつもと違う感じはしないか

文献15)より引用

＊UMN：upper motor neuron　＊LMN：lower motor neuron

4 老年期（高齢期）

POINT
- 65歳以上の人を高齢者とし，65～74歳を前期高齢者，75歳以上を後期高齢者とする
- 高齢者は，加齢により種々の生理機能は低下し，病気や障害をきたしやすい
- 加齢に伴う心身機能低下が複合して引き起こす高齢者特有の症状や徴候を総称して老年症候群という
- 理学療法士がよくかかわる老年症候群として，フレイル・サルコペニア，転倒，認知症などがある
- フレイルとは加齢に伴う生理的予備能力の低下により，生活障害，要介護状態，死亡などのリスクが高まった状態をいう
- 転倒・骨折は生活障害を引き起こし，要介護リスクを高めるため予防が重要である
- 認知症は脳の障害により，認知機能が病前より低下し，生活に支障をきたした状態であり，生活障害への対応が欠かせない
- 廃用症候群の回復には，廃用を起こした活動低下期間より長い期間が必要となるため予防が重要である

高齢者の定義・分類と心身機能の特徴

高齢者の定義と分類

一般的に65歳以上の人を高齢者とする（2017年現在の高齢化率27.7％ 3,515万人）。しかし寿命の延伸に伴い，高齢者の年齢の幅が広がったため，65～74歳を**前期高齢者**（13.9％ 1,767万人），75歳以上を**後期高齢者**（13.8％ 1,748万人）と区分する。それぞれの特徴を**表6**に示す。

> **補足**
> **今後の高齢者数の推移：後期高齢者が増加**
> 高齢者数は今後も増え続け，2042年に3,935万人でピークを迎え，その後は減少に転じる。総人口が減少する影響で，高齢化率は2042年以降も上昇を続け，2065年には38.4％（前期高齢者12.9％，後期高齢者25.5％）になると推測されている。前期高齢者は2041年以降減少に転じるのに対して，後期高齢者は2054年まで増加が見込まれている。

> **補足**
> **高齢者が若返っている**
> 現在の高齢者は10～20年前の高齢者と比較して，加齢に伴う身体的機能変化の出現が5～10年遅延している（例えば現在の75～79歳の人は15年前の70～74歳の人と同じ心身機能；**図10**）。そのため高齢者の定義を見直し，65～74歳は准高齢者とし，75歳以上を高齢者と区分する案が2017年に日本老年学会，日本老年医学会の合同ワーキンググループから提案された[17]。

高齢者の心身機能の特徴

加齢に伴い種々の生理機能が低下し，病気・障害が生じやすい状態になる（**表7**）。

老年症候群

老年症候群とは加齢に伴う心身機能低下が複合して引き起こす高齢者特有の症状や徴候の総称をいう。生理的老化に伴う症状と疾患や外傷など病的老化に伴う症状があり，虚弱，筋力低下，骨粗鬆症，転倒，めまい，失禁，脱水，浮腫など50種類以上ある。加齢に伴う変化のため，「年のせい」と気付かれにくいが，生活障害をきたした後では対応が難しいため，早期発見・早期対応が求められる（**表8**）。

表6 前期高齢者と後期高齢者の特徴

前期高齢者	後期高齢者
老化の徴候，老年疾患の増加	老年疾患の重複
生活機能保持	生活機能低下
中年期との切り替え	老人の特徴を表現

文献16）より引用

老年症候群は以下の3つに分類される。

①加齢変化に影響を受けない症候群：急性疾患に付随する症状で，若い人と同じくらいの頻度で起こるが，高齢者では対処に工夫が必要な症候群（めまい，不眠など）
②前期高齢者で増加する症候群：慢性疾患に付随する症候群（関節痛，転倒，浮腫など）
③後期高齢者で増加する症候群：廃用症候群と関連する症候群でADLを低下させ，要介護状態に陥る（筋萎縮，嚥下困難，尿失禁，褥瘡など）
＊図11も参照。

入院・入所高齢者において，老年症候群の数は加齢によって指数関数的に増加し，老年症候群の該当数の増加によりADL低下の危険性が高まるため，複数の症状（生活機能全般）を包括的に評価・治療する必要がある。

代表的な老年症候群と廃用症候群

フレイル・サルコペニア

■ フレイル（虚弱）とは

フレイルとは，加齢に伴う生理的予備能力（例えば筋力や認知機能）の低下により，ストレスに対する回復力が低下した状態で，生活障害，要介護状態，死亡などのリスクが高まった状態をいう。フレイルは複数の慢性疾患，老年症候群，廃用症候群が相互に影響し合い引き起こされる。地域在住高齢者の有病率は約10％（約340万人）とされている。フレイルは多面的な問題を含有しており，身体的，心理・精神的，社会的フレイルなどに分類される（**表9**）。

フレイルは健常と要介護高齢者の中間的な状態であり，健常高齢者と比較して，要介護（1.5～2.0倍），施設入所（1.7倍），転倒・骨折（1.2～2.8倍）の危険性が高まる。一方で，適切な介入により約35％は健常にもどることが可能とされる（**図12**）。

フレイルの診断・評価は，①体重減少，②筋

図10 高齢者の新体力テストの合計点の年次推移（男性）

現在の75～79歳の人は15年前の70～74歳の人と同じ心身機能

― 65～69歳　― 70～74歳　― 75～79歳

文献18）を基に作成

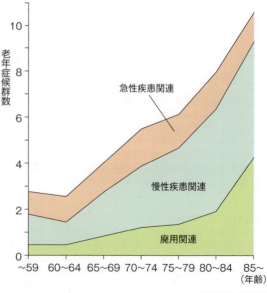

図11 老年症候群の3分類

文献20）より引用

表7　加齢による身体部位別機能変化と関連疾患

部位	加齢変化	頻度の高い疾患・合併症
神経系	脳萎縮 動脈硬化 睡眠リズムの変化 記憶力低下	脳血管障害 パーキンソン病 認知症 うつ病
感覚器	視力低下 聴力低下	老眼，白内障，緑内障 難聴
皮膚	コラーゲン低下（弾力性↓）， 皮脂分泌の低下	傷つきやすい かゆみ
循環器系	最大心拍数・心拍出量低下 不整脈増加 動脈硬化	運動耐容能の低下・めまい・立ちくらみ 心不全 狭心症，心筋梗塞
呼吸器系	肺活量，1秒率の減少 残気量の増加 淡の喀出能力の低下	息切れ 慢性呼吸不全 肺炎
腎機能，排泄機能	腎血流量低下 クレアチニンクリアランス低下 膀胱コンプライアンス低下	慢性腎臓病，腎不全 脱水，尿路感染症 前立腺肥大
口腔機能	唾液分泌低下 残歯の減少	口腔乾燥 咬合力低下
消化器系	粘膜萎縮 動脈硬化・虚血 消化管の蠕動運動低下	潰瘍，食道裂孔ヘルニア 消化・吸収不良 便秘
内分泌・代謝機能	耐糖能低下 性ホルモン分泌低下	糖尿病 更年期障害，骨粗鬆症 体温調整機能低下
免疫系	免疫力低下 自己抗体の増加	感染症 膠原病
運動器系	筋萎縮・筋力低下 骨萎縮 関節軟骨の変性	運動器不安定症 骨折 変形性関節症

文献19）を基に作成

表8　老年症候群の特徴

・病気とはいえない
・致命的ではない
・初期には生活への支障が少ない
・複数の症状が相互に影響する

表9　フレイルの種類

身体的フレイル	サルコペニア，運動器症候群；ロコモーティブシンドローム（骨粗鬆症，骨折，変形性関節症，神経障害など），体重減少，易疲労性，活動性低下，易転倒性など
精神・心理的フレイル	認知機能低下（軽度認知障害），うつなど
社会的フレイル	独居，貧困，閉じこもりなど
オーラルフレイル	舌口唇運動機能低下，咬合力低下，咀嚼・嚥下機能低下（老嚥）など

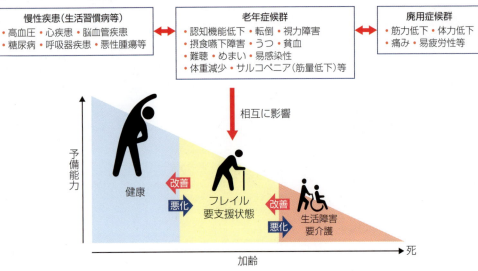

図12 フレイルの概念

フレイルは要介護リスクが高い一方で，適切な対応で35％は健康へ戻ることが可能

文献21）より一部改変引用

力低下，③易疲労性，④歩行速度低下，⑤身体活動低下の5項目のうち3項目以上該当する場合にフレイルと判定する（**表10**）。また簡便な評価方法として基本チェックリストがあり，25項目のうち8項目以上該当する場合フレイルである可能性が高い。

■サルコペニア（加齢性筋肉減少症）

サルコペニアとは，ギリシャ語の「サルコ（sarco）＝筋肉」と「ペニア（penia）＝喪失」を合わせた造語で，加齢に伴う骨格筋量減少と筋力もしくは身体機能が低下した状態を示し，身体的フレイルの中核的病態である。骨格筋量は上肢より下肢で低下しやすく，下肢では40〜50歳以降，骨格筋量は年に約1％，筋力は2〜3％低下する（筋量低下と筋力低下は一致しない）。体幹や下肢の大きな筋肉で，立ち座り，立位姿勢保持，歩行時などに働く筋肉が低下しやすい（**図13**）。そのためサルコペニアでは転倒，骨折，死亡などのリスクが高まる。地域在住高齢者の有病率は6〜12％で，施設入所高齢者では14〜33％と高まる。

サルコペニアの要因は**一次性サルコペニア**（加齢以外に明らかな原因がないもの）と**二次性サルコペニア**（1つ以上の原因が明らかなもの）に分けられる（**表11**）。活動低下によるサルコペニアは廃用性筋萎縮と同義といえる。

サルコペニアの診断は①筋力低下，②筋肉量低下，③身体機能低下のうち，①と②を有する場合はサルコペニアと判定し，①〜③を有する場合は重度サルコペニアと判定する（**図14**）。

■フレイル・サルコペニアの予防

予防には，運動と栄養の併用療法が推奨されている。運動は中等度〜高強度で筋力トレーニング，持久運動，ストレッチ，バランスなど多因子運動を，1回1時間，週3回，3カ月以上実施することが推奨されている。栄養は筋肉の材料であるタンパク質（肉・魚・乳製品）とタンパク質の合成を促進するとされるビタミン・ミネラル（野菜・果物）が含まれるバランスのよい食事摂取が推奨されている[26]。

表10　フレイルの判定基準

体重減少	6カ月間で2～3kg以上の体重減少
筋力低下	握力低下（男性26kg未満，女性18kg未満）
易疲労性	（ここ2週間）わけもなく疲れたような感じがする
歩行速度低下	通常歩行速度1.0m/s未満
身体活動低下	①「軽い運動・体操を1週間に何日していますか」， ②「定期的な運動・スポーツを1週間に何日していますか」 （いずれもしていないで該当）

上記5項目のうち3項目以上該当：フレイル，1～2項目該当：前フレイル

文献22）より引用

図13　サルコペニアを起こしやすい筋肉

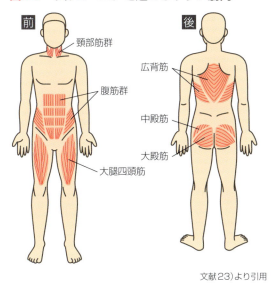

文献23）より引用

図14　サルコペニアの診断アルゴリズム

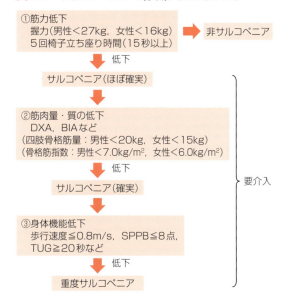

DXA：dual energy X-ray absorptiometry
　　　（二重エネルギーX線吸収法）
BIA：bioelectrical impedance analysis
　　　（生体電気インピーダンス法）
SPPB：short physical performance battery
TUG：timed up & go test

文献24）を基に作成

表11　二次性サルコペニアの主な原因

活動に関連	寝たきり，活動性の低下，無重力など
疾患に関連	重症臓器不全（心臓，肺，肝臓，腎臓，脳），炎症性疾患，悪性腫瘍，カヘキシア，神経変性疾患，甲状腺機能異常・インスリン抵抗性・コルチコステロイド・成長ホルモン・IGF-1などに関連した内分泌疾患
栄養に関連	栄養不良・吸収不良，消化器疾患，食欲不振をきたす薬剤使用などに伴う摂取エネルギー・タンパク質の摂取量不足に起因するもの

文献25）より引用

転倒

■ 転倒とは

「本人の意志ではなく，地面またはより低い面に身体が倒れることで，重心線を支持基底面内に保持できなくなったことによって生じるもの」を**転倒**という。65歳以上の地域在住高齢者の約20～30％（約3人に1人）が1年間に1回以上転倒する。転倒した高齢者の5～10％が骨折するとされている（高齢者100人のうち20～30人が転倒し，2～3人が骨折する）。転倒により大腿骨頸部骨折などを受傷すると，歩行機能が低下し，要介護や寝たきりの原因となるため（要介護原因第4位：12.1％），**転倒予防**が重要である。

全体では，半数弱が屋外で転倒するが，75歳以上の大腿骨頸部骨折では3/4が室内での転倒により受傷している。屋外では不整地，地面の凍結，雨で濡れた場所などで，室内では寝室や居間など滞在時間の長い場所で転倒が発生しやすい。

転倒の要因は多様で50種類以上抽出されているが，大きく分けると**内的要因**と**外的要因**に分けられる（図15）。転倒リスクの高い内的要因として転倒の既往，筋力・歩行能力低下，服用薬剤の有無などがある。外的要因では座布団や電気のコードなどのちょっとした障害物，段差，照明，履物などがあり，環境整備も転倒予防に重要である。

転倒の要因は多様なため，包括的な介入が推奨される。筋力増強，バランス練習，歩行，柔軟体操などの複合運動に，服薬指導，食事指導，環境整備など多角的介入する。しかし完全に転倒を防ぐことは難しいため，クッション性のある床材の使用やコーナーカバーの設置，ヒッププロテクターの着用など転倒しても軽症で済むような対策も重要である。また転倒経験，もしくは運動機能低下により易転倒性や転倒恐怖心が高まることで，活動性の低下や生活範囲の狭小化をきたす場合もあるため，**転倒恐怖心の評価・介入**も忘れてはならない。

■ 認知症とは

認知症とは「脳の障害により，認知機能が病前より低下し，生活に支障をきたした状態」をいう。生活障害が必須で，認知機能が低下していても生活に支障がなければ認知症とはいえない。認知症者数は高齢化に伴い増加しており，2012年の時点で高齢者の約15％（462万人）で，2025年には約20％（700万人；高齢者5人に1人が認知症）と推計されている。認知症は認知機能低下を

図15　転倒の内的要因と外的要因

内的要因		外的要因	
身体的なもの	**認知・心理・行動的なもの**	**環境的なもの**	**課題や動作によるもの**
・平衡機能（バランス能力） ・**協調性** ・**筋力** ・持久力 ・柔軟性 ・姿勢 ・**感覚系** など	・**注意** ・**意識状態** ・高次脳機能障害 ・身体イメージ ・精神状態（興奮，抑うつ） ・**転倒恐怖感** ・運動習慣 ・**性格** など	・床や道路の状態 ・障害物 ・**段差や階段** ・**照明** ・**履物**（靴） ・衣類 ・歩行自助具 ・服薬内容 ・服薬数 など	・バランス能力の必要な課題 ・大きな筋力を使う課題 ・スピードを伴う課題 ・二重課題 ・不慣れな動作 ・不意な外乱 ・感覚遮断 など

きたす症候群名であり，病名ではない．認知症を引き起こす原因疾患は70種類以上あるとされるが，Alzheimer型認知症，脳血管性認知症，Lewy小体型認知症，前頭側頭型認知症の4大認知症疾患で約90％を占める（図16）．認知症を引き起こす原因疾患により症状や対応が異なるため原因疾患を考慮して理学療法を提供する必要がある（表12）．

認知症の症状は**認知症状（中核症状）**と**行動・心理症状（BPSD）**に分けられる（図17）．認知症状が脳の障害によりすべての認知症疾患でみられるのに対して，BPSDは認知機能障害を背景として，対象者の性格，心理・身体状況，周囲の物的・人的環境，服薬状況などにより消長する．介護負担が高いのはBPSDであり，BPSDを予防・軽減できれば，本人・家族とも穏やかに生活できる可能性がある．また認知症では病識が低下する．つまり本人が感じている自身の状態と，周囲の人がみた客観的な状態に乖離を生じる．例えば支援が必要なのに，支援の必要

性が理解できず，支援を拒否するなど，支援者とのトラブルになりやすいため，病識低下を踏まえた対応が必要となる．

認知症の半数を占めるアルツハイマー型認知症は緩徐進行性の経過をたどる（図18）．軽度では手段的日常生活活動（IADL）障害を生じるが基本的日常生活活動（BADL）は維持される．中等度ではBADL障害を認め，BPSDも出現し，一番ケアの負担が強い時期である．重度では歩行困難となり寝たきりとなる．発症から10〜15年かけて重度に至る．

認知症の治療は薬物療法と非薬物療法に分けられる．薬物療法において，現状で認知症の根本的治療薬はなく，進行を1〜2年遅らせる対処薬があるのみであり，**非薬物療法**（ケアとリハ）が重要である．また支援者の介護負担も強いため，社会資源を活用し，支援者，本人双方を支援する．

■軽度認知障害（MCI）

アルツハイマー病では認知症発症の約20年以上前から脳のなかでは病理的変化が始まることが明らかになっている．**MCI**は健常と認知症の病理的にも症候的にも中間的な状態である（表13）．2012年の時点で高齢者の13％（400万人）がMCIと推計されている．

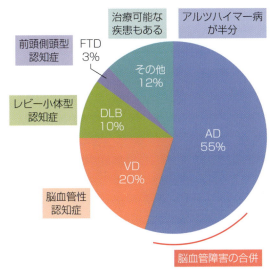

図16　認知症の原因疾患と割合

高齢化に伴ってアルツハイマー病が増加．廃用は，すべての認知症の悪化因子．

文献27）より一部改変引用

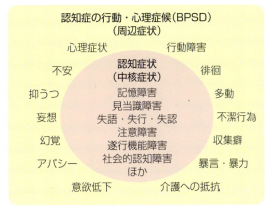

図17　認知症状と行動・心理症状

文献29）より一部改変引用

＊BPSD : behavioral and psychological symptoms of dementia　＊IADL : instrumental activities of daily living
＊BADL : basic activities of daily living　＊MCI : mild cognitive impairment

認知症の発症には遺伝的要因と環境要因が関係しており，健常と比較してMCIは，認知症の発症リスクが10倍高い一方で，この時期に環境要因である生活習慣を見直すことで，約30％が健常に戻れるとされている。さまざまな生活習慣の改善が認知症予防に有効と報告されているが，なかでも運動による海馬の萎縮予防や認知機能低下予防は，エビデンスレベルが高い[31]。

表12　認知症の4大原因疾患の特徴と対応のポイント

	アルツハイマー型認知症（ADD）	脳血管性認知症（VaD）	レビー小体型認知症（DLB）	前頭側頭葉変性症（FTLD）
認知機能障害	全般・特に記憶障害	まだら・特に実行機能障害	全般・特に視覚認知障害	人格変化や特異な行動変化（社会的認知障害）
精神症状	被害妄想，取り繕い反応	夜間せん妄，感情失禁，意欲低下	生々しい幻視	脱抑制，感情・情動の変化
神経学的症状	初期段階では伴わない	構音・嚥下障害（仮性球麻痺），パーキンソン症候群，歩行障害	パーキンソン症候群，バランス障害・転倒，自律神経障害	初期段階では伴わない
症状の変化	進行性に悪化	症状の消長あり	日内・日差変動大	進行性に悪化
対応のポイント	・注意障害→指示はテンポよく ・快か不快の判断で治療への協力が決定→安心・楽しい雰囲気で ・周りと過同調する心理特性→楽しく小グループで	・ADDと比較して，残存機能も多い ・実行機能障害→個別にゆっくりと本人のペースに合わせる ・きちんと説明し納得を得る ・再発予防	・日内・日差変動→リハや活動は調子の良いときに実施 ・パーキンソン症候群→本人のリズムで，動作開始のきっかけを援助 ・自律神経障害→失神・転倒に注意 ・幻視→錯視を生じない環境設定（照明・色使い）	・マイペースでゴーイングマイウェイ→個別対応 ・自分のやりたいことには一生懸命であるが，興味のないことには協力が得られない

文献28)より改変引用

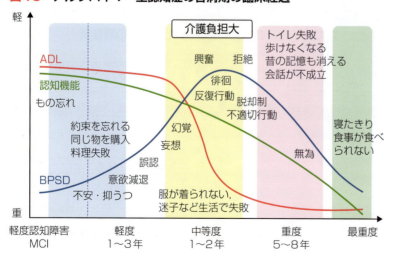

図18　アルツハイマー型認知症の各病期の臨床経過

文献32)を基に作成

表13　MCIの診断基準

1. 以前と比較して認知機能が低下
2. 複雑な日常生活動作（複雑な仕事や金銭の取り扱い，初めての場所への旅行など）に最低限の障害はあっても日常生活は自立

文献30)より改変引用

＊ADD：Alzheiner's disease dementia　＊VaD：vascular dementia　＊DLB：dementia with Lewy bodies
＊FTLD：frontotemporal lobar degeneration

> **補足**
> **認知症は予防できるのか？**
> 認知症予防に有効とされる生活習慣は同時に健康長寿を延伸させる。加齢は認知症のリスクを高めるため、長生きすると認知症になる可能性は高まる。つまり認知症予防は認知症発症の先送りといえる。そのため認知症予防を行いつつ、認知症になっても安心な街づくりを同時に進める必要がある。

■ 廃用症候群

廃用症候群（廃用）とは身体の低・不活動状態により生じる、全身諸臓器の病的状態（二次的障害）の総称であり、**生活不活発病**ともいう（表14）。廃用は高齢者以外でも生じる。廃用は可逆性のものが多いが、関節拘縮など不可逆性のものもある。また可逆性であったとしても、廃用の回復には、廃用を引き起こした活動低下期間の2倍以上の期間を有することも少なくない（表15）。機能を失うのは早いが、取り戻すには大変な労力を要するため、早期発見・予防が重要となる。高齢期においては社会的役割の喪失、生活範囲の狭小化などで、廃用を来しやすい。そこにフレイルやサルコペニアが加わり、易疲労性や痛みなどを有すると、活動量が低下し（さらに廃用が進む）、活動量が低下すると食欲もわかないので、低栄養になり、フレイルやサルコペニアが加速するという悪循環に陥りやすいため、注意する必要がある。

> **実践!! 臨床に役立つアドバイス**
>
> **高齢者の生活障害を理解するポイントは生活歴の聴取**
>
> 高齢者の生活障害には、①一次障害（疾患）、②二次障害（廃用）、③加齢（老年症候群）の3要因が相互に影響し合い引き起こされる。同じ筋力低下でも、栄養障害が原因のサルコペニアであれば、栄養改善と筋力トレーニングにより改善が期待できるかもしれない。一方、廃用性筋萎縮であれば生活を活発にすることで改善が期待できる。そのため、生活歴（活動性や栄養状態）と現在の疾病を踏まえ、筋力低下の要因を明らかにし、適切な介入に結びつけることが重要である。また高齢期においては、完全に治らない病気も多いため、病気を抱えながらも、豊かな生活が送れるような支援の視点が必要となる。

> **補足**
> **廃用性筋萎縮とサルコペニアのメカニズムの違い**
> 廃用性筋萎縮では筋線維が細くなるが、筋線維数は変化しない。またtypeⅠ線維（遅筋）が優位に萎縮するのに対して、サルコペニアでは筋線維数も減少し、typeⅡ（速筋）が優位に萎縮するなど、同じ筋萎縮であってもメカニズムが異なる可能性が指摘されている。しかし、サルコペニアは老化および長期にわたる運動や栄養などの生活習慣が影響しており、そのメカニズムの解明は始まったばかりで不明な点が多い。両者の病態が明らかになれば、それに合わせた、理学療法が開発される可能性もあり、今後の研究が待たれる。

表14 廃用による症状

局所性	筋・骨格系 皮膚	筋・骨萎縮、関節拘縮、軟部組織萎縮、筋力低下 褥瘡など
全身性	循環器系 呼吸器系 消化器系 泌尿器系 内分泌・代謝系 精神・神経系	循環血漿量減少、心機能低下、起立性低血圧、血栓・塞栓症 肺胞気異常、最大換気量低下 食欲不振、便秘 尿路結石、利尿 ホルモン分泌異常、耐糖能異常、脂質異常症、電解質異常 感覚低下、認知機能低下、抑うつ、姿勢・運動機能調整異常

文献33）より引用

表15　廃用症候群を起こす活動低下期間とその回復に必要な期間

	失う時間・量	取り戻すのにかかる時間
骨	1週間：約1％↓，1カ月：3～4％↓	1週間分を取り戻す：**4カ月**必要
筋	1日3～5％↓，1週間20％↓，2週間40％↓	1日分を取り戻す：**1週間**必要 1週間を取り戻す：**1カ月**必要
関節拘縮	2週間：骨棘形成→3～4週間：軟骨消失→6週間：骨化	骨化後は**回復不能**
褥瘡	32mmHgの圧が2時間で細胞壊死	数十倍の時間が必要

元の状態やさまざまな要因が関係するため，一概にはいえないが，おおまかな期間を示す。

まとめ

- 脳性麻痺のタイプには何があるか（☞p.12）。 試験
- 姿勢反射とは何か（☞p.13）。 試験
- 二分脊椎の分類について述べよ（☞p.14）。 試験
- 二分脊椎の合併症について述べよ（☞p.14）。 試験
- デュシャンヌ型筋ジストロフィーの病態について述べよ（☞p.14）。 試験
- 脳血管障害において大脳半球と麻痺側の関係について述べよ（☞p.16）。 試験
- 失語症が主に出現するのは左右どちら側の麻痺か（☞p.16）。 実習 試験
- 失語症にはどのような種類があるか（☞p.16）。 実習 試験
- 高次脳機能障害が合併すると理学療法にどう影響するか（☞p.16）。 実習
- 難病の4条件とは何か（☞p.18）。 実習 試験
- PDの4大徴候とは何か（☞p.19）。 実習 試験
- SCDはどのような症状を主に呈する疾患か（☞p.21）。 実習
- ALSはどのような症状を主に呈する疾患か（☞p.22）。 実習 試験
- 老年症候群の特徴を述べよ（☞p.25）。 実習
- フレイルを判断するときの項目を5つ挙げよ（☞p.26）。 実習
- サルコペニアの要因を一次性サルコペニアと二次性サルコペニアに分けて述べよ（☞p.28）。 実習
- 転倒の内的要因と外的要因について，具体例を挙げよ（☞p.30）。 実習 試験
- 転倒予防のための介入方法を述べよ（☞p.30）。 実習 試験
- 認知症のBPSDとはどのようなものか述べよ（☞p.31）。 実習
- 4大認知症疾患とその特徴を述べよ（☞p.31）。 試験
- 廃用症候群の具体的症状を述べよ（☞p.33）。 試験

【引用文献】

1) 大島一良：重症心身障害の基本的問題．公衆衛生，35：648-655，1971．
2) 三浦清邦：重症心身障害児の医療．難病と在宅ケア，22(10)：5-8，2017．
3) 厚生労働省：基本診療科の施設基準等及びその届出に関する手続きの取扱いについて．2012年3月5日保医発0305第2号，添付資料．
4) 相澤欽一：現場で使える精神障害者雇用支援ハンドブック，p198，金剛出版，2007．
5) 永井　肇：脳外傷者の社会生活を支援するリハビリテーション，p9，中央法規，1999．
6) 大日本住友製薬ホームページ：難病法と指定難病（https://kanja.ds-pharma.jp/life/joseikin/nanbyou/）

(2018.12.20アクセス).
7) 砂原茂一：リハビリテーション概論，医歯薬出版，2001．
8) 小林量作：進行性疾患への対応．図解運動療法ガイド（内山　靖，ほか編），p1138-1148，文光堂，2017．
9) 向井洋平，ほか：わが国におけるパーキンソン病の疫学研究，パーキンソン病（第2版）．日本臨牀，76（増刊号）：23-29，2018．
10) 伊藤瑞規，ほか：非運動症状，パーキンソン病（第2版）．日本臨牀，76（増刊号）：238-244，2018．
11) Tsuji S, et al：Sporadic ataxias in Japan—a population-based epidemiological study. Cerebellum, 7(2)：189-197, 2008.
12) 小林量作：機能・能力評価．リハビリテーション概論（真柄　彰，ほか編），p205-222，理工図書，2017．
13) Synofzik M, et al：Motor Training in Degenerative Spinocerebellar Disease：Ataxia-Specific Improvements by Intensive Physiotherapy and Exergames. Biomed Res Int, 2014：11, 2014.（https://doi.org/10.1155/2014/583507）
14) Swinnen B, et al：The phenotypic variability of amyotrophic lateral sclerosis. Nat Rev Neurol, 10(11)：661-670, 2014.（doi：10.1038/nrneurol.2014.184.）
15) 笠原良雄：呼吸理学療法，ALSマニュアル（中島　孝監），p202-210，日本プランニングセンター，2009．
16) 日本老年医学会編：老年医学系統講義テキスト，p19，西村書店，2013．
17) 日本老年学会ホームページ：高齢者の定義と区分に関する提言（概要）（https://www.jpn-geriat-soc.or.jp/proposal/pdf/definition_01.pdf）
18) スポーツ庁ホームページ：平成28年度体力・運動調査結果の概要及び報告書について体力・運動能力の年次推移の傾向（高齢者）（http://www.mext.go.jp/prev_sports/comp/b_menu/other/__icsFiles/afieldfile/2018/10/09/1409885_4.pdf）
19) 宮越浩一編：高齢者リハビリテーション実践マニュアル，p7，メジカルビュー社，2014．
20) 鳥羽研二：老人医療と介護保険をめぐる諸問題-施設介護の問題点．日本老年医学会雑誌，34（12）：981-986，1997．
21) 葛谷雅文：老年医学におけるSarcopenia & Frailtyの重要性．日本老年医学会雑誌，46（4）：279-285，2009．
22) 佐竹昭介：フレイルの進行に関わる要因に関する研究（25-11）．長寿医療研究開発費，平成26年度総括報告書（http://www.ncgg.go.jp/ncgg-kenkyu/documents/25-11.pdf）（2018.10.24アクセス）
23) Israel S：Age-related changes in strength and special groups. Strength and Power in Sport（Komi PV ed），Blackwell, Oxford, 319-328, 1992.
24) Cruz-Jentoft AJ, et al：Sarcopenia：revised European consensus on definition and diagnosis. Age Ageing, 48：16-31, 2019.
25) 厚生労働科学研究補助金（長寿科学総合研究事業）高齢者における加齢性筋肉減弱現象（サルコペニア）に関する予防対策確立のための包括的研究班：サルコペニア：定義と診断に関する欧州関連学会のコンセンサス—高齢者のサルコペニアに関する欧州ワーキンググループの報告—の監訳．日本老年医学会雑誌，49（6）：788-805，2012．
26) 長寿医療研究開発事業（27-23）：要介護高齢者，フレイル高齢者，認知症高齢者に対する栄養療法，運動療法，薬物療法に関するガイドライン作成に向けた調査研究班編：フレイル診療ガイド2018年版，p31，ライフ・サイエンス，2018．
27) 山口晴保編：認知症の正しい理解と包括的医療・ケアのポイント，第3版，p20，協同医書出版社，2016．
28) 山上徹也：認知症者に対する理学療法評価のポイント．理学療法，33：18-25，2016．
29) 山口晴保編：認知症の正しい理解と包括的医療・ケアのポイント，第3版，p64，協同医書出版社，2016．
30) Winblad B, et al：Mild cognitive impairment-beyond controversies, towards a consensus：report of the International Working Group on Mild Cognitive Impairment. J Intern Med, 256（3）：240-246, 2004.
31) 「認知症疾患診療ガイドライン」作成委員会編：認知症疾患診療ガイドライン2017，p133，医学書院，2017．
32) 西川　隆：Alzheimer病　症状と臨床経過．神経内科，72（Suppl 6）：277-283，2010．
33) 奈良　勲，ほか：理学療法から診る廃用症候群，p13，文光堂，2014．

2 生活の理解

1 小児期

POINT
- 脳性麻痺の生活上の配慮と環境整備を理解する
- 重症心身障害の生活上の配慮を理解する
- 二分脊椎の生活上の配慮と衛生・健康管理を理解する
- Duchenne（デュシェンヌ）型筋ジストロフィーの生活上の配慮と衛生・健康管理を理解する
- 発達障害の生活上の配慮を理解する

脳性麻痺

生活上の配慮

　脳性麻痺は，さまざまな方法で日常生活の自立を実現する．代償機構，あるいは補助具を用いることが多い．特に代償動作は，脳麻痺の特徴ともいえる．以下に脳性麻痺において，特徴的に観察される動作例を示す．

- **食事動作**：車椅子に姿勢を固定し，車椅子用テーブルと，食器固定台を用いる．ここに示す症例は，スプーン把持した動作が困難なため，スプーンは，ループにより右手の固定されるように配慮されている（**図1**）．

- **更衣動作**：臥位で簡易衣服（ボタンなどがないもの）を用いて行う．座位保持不可能なため，臥位での動作となっている（**図2**）．

- **車椅子駆動**：本症例は，立位保持不可であり，車椅子で移動する．上肢に随意性が低く，逆に下肢機能が高い．両下肢で床を交互に蹴ることにより前方に駆動する．このとき車椅子は下肢での駆動を考慮し，普通型車椅子に比べて座面が低く，床面から座面までの高さは下腿長に合わせて設計される．

- **下肢装具**：下肢装具は比較的運動能力が高いが，足関節あるいは膝関節に不安定性があるため

図1　固定台を用いた食事動作

に歩行が困難な場合に導入される。
- **歩行器**：spontaneous reaction control（SRC），posture control walker（PCW）などさまざまな種類がある。PCWは，後方支持型歩行器に分類される。

> **補足**
> **日常生活自立度維持の考えかた**
> 　脳性麻痺における機能障害は個々に異なる。そのため，日常生活も，個人に適合させた形で，配慮する必要がある。また，個々の機能により，日常生活自立のための動作も異なり，独自の動作を行う場合も少なくない。このことを踏まえ，日常生活自立度維持を目的として，以下に示す方法が考えられる。
> ①1日の生活の流れのなかに日常生活活動（ADL）能力維持のプログラムを組み込む。
> ②代償機能をおおいに利用する。
> ③補助具を可能な範囲で利用する。
> ④居住環境をできる限り整備，改善する。

図2　臥位更衣動作

住環境整備

　脳性麻痺では居住環境に対する依存度は高い。そのため日常生活上の自立度あるいは介助負担の大きさは，居住環境によって決定される。以下に比較的導入率の高い配慮について挙げる。

- **床埋め込み式便器**：床埋め込み式便器は床面にまったく段差を作ることなく便器を埋め込んだものである。床面上の移動可能な対象者が自力で移動し，排便が行えるように設計されている。
- **極低床ベッド**：床上での移動を日常的に行う対象者には，移乗が行いやすいよう床面の高さを低く設定したベッドが導入される。
- **バスマット**：バスマットは浴室面に敷き，洗体および浴室内の移動時に滑りにくくし，転倒などの事故を避けるために導入されている。
- **床上の移動を配慮した床材**：日常的に床上を移動する対象者にはある程度の弾力性があり，床暖房が施された床材が導入されている。

重症心身障害

生活上の配慮

　重症心身障害では，重篤な機能障害により，姿勢反射の成熟が著しく制限されている。そのため，座位保持困難であるばかりか，頭部立ち直りも安定しない，あるいは不可である。これらの対策として，姿勢保持のための，パッド，ベルト，リクライニング機構などを備えた，車椅子，座位保持装置が必要となる。また，立ち直り反応，平衡反応が未成熟な状態であるとともに，原始反射残存のために，極端な不良姿勢となることが多い。そのため，学齢期以前に，高度の脊柱側弯を示す症例が少なくない（**図3**）。

　重症心身障害児では，呼吸と摂食といった生命維持にかかわる基本機能について，日常的なケアを必要とする。また，呼吸障害と摂食障害は関連しており，切り離すことはできない。呼

---

*ADL：activities of daily living

吸器ケアの中心となるのは，気道内分泌物の排出，無気肺の発生予防などである．一方，摂食については，誤嚥が主な問題となる．重症心身障害では，運動発達が低いレベルにとどまることに付随して，嚥下機能の発達も未熟な状態にとどまる．固形物の摂食が困難である場合が多く，ミキサー食，あるいは，ペースト食が必要な場合も多い．水分は誤嚥しやすく，とろみ剤などにより，誤嚥しにくくする配慮が必要となる．

誤嚥は，誤嚥性肺炎を引き起こし，重篤化する可能性があるので十分注意する．誤嚥のモニタリングとしては，むせ，経皮的動脈血酸素飽和度（SpO_2）低下，心拍数上昇などがある[1]．

臨床に役立つアドバイス

地域で生活する医療的ケアが必要な児
人工呼吸器などを日常的に必要とする，医療的ケア児も，基本的に在宅で生活するようになってきている．こうした，在宅での生活は，地域の中核病院，専門医，訪問看護ステーションなどが共同する必要がある．

補足
介護による家族のストレス
日常的に介護負担が重い，重症心身障害児では，介護者に身体的および精神的ストレスを与える．また，同胞においても，ストレスや，寂しさを抱く場合が多い．こうした点を理解し，家族をケアといった立場から，慎重な対応が必要である．

二分脊椎

生活上の配慮

日常動作において，さまざまな指導と配慮が必要である．食事動作は座位姿勢を姿勢保持機能付き椅子などで支えることで，早い時期に自立が可能となる．着脱は使いやすい衣服の工夫を含め，時間をかけて対象児にとって可能な方法を指導する．排泄は膀胱直腸障害があるため，導尿，浣腸が必要な場合が多く，時間を要する．保護者が症状を十分に理解し，排泄管理を行う必要がある．この後，知的な発達を待って，自立の方法を指導する．補装具の装着の指導をするとともに，実用歩行が困難な場合は学齢期前後から車椅子操作の指導を始める（図4）．

衛生・健康管理

二分脊椎では，麻痺域に知覚障害が存在する．成長とともに体重増加などにより褥瘡発生の可能性が高まる．また，装具装着部などにできた創が，気付かれず重篤化する可能性も高い．予防には，知的発達を待ち，学齢期に達したら，自ら創の予防管理を忘れないように指導する．具体的には麻痺部を毎日確認する，坐骨部の徐圧を適宜行うなど指導する．

運動不足から体重増加する可能性も高い．一定の運動量を保つよう指導する．水泳などのスポーツに親しむよう促すことも重要である．

図3　重症心身障害児における脊柱側弯

図4　短下肢装具

* SpO_2 : percutaneous oxygen saturation

デュシェンヌ型筋ジストロフィー

生活上の配慮

- 小学校入学前後：下肢筋力が低下し，歩行が不安定となる。階段昇降も困難となる。そのため，手すりの設置，段差の解消，さらには階段昇降を必要としない環境整備が必要となる。
- 小学校低学年から中学年：機能低下がさらに進む。入浴時浴槽への出入りは親が抱いて出入りする。このとき移動台かバスボードを必要とする場合がある。トイレでは便器座面が高いと起立しやすい。また，床に手をついて起立することがあるので便器前方にスペースが必要となる場合がある。
- 小学校中学年から高学年：歩行能力がさらに低下し，長下肢装具を使用するようになり手すりの必要性が増す。また，車椅子を使用するようになるので，車椅子移動に応じた住環境が必要となる。自走型車椅子が多いが電動車椅子使用となる場合もある。

トイレは和式であればこの時期座位移動が可能なので，そのまま使用可能となることが多い。洋式では介助が必要となることが多いので介護スペースを設ける必要がある。

入浴ではシャワーチェアーの使用なども考慮し，部屋全体の暖房を検討する。浴槽への出入りにリフターを設置する場合もある。

- 中学校：介助型車椅子あるいは電動車椅子使用となることが多い。便器へ移乗，浴槽の出入り，車椅子への移乗などにリフターの使用を検討する。
- 中学校以降：座位保持も困難となり，呼吸機能障害も進行する。寝返りにも介助が必要となる。ベッド上で介助を受けることが多いので，介護しやすいハイアンドロー（高さ調節）機能付きギャッジベッドの導入を検討する。

入浴は全介助となるため広いスペースが必要となる。シャワーチェアーを利用する場合はヘッドレストも必要となる。

衛生・健康管理

呼吸器障害が進み，感染症に対する抵抗力が低下するので，室内の温度，湿度など室内環境の配慮が必要である。人口呼吸器が必要となることもある。痰の吸引や経管栄養，人工呼吸器の取り扱いなど衛生面に配慮しなければならないので，手洗い器が寝室にあると便利である。

> **実践!! 臨床に役立つアドバイス**
>
> **呼吸管理**
>
> 　呼吸に対する指導として，発声練習，腹式呼吸，抵抗呼吸，体位排療法などが挙げられる。横隔膜呼吸指導し，胸郭の関節可動域（ROM）の維持に努める。適度の湿度を保ち，上部気道感染を避ける。必要に応じ，吸引器により適宜分泌物を除去する。ポータブル式の間欠陽圧呼吸器は小さい圧縮タンクかポンプで動かすが，最大限に呼吸機能を維持するように努めることも必要である。肺機能の低下が著明となると，特に末期近くの対象に対しては，体外呼吸器の装用も有効である。

発達障害

生活上の配慮

発達障害は，コミュニケーション，あるいは社会性スキルの障害としてとらえられることが多い。この点は，社会生活において大きな問題となるが，日常生活においては，感覚異常が障壁となることがある。各障害の感覚入力に対する異常な反応に関してまとめる。

- **自閉症スペクトラム障害（ASD）**：障害児の80％以上に感覚刺激に対する感覚異常が存在する。
- **注意欠陥・多動性障害（AD/HD）**：過剰に感覚刺激を求める，あるいは逆に刺激を避けようとする傾向がある。
- **発達性協調運動障害（DCD）**：特徴として，「易

＊ROM：range of motion　＊ASD：autism spectrum disorder
＊AD/HD：attention-deficit／hyperactivity disorder　＊DCD：developmental coordination disorder

刺激性（irritability）」が報告されている。わずかな刺激に対して，過敏に反応する，あるいは逆に反応が少ないといった状態として現れる。そのため対象児の状態を詳細に観察し，生活空間に存在する刺激を児が受け入れることができる状態に調整する必要がある。ここで挙げた刺激には，視覚，聴覚，聴覚，平衡覚，触覚などすべてが関連する。

2 成人期（中途障害：脳血管障害）

- ●脳血管障害の程度に応じたさまざまな日中の過ごし方があることを理解する
- ●復職・福祉的就労・介護の各ゴールにおける理学療法を理解する

日中のさまざまな過ごし方

急性期の治療を終えて，次の回復期になると，退院後の生活を考慮したリハビリテーション（以下，リハ）が行われ，障害の度合いや環境に応じて生活が組み立てられる。ここでは40～50代の働き盛りに脳血管障害（片麻痺）となった，典型的な3パターンを用いて，退院後の日中の過ごし方にさまざまなゴールがあることを示し，生活期の理学療法について理解を深める（図5）。

復職をゴールとする

発症前の職場にもどって再び働き始めることを復職という。まったく同じ部署にもどる人もいれば，配慮を受けられる別の部署で再スタートを切る場合もある。いずれにせよスムーズに復職につながる人は，片麻痺の程度は概して軽く，認知の障害もきわめて少ないことが多い。評価上でも「ADLほぼ自立」に区分される群であろう。

とはいえ，実際のところ障害は残っているため，生活上の工夫やできないことへの見切りをつけて，なんとか生活を成り立たせているのが実情である。麻痺が軽く認知機能も保たれていれば，それだけ活動性が高いことを意味し，可能性が増す分だけ組織や他者の動きに合わせなければいけない場面も出てくる。

図5　さまざまなゴール

用語解説　**易刺激性**　外部からのわずかな刺激に対して，不快などの反応を唯に示す状態を指し示す。

移動手段

このレベルの人の実用的な移動手段は杖歩行が主である。単独で公共交通機関を利用するとなれば，杖歩行は10mで10秒を切り，青信号を一度で渡りきる歩行スピードをもっている。また，杖の使用を嫌う患者がいるが，都市の雑踏のなかで他人から配慮を受けるためには杖が有利であると指導することが多い。つまり，日常の実用的移動手段は，その人の最大のパフォーマンスで判断するのではなく，道の状況や他者との関係性のなかで決定する。

階段

例えば通勤ラッシュ時の駅の下り階段では，理想は人の流れに乗って素早く1足1段で下りることであるが，これはさすがに不可能である。このレベルの人であっても，麻痺側下肢で支えながら健側を下の段に振り出す動きはできない。膝折れしてしまうからである。高齢者と同様，手すりを持って人波から遅れて歩くことになる。

雨天

雨天では，傘で健側の手がふさがるため杖が使えない。このレベルにあっては歩行スピードを落とせば杖なし歩行が安定している人が大部分なので，理学療法士からの助言としては，「いつもより歩行スピードを落とすこと，靴底が滑りやすい横断歩道の白線・鉄板などに注意して歩くこと」など，その状況に応じた安全確保が主眼となる。小雨であれば，撥水性の帽子とウェアを着て，長傘を杖代わりにして歩く人も見受けられる。

エレベーターとエスカレーター

エレベーターは入院中にも慣れ親しんでいるため，認知機能が著しく低下した場合を除き利用に困ることはない。一方，エスカレーターはこのレベルにあっても安全に利用するために訓練を要する。乗るとき・降りるときに杖からベルトへ持ち替えないといけないのでいったん立

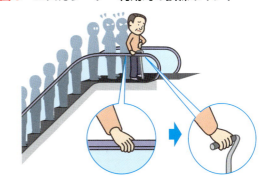

図6 エスカレーター利用時の訓練ポイント

ち止まるが，特に降り口に着いたときにこの動作がスムーズでないと後続の人々の進路を塞ぎ危険である。一般の人は，まさかエスカレーターの降り口で人が立ち塞がるとは思っていないからである（図6）。理学療法士は「後方確認をして，後ろの人との間合いをとってから乗ること」と指導する。

自動車運転の許可

交通網の発達していない地域では，このレベルの人々の通勤手段は自動車となる。運転の是非は都道府県公安委員会が決めるが，医学的には主治医がアドバイスを行う。例えばてんかん発作については「運転に支障するおそれのある発作が2年間ないこと」が条件で，薬の服用の有無は問わない。また，高齢者の認知症と同様に，高次脳機能障害についても認定医が臨時適性検査を行う仕組みが都道府県によってはできてきた。

自動車シミュレーション検査

実際に車を運転していると，なかなか遭遇することのない歩行者の急な飛び出しについては，自動車シミュレーションが便利である。画面上で架空の飛び出しを再現し，ブレーキを踏むまでの反応時間がどうであるかを精査する。この検査に当たっては，回復期病院の療法士が担うことが多く，他の神経心理学的検査の状況と合わせて，主治医が最終的な判断を行う。

ハンドル旋回ノブや，左手用ウインカーレバー

など物理的な装置については，現在ではほとんどがディーラーオプションにて可能で，地方自治体の助成制度の紹介も含め案内される。

ビジネスシューズ

一般企業ではビジネスシューズを履くことは半ば常識である。しかし，片麻痺患者は足関節の**内反尖足防止**のために**短下肢装具**を装着しているので，その上から履く靴に制約を受ける。現在では左右異なるサイズでビジネスシューズ様の黒靴も入手可能となっている。復職に向けて，まず身なりから整えることも，理学療法士の役割といえる。ただし軽量の訓練用シューズと比べると当然振り出しは重く，その重さに対応した下肢耐久性をつけることが課題となる。靴のベルクロを片手で留めやすいように位置を改造する場合は，理学療法士から義肢装具士に伝える。

補装具の自己管理

暑い夏に長距離歩くと足部に汗をかく。汗をかいて湿った状態では，擦れによって擦過傷を起こすことがある。脳卒中片麻痺患者は皮膚の**感覚障害**が鈍麻しているため，擦過傷による痛みを本人は気付かない。たとえ屋外歩行が自立していても，目視で皮膚を確認する習慣がない患者にとっては意外な盲点となる。補装具のネジ・カシメの緩みに気付くことも大切である。

補足
補装具の給付
補装具については，回復期リハ病院入院中に治療用として作成するが，破損などにより再作成を要する場合は，別の制度である身体障害者手帳の制度を使って作成する。申し込み窓口は身体障害者更生相談所などの役所の窓口となる。身体障害者更生相談所での処方は医師によるが，適合判定などの部分で理学療法士を配置している都道府県もある。

セルフサービスの社員食堂

セルフサービスの食堂では食事トレーの運搬に困る。片麻痺者は，自宅であればキャスター付きのワゴンを使いトレーの持ち運びを回避できるが，社員食堂では，他との兼ね合いからワゴンの導入はまれである。すべてを自分で行うことはあきらめ，食堂スタッフなどに頼むことが第1選択となる。

補足
痕跡的でも麻痺が残っていること
上肢のBarré test（バレー）で，挙上した麻痺側上肢がわずか1～2cm下がることがある。また，Brunnstrom test（ブルンストローム）（スピードテスト）でもほんの少しの左右差が認められたりすることがある。家庭内のADLであれば，問題にならないような痕跡的な麻痺であっても，それが就労場面となると影響が出てくる。例えばその職場が作業系で，棚の上へ品物を頻繁に持ち上げる作業があるとすれば，このような麻痺をもったまま働くことは容易ではない。力が入らない，落としてしまう，早く疲れてしまうなどの不都合が生じる。

臨床に役立つアドバイス

就職面接官の質問
就職面接官の質問は具体的であることが多い。「片麻痺のあることはわかりました。事務員といっても書類を社内で運ぶ必要があります。あなたは何kgの荷物を持って階段を何段登れますか？」，「その他，どんな配慮が必要ですか？」と，**きわめて具体的**に聞いてくる。それは麻痺のステージでもなければ，感覚障害鈍麻という情報でもない。よって，理学療法士が訓練でいろいろな動作を体験させ，その限界を本人に認識させておかないと，面接官のこのような質問には答えられないことになる。

臨床に役立つアドバイス

障害の重さと復職可能性には一定の基準があるか？
麻痺が重い人，認知機能が低くなってしまった人すべてが，就労・復職できないとは一概に言い切れない。企業にはそれぞれの事情があり，特に国が定めた**障害者雇用率**（障害者手帳をもつ者の割合）を達成していない企業は，ときとして重めの障害者でも復職させることがある。他の社員の仕事を整理し，できそうな仕事を少しずつ切り出して当事者に振り分ける手法をとるという（業務の切り出し）。理学療法士の日常の取り組みとして「まず，できることを増やすこと」がいわれているが，この視点からもできることを増やしていきたいものである。

復職は難しいため福祉的就労をゴールとする

一般就労に至らなかった人々は，比較的簡単な仕事を行う作業所で日中を過ごす。そこでの給料（工賃）は月数万円程度（**就労継続支援Ａ型**）〜1万数千円程度（**就労継続支援Ｂ型**）にとどまるので，収入不足は障害年金を受給することで補うことが多い。

作業所の利点

- 労働者として社会的役割を果たすという積極的な意味をもつ。
- 一般企業に比べると業務上手厚い配慮がなされていて，**障害者総合支援法**に基づく公費が投入されている。
- 勤務時間が短いため，朝夕の通勤の混雑を避けられる。
- 送迎を行っている作業所もあり，移動能力に不安のある障害者には適している。
- 作業は**手順書**とよばれる段取り指示に従って行い，**定形的業務**がほとんどである（認知機能に問題のある患者にとっては混乱を避けられる）。
- 手作業が主であるが，片麻痺患者が片手で作業できるような工夫や補助具も導入されている。
- 服装が楽である。背広を着なくてもよい。
- 周りにも障害者がいるので自分だけ孤立しない。仲間同士で励まし合う面がある。
- 身体の麻痺のない人は，施設外就労としてグループ単位でビル清掃に出向いたり，農園での作業に出向いたりすることもある。

障害者手帳の取得

中途障害の場合，発症または受傷から6カ月経過した段階で，片麻痺があれば**身体障害者手帳**，麻痺がなく高次脳機能障害のみであれば**精神障害者保健福祉手帳**を申請することができる。

申請には主治医の診断書を添えるが，その診断書の内容に身体障害者手帳であれば筋力・ROM・ADLなどの理学療法評価があり，精神障害者保健福祉手帳であれば日常生活での高次脳機能の記載が含まれている。理学療法士は評価を通して，医師の意見書作成に寄与することになる。

福祉的就労において，原則手帳を取得する必要がある。高次脳機能障害の場合は福祉的就労に手帳は不要であるが，その他の公的サービスの給付などを受けられるので，事実上作業所に通う人の大半が手帳を取得している。

一方，一般企業への就労では手帳取得は関係が深く，障害者雇用枠で新規就労するとき，あるいは障害者雇用枠に勤務形態を変えて復職するときに手帳は必須となっている。

自宅での生活―入浴を例に

回復期病院で指導を受けた片麻痺者の標準的な入浴方法で，その後の生活期でも自立している人が多い。しかし，たとえ単独で入浴が可能となっても，浴槽を洗う作業は家族やヘルパーに依存しがちである。洗い場の椅子は，健常者が使うものより座面の高いものを使い，しかも大型なものとなるため，他の家族との共存には不都合となる。そのつど家族が片付けたりする手間が発生するので，まったく介助なしで環境を整えることは難しい（**図7**）。

図7 浴室の環境例

介護のためのデイサービス利用をゴールとする

40～50代に脳血管障害となった人も，高齢者と同様に介護保険サービスの利用が可能である．これらを利用する人の麻痺の程度は概して重く，認知の障害を合併していることが多い．ADL評価上でも「全介助～要介助」に区分される群であろう．昼間1人で留守番するには心配な人が，見守りを受けるために利用する．

デイサービスの利点

- 患者本人にとっては日常生活のリズムを作りやすい．

 朝，パジャマから服に着替え，朝食をとり，時間までに整容を終え，送迎サービスの車に乗ってデイサービスセンターに移動するといった**基本的生活習慣**が崩れない．

- 日中を家族以外の人と接することで**社会性**を保つ効果がある．
- 昼食摂取・排泄・入浴の介助と，水分補給・血圧測定などの管理を受ける．
- レクリエーション娯楽によって，本人が楽しむ機会がある．
- 家族にとっては**レスパイト・ケア**（支援者が介護を一時的に代替して，気持ちのうえでリフレッシュができる）の意味をもつ．

移動能力

このレベルの人々の実用的移動手段は，屋内歩行は短距離であれば自立しているか，普段は車椅子を片手片足駆動していることが多い．屋外を電動車椅子などで自在に操って出掛けることは難しいようである．

転倒後の対応

自宅内のわずかな距離を伝い歩きしていたが転倒してしまい，しかも麻痺が重いため床からの立ち上がりが自力ではできずに，なすすべがないといったことが起きる．とりわけ患者が大柄で，かつ介助者が小柄であるときは，介助で立ち上がらせることも難しくなる．

現在では，床面のギリギリの高さまで降りてくる介護ベッドがあるので，そこまでいざり移動すれば，なんとか腰掛け姿勢までもっていくことも可能であろう．または，常に首に携帯をぶら下げておき，緊急コールサービスで人をよぶことで解決を図る場合もある．

家庭生活の場では，転倒の危険があるからといって歩行を全面的に禁止してしまうことはなく，様子をみながら現実的なところで折り合いをつけていくことになる．理学療法士が判断に苦慮するところである．

入浴

浴槽から立ち上がる際，腰に回した介助用ベルトで強く引っ張り上げたり，それでも立ち上がれない場合や座位バランスが悪い場合は，入浴用リフターを導入する．しかし，浴室の湯気にあおられて入浴介助をすることは重労働である．さらに夫婦関係が良好で「夫（妻）のために毎日でも入浴させてあげたい」という希望が強ければ，逆にリフターを導入することで**介護負担**が増えるともいえる．理学療法士は**介助者評価**として，動作としてできることと，毎日実行できることとを分けて考える必要があり，ときにはデイサービスでの入浴を勧める場合もある．

患者会・家族会

障害をもった当事者同士の交流に加え，家族同士が同じ立場から精神的サポートをする側面がある．具体的な活動としては，懇親会の開催，講演会の開催，日帰りバス旅行の企画，油絵の作品展を市民ギャラリーで開催する，障害者のカフェの経営など，地域によっては思いもよらぬ多彩な活動を行っているところがある．各催しに理学療法士がゲストとしてよばれることも少なくない．

作業所へのステップアップ

デイサービスの利用開始に当たっては，介護

支援専門員（ケアマネジャー）などの提案を受け，自らの決定で利用を開始したはずである。しかし，実際に利用してみると日中をともに過ごす利用者の多くは自分の親世代の人々であり，40～50代の利用者にとっては違和感を覚える人が少なくない。本人が就労的要素を求めるのであれば，障害福祉サービスである就労継続支援B型などの作業所へのステップアップが考えられる。その際，理学療法士による機能面と認知面の再評価を経て，作業所側に情報提供を行う。

3 成人期（中途障害：難病）

- 神経難病について，疾患特異的な検査方法を熟知する
- 神経難病は緩徐な変化を定期的に丁寧に観察し，住宅改修や福祉用具は予後を見通して積極的に活用する
- 神経難病の多くが転倒のリスクが高い
- Parkinson病（PD）は，寝返り，起き上がり，椅子に座るなど体軸回旋が低下し，すくみ足が移動障害となりやすい
- 脊髄小脳変性症（SCD）は協調運動障害，平衡機能障害が基本動作を阻害し，転倒のリスクが高い
- SCDでは，起立性低血圧，自律神経障害，膀胱直腸障害などの自律神経障害にも留意する
- 筋萎縮性側索硬化症（ALS）は，主に筋力低下によって基本動作が阻害され，転倒のリスクが高い
- ALSでは，呼吸機能障害，コミュニケーション障害へのアプローチが重要である

神経難病の日常生活

生活面で共通した視点

　神経難病は基本的に慢性進行性で長期の療養生活を必要とする。そのため生活の理解で踏まえておくべきことは，疾患の医学的管理が必要であること，障害の進行が大まかに予測できること，進行経過を患者・家族が受容していかなければならないことが挙げられる。

　日々の生活変化は緩徐であるため，小さな変化を見逃さないよう丁寧に観察しなければならない。神経難病の生活面において共通した視点を**表1**に示す[2]。

共通する検査方法

- バランス検査にはBerg balance scale（BBS）が勧められる。
- 歩行能力にはtimed up & go test（TUG）が勧められる。
- ADL検査は機能的自立度評価法（FIM）あるいはBarthel index（BI）が勧められる。
- 包括的な生活の質（QOL）の測定にはSF-36，SF-8が勧められる。また，慢性進行性疾患や難病に用いられている「個人の生活の質評価法」（SEIQoL-DW）も有用な評価法である。SEIQoL-DWは，質的評価と量的評価を半構造化面接法と視覚的アナログスケールにより，

＊PD：Parkinson's disease　＊SCD：spinocerebellar degeneration　＊ALS：amyotroph lateral sclerosis
＊FIM：functional independence measure　＊BI：Barthel index
＊QOL：quality of life　＊SF：short form health survey
＊SEIQoL-DW：schedule for the evaluation of individual quality of life-direct weighting

表1　神経難病の理学療法に共通した視点

1　長期的にはほとんどの疾患で進行するため，障害の予後予測が大切である
2　疾患よって異なる不適切な運動や生活行為に注意する
3　経過とともに変化する原疾患，合併症に留意して早期に丁寧に対応する
4　転倒は生活のなかで生じやすいアクシデントである
5　福祉用具の導入，住宅改修は予後を見通して積極的に図る
6　患者，介護者の気持ちに寄り添う立場を忘れない
7　"慢性"，"進行性"ということでADL指導，生活指導がマンネリ化に陥らないことが大切である

患者の選択による項目の重み付けを用いる。

疾患特異的な検査方法

神経難病の身体機能，ADL，QOLの測定には，疾患特異的な検査方法が確立されており，これらの使用は重症度，障害の変化，予後の推定に有用となる（各疾患で詳述）。

住宅改修のポイントと福祉用具の積極的導入

進行性疾患は身体機能の改善に制約があるため，住宅改修や福祉用具の導入，生活指導が優先度の高いプログラムである。そして予後を見通して実施しなければならない。

PD，SCD，ALSの福祉用具，住宅改修や福祉用具について**表2**に示す[3]。

PD

疾患特異的検査

■ Hoehn & Yahr の重症度分類（HY）

HYは，最も広範に普及している運動機能・自立度変化を把握する検査である。簡潔で大まかな臨床像の把握には適しているが，薬物効果，理学療法効果の判定には課題が残る。そのため，重症度を細分化し1.5，2.5を追加したHY修正版も広く使用されている。

■ パーキンソン病統一スケール（UPDRS）

UPDRSは，

partⅠ：精神機能，行動および気分
partⅡ：日常生活活動（on／off時に分けて検査）
partⅢ：運動機能検査（on時に検査）
partⅣ：治療の合併症（薬物の副作用）

について，0〜4（より重度）の5段階で検査する。

また，UPDRSの改訂版（MDS-UPDRS）は，非運動症状，質問票が多く含まれている。

partⅠ：日常生活における非運動症状
partⅡ：日常生活における運動症状
partⅢ：運動能力検査
partⅣ：motor fluctuationおよびジスキネジア

について，0〜4（より重度）の5段階で検査する。

■ その他の検査

Parkinson's disease questionnaire-39（PDQ-39）はQOL検査表である。nonmotor symptom questionnaire（NMSQuest）は非運動症状を測定している。すくみ足の状態評価にはfreezing of gait questionnaire（FOG-Q）の質問票がある。わが国で開発した検査として包括的自記式質問票（MASAC-PD31）が特記される[4]。

疾患に関連した特異的な留意点

動作指導は，単純な動作に分解して，具体的な指標を与えて指導をする。例えば，椅子からの起立動作では，十分な前方への体重移動なしで離殿するため，起立できずに尻もちをつくような動作を反復する。患者はこのような動作が好ましくないことを知らないために，誤った動作を学習してしまう。離殿する直前には，踵を膝よりも後方に引く，頭を膝よりも前方に出してから殿部を上げることを指導する。

介助の仕方も段階付けて外的手掛かりを利用しながら指導する。

＊HY：Hoehn & Yahr staging scale　　＊UPDRS：unified Parkinson's disease rating scale
＊MDS-UPDRS：movement disorder society-unified parkinson's disease rating scale

表2 神経難病の住宅改修および実施動作のポイントと福祉用具などの使用

場所・疾患		PD	SCD	ALS
障害の特徴		病気の進行で移動能力は，歩行補助具使用，車椅子使用，ベッド上動作へと低下する。使用する場所が機能低下とともに変わっていくので，使用期間を想定しながら，将来使えなくなることも考慮して改造する		
障害の特徴		前屈姿勢をとり，狭い場所ではすくみ足の出現や方向転換が困難になる。1日のなかでも症状が変動するので体調のわるい状況を中心に改造を考える	歩行時ふらつくが，物につかまることによる改善が比較的みられる	下肢の筋力低下により移動困難となる。垂直方向（起き上がり，立ち上がり，段差）の移動を少なくする工夫が必要である
アプローチ・玄関の段差		段差の解消と手すりの設置をする。車椅子での出入りも想定しておく		
廊下・通路		歩行車，車椅子の導入を想定し，段差の解消，廊下や間口の幅，障害物の整理をする		
廊下・通路		広いほうがすくみ足が出にくく，方向転換が容易。通路に物があるとすくみ足が出やすい。床面に目印を付けると歩行しやすい	狭いほうが壁や手すりにつかまり，歩きやすい。足を広げて歩くので通路の物を整理しておく。家具から家具に伝い歩きするので固定を行う	極力段差を解消する
戸		引き戸がよい。軽くして，取手をつかみやすいように工夫する。危険な場所（転倒）はガラス戸を避ける，あるいは透明シートを貼る		
手すり		起立・座位・立位姿勢の保持。歩行の安定を必要とする場所に設置		
手すり		すくみ足が生じる。立位や座位で前屈姿勢になる場所に取り付ける。寝返りで必要なこともある	やや高めに付けたほうが安定しやすい。引いたり押したりするので強固に取り付ける。四つ這い移動では床から立ち上がれるよう縦型の手すりを付ける。つかまる場所は連続している	上肢が使える人，手で支えられない人は前腕で支える
階段		手すりを設置する		
階段		歩けるうちは比較的スムーズに昇降する。手すりを使用する	重度の介助を要する。両側に強固な手すりを付ける	最も困難な動作。上肢筋力も低下するので手すり使用になったら，介助による昇降あるいは機器の検討をする
トイレ		介護できる空間。洋式トイレを検討する。昼夜で方法が異なる場合，夜間は介護負担の少ないポータブルトイレや尿器を検討する		
トイレ		狭いと方向転換できない。方向転換を考えて入口と便器の方向を決める。すくみ足が生じないよう床面にテープを貼る。下着を上げやすい工夫をする。床を汚染しやすい	姿勢保持のために壁や縦の手すりに頭，肩，手で支持する。排泄機能の障害では，排泄の場所や方法が変わってくる。床を汚染しやすい	姿勢保持のための手すりや背もたれが必要。下着の着脱に工夫が必要である。起立できる便器の高さ，手が使えない人には洗浄レバーの工夫，ウォシュレットの装備をする
浴室		介護できる空間がある。手すり，バスボード，浴槽内・洗い場の滑り止めの検討。将来のシャワーチェアの導入を考慮する。浴槽出入りが不安定な場合は，バスボードに腰掛けて出入りする		
浴室		洗い場での転倒に注意する	両手でつかまれる手すりの設置。床に直接座るあるいは背もたれ付き椅子座位での洗体が安定する。洗い場でのいざりは危険が少ない	背もたれのあるシャワーチェアや浴槽内で台を利用して立ち上がりを容易にする
寝室		電動ベッドの導入が必要。できればベッド面挙上・頭部挙上・足挙上の3モーターがよい。ベッドの高さ調整によって座位が安定する高さ，起立が容易な高さ，介助が容易な高さに適合できる。ベッド柵の適切な位置と強固な固定，移乗に「移動」バーを利用		
寝室		寝返り介助にベッド柵使用。ベッド面上の移動に硬めのマット，滑りやすいシーツ，寝ござの利用といった工夫。軽い掛布団	両側のベッド柵を使用する。床上とベッド面の移動に手すりを利用する	寝返りができなければ，エアマットを使用する。コミュニケーション・エイドや人工呼吸器の設置も想定しておく
福祉用具	歩行補助具	すくみ足に対するL字型杖	両側ロフストランド杖，重錘付けた歩行車	前腕支持型歩行車
福祉用具	補装具		頭部保護帽，肘保持装具，膝装具，弾性緊迫帯，重錘負荷	上肢保持装具（BFO，PSB），頸椎装具
福祉用具	車椅子	車椅子，在宅では6輪車椅子の適応		人工呼吸器を搭載できるリクライニング/ティルト車椅子，電動車椅子
福祉用具	コミュニケーションエイド	筆記具の工夫	会話を補助する器具	さまざまなコミュニケーション・エイドの絶対的な適応
福祉用具	その他	衣類の工夫，食器類，把持具などの工夫		

文献2）より改変引用

＊BFO：balanced forearm orthosis　＊PSB：portable spring balancer

例）①最初は，「脇で声かけ・タイミングの声かけ」だけにする。
②それでも動作を遂行できなければ，視界内に指標の手掛かりを示す。
③最終的に必要な動作過程にのみ介助を行う。

また介助は患者の動作スピードに合わせた調整が必要である。つまり，単純な動作，介助の段階付け，外的手掛かりの利用を心がける。

起居動作指導

体軸回旋困難や動作緩慢は，起居動作の遂行に大きく影響する。寝返りや起座では頭頸部の屈曲・回旋，体幹の屈曲・回旋が不十分なため動作遂行が困難になる。HY分類3レベルの起座では，中間動作での片肘支持姿勢における支持基底面内に，頭部・体幹上部の重心を十分に移動できないために過剰な努力を要する（**図8**）。

また，寝返りや起座が困難であるのに対し，階段昇降は可能であるという動作獲得に発達順序の逆転が生じる患者も存在する。

歩行指導

PDでの典型的なADL障害としてすくみ足がある。すくみ足に対して外的手掛かりとして聴覚的手掛かり，視覚的手掛かりを利用する。また，すくみ足が生じやすい感情的な高まり，狭い空間，模様のない床面などを解消するために，リラクセーション，深呼吸，物理的環境の改善を行う。歩行補助具としては，1本杖やL字型杖も適用になる。

生活指導

生活指導の内容を**表3**に示す[3]。

SCD

疾患特異的検査

■ international cooperative ataxia rating scale（ICARS）

ICARSは包括的評価として用いられる。姿勢・歩行，上肢下肢の協調運動，構音障害，眼球運動の19項目，最重度で100得点となる。

■ scale for the assessment and rating of ataxia（SARA）

SARAはICARSよりも簡便な検査である。歩行，立位，座位，言語障害，上下肢の協調性検査などの8項目，最重度で40点となる。短時間（ICARSの1/3程度）で検査が可能であり，信頼性，妥当性は検証されており，BIとの相関も高く実用性の高い検査である。

■ 統一多系統萎縮症評価尺度（UMSARS）

UMSARSは多系統萎縮症（MSA）の包括的検査尺度として用いられ，ADLが12項目，運動症状が14項目，自律神経機能，全体的障害度の4領域で構成されている。高得点ほど重度な障害になる。

■ 移動能力に注目した分類

望月は移動能力に注目してⅠ～Ⅳ期に分類した[5]。

疾患に関連した特異的留意点

SCDは障害が進行する過程で転倒を繰り返すことが多い。以前可能であった動作がバランスを失って転倒するようになる。伝い歩きレベルでは，常に動線での切れ間のない上肢支持できる工夫が必要である。

また，自律神経障害や転倒のリスク管理が重

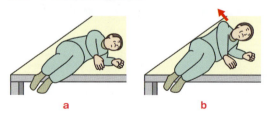

図8 PD患者の起座動作

a：頭頸部の屈曲・側屈・回旋が不十分である
b：左肘・前腕支持で頭頸部および体幹の屈曲・側屈・回旋が不十分なため，頭部，体幹の重心を支持基底面内に移動することができなく，後方に倒れないように過剰に努力している

文献3）を基に作成

*UMSARS：unified multiple system atrophy rating scale　*MSA：multiple system atrophy

要である。生活上のリスクとその対策が必要である(「疾患と障害の理解」(p.20, **表2**)を参照)。

起居動作指導

寝返りや起座，ベッド端座位は，ベッドの手すりを利用しながら行うことが多い。協調運動障害があっても把持するものがあると，両上肢支持による粗大な動作は維持される。

歩行・移動動作指導

施設内でも，在宅生活でも両側ロフストランドでの杖歩行，重錘で安定させた歩行車歩行，手すり伝い歩きはよく用いられる。在宅の手すりを付けられない場所では壁での伝い歩きをすることもあり，入院中からそれらを想定して練習することが必要である。

表3 PDの生活指導内容

重症度*	項目	内容
ステージI・II	職業	仕事の一部に制限が生じ，時差出勤，配置転換，通勤に関する助言を行う
	社会資源	将来を予測して地域社会との交流，友の会活動，保健婦との交流を開始する。利用できる地域社会資源の内容をチェックしておく
	家族教育	本人・家族に疾患・障害の特性について説明する
	家庭生活	「体力」を維持するための散歩，レクリエーション，軽スポーツを実施する。屋外での転倒に注意する。杖使用を検討する
	家庭訓練	自主訓練でのPD体操(立位・座位中心)，応用歩行，伸張訓練，正しい姿勢保持を将来に備えて習慣化する。発声訓練を始める(カラオケなど)
ステージIII	職業	限定された職業の継続で，退職受け入れへの助言と心理的支援を準備しておく
	社会資源	社会的交流を減少させない。機能訓練事業，ホームヘルパー，通院ボランティアの導入を開始する
	医学的管理	通院リハの頻度を増やす。通院方法の検討する
	家庭生活	生活リズム，家庭内役割の可及的な維持を図る。屋外歩行が監視・介助となるので，家族や訪問スタッフの協力で屋外歩行の確保(杖，歩行車，車椅子の使用)を図る
	家族教育・心理的援助	病状の進行に伴う精神的，心理的問題に対する支援
	ADL	困難な起居動作・身の回り動作に工夫を加え，極力自立を維持する。家屋環境整備，福祉機器選定(歩行補助具)を指導する。転倒する場所に手すり設置，頻回の場合は保護帽の着用を勧める。on時，off時に合わせた活動方法を指導する
	家庭訓練	一部介助を受けてPD体操(座位・臥位中心)，拘縮を起こしやすい関節の重点的伸張訓練，正しい姿勢保持を将来に備えて習慣化する。腰痛対策を図る
ステージIV・V	社会資源	ホームヘルプサービス，デイサービス，短期入所を導入する。
	医学的管理	必要に応じた再入院を実施する。全身状態，合併症の管理。訪問理学療法を検討する。
	家庭生活	生活リズムの維持・再確立。外出の機会を確保する
	家族教育・心理的援助	幻覚，妄想，痴呆などの精神的問題に対する助言。依存的傾向やできないという思い込みが多くなることに対して，家族に自立していること，介助を必要とすることを明確に指導する。Vでは病状・障害変化の早期発見の必要性を指導する
	ADL	介助が多くなる。介護負担軽減にベッド周辺機器を積極的に導入する(電動キャッチベッド，「移動バー」，ポータブルトイレ)。体位変換，起居動作，移乗動作の介助方法を指導する
	家庭訓練	座位を中心とした生活動作を積極的に取り込む(座位時間の延長)。介助によるPD体操(座位・臥位中心)，介助による伸張訓練，呼吸訓練を実施する

*ホーエン・ヤールの重症度分類

文献3)より引用

歩行が不安定になると歩行に床上移動を組み合わせて行うようになる．在宅生活では，安定した膝立ち位，四つ這い位での姿勢保持，姿勢変換，床上移動は使用頻度が高い．また車椅子駆動は比較的長期間の維持が可能なので施設では床上移動に代わる移動手段となる．移動手段の一般的な変化を図9に示す[3]．

生活指導

生活指導の内容を表4に示す[6]．

ALS

疾患特異的検査

■ modified Norris scale

modified Norris scale日本語版は，起居移動動作，身の回り動作の四肢症状尺度21項目，球症状尺度13項目を0〜3（正常）の4段階に分けている．

■ ALS functional rating scale-reviced version（ALSFRS-R）

ALSFRS-Rは，日常生活機能がどの程度損なわれているか把握するための臨床的評価として，日常生活活動，歩行，呼吸機能10項目を0〜4（正常）の5段階で評価する．

■ ALS assessment questionnaire 40（ALSAQ-40）

ALSAQ-40日本語版はALSのQOL検査である．身体活動10項目，ADL自立10項目，食事嚥下3項目，コミュニケーション7項目，感情心理10項目の5領域計40項目より構成される．評価段階は「難しかったことがあったか」に対して1（まったくなかった）〜5（いつもそうだった）の5段階評価で答え，総得点が高いほどQOLが低い．

■ 厚生労働省分類

2015年施行のいわゆる「難病法」による「指定

図9　脊髄小脳変性症の移動方法

a　いざり

b　四つ這い

c　自宅での6輪車椅子駆動

d　前腕支持歩行車歩行（重り）

e　手押し歩行車（重り）

f　両手伝い歩き

文献3)より引用

難病」の新規認定とともに5段階の分類が用いられるようになった。

疾患に関連した特異的留意点

ALSのように脆弱性の強い筋肉においては，筋力強化練習や日常生活の反復運動が過用性弱化（overwork weakness）を起こさないように，負荷量に留意する。

呼吸機能障害，嚥下障害へのアプローチは重要である。胸郭可動性の維持，救急蘇生バッグなどによる強制呼気を行うことで肺のコンプライアンスを維持する。また徒手あるいは機器を用いた気道クリアランスを行う。生命予後にか

表4　脊髄小脳変性症の移動能力と起居・移動動作，環境整備などの生活指導

移動能力*	起居・移動動作	環境整備，補装具・補助具
歩行自立期	職業，通勤に関する指導を行う 自動車を運転している人は，運転を止める見極めが重要 「体力」維持のために散歩などの歩行量の確保を指導 悪路や階段昇降は，杖，手すりを使う	
（移行期）	手離し歩行が不可となっても歩行車車椅子を使ってタクシーを利用できる 介護者と腕を組むなどの屋外介助歩行をする	・（手押し使用）車椅子や膝装具，短下肢装具などの補装具類，歩行車，杖などの歩行補助具を使用 ・起立，立位保持，移動の場所に，一般より高めの手すりを取り付ける
歩行不安定期	外出の機会となる社会資源の活用 起立，立位保持が不安定になるので，入院中から在宅での動作を想定して指導する 伝い歩きは，横歩き，両側壁伝い歩きなど在宅で必要な方法を指導する 屋内の一部で歩行車を使用する 屋外車椅子駆動を検討する 伝い歩きなどで歩行量を確保する	・布団かベッドか選択する ・車椅子使用 ・トイレ，浴室の改造 ・夜間は尿器などの使用 ・更衣の工夫
（移行期）	四つ這い移動と併用する 膝立ち位，片膝立ち位，高這い位の練習	
四つ這い期	屋外の一部と屋内で車椅子駆動を指導する 伝い歩きと併用する ベッド，椅子，洋式トイレへの移乗で，膝立ち位，片膝立ち位，高這い位の各動作を使う 介助歩行訓練を継続する	・車椅子の使用 ・手すりの取り付け ・ベッドの使用 ・家屋構造によりトイレとポータブルトイレ，尿器の使用
（移行期）	四つ這い，いざり，起座が困難となる	
臥床期	部分的な車椅子使用（座位保持，運搬） ベッド柵を使っての起座方法 ベッド柵を使っての寝返り 座位時間の延長	・車椅子使用 ・ギャッジベッド（電動ギャッジベッド）使用 ・背もたれ付きポータブルトイレ，尿器の使用 ・頸椎装具の検討

*移動能力に注目した望月の分類

文献6)より引用

かわることとして球麻痺による誤嚥性肺炎予防も大切である。また，唾液による不顕性誤嚥予防には側臥位のポジショニング，低圧唾液吸引器の使用が薦められる。

さらに終末期のコミュニケーション機器の利用は必須である。特にスイッチ類の選択は重要であり，残存機能に最も適合した入力方法の選択が必要である。

起居動作，移動動作

起居動作の障害は，筋力低下による上肢下肢の筋力低下や歩行バランス低下が生じ，特に昇降にかかわる動作，手指機能にかかわる動作が障害される。移動では，下肢機能に応じて一本杖，ロフストランド杖，歩行車，リクライニング/ティルト車椅子を一時的であっても使用するようになる。車椅子は自力駆動よりも被介助者としての使用が多く，人工呼吸器，吸引器などを搭載できる構造が必要である。また，歩行補助具は握り部分の工夫を必要とするため残存する上肢機能によっても選択される。

終末期におけるベッド周辺環境

終末期のベッド周辺には，一般的な患者と異なる機器，工夫がたくさん行われている。電動ギャッジベッド，エアマット，ベッドテーブル，人工呼吸器，吸引機，パソコン類（ディスプレイ，プリンター），入力スイッチ類，配線，衛生器具などさまざまである。そのため理学療法前後での安全性の確認は重要となる。例えば，人工呼吸器関連だけでも，気管カニューレや蛇管の違和感，他のチューブの位置確認が必須である。

生活指導

生活指導の内容を**表5**に示す[3]。

表5 筋萎縮性側索硬化症の生活指導

		ADL自立期(重症度1～3)	ADL介助期(重症度4，5)	ADL全介助(重症度6，7)
上肢型	状態	身のまわり動作可能だが，さまざまな工夫が始まる	重い物の持ち運び困難，手指の筋力低下	部分的な残存機能
	起居動作	●体重の指示がやや困難	●起居動作では使えなくなる	
	身のまわり動作	●着やすい衣服の選択，工夫，やや書字困難，食事用具の工夫，入浴の一部介助	●介助量の増加	●わずかでも運動可能な部位を確認し，スイッチ入力に使用
	福祉用具・住宅改修	●衣服の改良，入浴用具の工夫	●自助具の使用(上肢保持装具，手指のスプリント)	●進行に合わせてスイッチの工夫
下肢型	状態	自立歩行可能	歩行に介助を要する	歩行不可
	起居移動動作	●駆け足，高い段差，階段が困難，歩行持久力低下，床からの起立困難 ●転倒，疲労に注意	●椅子からの起立動作困難 ●段差・階段昇降での介助 ●つまずき，膝折れなどによる転倒に注意	●車椅子座位でのポジショニング ●ベッド上臥床でのポジショニング ●体位変換
	身のまわり動作		●身のまわり動作に関連した姿勢保持，姿勢変換，移動で介助となる	●わずかでも運動可能な部位を確認し，スイッチ入力に使用
	福祉用具・住宅改修など	●歩行杖の選択	●軽量に短下肢装具の適用 ●歩行車，車椅子の選択 ●住宅改修で段差解消，手すり設置	●人工呼吸器および関連機器を搭載できる車椅子の作製
球麻痺型	状態	軽度の息切れ，発語がやや不明瞭，経口摂取可能	吸引を要す，発語が聞き取れないことあり，嚥下訓練食，経管栄養併用	経口摂取不可，胃瘻造設など
	摂食・嚥下	●むせにくい食べ物を選択する。栄養，水分の確保	●きざみ食・ミキサー食，とろみ食など食事形態の工夫 ●時間を要することが疲労を招きかねない ●吸引器使用，唾液用の低圧持続吸引器	●経管栄養，胃瘻造設
	発語	●話し方の工夫(ゆっくり，一語一語，口の形)	●筆談，指での筆談，会話カード，簡単なYes，Noのサイン，透明文字盤，会話補助装置 ●パソコンの導入・パソコンボランティア(パソボラ)の活用	
	呼吸		●呼吸機能低下，ときに痰喀出困難 ●睡眠時に呼吸障害が出現しないか	人工呼吸器の選択(鼻マスクあるいは気管カニューレ)

文献3)より引用

4 老年期(高齢期)

POINT
- 高齢者の約80％が健常で，残り20％がなんらかの支援を必要とする
- 老年期の理学療法の目標は正常老化を緩やかにたどれるよう支援することである（サクセスフルエイジング）
- 高齢者の生活機能は高次生活機能から低下する
- 虚弱高齢者は，基本的日常生活活動（BADL）は自立しているが，老年症候群の影響で高次生活機能の低下をきたし，生活範囲が狭小化している場合が多い
- 要介護高齢者では，BADLの介助も必要で，活動性が低下し，廃用をきたしやすい
- 高齢者の健康を保つためには，日課や役割が重要であり，社会参加など高次生活機能の維持・改善が有効である。また重度な障害があってもなるべく自立を支援し，活動性を高めるかかわりが重要である

老年期のとらえ方の変化と理学療法の目標

老年期のとらえ方の変化

■直角型老化

「人間は成長・発達期を終え，成熟・安定期に入ったときが人生のピークであり，その後は老化・退行していく」と従来，老年期はネガティブにとらえられていた。実際，老年期は生理機能の低下だけでなく，定年退職，子の独立，配偶者の死，周囲の人との死別など喪失体験を伴うライフイベントも多い（**表6**）。しかし，人間の能力や人格まで含めて総合的にとらえると，坂を転げ落ちるように老化するのではなく，死の直前まで保たれることがわかってきた。これを直角型老化，もしくは終末低下という（**図10**）。

■ライフコース

近年では生涯発達の観点から老年期をとらえ，生涯どの時期にも程度の違いはあるものの，獲得と喪失が認められることが示されている（**図11**）。そのため誕生から死までのライフコースを「依存・社会化・未熟・教育の時代」であるファーストエイジ，「成熟・自立・生殖・稼ぎと

表6 高齢期の喪失体験

- 社会的喪失感
- 経済的喪失感
- 人間関係の喪失感（家庭の喪失）
- 疾患への不安
- 迫り来る死への不安

図10 直角型老化

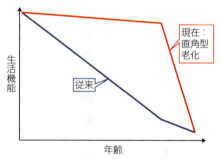

文献7)より引用して作成

図11 適応能力における獲得／喪失の比率

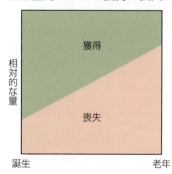

文献8, 9)より引用

＊BADL：basic activities of daily living

貯蓄・家族と社会への責任の時代」であるセカンドエイジ，「達成の時代」であるサードエイジに分ける考え方も示されている。

■支援が必要な高齢者の割合

高齢者の80％は自立しており，残りの20％がなんらかの支援を要する高齢者であることがモデルで示されている（図12）。実際，2018年7月現在，**要介護高齢者数**は651万人（高齢者の18.6％）であり，そのうち軽度者（要支援1〜要介護2）は424万人（12.1％），中重度者（要介護3〜5）は227万人（6.5％）である。また，中重度者の約半数が施設入所し，残りの半数は在宅で介護を受けながら暮らしている。理学療法士は健常高齢者と支援が必要な高齢者，それぞれのニーズに合った理学療法を提供する必要がある。

> **補足**
> エイジズムとは，「高齢という理由で，人々を体系的に類型化し，差別するプロセス」をいう。昨今，より新しいもの，より早いものがよいとする価値観が形成されていないだろうか？社会が高齢者の特性や能力に対する偏見をなくすことが，高齢者の活動参加を可能にする。

老年期の理学療法の目標

■サクセスフルエイジング

実り多い満足すべき人生を送り，天寿を全うすることを**サクセスフルエイジング**という（表7）。加齢による老化（生理的老化・正常老化）は避けようがないが，疾病などを防ぎ，また最良の生活スタイルを保つことで，正常老化を緩やかにたどることが期待できる。理学療法士はなるべく高いレベルで心身機能を維持し，また疾病を発症しても，なるべく正常老化に近付けるよう回復を促し，サクセスフルエイジングを支援する（図13）。

■健康寿命

出生から死までの生存期間を寿命という。一方，健康で自立した生活を送れる平均期間を推定したものを健康寿命という。近年，平均寿命の延伸に対して，健康寿命の延びは大きく，その乖離が減少しつつある（図14）。今後も，平均寿命と**健康寿命**の乖離を縮め，健康で長生きしたいという住民のニーズに応えることが理学療法士に求められている。

表7　サクセスフルエイジング

- 病気や障害がない
- 高い生活機能を維持する
- 社会貢献

文献11）より引用

図12　高齢者の生活機能（老化度）の偏差値モデル

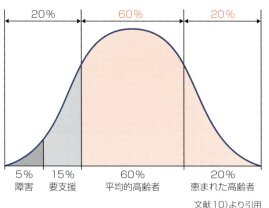

文献10）より引用

図13　加齢による機能低下と理学療法

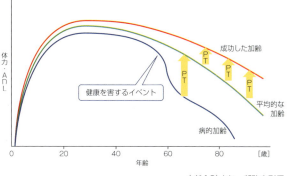

文献12）より一部改変引用

高齢者の生活の理解

加齢に伴う生活構造の変化とその支援

総務省の社会生活基本調査では生活行為を一次活動（生理的活動：セルフケア），二次活動（役割活動：家事や仕事），三次活動（余暇活動：趣味や休息など）に分けて，費やした時間を計測している（**図15**）。その結果，一次活動に費やす時間は3時間程度で年齢により変化しないのに対して，高齢期では退職や子どもの独立などにより，二次活動の時間が減少し，三次活動の時間が増加する。そして三次活動の内容が，テレビや休息など，受け身的で活動性の低いものでは廃用をきたしやすい。そのため，高齢期においては役割や生きがいが重要であり，**社会参加**（**表8**）や**プロダクティブ（生産的）な活動**（**表9**）が身体機能の低下や死亡リスクを軽減するため，注目されている。社会参加は「集団で行っている諸活動への自発的な参加」とされ，プロダクティ

図14　平均寿命と健康寿命の推移

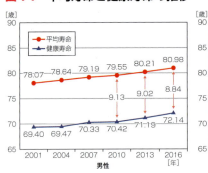
男性
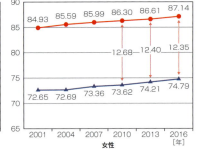
女性

＊寿命と健康寿命の差は筆者が追加

文献13）より一部改変

図15　生活時間の割合の年次推移

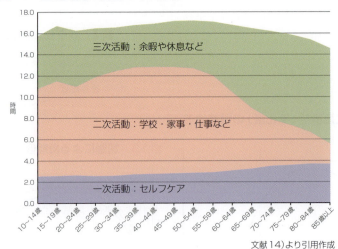

文献14）より引用作成

表8　社会参加の種類

- 就労を通じた社会参加
- 地域社会への参加
- 地域社会を超えた人間関係のネットワークや団体・サークルへの参加

文献15）より引用

表9　プロダクティブ（生産的）な活動の種類

- 有償労働
- 無償労働
- ボランティア活動
- 親族や友人，近隣に対する無償の支援提供（互助：家事，介護，子どもの世話など）

文献16）より引用

ブな活動は「報酬の有無にかかわらず，物財やサービスを生産する活動」とされている。

　個人の健康は社会環境の影響を受ける（WHOによる，健康の社会的決定要因）。そのため，本人だけでなく環境の評価・介入も必要となる。地域のつながりや助け合い（社会関係資本：**ソーシャルキャピタル**）の状況や経済状況（収入が年金のみで余裕がなければ病院の受診を控えるなど）も，健康に影響を与えるため，考慮しなければならない。実際にスポーツ関係のグループやクラブの参加者の割合の高い地域は，新規の要介護認定率が低いことが報告されている[17]。そのため，現在の介護予防は活動・参加につながるよう，「地域づくりによる介護予防」として住民運営による**通いの場**（表10）作りが勧められ，住民が主体的に介護予防に取り組むことが期待されている（**ヘルスプロモーション**）。

　理学療法士に期待される役割も住民に対する直接支援（評価・治療）に加えて，間接的支援として通いの場の担い手（介護予防サポーターや認知症サポーターなど）の養成や，担い手に対する介護予防の知識・技術支援などがあり，理学療法士が直接かかわらなくても，効果的な介護予防が住民主体で継続して実施できることが求められている。

健常高齢者（全高齢者の約80％）

　2018年の高齢者白書によると，高齢者単独世帯と夫婦のみの世帯が全体の48.4％を占めており，2015年現在，1人暮らしの高齢者は592万人（高齢者全体の16.9％）で2042年には896万人（22.8％）に増加が見込まれている。住み慣れた地域で生活を継続するためには見守りなどの支援を地域で行う体制づくりが求められている（地域包括ケアシステム）。

　健康状況は，81.9％が普通か良いと回答し，そのうち73.7％がほとんど毎日外出し，75.9％が自分で買い物に行っている。また社会参加は，60～69歳では71.9％，70歳以上では47.5％の者が働いているか，またはボランティア活動，地域社会活動（町内会，地域行事など），生涯学習として趣味，健康づくり・スポーツ，お稽古などを行っている（高齢者の75.3％が高齢期も就業の希望をもっている）。

　経済状況は1カ月の年金を含む平均年収は10～20万未満が32.9％で1番多く，単身世帯では10万未満が37.1％と高い。全体の20.8％が子や孫から生活費の支援を受けている。

　農村部では生涯現役で農作業や草むしりなどを行っていたり，都市部では自治会の役員や，趣味活動の会などに参加するなど活動的な生活を過ごしている。健康への関心も高く，ウオーキングや体操を日課にしている者も多い。現役世代より収入は減るが，経済的にも自立している者が多い。

表10　住民運営の通いの場のコンセプト

- 高齢者が容易に通える範囲（徒歩15分以内）で，住民主体で展開
- 前期高齢者のみならず，後期高齢者や閉じ込もりなどのなんらかの支援を要する者の参加を促す
- 住民自身の積極的な参加と運営による自律的な拡大を目指す
- 後期高齢者・要支援者でも行えるレベルの体操などを実施
- 体操などは週1回以上の実施を原則
- 人口1000人に1カ所開催し，目標とする参加者数は高齢者人口の1割

文献18）より引用

用語解説　ソーシャルキャピタル（社会関係資本）　集団の関係性のもつ力のこと。例えば地域のつながりが密な地域では住んでいれば，近隣住民と会ったり，会話する機会が増えるため，豊かなソーシャルネットワークを保持でき，社会参加の機会が増えるかもしれない。また健康づくりに取り組む住民が多い地域では，健康情報が入手しやすかったり，健康づくりの仲間ができ，ヘルスプロモーションが促進される可能性がある。

用語解説　ヘルスプロモーション　WHOが1986年に提唱し，2005年のバンコク憲章において「人々が自らの健康とその決定要因をコントロールし，改善することができるようにするプロセス」と定義された。

＊WHO：world health organization

虚弱高齢者（全高齢者の約15％）

　高齢者の生活自立度を20年間追跡調査した研究によると，男性の約70％，女性の90％が70～75歳から徐々に自立度が低下した。これには廃用や老年症候群が影響しているとされている（**図16**）。

　Lawton（ロートン）は人の活動能力を単純なものから複雑なものへ7段階に段階付けした（「理学療法士の役割」（p.9，**図3**）参照）。このなかで社会的役割，状況対応（知的能動性），手段的自立はより**高次な生活機能**に位置付けられている。健常高齢者を追跡調査した研究から生活機能は，より高次な次元から低下することがわかっている。

　虚弱高齢者（要支援1，2を含む）ではBADLは自立しているが，老年症候群の影響で，歩行能力が低下し，屋外を杖や押し車を使って歩く者も増える。特に家事や買い物など手段的日常生活活動（IADL）の支援が必要で，外出頻度の減少など生活範囲の狭小化がみられ，自宅内に引きこもりがちになる場合が多い。この時期であれば自発的に余暇活動を楽しむことができる。また，日常生活における困っていることや不安を示すことができる。

■**虚弱高齢者の生活支援のポイント**

　通常では徐々に機能が低下するため（**図17**），生活障害が軽度なうちに，転倒などの事故に配

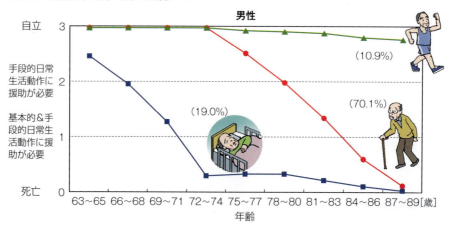
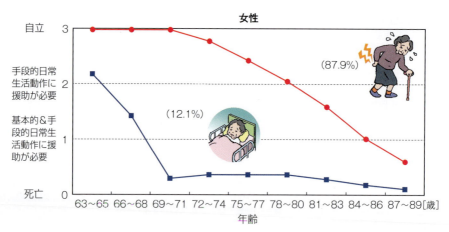

図16　高齢者の自立度の変化パターン

文献19）より引用

＊IADL：instrumental ADL

慮しながら，もう一度社会参加など活動性を高める働きかけを行うことで改善も可能である．そのため高次生活機能，国際生活機能分類(ICF)では活動・参加の評価・介入が重要である．具体的には，役割や日課の有無，外出頻度や，生活範囲の広がり，他者との結び付き(ソーシャルネットワーク)などがある．家族や友人，近隣住民などが，見守りや，ちょっとした困りごと(通院，庭木の剪定，電球交換など)を支援してくれたり，地域の体操教室などに誘うなどすることで，生活機能が維持・向上し，1人暮らしであっても，暮らし続けられることも多い．

要介護高齢者(全高齢者の約5%)

要介護者の割合は後期高齢者で上昇し，85〜89歳の約半数が，90歳以上では約70%が要介護者となる(図18)．総数でみると，要介護となる原因疾患は認知症，高齢による衰弱(フレイル)，骨折・転倒，関節疾患(サルコペニア・ロコモ)など老年症候群が多い(特に要支援1，2)．そのため介護予防では老年症候群の予防が重要となる．また要介護度により原因疾患の割合が異なるため，要介護度の特性や予後に応じた対応が求められる(図19)．

要介護1・2は認知症が多く，粗大な上下肢の動きは保持されているが，入浴など複雑なBADLには介助が必要となる．心身機能が低下し，屋内も伝い歩きか車椅子で移動することが増える．そのため，転倒・転落などの事故防止に配慮が必要となる．馴染みの生活や人間関係が維持されるよう，進行予防策を講じる必要がある．提供された余暇活動には参加可能であるが，自ら積極的に何かを楽しんだり，対人交流することは少なくなる．なるべく離床時間を確保し，日

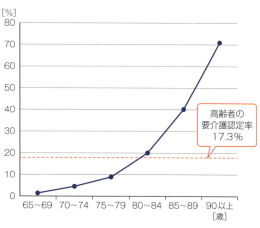

図18 年齢階級別の介護保険サービスの受給者割合

文献21，22)より引用

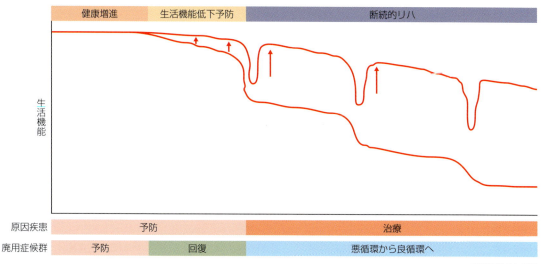

図17 廃用症候群モデル(廃用症候群，変形性関節症など)

文献20)より引用

＊ICF : international classification of functioning, disability and health

課や役割を提供することで，廃用を防ぎ，社会的かかわりや，行っているADLを維持する。

要介護3〜5では脳血管障害や大腿骨頸部骨折が多く，発症から急激に生活機能が低下する（図20）。発症早期から集中的に理学療法を提供し，生活機能の改善を図るとともに，二次障害を予防し，**重度化・再発予防**に資する生活をコーディネートする必要がある（**寝たきり防止**）。移動は車椅子で介助され，排泄などBADLも全面的に介助が必要となる。自発性が低下し，臥床時間が増えるため，積極的な理学療法で介助量の軽減を目指す。また重度になるほど自分で動けな

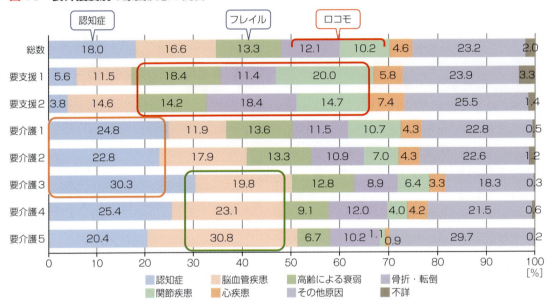

図19　要介護度別の原因疾患の割合

要支援1，2はフレイル，ロコモが多く，要介護1〜3は認知症，要介護3〜5は脳血管疾患の割合が多い。

文献23）より引用

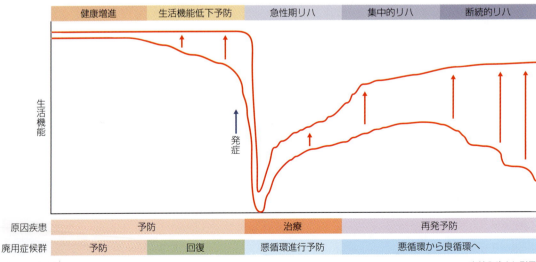

図20　脳卒中モデル（脳卒中・骨折など）

文献24）より引用

くなるため，清潔の確保，栄養が摂れているか，排泄できているか，痛みがなく，安楽に休息できるかなど，安全欲求や生理的欲求に対する支援も必要になる。

要介護者の生活支援のポイント

■自立支援

要介護者の生活支援のポイントは自立支援である。介護保険の目的は「要介護状態の者が尊厳を保持し，その有する能力に応じ自立した日常生活を営むことができるよう，必要な保健医療サービスおよび福祉サービスに係る給付を行うこと」とされている。つまり，できないことを代わりに行う，与える支援ではなく，要介護者が自立できるよう支援することが求められている。

例えば要支援者で調理に一部介助が必要な場合は，ヘルパーが代わりに調理すれば，対象者の調理の機会を奪うことになる。そうではなく要支援者が調理を再獲得できるよう，一緒に行ったり，やり方や環境を工夫して，しているADLを増やす。また中〜重度要介護者であってもできることは自分で行い，できない部分だけを介助できるよう適切な介助量や方法を検討する。加えて対象者の残存能力や特技などの強みを活用して，対象者の自己実現や役割，余暇活動・楽しみなど，豊かな生活が送れるよう支援する。

■安心・安全（リスク管理）

要介護者では事故のリスクが高い。特に高齢者の事故の約80％は転倒が占める。要介護者や施設入居高齢者の転倒率は年間約40〜45％，脳血管障害の片麻痺，PD，認知症を有する高齢者では約50〜70％と高い。大腿骨頸部骨折患者は増加しており，2020年には年間約25万人の発症が予測され，その約90％が転倒によって生じる。大腿骨頸部骨折受傷後は約半数で歩行機能が低下し，要介護度の重度化や寝たきりの原因となるため，転倒などの事故防止が重要である。

また高齢期では入浴中の溺死，誤嚥や窒息などの事故も増える。特に認知症を有する場合，徘徊中の交通事故・行方不明，火傷，異食などによる窒息や中毒といった転倒以外の事故のリスクも高まるため，安心・安全に配慮した**環境整備**が重要となる。

■支援者の介護負担感軽減

65歳以上の要介護者などを65歳以上の者が介護している場合を**老老介護**といい，2016年は54.7％と年々増加している。また，同居している主な介護者が1日のうち介護に要している時間は，「ほとんど終日」が22.1％であり，要介護3以上の介護者ではその割合が高まる。そして全介護者の68.9％が悩みやストレスを抱えている。特に認知症者の介護は認知症の行動・心理症状（BPSD）などにより**介護負担感**が高まりやすい。全認知症者の半分は在宅で生活している。そのため介護負担やストレスを軽減し，介護離職，共倒れや，虐待，介護殺人などを予防する必要がある。また介護保険施設の利用者の約80％以上が認知症を合併しているとされており，ケアスタッフに対する支援も重要である。

臨床に役立つアドバイス

対象者との信頼関係を築くため，高齢者の生活を理解し，尊重する

健康的な生活は頭でわかっていても，実践するのは難しい。特に高齢期は長年の生活習慣で，例えば1日2食しか食べない，昼まで寝ているなど生活状況の個別性が高い。生活習慣を変えることは容易ではないし，自分らしい生活を送ることがQOLを高める。対象者の生活を理解し，尊重しながら，より豊かで，健康的な生活が送れるよう支援する姿勢が求められる。

 要介護・要支援 要介護とは，身体上または精神上の障害があるために，入浴，排泄，食事などの日常生活における基本的な動作の全部または一部について，6カ月以上継続して，常時介護を要すると見込まれる状態をいう。要支援とは，身体上もしくは精神上の障害があるために入浴，排泄，食事などの日常生活における基本的な動作の全部もしくは一部について6カ月以上継続して常時介護を要する状態の軽減もしくは悪化の防止に特に資する支援を要すると見込まれる，または日常生活を営むのに支障があると見込まれる状態をいう。

＊BPSD：behavioral and phycological symptoms of dementia

まとめ

- 脳性麻痺における日常生活指導とはどのようなものか（☞p.37）。 実習 試験
- 脳性麻痺の環境整備とはどのようなものか（☞p.37）。 実習 試験
- 重症心身障害のケアとはどのようなものか（☞p.38）。 実習
- 二分脊椎における衛生管理とはどのようなものか（☞p.39）。 実習
- デュシェンヌ型筋ジストロフィーの呼吸管理とはどのようなものか（☞p.39）。 実習 試験
- 発達障害に対する環境整備とはどのようなものか（☞p.40）。 実習
- 脳血管障害（片麻痺）において公共交通機関での通勤はどのようなものになるか（☞p.41）。 実習
- 脳血管障害（片麻痺）が自動車運転を再開する前に確認すべきことを述べよ（☞p.42）。 実習
- 福祉的就労をすることで得られるメリットを挙げよ（☞p.44）。 実習
- 介護のためのデイサービスを利用している人において，家族の介護負担はどのようなものか（☞p.45）。 実習
- 神経難病の理学療法に共通した視点を述べよ（☞p.46）。 実習 試験
- PD，SCD，ALSの疾患特異的な包括的評価方法を挙げよ（☞p.46）。 実習 試験
- 各疾患の重症度分類の状態に適合した起居移動作の指導，生活指導について述べよ（☞p.50）。 実習 試験
- 全高齢者における要介護高齢者の割合を述べよ（☞p.55）。 実習
- サクセスフルエイジングとはどのようなものか（☞p.56）。 実習
- 虚弱高齢者で低下しやすい生活機能を挙げよ（☞p.59）。 実習 試験
- 虚弱高齢者の支援のポイントを述べよ（☞p.59）。 実習
- 要介護の原因疾患について，主なものを挙げよ（☞p.61）。 実習 試験
- 要介護者の支援のポイントは何か（☞p.62）。 実習

【参考文献】

1. 奥野英子：自立を支援する社会生活力プログラム・マニュアル─知的障害・発達障害・高次脳機能障害等のある人のために，中央法規，2006.
2. 国立障害者リハビリテーションセンターホームページ：平成30年度　高次脳機能障害及びその関連障害に対する支援普及事業　第1回全国連絡協議会資料（http://www.rehab.go.jp/brain_fukyu/shien/h29-2/）
3. 松為信雄：平成25年度職場適応援助者養成研修講義資料 職業リハビリテーションの概念，p1, 特定非営利活動法人くらしえん・しごとえん，2016.1.29, .
4. 稲葉健太郎，長野友里：高次脳機能障害 支援の道しるべ 就労・社会生活編，p32, メディカ出版，2017.

【引用文献】

1) 田中美和, ほか：重症心身障害児・者に対するリハビリテーションと在宅支援-多機能型通所利用者を中心に-, IRYO, 72(2)：76-79, 2018.
2) 小林量作, 福原信義：神経難病における住宅改造の考え方（総論），難病と在宅ケア6(1)：56-60, 2000.
3) 小林量作：神経筋疾患・難病．日常生活活動学・生活環境学，第5版（鶴見隆正，ほか編），医学書院，p190-207, 2017.
4) 野川 茂, ほか：パーキンソン病症状の新しい包括的自記式質問票（MASAC-PD31）の開発・評価. 臨床神経学, 51(5)：321-329, 2011.
5) 望月 久：脊髄小脳変性症の運動療法　最近の考え方．PTジャーナル34：644-646, 2000
6) 小林量作：脊髄小脳変性症．臨床実習フィールドガイド，第2版（石川 朗，ほか編），南江堂，p148-159, 2014.
7) 柴田 博：中高年健康常識を疑う，講談社選書メチエ，2003.

8）Baltes PB : Theoretical propositions of life-span developmental psychology : On the dynamics between growth and decline. Developmental Psychology, 23(5) : 611-626, 1987.
9）東洋, 柏木恵子, 高橋恵子 監訳：生涯発達の心理学, 第1巻（認知・知能・知恵）, p173-204, 新曜社, 1993.
10）柴田　博：生涯現役スーパー老人の秘密, 技術評論社, 2006.
11）Rowe JW, Kahn RL : successful aging, a dell trade paperback, new York, 1987.
12）宮越浩一 編：高齢者リハビリテーション実践マニュアル. p7, メジカルビュー社, 2014.
13）内閣府ホームページ：平成30年版高齢社会白書（http://www8.cao.go.jp/kourei/whitepaper/w-2018/html/gaiyou/s1_2_2.html. 2018年10月24日アクセス）
14）総務省統計局ホームページ：平成28年度社会生活基本調査の結果（https://www.stat.go.jp/data/shakai/2016/kekka.html）
15）西下彰俊：老化の社会学的理論：社会参加. 長寿科学研究エンサイクロペディア情報開発事業報告書, 長寿科学振興財団, 1006-1007, 1997.
16）柴田　博, ほか 編：老年学要論. p241, 建帛社, 2009.
17）伊藤大介, 近藤克則：要支援・介護認定率とソーシャル・キャピタル指標としての地域組織への参加割合の関連 ─JAGESプロジェクトによる介護保険者単位の分析─. 社会福祉学, 54(2) : 56-59, 2013.
18）厚生労働省ホームページ：地域づくりによる介護予防を推進するための手引き（https://www.mri.co.jp/project_related/roujinhoken/uploadfiles/h26/h26_07_tebiki.pdf）
19）秋山弘子：長寿社会の科学と社会の構想, 科学, 岩波書店, 2010.
20）厚生労働省ホームページ：高齢者リハビリテーション研究会の経緯（https://www.mhlw.go.jp/topics/kaigo/kaigi/040219/sankou28.html. 2018年10月28日アクセス）
21）総務省統計局ホームページ：日本の統計2018（https://www.stat.go.jp/data/nihon/index2.html）
22）厚生労働省ホームページ：介護給付費等実態調査月報, 平成30年4月審査分（https://www.mhlw.go.jp/toukei/saikin/hw/kaigo/kyufu/2018/04.html）
23）厚生労働省ホームページ：平成28年国民生活基礎調査結果（http://www.mhlw.go.jp/toukei/list/20-21.html）
24）厚生労働省ホームページ：高齢者リハビリテーション研究会の経緯（https://www.mhlw.go.jp/topics/kaigo/kaigi/040219/sankou28.html, 2018年10月28日アクセス）

1章 総論／2 地域理学療法の基礎知識

3 隣接領域の理解

1 地域リハビリテーション

- 日本リハビリテーション病院・施設協会により2016年に定義の改訂がされた
- 推進課題として，①リハビリテーションサービスの整備と充実，②連携活動の強化とネットワークの構築，③リハビリテーションの啓発と地域づくりの支援がある

地域リハビリテーションの定義

わが国の地域リハビリテーション（以下，地域リハ）の概念は，1991年に日本リハビリテーション病院協会（現 日本リハビリテーション病院・施設協会）により整理され，定義された。2001年の改定により具体的な活動指針が追加され，地域リハの活動が推進されてきた。その間，介護保険制度の誕生，国際的な地域リハの考え方の変化（理念が「social integration（社会的統合）」から「social inclusion（社会的包摂）」へ変更），国際生活機能分類（ICF）の普及，地域包括ケアシステムづくりなど，地域リハを取り巻く状況が大きく変化したことにより見直しが行われ，2016年に地域リハの定義・推進課題・活動方針が改定された（**表1**）[1]。改定された定義を以下に示す。

特徴としては，以下のものがある[2]。

①「子供や成人」を追加し，全世代にわたる活動であることを示している。

②「住み慣れたところで」，「安全に」，「その人らしく」，「いきいきと」した生活の獲得を目標としている（今回「その人らしく」が挿入）。

③「介護」は欠かせないので挿入された。

④「地域住民を含め」を入れ，地域住民と専門機関・組織が一体となって推進することが示されている。

⑤ **social inclusion** の取り組みに関しては「保健・医療・福祉・介護および地域住民を含め生活にかかわるあらゆる人々や機関・組織がリハの立場から協力し合って行う」と述べている。

地域リハの推進課題・活動方針

地域リハで重要なことを推進課題として，3つ挙げている（**表1**）。特徴を以下に示す[2]。

① **介護予防** を推進課題として強調し，また **障害の進行予防** も追加して，その重要性を示した。小児や成人のリハを意識し，「ライフステージに沿った適切な総合的リハサービスの提供」を追加した。

② **医療介護連携**，**施設間連携** の強化を課題とし，またチームでの活動を推進すべく **多職種協同体制の強化** も課題とした。さらに「発症からの時期」で急性発症する疾病などを，「ライフステージに沿った」で小児・成人・難病などを意識し，「多領域を含むネットワークの構築」とした。

③ 市民のみならず「関係者」にもリハの啓発が必要であるとし，介護予防にかかわる諸活動を通し，地域住民の支え合いも支援しながら，**地域ぐるみの体制づくり** に寄与すべきと提案している。

また，活動指針では，冒頭に地域リハの目標

*ICF : international classification of functioning, disability and health

を「インクルーシブ社会を創生すること」として国際的な地域リハの考え方が踏まえられており，具体的な活動も紹介された（**表1**）。

地域リハ支援体制

国の地域リハ推進の事業としては，1998年度から，都道府県リハビリテーション協議会の設置，都道府県リハビリテーション支援センターの指定などを行う「地域リハビリテーション支援体制整備推進事業」が実施された。また1999年度からは，二次医療圏ごとに指定する地域リハ広域支援センターを軸として，いっそう地域に密着した事業展開を図っている。2006年に都道府県事業に移管された後は，自治体独自の活動として継続されている（実施自治体は減少した）。

これからの地域リハ

2025年に向けて**地域包括ケアシステム**（詳細は「地域包括ケアシステム」の項（p.92）を参照）づくりが推進されているが，地域包括ケアと地域リハの考え方はほぼ同じであり，地域包括ケアシステム構築においては，これまで実践されてきた地域リハの活動はおおいに期待されている。

2015年度から国の政策として**地域リハビリテー**

表1 地域リハの定義・推進課題・活動指針（2016年版）

定義	地域リハとは，障害のある子供や成人・高齢者とその家族が，住み慣れたところで，一生安全に，その人らしくいきいきとした生活ができるよう，保健・医療・福祉・介護および地域住民を含め生活にかかわるあらゆる人々や機関・組織がリハの立場から協力し合って行なう活動のすべてをいう。
推進課題	1. リハサービスの整備と充実 　①介護予防，障害の発生・進行予防の推進 　②急性期・回復期・生活期リハの質の向上と切れ目のない体制整備 　③ライフステージに沿った適切な総合的リハサービスの提供 2. 連携活動の強化とネットワークの構築 　①医療介護・施設間連携の強化 　②多職種協働体制の強化 　③発症からの時期やライフステージに沿った多領域を含むネットワークの構築 3. リハの啓発と地域づくりの支援 　①市民や関係者へのリハに関する啓発活動の推進 　②介護予防にかかわる諸活動を通じた支え合いづくりの強化 　③地域住民も含めた地域ぐるみの支援体制づくりの推進
活動指針	地域リハは，障害のあるすべての人々や高齢者にリハが適切に提供され，インクルーシブ社会を創生することを目標とする。この目的を達成するため，当面，以下のことが活動の指針となる。 1. 障害の発生は予防することが大切であり，リハ関係機関や専門職は，介護予防にかかわる諸活動（地域リハ活動支援事業等）に積極的にかかわっていくことが求められる。また，災害等による避難生活で生じる生活機能の低下にもリハが活用されるべきである。 2. あらゆるライフステージに対応してリハサービスが総合的かつ継続的に提供できる支援システムを地域に作っていくことが求められる。ことに医療においては，廃用症候の予防および生活機能改善のため，疾病や障害が発生した当初よりリハサービスが提供されることが重要であり，そのサービスは急性期から回復期，生活期へと遅滞なく効率的に継続される必要がある。 3. さらに，機能や活動能力の改善が困難な人々に対しても，できうる限り社会参加を促し，また生ある限り人間らしく過ごせるよう支援がなされなければならない。 4. 加えて，一般の人々が活動に加わる人が障害を負うことや年をとることを家族や自分自身の問題としてとらえるよう啓発されることが必要である。 5. 今後は，専門的サービスのみでなく，認知症カフェ活動・認知症サポーター・ボランティア活動などへの支援や育成も行い，地域住民による支え合い活動も含めた生活圏域ごとの総合的な支援体制ができるよう働きかけていくべきである。

文献1）より引用

ション活動支援事業が開始されており（**図1**），このなかでリハ専門職は，通所，訪問，地域ケア会議，サービス調整会議，住民運営の通いの場などの介護予防の取り組みを地域包括支援センターと連携しながら総合的に支援することが期待されている。

図1 地域リハビリテーション活動支援事業の概要

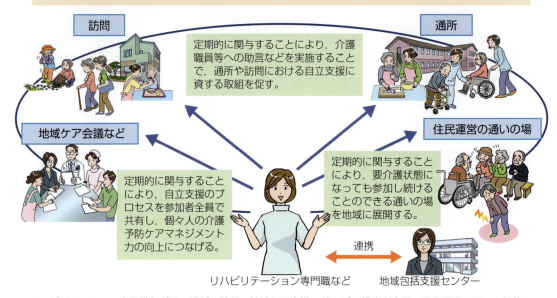

リハビリテーション専門職などは，通所，訪問，地域ケア会議，サービス担当者会議，住民運営の通いの場等の介護予防の取組を地域包括支援センターと連携しながら総合的に支援する。

文献3）より引用

2 地域保健

- 保健師助産師看護師法に基づく名称独占資格である
- 保健師の業務範囲は生活する人すべて（ゆりかごから墓場まで）である
- 公衆衛生看護学を基礎として，主に行政保健師・産業保健師・学校保健師（養護教諭）として活躍している

保健師とは

　保健師とは，保健師助産師看護師法に基づく国家資格（**名称独占**）であり，看護師および保健師国家試験に合格することを要件とする資格である。**ヘルスプロモーション**（「ヘルスプロモーション」(p.267)を参照）**の理念**に基づいて，住民および地域を継続的多面的にとらえ，生活と健康の関連を考察し，予防活動も含めた地域保健活動を展開して，住民の健康寿命の延伸および生活の質（QOL）の向上を図ることが求められて

＊QOL：quality of life

いる。活動するいずれの分野においても**地域診断**という手法を用いて，個人の健康問題と地域（集団）全体の課題を結び付けて，双方に働きかけながら両方の解決を図っていく。

行政保健師

行政保健師の分野は，主に**保健所・市町村保健センター・地域包括支援センター**（直営の場合は行政職員，委託の場合は委託先法人職員）で勤務する。

■保健所保健師

各種保健福祉医療計画の計画策定に関与して，第一線の**保健衛生サービスを企画および実施**する。また，担当する保健センターが行う保健サービスに対し，必要な技術的援助を行う。

■市町村保健センター保健師

各種市町村保健福祉医療計画の計画策定に関与して，**住民に身近な保健サービスの実践**を行う。まさに，ゆりかごから墓場まですべての世代にかかわることで，住民一人ひとりが自らの健康に関心をもち，健康なまちづくりを推進していく。

■地域包括支援センター保健師

地域包括ケアシステムの推進者として小地域（主として中学校区）の範囲で，住民一人ひとりが健康づくりに取り組めるよう住民組織活動をはじめとする地域ぐるみの活動を展開し，地域のさまざまな機関の連続的重層的な連携体制の構築を行っていく。また，地域包括支援センター唯一の医療職として，市町村保健センターと連携して在宅医療にかかわるネットワークの構築

表2　行政保健師の主な役割分担

	保健所	保健センター	地域包括支援センター
エイズ・難病	エイズ相談・匿名検査 難病医療相談		
感染症	感染患者発生の把握 性感染症を含む感染症	予防接種	
母子保健	重症心身障害児 長期療養児	低出生体重児 乳幼児健診など 健康な母子 児童虐待対応	
精神保健	支援困難事例 未治療者・中断者・薬物 思春期・青年期相談 自殺予防対策	生活支援相談 DV対策	
障害保健	療養相談	生活支援相談 障害者虐待対応	
成人保健		特定健診・保健指導 訪問指導・健康相談 機能訓練・健康づくり	
高齢者保健		介護保険 介護予防 認知症施策 在宅医療介護連携推進	総合相談 介護予防ケアマネジメント 高齢者虐待対応 認知症（老年期精神病）対応

用語解説　ヘルスプロモーション　人々が自らの健康とその決定要因をコントロールし，改善することができるようにするプロセス。ヘルスプロモーションは，公衆衛生の中心的な機能を果たしており，感染症や非感染症そしてその他の健康を脅かすものに取り組むことに貢献するもの。
住民や当事者の主体性を重視して，各個人がよりよい健康のための行動をとることができるような政策なども含めた環境を整えることに重点が置かれている。

を進め，住民が希望する人生の最終段階の生き方を選択できる地域づくりをしている。

　その活動のなかで，効果的な在宅医療提供のために薬剤師との連携を進めていけるように病院薬剤師と薬局薬剤師と介護支援専門員のネットワーク作りに奔走している保健師もいる。また，介護保険法に規定されたセンターのため，介護支援専門員資格を取得している保健師も多くおり，8050問題や，老年期精神病の高齢者を担当する地域の介護支援専門員からの相談を受けることも多い。

産業保健師

　産業保健師は，企業の健康保険組合や健診センターなどで働く保健師で，産業医と連携して**労働者が健康に留意しながらいきいきと仕事ができる**ように保健指導を行う。具体的には，健康診断後の保健指導，メンタルヘルス対策，生活習慣病対策などを行っている。最近は，ダブルケア対策も問題になっており，さまざまな労働衛生関連の制度や介護・子育て支援関連の制度も含めて，就労を継続できるための相談窓口として期待されている。

学校保健師

　学校保健師（養護教諭）は，児童・生徒の健康を保ち，**快適な学校生活を送るための環境を整える**ために，学校の保健室で働く。養護教諭免許は保健師や看護師の資格がなくても所定の単位を修了すれば取得できるため，養護教諭の多くは看護職ではないのが現状である。養護教諭は，学校長，担任教諭などと連携をしながら子どもの様子を見守り，不登校，いじめ，発達障害，児童虐待など，こころとからだの健康にかかわる問題へ適切な対応を行っている。学校と家庭や地域との連携を図り，子ども家庭支援センターや児童相談所とも協力して，協力体制を作っていく。

その他の保健師

　その他で保健師が活躍する主な場としては，病院で退院支援業務を保健師が行っている。特に，医療機器を自宅でも使用しながら療養する人が多い病院では，地域連携室などで保健所保健師や訪問看護ステーションと連携しながら**人工呼吸器等の医療機器を自宅で円滑に使用できる体制**（停電時や故障時の対応含む）を作ったり，ケアマネジャーとともに在宅医療・介護サービスの調整を行ったりしている。

実践!! 臨床に役立つアドバイス

保健師の職種としての視点

　保健師の活動は，専門職と住民の両方に接するために専門用語を用いて専門職と連携をしていくが，住民に対しては専門用語を軽はずみに使わないように特に注意を払っている。なぜなら，専門用語は住民との距離を無意識に広めてしまうことにつながるからである。例えば，「在宅生活」という言葉についてわれわれは専門用語という意識はないが，住民からすると「在宅生活」と「馴染みある家での暮らし」というのは，とても違和感がある。保健師はそれだけ住民視点で活動を行っている職種といえる。

 8050問題　引きこもりや障害を抱えた子ども世代が50代になり，親世代が80代と高齢化することにより，親が子どもを扶養（介護）しきれなくなる状況のこと。経済や社会とのかかわりがないまま親世代が亡くなった場合，その時点で子ども世代が孤立し生活が立ち行かなくなり深刻な事態に至ることも多い。

 ダブルケア　出産の高年齢化などにより，親の介護と子育てを同時にしなければならない状態をいう。働きながらダブルケアを行うことに困難を感じて離職した場合，介護が落ち着いた段階で再就職するのは難しいことが多いため，社内外を問わずさまざまな制度を活用して保健師は労働者の就労継続に関して相談に乗る。

3 地域福祉

- 福祉は人と人の暮らしのなかに存在する行動で，性別や年齢，職種などで制限されない
- 「地域」において，自立した生活を送ることができるよう社会資源をつなぐ機能がある
- 社会福祉士は，地域福祉計画の推進や医療と福祉をつなぐなど，ソーシャルワークを実践する

福祉とは何か

私たちの暮らしのなかに必要なこととして「福祉」という言葉が使われるが，「福祉」とは何かと問われたときに，阪神・淡路大震災や東日本大震災，最近では西日本豪雨など，ボランティア行動をイメージすることはできるが，何をもって福祉というのか具体的に答えるのは難しく，曖昧でつかみどころがない。福祉の対象者，福祉を担う人，何をするのか，など行動の範囲や制限など具体的に示されていない。

例えば，医療において，対象者は患者として医療が必要となる原因である疾病を抱え，治療により終了がある。医療を担う人は医療従事者として業務独占となり，医療従事者でなければ治療にはかかわることはできない。一方，福祉においては，対象となるのはすべての人で，高齢者介護や障害者介護の現場は専門的な知識技術は必要とされるが，施設などおいても，業務独占ではなく，専門的な知識技術がなくても職を担うことができる。介護は一定の場や空間のみで行われるものではなく，日常的な営みのなかに存在するからではないだろうか。知識よりも経験が優先された高齢者介護も，2000年の介護保険法施行により，法の基本理念に基づき，**自立支援を目指した介護という行動のエビデンス**が求められている。

社会福祉の実践者である阿部[4]は，著書「福祉の哲学」のなかで「福祉は実際の行動であって，思惟的な観念の世界ではない」と説明している。そして「福祉はマイノリティを重んずるところから始まる。これが福祉のアイデンティティである。高齢人口が15％を占めても，高齢者は質的にマイノリティの問題を抱えている。〈ひとり〉の尊厳を守り，その人が自立的に生き，社会のなかで**人生を充実できるように援助する**のが，**社会福祉の実践**である。それだけではない。援助には，社会に背を向けて〈ひとり〉で守るのではなく，マイノリティとマジョリティがともに力を合わせ，連帯できる社会の追求を目指す姿勢を欠かせない。」という文面から，福祉は人が生まれときから，人と人とのかかわりから存在した「実際の行動」であると理解できる。阿部は第1刷発行時（1987年），高齢人口が15％と示したが，平成30年度版高齢社会白書によれば，高齢化率27.7％と大幅に上昇している現在ではあるが，普遍的な考え方であるといえる。

医療・福祉制度の歴史からみると，医療制度では1948年に医療法，医師法，保健師助産師看護師法などが施行され，その10年後の1958年には国民健康保険法が施行され，1961年には国民皆保険が実現している。福祉制度は，1951年に社会福祉法（制定時の題名は社会福祉事業法）が制定され，1963年に老人福祉法が施行されている。

制度的には医療の制度化が先ではあるが，人の営みとして，福祉の歴史はとてもなく長いものといえるのではないだろうか。

日本国憲法25条2項は「国は，すべての生活部

面について，社会福祉，社会保障および公衆衛生の向上および増進に努めなければならない」と規定している。与えられるだけが福祉ではなく，与えることだけでもなく，人は環境や立場によってその役割を担うことになる。

人の暮らしのなかで相互関係しあう医療と福祉は切り離して考えることはできない。

地域福祉とは

地域福祉の定義

地域福祉について永田幹雄[5]は著書である「地域福祉論」(1985年)のなかで「地域福祉とは，社会福祉サービスを必要とする個人，家族の自立を地域社会の場において図ることを目的とし，それを可能とする地域社会の統合化および生活基盤形成に必要な生活・居住条件整備のための環境改善サービスの開発と，対人的福祉サービス体系の創設，改善，動員，運用，およびこれら実現のためにすすめる組織活動の総体をいう」と示し，在宅福祉サービス(予防的サービス，専門的ケア，在宅ケア，福祉増進サービスを含む対人福祉サービス)，環境改善サービス(物的・制度的施策を含む生活・居住条件の改善整備)，組織活動(地域組織化およびサービスの組織化，管理の統合的運用によるコミュニティワークの方法技術)とそれぞれを説明している。

また大橋謙策[6]は著書である「地域福祉論」(2001年)「地域福祉とは，自立生活が困難な個人や家族が，基礎自治体や生活圏を同じくする地域において自立生活できるようネットワークをつくり，必要なサービスを総合的に提供することであり，そのために必要な物理的，精神的環境醸成を図るとともに，社会資源の活用，社会福祉制度の確立，福祉教育の展開を統合的に行う活動」と示した。

そして社会福祉法令研究会[7]の「社会福祉法の解説」(2001年)には「地域福祉とは，住民が身近な地域社会で自立した生活が営めるように，地域に存在する公私の多様な主体が協働して，必要な保健・医療・福祉サービスの整備および総合化を図りつつ，住民の社会福祉活動の組織化を通じて，個性ある地域社会の形成を目指す福祉活動の総体を指すものと考えられる。ここで，「地域」とは，住民の多様な福祉需要に対して，多様な主体から提供されるさまざまなサービスを有機的かつ総合的に提供するために最も効率的であって，かつ，住民自身が日常的に安心感を覚える一定の圏域であると定義できよう。」と示した。

3者が示した内容をみると，**身近な地域・住民・自立した生活・ネットワーク・必要な(必要とされる)サービスを提供する**など，共通したキーワードを読み取ることができる。さらに，人々が地域において安心した生活が送れるよう，地域住民や公使を問わず社会福祉関係者が，お互いに協働し合い，福祉の課題解決をして行く考え方，前出の阿部が示す「福祉の哲学」ともいえるのではなないだろか。

地域福祉には，民生委員児童委員や自治会，など地域における自治組織やボランティアやNPO法人などとのかかわり合いや，地域福祉の概念は地域における活動の促進や地域福祉について興味関心を深める，子供たちなど若い世代に対する福祉教育などの充実も含まれる。

地域福祉と社会福祉士

社会福祉士とは

社会福祉士は，一般的には**ソーシャルワーカー**とよばれる社会福祉専門職の国家資格である。日常生活を送るにあたりさまざまなハンディキャップのある人から相談を受け，スムーズに日常生活が営めるような支援や，基本的には本人が自分の力で困りごとを解決できるように支えたりすることが主となる仕事である。しかし，

社会福祉士一人の力には限界があることから、他分野の専門職との連携で包括的・継続的な支援を進めていく。さまざまな相談に対応できるよう、必要だが今はない社会資源などを開発する役割も求められている。

　病院などの医療機関や施設の相談・連携などの部署で役割を担うことが多い。1987年の「社会福祉士及び介護福祉士法」制定で登場し、少子高齢社会が進むなか、また家族間の問題など、福祉的課題の解決が求められる昨今、その役割の期待はますます高まってきている。

地域福祉計画

　地域福祉を進めていくには**地域福祉計画**を策定する。2000年6月の社会福祉事業法などの改正により、社会福祉法に新たに規定され、市町村地域福祉計画および都道府県地域福祉支援計画から構成され、**各地方自治体が主体的に取り組む**こととなっている。地域福祉計画は、地域住民の意見を十分に反映させながら策定する計画であり、今後の地域福祉を総合的に推進するうえで大きな柱になるものと厚生労働省は示している。

　2006年に**介護保険法改正**により誕生した**地域包括支援センター**には3職種（社会福祉士・保健師・主任介護支援専門員）の専門職配置が義務付けられ、高齢者虐待や成年後見制度など社会福祉士としての基本的な役割が期待されている。

> **補足**
> **ソーシャルワーカーと社会福祉士**
> 社会福祉士資格は、「業務独占」ではなく「名称独占」であるため、「ソーシャルワーカー」＝「社会福祉士」と名乗ることはできない。しかし、「ソーシャルワーカー」の業務は社会福祉士という国家資格保持者でなくてもその役割を担うことができる。

1章　総論

まとめ

- 地域リハビリテーションの定義を述べよ（☞p.64）。[実習]
- 地域リハビリテーションの推進課題を挙げよ（☞p.65）。[実習]
- 保健師が保健指導業務に関して法律で独占を規定しているものは何か（☞p.66）。[試験]
- 保健師が地域を把握する手法は何か（☞p.67）。[実習][試験]
- 難病を患う人に関して、各種制度などについての相談をする保健師が所属している場所はどこか（☞p.67）。[実習][試験]
- 福祉の対象となるのはどのような人か（☞p.69）。[実習]
- ソーシャルワーカーの業務を担うのに必要な資格は何か（☞p.71）。[実習]
- 社会福祉士が働くの場所を挙げよ（☞p71）。[実習]

【引用文献】

1) 日本リハビリテーション病院・施設協会ホームページ：地域リハビリテーション　定義・推進課題・活動指針（www.rehakyoh.jp/teigi.html）
2) 浜村明徳：地域リハビリテーションの定義改定について. 地域リハ, 12(4)：286-295, 2017.
3) 厚生労働省ホームページ：介護予防の推進について（https://www.mhlw.go.jp/file/05-Shingikai.../0000052328.pdf）
4) 阿部志郎：福祉の哲学（社会福祉専門職ライブラリー基礎編）, 誠信書房, 1997.
5) 永田幹夫：社会福祉論, 全国社会福祉協議会, 1985.
6) 大橋謙策：社会福祉論（新版社会福祉学習双書）, 全国社会福祉協議会, 2002.
7) 社会福祉法令研究会 編：社会福祉法の解説, 中央法規出版, 2001.

4 多職種連携の理解

1 さまざまな連携の形

- 目的の共有が連携を促し，チームをつくる
- 目的の達成に適した形で連携する

多職種連携

多職種

　リハビリテーション（以下，リハ）対象者やその介護者，家族が望む生活を実現するためには，いろいろな分野からの支援が必要である。保健，医療，福祉の分野はもちろん教育，家政，住宅，金融などの分野も必要とされることは少なくない。

　それぞれの分野にはたくさんの専門職がいる。理学療法士にとって身近な専門職は作業療法士や言語聴覚士が代表格だが，例えば医療分野をみただけでも医師，歯科医師，薬剤師，看護師，臨床検査技師，診療放射線技師などたくさんの専門職がいる。しかし，ただ単にいろいろな専門職が集まっただけでは**チーム**にはならない。誰のために何を目指すのかといった連携の目的を共有することによって，多くの職種が1つの**チーム**としてまとまるのである。

多職種連携

　地域理学療法における多職種連携とは，理学療法士が理学療法士と異なる専門職と連携し，対象者やその介護者，家族が望む生活の実現を支援することをいう。連携相手となる専門職はさまざまだが，連携に参加した専門職が構成する集団がリハの立場から支援するのであればリハチーム，ケアの立場から支援するのであればケアチーム，などとよぶ。

図1　多職種連携のチーム

リハチームの例（医師，看護師，PT，OT，ST）

ケアチームの例（ケアマネジャー，介護士，PT，OT，ST）

連携の目的―DOSとPOS

DOS

DOSとはdisease oriented systemあるいはdoctor oriented systemの略語で，対象者の病気の治療や機能障害の回復を目指した専門職の連携を指す．それぞれの専門職は，病気（disease）の治療にあたる医師（doctor）を支援するという意識をもって連携に参加する．

POS

POSとはproblem oriented systemあるいはpatient oriented systemの略語で，対象者が抱えるさまざまな問題の解決を目指した専門職の連携を指す．それぞれの専門職は，患者（patient）が抱える問題（problem）の解決を支援するという意識をもって連携に参加する．

対象者の社会生活にかかわるさまざまな問題の解決にあたる場合は，DOSよりもPOSのほうが適していることが多く，リハチームやケアチームではPOSが多くみられる．

多職種連携の形

菊池[1]はケアマネジメントに関する研究において3種類のチームの形を提示している．**図2**はこの3種類のチームの形をリハチームに援用して図示したものである．チームが活動していくためには自分（理学療法士）の役割と相手（理学療法士以外の専門職）の役割を理解するだけでなく，チーム全体をつなぐ連携の形も理解しておく必要がある．

階層型チーム（multi-disciplinary team）

階層型チームは，専門職がピラミッド型に配置されたチームである．ピラミッドの頂上にあたる人がリーダーとなり，そのリーダーの指揮のもとでいろいろな専門職が動く．それぞれの専門職が受ける指示・命令は明確であり，負う責任もはっきりしている．迅速かつ効率的に動けるチームである．

合議型チーム（inter-disciplinary team）

合議型チームは，専門職が円状に配置されたチームである．チームをリードするリーダーはいるが，各専門職の位置付けは対等であり，チームとして何をすべきなのかを専門職の合議によって決まる．

それぞれの専門職の役割は明確だが，他の専門職の役割も理解し協働するなかでその役割を果たす．お互いが協力し幅広く柔軟な対応ができるチームである．

役割開放型チーム（trans-disciplinary team）

役割開放型チームは，合議型チームと同じように専門職が円状に配置されたチームである．

図2 多職種連携の形

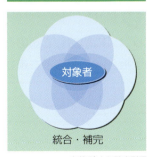

文献1）より改変引用

しかし各専門職の領域が他の専門職と重なりをもつように広がっている点が異なる。

この重なりは，メンバーそれぞれが専門職としての役割に閉じこもらず，チームにおいて自身ができることがあれば担っていこうという態度をもっていることを示している。この形をつくることができるのは，メンバーそれぞれが専門職として高度な技術をもつだけでなく，自身の専門性も相手の専門性も十分に理解し，相互の尊敬に立脚したコミュニケーションがとれる場合に限られる。

例えば，訪問リハを必要とする対象者で，担当する理学療法士はもとより医療，看護，介護の専門家全員が相互に尊敬できる技量と円滑なコミュニケーション能力をもっている場合にこの形が可能になる。

リーダーシップとメンバーシップ

メンバーが一丸となってチームとしてまとまるためにはリーダーが必要である。リーダーにはいろいろなタイプがいる。メンバーの意見をよく聞き，それらの意見を集約していくタイプ，自らが先頭にたって意見を述べ，メンバーの議論を引っ張っていくタイプ，などである。一方，メンバーのほうにもチームの一員として発言したり，他のメンバーの意見を尊重したりといった態度が求められる。リーダーにふさわしい能力・態度を**リーダーシップ**，メンバーとしてふさわしい能力・態度を**メンバーシップ**という。

病院でのカンファレンスは医師がリーダー役で他の専門職がメンバーとなることが多いが，地域理学療法の職場（「理学療法士の役割」(p.7)参照）では，職種（専門性）ではなく職場の管理者など職位が上位の者がリーダー役を務めたりする。それ以外にも，リハカンファレンスであればリハ専門職が，ケアカンファレンスであればケア専門職がリーダーを務めるなど，カンファレンスの内容に応じてリーダーとなる職種をおく場合もある。

> **実践!! 臨床に役立つアドバイス**
>
> **メンバーの違いは職種だけではない**
> 実際にチームを形づくるとき，メンバー間には職種の違いだけでなくさまざまな違いがある。リハ部と看護部といった所属部署の違い，上司と部下といった職位の違いなどである。チームになるためにはこうした違いも乗り越えなければならない。そのためには日頃のコミュニケーションの積み重ねが大切である。

> **補足**
> 多くの職種の連携を意味する用語には「多職種連携」のほかに「多職種協働」も使われている。英語ではinterprofessional work(IPW)やcollaboration practice(CP)といった用語が使われている。「多職種連携教育」は，英語ではinterprofessional education(IPE)といい，また学習者として多職種連携を学ぶ場合にはinterprofessional learning(IPL)という。

2 施設内での多職種連携

- カンファレンスに参加して顔のみえる関係を築く
- 電話，掲示板，ノートなどさまざまな情報共有手段を使いこなす

カンファレンス―顔のみえる関係

カンファレンスとは
チームとしての目標を決め，その達成に向けて解決すべき問題点を整理し，それぞれの専門職が担うべき役割を確認・調整する会議である。その規模はさまざまで，対象者を直接担当して

いるリハ専門職のみが集まるだけのきわめて小規模のものもあれば，リハ専門職はもとより診療部長（医師）や病棟師長（看護師）なども参加する大規模のものもある（図3）。

さまざまなカンファレンス

大規模のカンファレンスは，例えば週に1度（1時間）大会議室にて開催，というように定期的な会議として位置付けている施設が多いようである。カンファレンスではチームメンバー（専門職）が顔を合わせて，対象者一人一人について具体的に検討していく形が一般的である。リハチームであればリハカンファレンス，ケアチームであればケアカンファレンスなどとよぶ。

連絡ノート，掲示板―連携を支える情報共有―

日常業務での記録と情報共有

日常業務において各専門職はそれぞれに実施記録などを作成している。病院内ではこうした実施記録は同職種内で共有され，他職種に対しては必要に応じて連絡箋（紙）や電話（口頭）などで伝える形が一般的である。

地域での記録と情報共有

一方，地域理学療法の職場（「理学療法士の役割」（p.7）参照）には各専門職による実施記録のほかにも，連絡ノートや掲示板を使って他職種に情報を伝える仕組みがみられる。

例えば訪問理学療法の場面では，午前中に訪問した看護師が対象者の歩行の様子をノートに記し，午後に訪問する理学療法士はそのノートに目を通してからその日の状態に見合った歩行練習を行うといった形がみられる。ほかにも，理学療法士が訪問した際に気付いたことを，翌日に訪問する看護師に伝えるために施設内の掲示版に記しておくといった形などもある。

> **補足**
> **地域ケア会議（図3：例2）**
> 介護保険制度における，サービス担当者会議や地域包括ケアシステムにおける地域ケア会議といった会議は，多職種連携を制度として具体化したものである。これらの会議にはカンファレンスという名前はついていないが，複数の専門職が集まって顔のみえる関係で対象者のことを検討する会議という点ではカンファレンスの一つの形とみることができる。

図3　いろいろなカンファレンス

例1　病院でのカンファレンスの場面
対象者，介護者，家族などにかかわった専門職が退院後の在宅生活の支援について検討する。

例2　地域ケア会議の場面
行政の理学療法士，保健師，住民ボランティア，など幅広い人々が集まり，対象者が地域で暮らし続けていくための支援について検討する。

臨床に役立つアドバイス

電子カルテ

それぞれの専門職がもつ情報を電子カルテシステムにより統合する病院が増えている。リハ室，病棟，診察室などにシステムの端末となるコンピューターが設置され，アクセス権限が与えられた者はそこから入力された情報をみることができる。理学療法士がリハ室にいながら，医師の最新の診療記録や画像所見を読んだり，看護記録を確認したりすることができる。多職種間でのリアルタイムな情報共有を可能にする電子カルテはこれからの時代の多職種連携支援ツールといえる。

臨床に役立つアドバイス

マイナスの協働効果

多職種連携にはプラスの面だけでなくマイナスの面もある。リーダーシップとメンバーシップが失われるとただ乗りメンバーの出現やメンバー間の同調圧力といったマイナスの協働効果が生じかねない[2]。

3 施設間での連携

- 施設間の連携にはフォーマル／インフォーマルな社会資源が有機的につながることが必要である
- 施設間で連携しなければ医療を支えることができない
- 地域包括ケアシステムにおいては在宅医療・介護連携の推進が位置付けられている

概要

多職種連携と聞くと何をイメージするだろうか。「たしょくしゅ」という音は「多職種」と「他職種」で表現されることが多い。多職種は自分の職種も含めた多くの職種，他職種は自分の職種以外の職種ととらえることが考えられる。いずれにしても，「多（他）職種連携」に重要なのは自分以外の職種との連携だけではなく，同じ職種も含めたうえでの連携といえる。

施設とは

地域にはさまざまな施設がある。「施設」と聞くと高齢者施設や障害者施設をイメージしやすいが，施設とは「ある目的のために，建造物などをこしらえ設けること」（大辞林）とあり，例えば，高齢者の介護が「目的」であれば，高齢者介護施設，児童の養護が「目的」であれば児童養護施設となる。病院や役所，学校，公民館など地域にはさまざまな施設が存在する。施設という言葉が示すのは，単に建物の形態を示しているのではなく，それぞれの目的に沿った機能を示していると考えることができる。

施設間連携（医療連携）

つまり施設が有機的に動いている場合，そこには人の存在があること，そして個としての施設が地域のなかで連携し合うことは，建物が連携するのではなく，目的を遂行する専門職や目的を求めて施設を利用する人々が連携するために必要なことで，施設が地域に存在し続けるためには不可欠なことと考えられる。ここでは，さまざまな連携をみていく。

2005年10月，「新しい医療計画の作成に向けた都道府県と国との懇談会（第2回）」の議事録で，全国で行われている医療連携（**図4**）の事例として以下の6つの事例を報告している。

①診療所が中心となった医療連携を構築している事例
②病院が中心となって医療連携を構築している事例
③病院・診療所・介護施設などの連携
④在宅医療を支える医療連携の事例
⑤その他のシステム(計画中のものも含む)
⑥その他(すでに地域連携クリティカルパスを導入している事例など)

　事例①，②は**病診連携**と分類され，診療所から病院への一方的な流れではなく，双方向の関係となる。事例③は診療所から在宅への**医療介護連携**となり，在宅での生活を支える役割を担う。事例④は専門的医療を提供する病院から在宅生活を支える診療所，生活の場である介護施設などとのかかわりなど，**在宅生活を支える医療連携**の全体を示している。

　さらには，事例⑥において，すでに地域連携クリティカルパスの導入と示されているように，連携の形や，呼称の違いはあるが，人の暮らし，医療とのかかわり合いのなかで，連携しなければ，生活を支えることができないことがわかる。

病診連携

病診連携とは

　病院と診療所がそれぞれの**役割**，**機能**を分担し，お互いに**連携**しながら，より効率的，効果的な医療を提供することを示す。「2025年問題／2040年問題」と高齢者の増加に対する医師や医療機関の数をみても，適切な医療を提供できない社会環境からすると，1つの医療機関だけでは対応しきれない。医師や医療機関も偏在しており，医療制度が整っている日本であっても，地域によっては必要な医療を受けることができないことから環境整備が求められている。

病院連携の担い手

　では，病診連携は誰がするのか。連携を担当する部署としては，病院などに設置されている**地域医療連携相談室**が挙げられる。名称はさまざまで，その内容も医療機関との連携を担う部署と，患者本人や家族からの相談機能を担う部署の2つに分かれている場合と，その2つの機能を持ち合わせている場合がある。相談機能を担うのは，主に**医療ソーシャルワーカー**（MSW）といわれる専門職であることが多い。

MSWの役割

　MSWは，病院と診療所などと役割分担し，患者を紹介し合うのが仕事となる。具体的には，例えば入院患者が転院する際に，本人や家族から希望を聞き，転院先へのスムースに移行するよう図ったり，退院する際に，在宅かかりつけ医と患者の情報共有を行いながら，日常生活に戻れるよう相談・支援を行ったりする。近隣の診療所や病院との日常的な連携も役割の一つである。

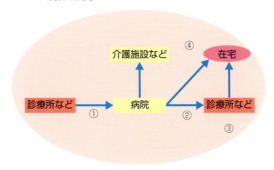

図4　病診連携

　2025年問題／2040年問題　2025年は団塊の世代が75歳以上になり，高齢者人口が急増すると推計されている。2040年は，団塊の世代の子供世代が75歳になり，再び高齢者人口が急増すると推計されている。

　地域連携クリティカルパス　急性期病院から回復期病院を経て早期に自宅に帰れるような診療計画を作成し，治療を受けるすべての医療機関で共有して用いるもの。診療にあたる複数の医療機関が，役割分担を含め，あらかじめ診療内容を患者に提示・説明することにより，患者が安心して医療を受けることができるようにするもの。内容としては，施設ごとの診療内容と治療経過，最終ゴールなどを診療計画として明示。回復期病院では，患者がどのような状態で転院してくるかを把握できるため，改めて状態を観察することなく，転院早々からリハを開始できる。これにより，医療連携体制に基づく地域完結型医療を具体的に実現する。

＊MSW：medical social worker

また，病院と診療所の間の連携がスムーズに行われるよう，在宅生活の支援を担当する**介護支援専門員（ケアマネジャー）との連携**も重要であるが，現在，各地で退院調整ルール策定が進められている。この退院調整ルール[3]は，介護を必要とする患者が，疾患を問わず，当該市内のどの病院から入退院しても，安心して在宅へ戻ることができるよう策定されている。

病診連携は，単に治療の場が変わるための情報伝達ではなく，患者一人の生活を支える情報共有であり，**縦割りの医療**から，**横につながる医療**に代わることができるシステムといえる。医師や看護師のみではなく，この連携の仕組みのなかにリハを担う理学療法士が加わることで，より生活を見据えた医療の提供が可能となる。

> **補足**
> 医療ソーシャルワーカーの業務[4]
> 保健医療機関の業務において，社会福祉の立場から患者やその家族の抱える経済的・心理的・社会的問題の解決，調整を援助し，社会復帰の促進を図る業務を行う。具体的な業務は，①療養中の心理的・社会的問題の解決・調整援助，②退院援助，③社会復帰援助，④受診・受療援助⑤経済的問題の解決・調整援助⑥地域活動などである。

医療介護連携

「地域における医療及び介護の総合的な確保を推進するための関係法律の整備等に関する法律（以下，医療介護総合確保推進法）」が，2014年6月に成立した。これは，介護保険法や医療法など19の法律を一括して改正するもので，「持続可能な社会保障制度の確立を図るための改革の推進に関する法律に基づく措置として，効率的かつ質の高い医療提供体制を構築するとともに，地域包括ケアシステムを構築することを通じ，地域における医療及び介護の総合的な確保を推進するため，医療法，介護保険法等の関係法律について所要の整備等を行う」ことを趣旨としている。

在宅医療を支える医療連携

2015年度介護保険法改正では地域支援事業の充実，予防給付の見直し，特養の機能重点化，低所得者の保険料軽減の強化，介護保険事業計画の見直し，サービス付き高齢者向け住宅への住所地特例の適用などがある。

地域支援事業の充実のうち，**在宅医療・介護連携の推進**，生活支援サービスの充実・強化および認知症施策の推進は2018年4月からで，2017年度末までの3年間の経過措置が設けられ，2019年4月には，すべての市町村に在宅医療・介護連携機関が設置されたことになる。

在宅医療・介護連携推進は，在宅医療連携拠点事業（2011・2012年度）に始まり，在宅医療推進事業（2013年度～）として各地で展開され，2015年度介護保険法改正により，厚生労働省医政局施策から，老健局施策として介護保険法のなかで制度化され，**地域包括ケアシステム**の一つとして，在宅医療・医療介護連携が生活に必要なこととして位置付けられたといえる[5]。

地域包括ケアシステムは2025年をめどに，**高齢者の尊厳の保持と自立生活支援**が目的で，可能な限り住み慣れた地域で，自分らしい暮らしを人生の最期まで続けることができるよう，地域の包括的な支援・サービス提供体制を示している。

医療と介護を必要とする高齢者にとって，地域における医療・介護の関係機関が連携して，包括的かつ継続的な在宅医療・介護を提供することが重要で，関係機関が連携し，多職種協働により在宅医療・介護を一体的に提供できる体制構築は，市町村が中心となって，地域の医師会などと緊密に連携しながら，地域の関係機関の連携体制の構築を進めている。

在宅医療・介護連携センター

2019年4月，各地で在宅医療・介護連携を担う機関が動き始めている。多くは市町村医師会

へ委託し，行政と連携しながら進めている。介護保険法改正だからという理由ではなく，医療機関中心の医療から，患者中心の医療への転換と見ることもできる。

住み慣れた地域，つまりどこで暮らすのか，どこで逝きたいのか，本人の暮らしに医療や介護が近づいた．本人の暮らしや暮らし方，本人がどう暮らしていきたいのかを聞き，その思いを叶えるリハが求められているともいえる．

医療介護連携の広がり

これは，病診連携と似ているところがあるが，連携にかかわる機能・機関が地域にあることで，かかわりのある職種が広がった．在宅での生活に対し，患者の状態にあった医療・介護を介護支援専門員（ケアマネジャー）がつなぎ，ケアプランを作成するために必要な情報を得ることができている．例えば，在宅での看取りを希望する本人の思いに応えるために，看取りを支えてくれる地域の医師や訪問看護ステーション，訪問リハなどが挙げられる．住み慣れた地域で暮らし続けていくにはなくてはならない医療介護連携が，それぞれの担当地域で広がっている．

シームレスリハビリテーション

高齢者のみならず，人の暮らしは病気などによって，生活の場を変えざるを得ないことがある．在宅で暮らす人が，病気などにより医療機関や施設に入院や入所するときに，前述の退院調整ルールにより，情報共有する仕組みが広がりつつあるが，万が一，何も情報がない，氏名や居住地だけがわかっただけでは，**退院後の生活を見据えた治療やリハビリテーション**を提供することは難しい．必要な情報は，入院する前の状態・情報，退院後のどのように暮らしているのかなど，一人一人異なることから，外部からの事前情報に加えて，本人からの聞き取り情報が需要になる．

これは，在宅→病院→在宅など単純な流れにみえるが，病院内における**シームレスリハビリテーション**（以下，シームレスリハ）も重要で多職種連携のポイントともいえる．入院中にかかわるのは医師や看護師，理学療法士など，主な医療・介護関係職だけではなく，栄養士など病院生活全般に多くの職種がかかわるため，治療方針やゴール設定など，共通理解が重要となる．

医師が何を患者本人に伝えているのか，看護師は退院後の生活について聞いているのか，また患者本人は医師や看護師，理学療法士に何をどのように伝えているのか，それぞれに異なることを告げたとしたら，ゴールに向かうことは難しく，それぞれがもつ情報を共有することが必須となる．電子カルテのように意識しなくても情報ができる場が必ずしもあるわけではない．関係者の意識と努力で情報共有をしなければならない環境に置かれる場合もある．

それぞれに共通していえるのは，情報は与えられるものでなく，自ら得るものであり，自ら得た情報は必要とされる情報の一部分である．患者にかかわる**多職種がもつ情報を出し合うこと**で必要な情報となり，多職種が共有することで連携の一歩を踏み出すということである．

シームレスリハについて少し角度を変えてみると，個としての専門職の連携も重要な視点ではあるが，それぞれ**リハを提供する機関同士の連携**も必要と考える．リハが提供されるのは基本的には同様であると考えられるが，リハの提供方法についての情報はあるだろうか．例えば急性期病棟から，転棟ではなく他の医療機関へ転院した場合，シームレスリハが提供されるためには，単にリハ報告書を送るだけでシームレスリハといえるだろうか．これは単なる情報提供のみで終わらないだろうか．リハを提供する病院・施設などそれぞれがどのような仕組みのなかで，どのようなリハを提供しているのか，

情報共有することで，シームレスリハは患者にとってさらに有効なものとなるといえる。

臨床に役立つアドバイス

ナラティブアプローチ

シームレスリハでは，理学療法士として患者から何を聞く必要があるのだろうか。ナラティブアプローチが参考になると考える。このアプローチは『クライアントの小さな声，経験に基づいた語り，その物語に注目する支援方法である。支援者は，一方通行の「支援」を放棄し，「無知の姿勢」をとることで，クライアントの物語を丁寧につむぐことに力を注ぎます』[6]とされ，患者自身の生活歴など，患者本人をとらえ，シームレスなリハを提供する視点として参考になると考える。

まとめ

- 多職種が連携する目的にはどのようなものがあるか（☞p.73）。 試験
- 多職種が連携する形にはどのようなものがあるか（☞p.73）。 試験
- カンファレンスとはどのような会議か（☞p.74）。 実習
- 多職種が情報を共有するためにはどのような手段があるか（☞p.75）。 実習
- 施設間連携にはどのようなものがあるか（☞p.77）。 実習
- 在宅医療・介護連携の根拠となる法律は何か（☞p.78）。 実習

【引用文献】
1）菊池和則：ケアマネジメントのためのチーム・トレーニング・プログラム開発に関する研究（平成17-18年度科学研究費補助金課題番号17530448報告書）：p7-25，2007．
2）野中 猛：図説ケアチーム，p30,p48，中央法規出版，2007．
3）厚生労働省ホームページ：新しい医療計画の作成に向けた都道府県と国との懇談会（第2回）資料3 全国で行われている医療連携の事例について（https://www.mhlw.go.jp/shingi/2005/10/s1024-8c.html）
4）前橋市ホームページ：退院調整ルール手引き平成30年10月改訂全体版（http://www.city.maebashi.gunma.jp/kurashi/42/104/002/taiintebikikaitei.html）
5）日本医療社会福祉協会ホームページ：医療ソーシャルワーカーとは（https://www.jaswhs.or.jp/guide/social-work.php）
6）国立長寿医療研究センターホームページ：在宅医療・介護連携のための市町村ハンドブック（http://www.ncgg.go.jp/hospital/overview/organization/zaitaku/dep_zaitaku/documents/handbook2013.pdf）
7）荒井浩道：ナラティブ・ソーシャルワーク"〈支援〉しない支援"の方法，p3，新泉社，2014．

1章 総論／2 地域理学療法の基礎知識

5 制度の理解

1 医療保険

POINT
- 国民皆保険制度の特徴を理解する
- 包括医療費支払い制度（DPC）を理解する
- クリティカルパスや地域連携クリティカルパスの導入が進み，地域完結型医療の実現が図られている
- 疾患別リハビリテーションや病棟配置，家庭復帰支援など理学療法士を取り巻く現況や求められている役割を理解する

医療保険制度の概要

国民皆保険制度

わが国では，国民健康保険制度が普及した1961年に**国民皆保険制度**が確立し，誰でも医療サービスを受けられるようになっている。

国民皆保険制度の特徴[1]は，①国民全員を公的医療保険で保障していること，②医療機関を自由に選べる（**フリーアクセス**）こと，③安い医療費で高度な医療が受けられること，④**社会保険方式**を基本としつつ，皆保険を維持するために公費が投入されていること，である（**図1**）。

医療保険制度は，医療給付や手当金などを支給することにより被保険者の生活を安定させることを目的としており，自営業者などが加入する**国民健康保険**，被用者（サラリーマンなど）が加入する**健康保険**など，年齢や職業等に応じてそれぞれが加入する医療保険制度が異なっている。さらに，2008年から75歳以上の高齢者および65～74歳の一定の障害がある者を対象とした**後期高齢者医療制度**が創設されている（**図2**）。

診療報酬制度

診療報酬とは，診療行為に対して支払われる報酬である。診療報酬は中央社会保険医療協議会（中医協）で議論され，厚生労働大臣が決定し，2年に一度改定されている。そして，病院や診療所は，提供した医療行為に応じて，その費用を請求する（**図3**）。

従来，わが国の診療報酬制度は個々の医療行為に設定された報酬を積み上げていく「出来高払い制度」であったが，過剰診療などが問題視されるようになった。そのため，2003年より**DPC**が導入された。

DPCとは，出来高払い方式とは異なり，入院期間中に治療した疾病のなかで最も医療資源を投入した一疾病のみに対して，国が定めた1日当たりの定額（入院基本料，投薬，画像診断など）と，手術，リハビリテーション（以下，リハ）など，従来通りの出来高評価を組み合わせて計算する方式である[2]。DPCの導入は，医療費の節減，在院日数の短縮にインセンティブをもたせる設計になっており，医療の標準化と質の向上にもつながる効果がある。

＊DPC：diagnosis procedure combination

クリティカルパス

DPCと併せて，**クリティカルパス**が注目されている。クリティカルパスとは，治療や検査の標準的な経過をまとめた入院診療計画書であり，医師や看護師，理学療法士・作業療法士などの医療スタッフはもとより，患者・家族と治療計

図1　わが国の医療制度の概要

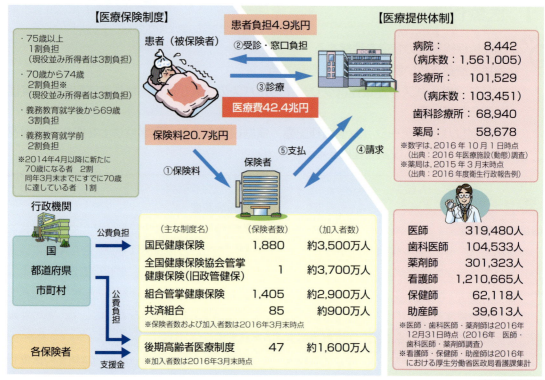

文献1)より引用

図2　医療保険制度の体系

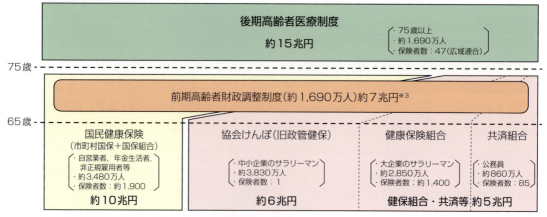

※1　加入者数・保険者数，金額は，2017年度予算ベースの数値。
※2　上記のほか，経過措置として退職者医療（対象者約90万人）がある。
※3　前期高齢者数（約1,690万人）の内訳は，国保約1,300万人，協会けんぽ約220万人，健保組合約90万人，共済組合約10万人。

文献1)より引用

図3 保険診療の流れ

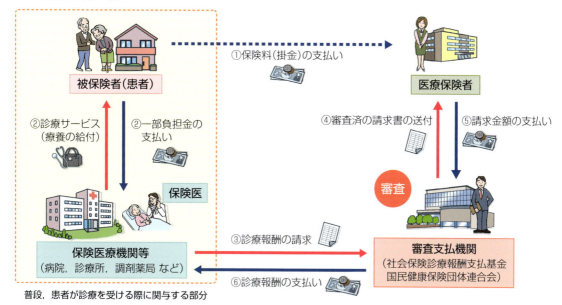

文献1）より引用

画を共有することで，診療の標準化，根拠に基づく医療の実施（EBM），インフォームドコンセントの充実，業務の改善，チーム医療の向上などの効果が期待されている[3]）。

さらに，急性期病院から回復期病院を経て早期に自宅に帰れるような診療計画を作成し，治療を受けるすべての医療機関で共有して用いる[3]）**地域連携クリティカルパス**の導入も進んでおり，医療機関の連携に基づく**地域完結型医療**の実現が図られている。

リハと医療保険

疾患別リハ

現在，リハに係る診療報酬は，疾病・障害の種類によって分類されている（**疾患別リハ**）。

疾患別リハが導入された背景には，高齢者リハビリテーション研究会[4]）において，①急性期のリハが十分に行われていない，②長期にわたって効果が明らかでないリハ医療が行われている場合がある，などの指摘がある。

そこで，疾患別リハでは，脳血管疾患等リハ，運動器リハ，呼吸器リハなど，疾病・障害ごとの体系に整理し，疾患ごとにリハが受けられる期日（算定日数上限）が設けられている。

病棟配置，家庭復帰支援

さらに，脳血管疾患，大腿骨頸部骨折などの患者に対して，ADL能力の向上，寝たきり防止と家庭復帰を目標とした集中的なリハを提供する**回復期リハ病棟**，急性期治療を終えた患者や在宅で療養している患者の受け入れ，在宅復帰支援などを行う**地域包括ケア病棟**など，理学療法士などを病棟に配置する取り組みが進められている。

＊EBM：evidence-based medicine

2 介護保険

- 医療の発展や生活水準の向上により日本人の寿命が延びるとともに,「介護ニーズ」が生まれることとなった
- 介護保険は, 高齢者の介護を社会全体で支え合う仕組みである
- 介護保険の特徴は「自立支援」,「利用者本位」,「社会保険方式」である
- 介護保険サービスを利用するには市町村の窓口に申請し, 要介護認定を受ける必要がある
- 認定は介護の必要度が少ない順に,「要支援1・2」,「要介護1～5」までの7段階に分けられる
- 介護保険サービスには「予防給付」と「介護給付」がある
- 介護保険サービスは都道府県・政令市・中核市が指定・監督するサービスと市町村が指定・監督するサービスがある

介護保険制度誕生までの高齢者保健福祉政策の流れ

背景

表1は介護保険制度施行までの高齢者保健福祉政策の流れである。

高齢者の保健福祉政策が本格的に進められたのは1960年代の「老人福祉法」が最初で, 特別養護老人ホームの創設とホームヘルプサービスが法制化された。

それ以前は高齢者が重い病気になっても病院に入院することはほとんどなく, 数日から数週間で亡くなっており, 現在のように数年, 十数

表1 高齢者保健福祉政策の流れ

年代	高齢化率	主な政策	
1960年代 高齢者福祉政策の始まり	5.7% (1960)	1963年	老人福祉法制定 ◇特別養護老人ホーム創設 ◇老人家庭奉仕員(ホームヘルパー)法制化
1970年代 老人医療費の増大	7.1% (1970)	1973年	老人医療費無料化
1980年代 社会的入院や寝たきり老人の社会的問題化	9.1% (1980)	1982年 1989年	老人保健法の制定 ◇老人医療費の一定額負担の導入等 ゴールドプラン(高齢者保健福祉推進十か年戦略)の策定 ◇施設緊急整備と在宅福祉の推進
1990年代 ゴールドプランの推進	12.0% (1990)	1994年	新ゴールドプラン(新・高齢者保健福祉推進十か年戦略)策定 ◇在宅介護の充実
介護保険制度の導入準備	14.5% (1995)	1996年 1997年	連立与党3党政策合意 介護保険制度創設に関する「与党合意事項」 介護保険法成立
2000年代 介護保険制度の実施	17.3% (2000)	2000年	介護保険施行

文献6)より引用

年もお世話をするといった「介護」は少なかった[5]。

現在のように介護が社会問題として認識されたのは1960年代ごろだといわれている。このころになると日本も豊かになり，**栄養状態も改善**し，労働の機械化により**身体的な負担が軽減**した。さらに**国民皆保険制度が始まり**医療機関への受診が身近なものとなった。医療技術も向上し今まで亡くなっていた病気やけがが治癒するようになり，**命を取り留める人が多くなった。**

しかしその一方で，命は取り留めたものの「後遺症」として，身体障害を抱えて**介護を受けながら暮らす高齢者が増える**こととなり，今までになかった，新しい**「介護ニーズ」が生まれる**こととなった。

老人保健法の制定

1980年代に入り，障害のある高齢者がさらに増えていき，家に閉じ込められていた高齢者介護の問題が表に現れ始めた。特に1970年代に始まった「老人医療無料化」に伴う老人医療費の増大や社会的入院，そして，在宅における「寝たきり老人問題」など，新しく生まれた「介護ニーズ」を満たすための新たな方策が検討され始めることとなった。

そして，1982年に老人保健法が制定された。これは，1973年から続いていた老人医療費無料化制度の見直しを図ることと，予防から治療，リハまで総合的な保健医療サービスを提供することを目指した[7]。

ゴールドプラン・新ゴールドプランの策定

さらに，日本における在宅介護の方向を探る戦略として1989年に**ゴールドプランが策定**された。ゴールドプランは，**介護は「個人の家の問題」ではなく，「社会の問題」と認識**されたわが国初めての制度・政策である。

今までは家族介護を前提とした制度しかなく，家族介護以外の受け皿としては，病院（老人病院）と特別養護老人ホームのほかはあまり選択肢がなかった。しかし，ゴールドプランにより，ホームヘルプサービス，デイサービス，ショートステイという，いわゆる「在宅福祉三本柱」が高齢障害者への在宅生活支援サービスとして，初めて本格的に登場するようになった[8]。

介護保険の意義と基本的な仕組み

介護保険制度導入の意義

そして，2000年に介護保険制度が施行された。介護保険は，高齢者介護を社会全体で支える仕組みとして創設されたもので3つの特徴がある（**図4**）。

1つは「**自立支援**」の理念，2つ目には「**利用者本位**」のサービス提供，3つ目には「**社会保険方式**」である。

介護保険制度の基本的な仕組み

介護保険の被保険者（利用者）は年齢によって**1号被保険者**と**2号被保険者**の2つに分かれている。

第1号被保険者は65歳以上の者で，要介護状態または，要支援状態になればその原因を問わず介護保険サービスを利用することができる。

一方，第2号被保険者は40〜64歳の者で，介

図4　介護保険導入の経緯・意義

- 高齢化の進展に伴い，要介護高齢者の増加，介護期間の長期化など，介護ニーズはますます増大。
- 一方，核家族化の進行，介護する家族の高齢化など，要介護高齢者を支えてきた家族をめぐる状況も変化。

⬇

高齢者の介護を社会全体で支え合う仕組み（介護保険）を創設

自立支援	：単に介護を要する高齢者の身の回りの世話をするということを超えて，高齢者の自立を支援することを理念とする。
利用者本位	：利用者の選択により，多様な主体から保健医療サービス，福祉サービスを総合的に受けられる制度。
社会保険方式	：給付と負担の関係が明確な社会保険方式を採用。

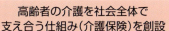

文献6）より引用

護保険サービスは，要介護状態になった原因疾患により受給の可否が判断される。サービスの受給は，末期がん，関節リウマチなどの加齢に起因する疾患（特定疾病）に限られている。

介護認定とサービス利用までの手続きの流れ

介護保険サービスを利用するためには**要介護認定**を行う必要がある。認定の結果，介護が必要な度合いによって「要介護度」が決められる。介護認定とサービス利用までの手続きの流れは次の通りである（図5）。

①居住地の市区町村の窓口で介護保険利用申請をする。本人が行けない場合は，在宅介護支援事業者や市区町村の民生委員などでも代行で申請

することが可能。

②申請を受けた市町村は認定調査を行う。認定調査は市町村から派遣された訪問調査員（保健師，ケースワーカー，ケアマネジャーなど）が，申請を行った人の家庭を訪れ，住環境や身体状況，介護状況などを調査する。認定調査はあらかじめ決められた74項目の調査項目に沿って調査を行い，調査項目にはない事柄については「特記事項」に記載される。

③認定調査のデータに主治医の意見書が加えられ，認定調査に必要な書類が整う。

④認定調査のデータに主治医の意見書をもとにして，第一段階の判定がコンピューターによって行われる。これが一次判定である。

図5 介護サービスの利用の手続き

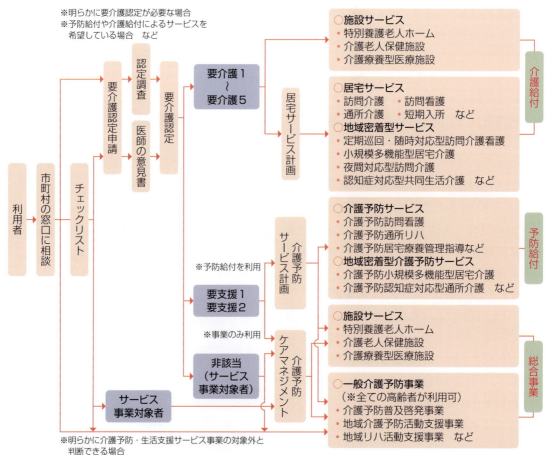

文献6）より引用

⑤一次判定が行われると，市区町村の任命によって保健，医療，福祉など，介護に関する学識経験者のなかから選ばれた「認定審査員」による「介護認定調査会」が開催される。介護認定調査会では，一次判定の結果に加え，認定調査票の特記事項と主治医の意見書を総合的に勘案し，最終的な介護度の決定を行う。これが，二次判定である。
⑥市区町村は二次判定の判定結果に基づき要介護認定を行い，申請者に結果を通知する。

認定は介護の必要度の少ない順に，**要支援1・2，要介護1～5までの7段階に分けられる**。当然判定の結果，「非該当」とされる場合もある。また，介護認定結果に不服がある場合は，各都道府県に設置されている「介護保険審査会」に「不服審査」という形で不服を申請することができる。

介護サービス計画書(ケアプラン)

介護(介護予防)サービスを利用する場合は，**介護(介護予防)介護サービス計画書(ケアプラン)** の作成が必要となる。「要支援1」「要支援2」の介護予防サービス計画書は地域包括支援センターに相談し，「要介護1」以上の介護サービス計画書は介護支援専門員(ケアマネジャー)のいる，都道府県知事の指定を受けた居宅介護支援事業者(ケアプラン作成事業者)へ依頼する。

依頼を受けたケアマネジャーは，どのサービスをどう利用するか，本人や家族の希望，心身の状態を十分考慮して，介護サービス計画書を作成する。ケアマネジャーはそのプランに基づいて適切なサービスが提供されるよう，事業者や関係機関との連絡・調整を行う。ケアプランは，特定のサービスや事業者に偏ることがないよう，公正中立に行うこととされている。

介護保険で利用できる支給限度額

介護保険で在宅(居宅)サービスを利用する場合は，利用できるサービスの量(支給限度額)が要支援・要介護度別に決められている。自己負担分は1割であるが，一定以上の収入がある場合は自己負担分が2割となる(**表2**)。実際にどれくらいの自己負担になるか正確な金額を知るには，居住の市区町村の担当課に問い合わせる必要がある。

介護保険で使えるサービス

サービスの種類

介護保険で利用できるサービスとして，厚生労働省のホームページでは25種類51のサービスが公開されており[9]，ここですべてを紹介することは難しいので，基本的な分類の紹介にとどめる(**図6**)。

まず，介護保険で利用できるサービスには，**要支援1～2の認定者が利用できる「予防給付」**

表2 1カ月の区分支給限度額と自己負担額

単位：円

区分	認定区分	支給限度額	自己負担額(1割)	自己負担額(3割)
予防給付	要支援1	50,030	5,003	10,006
	要支援2	104,730	10,473	20,946
介護給付	要介護1	166,920	16,692	33,384
	要介護2	196,160	19,616	39,232
	要介護3	269,310	26,931	53,862
	要介護4	308,060	30,806	61,612
	要介護5	360,650	36,065	72,130

(2018年10月現在)

1章 総論

と**要介護1～5の認定者が利用できる「介護給付」**に分けることができる。

予防給付・介護給付それぞれのサービスには，**都道府県・政令市・中核市が指定・監督を行うサービス**と**市町村が指定・監督を行うサービス**がある。

介護保険施行当初は都道府県・政令市・中核市が指定・監督するサービスとして，予防給付・介護給付それぞれに「訪問サービス」，「通所サービス」，「短期入所サービス」があり，その他として福祉用具貸与など全国のどこでも同様のサービスが提供されていた。

しかし，2006年4月1日から，地域の特性を生かし，地域の事情に即したサービスを提供するために，事業者の指定や監督を市町村が行う**地域密着型サービス**が創設された。

地域密着型サービスは，従来の全国画一化されたサービスではできなかった「24時間・適宜巡回」の訪問サービスや認知症に特化したサービス，「通所(デイサービス)・訪問(ホームヘルプ)・泊り(ショートステイ)」サービスを1つの事業所で提供する「小規模多機能型居宅介護」などがある。同一事業所から提供される小規模多機能介護サービスは，常に顔なじみのスタッフが介護にかかわることができ，利用者に安心感を与えることができるといった特徴がある。

図6　介護サービスの種類

	都道府県・政令市・中核市が指定・監督を行うサービス	市町村が指定・監督を行うサービス
介護給付を行うサービス	◎居宅介護サービス 【訪問サービス】 ・訪問介護(ホームヘルプサービス) ・訪問入浴介護 ・訪問看護 ・訪問リハ ・居宅療養管理指導 ・特定施設入居者生活介護 ・福祉用具貸与 【通所サービス】 ・通所介護(デイサービス) ・通所リハ 【短期入所サービス】 ・短期入所生活介護(ショートステイ) ・短期入所療養介護 ◎居宅介護支援 ◎施設サービス ・介護老人福祉施設 ・介護老人保健施設 ・介護療養型医療施設	◎地域密着型介護サービス ・定期巡回・随時対応型訪問介護看護 ・夜間対応型訪問介護 ・認知症対応型通所介護 ・小規模多機能型居宅介護 ・看護小規模多機能型居宅介護 ・認知症対応型共同生活介護(グループホーム) ・地域密着型特定施設入居者生活介護 ・地域密着型介護老人福祉施設入所者生活介護 ・複合型サービス(看護小規模多機能型居宅介護)
予防給付を行うサービス	◎介護予防サービス 【訪問サービス】 ・介護予防訪問介護(ホームヘルプサービス) ・介護予防訪問入浴介護 ・介護予防訪問看護 ・介護予防訪問リハ ・介護予防居宅療養管理指導 ・介護予防特定施設入居者生活介護 ・介護予防福祉用具貸与 【通所サービス】 ・介護予防通所介護(デイサービス) ・介護予防通所リハ 【短期入所サービス】 ・介護予防短期入所生活介護(ショートステイ) ・介護予防短期入所療養介護	◎地域密着型介護予防サービス ・介護予防認知症対応型通所介護 ・介護予防小規模多機能型居宅介護 ・介護予防認知症対応型共同生活介護(グループホーム) ◎介護予防支援

このほか，居宅介護(介護予防)福祉用具購入費の支給，居宅介護(介護予防)住宅改修費の支給，市町村が行う介護予防・日常生活支援総合事業がある。

文献6)より引用

3 障害者総合支援法

- 障害者総合支援法の目的を理解する
- ノーマライゼーションの理念に基づき，障害者施策が展開されていることを知る
- 利用できるサービスをおさえる
- サービス利用の流れをおさえる

障害者総合支援法の概要

障害者総合支援法と障害者施策の展開

障害者総合支援法（以下，総合支援法）は，「障害者および障害児が基本的人権を享有する個人としての尊厳にふさわしい日常生活又は社会生活を営む」ことができるよう，必要な障害福祉サービスに係る給付その他の支援を行うことで，障害の有無にかかわらず国民が相互に人格と個性を尊重し安心して暮らすことのできる地域社会の実現に寄与することを目的としている[10]。

わが国の障害保健福祉施策は，2004年からノーマライゼーションの理念に基づいて導入された支援費制度により充実が図られた。しかし，サービスの利用者が増加したことで，①障害種別ごとでわかりにくく利用しにくい，②サービスの提供において地方公共団体間の格差が大きい，③費用負担の財源を確保することが困難，などの課題があった[10]。

そこで，身体・知的・精神障害に共通の自立支援のためのサービスが一元的に規定された障害者自立支援法が2006年に施行されることになった。

その後，障害者（児）を権利の主体と位置づけた基本理念を定め，制度の谷間を埋めるために難病等を対象とするなどの改正を行い，2013年に総合支援法が施行された。

> **補足**
> 障害者総合支援法では，①障害の有無によって分け隔てられることなく，相互に人格と個性を尊重し合いながら共生する社会を実現すること，②社会参加の機会が確保されること，③どこで誰と生活するかについての選択の機会が確保され，地域社会において他の人々と共生することを妨げられないことなどの基本理念が規定されている[11]。

障害者総合支援法に基づくサービスとサービス利用の流れ

概要

サービスの提供主体は市町村に一元化されており，**自立支援給付**と**地域生活支援事業**で構成されている（**図7**）。

自立支援給付は，障害の種類や程度などの勘案すべき事項およびサービス等利用計画案を踏まえ，個々に支給決定が行われる。自立支援給付には，居宅や入所・通所施設で日常生活上のケアを提供する**介護給付**，機能訓練や就労に向けた支援を行う**訓練等給付**がある（**表3**）。さらに，心身の障害を除去・軽減するための医療について，かかる医療費の自己負担額を軽減する**自立支援医療**，障害者等の身体機能を補完・代替する**補装具**が含まれる。

図7　障害者を対象としたサービス

自立支援給付

介護給付
- 居宅介護（ホームヘルプ）
- 重度訪問介護
- 同行援護
- 行動援護
- 重度障害者等包括支援
- 短期入所（ショートステイ）
- 療養介護
- 生活介護
- 施設入所支援

訓練等給付
- 自立訓練
- 就労移行支援
- 就労継続支援
- 共同生活援助（グループホーム）

自立支援医療
- 更生医療
- 育成医療＊
- 精神通院医療＊
　　＊実施主体は都道府県など

補装具

地域生活支援事業
- 理解促進研修・啓発
- 自発的活動支援
- 相談支援
- 成年後見制度利用支援
- 成年後見制度法人後見支援
- 意思疎通支援
- 日常生活用具の給付または貸与
- 手話奉仕員養成研修
- 移動支援
- 地域活動支援センター
- 福祉ホーム
- その他の日常生活または社会生活支援

表3　総合支援法に基づくサービスの種類（自立支援給付）

	名　称	内　容
介護給付	居宅介護	入浴や排泄，食事など日常生活上のケアを行う
	重度訪問介護	常に介護を必要とする人に，ケアや移動支援を行う
	療養介護	医療を常時必要とする人に，医療機関で機能訓練や，日中のケアを行う
	生活介護	通所施設や入所施設における日中のケアと，創作活動や生産活動などを行う
	同行援護	視覚障害者の移動に必要な情報提供，外出支援を行う
	行動援護	自己判断能力が低下した人の危険回避のために支援を行う
	重度障害者等包括支援	介護の必要性が高い人に複数のサービスを包括的に行う
	短期入所（ショートステイ）	一時的に，短期間施設で日常生活上のケアを受ける
	施設入所支援	入所施設で夜間や休日のケアを受ける
訓練等給付	自立訓練（機能訓練）	居宅や通所施設で，身体機能または生活能力の向上のための訓練を行う
	就労移行支援	一般企業などへの就労に必要な知識や能力の向上を支援する
	就労継続支援A型	一般企業などへの就労が困難な人に対し雇用契約を結び，就労の機会を提供する
	就労継続支援B型	雇用契約を結ばずに就労の機会や生産活動などの機会を提供する
	共同生活援助	グループホームでの相談や日常生活上のケアを行う

また，地域生活支援事業は，市町村の創意工夫により，利用者の状況に応じて柔軟にサービスを行う。市町村が行う地域生活支援事業のうち，**日常生活用具給付等事業**は，必須事業として規定されており，移動用リフトや入浴補助用具など，日常生活をより過ごしやすくするための用具の給付または貸与，住宅改修等に対して助成される[12]。

対象とサービス利用の流れ

対象とする障害者の範囲は，身体障害者，知的障害者，精神障害者（発達障害者を含む）に加え，難病等（治療方法が確立していない疾病その他の特殊の疾病であって政令で定めるものによる障害の程度が厚生労働大臣が定める程度である者）である[11]。

障害福祉サービスを利用するためには市町村へ利用申請を行い，次のプロセスを経る必要がある（図8）[10]。

①サービスの利用を希望する者は，市町村の窓口に申請し**障害支援区分**の認定を受ける。
②利用者は，市町村の求めに応じ，**指定特定相談支援事業者**が作成する「サービス等利用計画案」を提出する。
③市町村は，提出された計画案や勘案すべき事項を踏まえ，支給を決定する。
④指定特定相談支援事業者は，支給決定された後に**サービス担当者会議**を開催する。
⑤サービス事業者等との連絡調整を行い，サービス利用が開始される。

利用者負担

サービス量と所得に着目した負担の仕組みとされ，その負担は所得などに配慮した負担（応能負担）とされている。また，世帯で障害福祉サービスの負担額の合算が基準額を超える場合は，高額障害福祉サービス費等給付費が支給され，負担が軽減される。

臨床に役立つアドバイス

介護保険制度と補装具
補装具は更生相談所などの意見を基に支給決定を行うが，「車椅子，歩行器，歩行補助杖」について，介護保険の要支援・要介護認定者の場合，既製品でよい場合は介護保険法に基づき貸与される。

図8　サービス利用の流れ

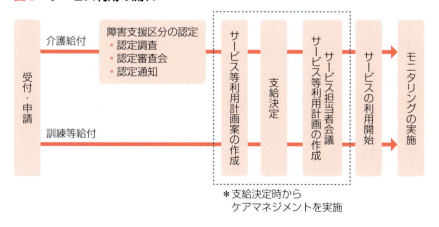

＊支給決定時からケアマネジメントを実施

用語解説　障害支援区分　障害の多様な特性や心身の状態に応じて必要とされる標準的な支援の度合いに応じて適切なサービスが利用できるよう6段階の区分が導入されている。移動や動作などに関連する項目や身の回りの世話や日常生活などに関連する項目など，80項目について調査を行い，各区市町村に設置される審査会において審査判定が行われ，その結果を踏まえて市町村が認定する。

4　地域包括ケアシステム

- 2025年に団塊の世代がすべて後期高齢者となり，今までの仕組みでは対応できなくなる
- 生産年齢人口の減少による専門職の不足，在宅介護力の低下が危惧される
- 医療・介護サービスの必要な高齢者が増加する
- 死亡者が急増し，看取りの場所の確保が困難となる
- 地域包括ケアシステムは，中学校区を基本とする小さな生活圏域で完結する仕組みを想定するとともに，在宅生活の限界点をできる限り高めることを目指している
- 「自助」，「互助」，「共助」それぞれの役割分担を明確にしたものでもある

「地域包括ケアシステム」の構築が必要となる社会的背景

背景

　地域包括ケアシステムが必要となる背景には，いわゆる「2025年問題」がある。2025年には団塊の世代がすべて75歳以上となり，今までなかった社会的な問題が生じることが予測されている。地域包括ケアシステムは，この2025年に生じると予測される問題を見据えて医療・介護などの社会保障の在り方を根本的に見直すものである。ここではまず，地域包括ケアシステムが必要となる社会的背景について述べる。

後期高齢者の急増と生産年齢人口の減少

　2025年には団塊の世代がすべて75歳以上の後期高齢期を迎え，後期高齢者が一気に増えることが問題だという認識が一般的であるが，生産年齢人口の減少のほうが問題であるとの指摘もある。図9は日本の将来の人口推計を示したものである。これによると，日本の人口は2010年を境に減少しているにもかかわらず，後期高齢者人口は増え続けていることがわかる。一方，15歳から65歳の生産年齢人口は減少し続けている。つまり，医療に携わるマンパワー，介護に携わる専門職のマンパワーの不足が危惧される。

　そこで，少ないマンパワーで効率よく医療・介護サービスを提供する仕組みが必要であり，専門職はより高い専門性をもち，専門職でなくてもできることは，住民や民間事業者に託すといった役割分担の明確化が必要となる。例えば，医師の業務の一部を看護師が担い，看護師の業務の一部を介護職が担い，介護職の業務の一部を住民や民間事業者が担うことが必要になるということである。

要介護認定者が増加

　当然だが後期高齢者が増えれば要介護認定者数も増加する。2025年には2009年度比で約1.6倍に増える見込みで（図10），現在よりも多くの医療・介護サービスが必要になることが予想される。そのためには医療・介護といった社会保障だけでなく，地域の力（民間事業所，住民，非営利組織（NPO）など）によるサービスを含めた生活支援システムの構築が必要となる。

在宅介護力の低下

　2010年と2025年を比較すると65歳以上の一人暮らし世帯が203万世帯増加し，75歳以上の後期高齢期の一人暮らし世帯が178万世帯増加する（表4）。つまり，在宅の介護力が低下し，「要介護状態の高齢者が一人暮らしをする」ことを前提とした仕組みが必要となる。

看取りの場所がない

　図11は今後の「看取りの場所」を予測したも

＊NPO：nonprofit organization

図9 人口推計

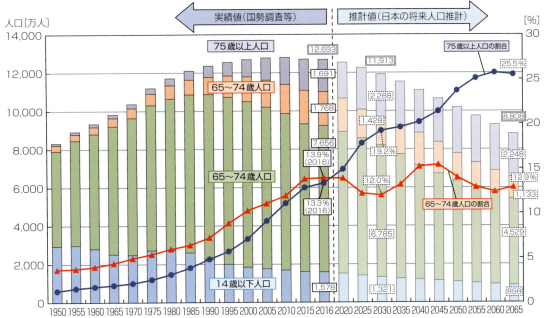

資料：2016年までは総務省統計局「国勢調査」および「人口推計」、2020年以降は国立社会保障・人口問題研究所「日本の将来推計人口（平成29年4月推計）中位推計」

文献13)より引用

図10 要介護（支援）認定者数

出典：厚生労働省推計

表4 世帯数の推移

		2010年		2025年	
		世帯数(千)	構成割合(%)	世帯数(千)	構成割合(%)
総世帯数		51,842	100	52,439	100
世帯主が65歳以上		16,200	31.2	20,154	38.4
	うち単独	4,980	9.6	7,007	13.4
	うち夫婦のみ	5,403	10.4	6,453	12.3
世帯主が75歳以上		7,308	14.1	11,867	22.6
	うち単独	2,693	5.2	4,473	8.5
	うち夫婦のみ	2,254	4.3	3,705	7.1

文献14)より作成

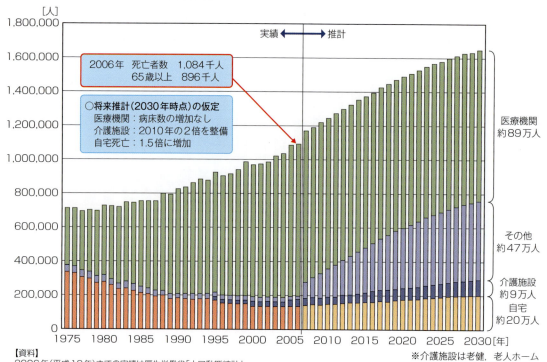

図11 死亡場所・死亡者数の将来推計

【資料】
2006年（平成18年）までの実績は厚生労働省「人口動態統計」
2007年（平成19年）以降の推計は国立社会保障・人口問題研究所「人口統計資料集（2006年度版）」から推定

※介護施設は老健，老人ホーム

文献13）より引用

のである．これによると2030年に病院で亡くなる人が89万人，介護施設が9万人，自宅が20万人，そしてその他が47万人と予測されている．

図11では，自宅で亡くなる人を2010年の1.5倍に見積もり，介護施設で亡くなる人を2010年の2倍に見積もっている．今後，人口の減少に合わせて病床数は減らすことが議論されており，これ以上の病床の増加は見込めない．つまり，医療機関で亡くなる人は今以上に増えることはないといえる．

現状の医療・介護制度が継続すると仮定すると，じつに47万人のその他の「看取りの場所」が確保できないことになる．この47万人の「看取りの場所」が病院，施設ではないのであれば「地域・在宅」にせざるを得ないということであり，「在宅」で看取りができる仕組みを新たに構築する必要がある．

今までの医療・介護には限界があり，新しい仕組みが必要

今までの仕組みのままであれば，今後これらの問題が生じることは容易に想像できる．そこで，今までとは異なる以下の新しいシステムが必要となる．

- 少ないマンパワーで効率よく医療・介護サービスを提供する仕組み
- 医療と介護の連携強化
- 医療・介護に頼らない地域の力（民間事業所，住民，NPOなど）で問題を解決する仕組み
- 寝たきりの重度の要介護高齢者でも一人で暮らすことができることを前提としたシステム
- 在宅で看取りができる仕組み

上記の新しい社会システムとして国が提案しているのが<u>地域包括ケアシステム</u>である．

地域包括ケアシステムとは

地域包括ケアの定義

　地域包括ケアとは「ニーズに応じた住宅が提供されることを基本としたうえで，生活上の安全・安心・健康を確保するために，医療や介護のみならず，福祉サービスを含めたさまざまな生活支援サービスが，日常生活の場（日常生活圏域）で適切に提供できるような地域での体制」と定義されている。地域包括ケアの圏域については，おおむね30分以内に駆けつけられる圏域[13]を理想的な圏域として定義し，具体的には，中学校区を基本とする小さな生活圏域で完結する仕組みを想定している。

　「どんな状況でも住宅が提供されること」が基本であり，その住宅に医療も介護も生活支援サービスも「適切」に提供される，というものである。つまり地域包括ケアシステムとは在宅生活の限界点をできる限り高めることを目指しているシステムと言い換えることもできる。

地域包括ケアシステム概念図の解説

　図12が2013年に示された地域包括ケアシステムの概念図である。これは「介護，医療，予防」という専門的なサービスと，「住まいと生活支援・福祉サービス」が相互に関係し，連携しながら在宅の生活を支えていることを示している。

　この概念図における「本人・家族の選択と心構え」，「住まいと住まい方」は自助，「生活支援・福祉サービス」は互助，そして，「医療・看護，介護・リハ，保健・予防」は共助と読み替えることができる。この概念図は自助，互助，共助それぞれの役割を明確にしたものといえる。

　三菱UFJリサーチ＆コンサルティング株式会社が，平成24年度老人保健健康増進等事業でまとめた報告書「＜地域包括ケア研究会＞地域包括ケアシステム構築における今後の検討のための論点」では，各項目について次のような解説がある[15]。

■住まいと住まい方

　生活の基盤として必要な住まいが整備され，本人の希望と経済力にかなった住まい方が確保されていることが地域包括ケアシステムの前提である。高齢者のプライバシーと尊厳が十分に守られた住環境が必要である。

■生活支援・福祉サービス

　心身の能力の低下，経済的理由，家族関係の変化などでも尊厳ある生活が継続できるよう生活支援を行う。生活支援には，食事の準備など，サービス化できる支援から，近隣住民の声かけや見守りなどのインフォーマルな支援まで幅広く，担い手も多様である。

■介護・医療・予防

　個々人の抱える課題に合わせて「介護・リハ」，

図12　地域包括ケアシステム5つの要素概念図

文献15)より引用

図13　地域包括ケアシステム概念図の見直し

文献16)より引用

「医療・看護」,「保健・予防」が専門職によって提供される(有機的に連携し,一体的に提供)。ケアマネジメントに基づき,必要に応じて生活支援と一体的に提供されることが必要である。

■本人・家族の選択と心構え

単身・高齢者のみ世帯が主流になるなかで,在宅生活を選択することの意味を,本人・家族が理解し,そのための心構えをもつことが必要である。

2013年に示された概念図が2016年に見直された(図13)。

2016年に,要支援者の介護予防が「介護予防・日常生活支援総合事業」として実施されることとなり,介護予防は生活支援と一体的に提供されることとなった。住民自身や専門職以外の担い手も含めた「多様な主体」による提供体制に移行することとなったため,このような制度の変更に合わせ,「生活支援」と「介護予防」が一体のものとなった。

また,地域生活の継続を選択するにあたっては,家族の選択を超えて本人の選択が最も重視されるべきであり,それに対して本人・家族がどのように心構えをもつかが重要であるといった考えから「本人の選択と本人・家族の心構え」と変更された[16]。

地域包括ケアシステムは,全国一律に同じような状況になるわけではない。地域包括ケアシステムが必要となる背景は全国の各市町村によって異なる。そして,それぞれ違う形のシステムとなる。

まとめ

- 国民皆保険制度の特徴は何か(☞p.81)。 試験
- DPCとはどのような仕組みか(☞p.81)。 実習 試験
- クリティカルパスを導入する目的は何か(☞p.82～83)。 試験
- 疾患別リハとはどのようなものか(☞p.83)。 実習 試験
- 介護保険の3つの特徴はなにか(☞p.85)。 試験
- 介護保険で第1号被保険者と第2号被保険者の違いは何か(☞p.85)。 実習 試験
- 要介護認定(要支援を含む)は何段階に分けられるか(☞p.87)。 実習 試験
- 介護保険サービスを利用するために作成する計画書を何というか(☞p.87)。 実習
- 介護保険サービスで「予防給付」と「介護給付」の違いは何か(☞p.87)。 実習
- 障害者総合支援法の目的は何か(☞p.89)。 試験
- 障害福祉サービスにはどのようなものがあるか(☞p.90)。 試験
- 障害者総合支援事業の対象を挙げよ(☞p.91)。 試験
- 地域包括ケアシステム構築の背景にはどのような問題があるのか(☞p.92)
- 地域包括ケアの圏域はどれくらいの範囲を想定しているか(☞p.95)
- 「自助・互助・共助」とはどのようなものか(☞p.95)

【引用文献】
1) 厚生労働省ホームページ：我が国の医療保険について (https://www.mhlw.go.jp/stf/seisakunitsuite/bunya/kenkou_iryou/iryouhoken/iryouhoken01/index.html)
2) 厚生労働省ホームページ：「DPC制度の概要と基本的な考え方」．平成22年度第7回診療報酬調査専門組織・DPC評価分科会資料，DPC制度における基本的な考え方について資料D-3-1 (https://www.mhlw.go.jp/stf/shingi/2r9852000000uytu.html)
3) 厚生労働省ホームページ：「地域連携クリティカルパスとは」．中央社会保険医療協議会 診療報酬基本問題小委員会(第105回)，地域医療について資料 診-3-2 (https://www.mhlw.go.jp/shingi/2007/10/s1031-5.html)
4) 高齢者リハビリテーション研究会：高齢者リハビリテーション研究会報告書「高齢者リハビリテーションのあるべき方向」．2004．
5) 岡本祐三：高齢者医療と福祉，p29，岩波書店，1996．
6) 厚生労働省ホームページ：公的介護保険制度の現状と今後の役割 (https://www.mhlw.go.jp/file/06-Seisakujouhou-12300000-Roukenkyoku/201602kaigohokenntoha_2.pdf)
7) 老人保健法：昭和57年8月17日法律第80号 (http://roppou.aichi-u.ac.jp/joubun/s57-80.htm)
8) 岡本祐三：高齢者医療と福祉，p92，岩波書店，1996．
9) 厚生労働省ホームページ：介護事業所・生活関連情報検索 (https://www.kaigokensaku.mhlw.go.jp/publish/)
10) 全国社会福祉協議会：障害福祉サービスの利用について(平成27年4月版)，2015．
11) 厚生労働省ホームページ：地域社会における共生の実現に向けて新たな障害保健福祉施策を講ずるための関係法律の整備に関する法律について (https://www.mhlw.go.jp/stf/seisakunitsuite/bunya/hukushi_kaigo/shougaishahukushi/sougoushien/index.html)
12) 厚生労働省ホームページ：日常生活用具給付等事業の概要 (https://www.mhlw.go.jp/bunya/shougaihoken/yogu/seikatsu.html)
13) 地域包括ケア研究会：平成21年度老人保健健康増進等事業「平成21年度老人保健健康増進等事業 地域包括ケア研究会 報告書」，p6，三菱UFJリサーチ＆コンサルティング，2010 (http://www.murc.jp/uploads/2012/07/report_1_55.pdf)
14) 国立社会保障・人口問題研究所ホームページ：日本の世帯数の将来推計(全国推計)2013年1月推計 (http://www.ipss.go.jp/pp-ajsetai/j/HPRJ2013/gaiyo_20130115.pdf)
15) 地域包括ケア研究会：平成24年度老人保健健康増進等事業「地域包括ケアシステム構築における今後の検討のための論点」，p3-4，三菱UFJリサーチ＆コンサルティング，2013 (http://www.murc.jp/uploads/2013/04/koukai130423_01.pdf)．
16) 地域包括ケア研究会：地域包括ケアシステム構築に向けた制度及びサービスのあり方に関する研究事業報告書「地域包括ケアシステムと地域マネジメント」，p17，三菱UFJリサーチ＆コンサルティング，2016 (http://www.murc.jp/uploads/2016/05/koukai_160509_c1.pdf)

第2章

地域理学療法の実際

2章 地域理学療法の実際

1 小児

1 訪問

POINT
- 訪問は，障害児が地域で活動と参加を獲得できているかを把握するために行う
- 理学療法は地域に根ざした障害児や両親の要望を聴取することから開始する
- 障害児や両親の要望，障害児を取り巻く環境・運動課題は訪問先によって異なるため，ケースバイケースで理学療法を展開する

地域における障害児

概要

　小児分野の理学療法士が障害児を支援する際，その場は医療機関に限定されておらず，地域のさまざまな場での支援が求められる。

　各地域に対する理学療法士の思いは，理学療法士それぞれにおいて異なっている。自身が生まれ育った地域や移り住んで長く生活した地域，土地の文化に関心がある地域，土地の人々の人間性に魅了された地域，自然の災害によって被害に遭った地域，このようにさまざまな思いと意味合いが含まれた地域があるが，どの地域で理学療法を展開していきたいと思うかは理学療法士の考え方や経験，そして感性に依存している。

地域で障害児が暮らす状況

　理学療法士が支援することを選んだ地域において，障害児は両親・兄弟姉妹・祖父母といった家族や医師，看護師，保育士，学校教諭，介護福祉士，社会福祉士，作業療法士，言語聴覚士，臨床心理士，その土地の人々に支えられている（**図1**）。

　地域において障害児の周囲には多くの病院・施設が取り巻き，家族と生活をともにする**在宅**，医療機関にあたる**こども病院**や**大学病院**，**市民**

図1　地域で障害児・者を支える人たち

病院，療育センター，国立病院機構，教育機関にあたる**保育園・幼稚園**や普通学級・特別支援学級・特別支援学校といった**学校**，福祉分野にあたる児童・放課後・成人のための**デイサービス**や**作業所**，**グループホーム**が存在する（**表1**）。

ライフサイクルを通じた支援

地域での障害児支援においては，障害児の乳児期，幼児期，学童期，青年期，成人期，高齢期といった，障害児から障害者までの**ライフサイクル**を通じた支援が必要であり，成長や加齢といった発達を考慮した年齢相応でのかかわりが重要となる（**図2**）。そして，ライフサイクルを通じて理学療法士は，障害児に国際生活機能分類（ICF）における**活動**（activity）と**参加**（participation）を地域で獲得させることを常に配慮する必要がある[1]。

また，小児分野の理学療法士は，**表2**に示す疾患を有する障害児の支援にかかわる。

理学療法の場

地域における障害児を把握する訪問

障害児が地域で**活動**（activity）と**参加**（participation）を獲得できているかどうかについて把握するための一つの手段は，理学療法士が地域に自ら出向いて訪問することである（**図3**）。障害児や両親といった障害児を支える人たちの**要望**は，実際に生活を行っている地域のなかで生じているため，理学療法士は療育センターと

表1 地域で障害児・者を取り巻く病院・施設

医療分野	教育分野	福祉分野
・こども病院	・保育園	・児童デイサービス
・大学病院	・幼稚園	・放課後デイサービス
・市民病院	・普通学級	・成人デイサービス
・療育センター	・特別支援学級	・作業所
・国立病院機構	・特別支援学校	・グループホーム
		・訪問リハビリテーション

表2 障害児・者が有する疾患

身体（運動機能）面	理解（認知機能）面
・脳性麻痺	・知的障害
・ダウン症	・自閉症スペクトラム障害
・筋ジストロフィー	・学習障害
・二分脊椎	・注意欠陥・多動性障害
・先天性多発性関節拘縮症	・発達性協調運動障害

図2 ライフサイクル

＊ICF：international classification of functioning, disability and health

図3 地域での病院・施設の役割

訪問（例：在宅, 保育園・幼稚園, 学校）
障害児・者が地域で活動と参加を獲得できているか把握する。

通所（例：デイサービス, 作業所）
障害児・者における日中の生活場面に入り, 在宅での生活の継続を支える。

入所（例：国立病院機構, 療育センター, グループホーム）
障害児・者が在宅での生活の継続が困難となった際に生活や生涯を支える。

病院（例：こども病院, 大学病院, 市民病院, 療育センター）
地域での障害児・者における支援を開始, 継続し両親の障害受容を支援する。

いった医療機関に勤務している場合, 医療機関から地域に積極的に訪問を実施することが必要である。

訪問にかかわる法・制度

小児分野における理学療法士は, **在宅**や**保育園・幼稚園**, **学校**といった地域で生活している場を訪問することが可能である。障害児が地域で生活している場を訪問する際に使用する制度としては, **医療保険**と**障害者総合支援法**が挙げられる[2,3]。

- **医療保険**を使用する場合：通院が困難で医師が在宅での訪問診療を行っている障害児が対象となる。この医療保険の訪問リハ（以下, リハ）では, 在宅の障害児を訪問し, 在宅患者訪問リハ指導管理料が算定される。

- **障害者総合支援法**を使用する場合：保育所等訪問支援が適用となる。保育所等訪問支援は障害児が地域での生活に適応するために, 訪問先における障害児とかかわる他職種に支援の方法を助言するサービスである。

障害者自立支援法と障害者総合支援法
障害者自立支援法は2006年に制定されたが, 障害児が利用したサービスに応じて自己負担が決まる応益負担（1割負担）であった。このためサービスを多く利用する障害児の経済的負担が大きくなるといった問題が生じた。この問題を見直すために障害者総合支援法が2014年に制定され, 2018年に改正が実施された。障害者総合支援法は所得に応じて自己負担の上限が設定されている応能負担である。

身体障害者福祉法と障害者総合支援法
車椅子や装具といった補装具はこれまで身体障害者福祉法によって交付されていたが, 現在は障害者総合支援法による交付に変更となった。所有することで福祉サービスを受けることができる身体障害者手帳は身体障害者福祉法によって交付される。

理学療法士の役割

評価

■ 地域に根ざした要望の聴取

地域を訪問する際に理学療法士は, **在宅**や**保育園・幼稚園**, **学校**での生活における障害児や両親, 保育士, 学校教諭の**要望**をまず聴取する

ことが重要である。障害児や両親の**要望**はその地域によって異なり，都心・農村部や土地の古くからの文化に基づいた動作方法・住宅環境，人間性といったその地域の影響を大きく受けている。日本では少ないが，アジアやアフリカといった発展途上国では貧困の問題も障害の問題に加わっている。理学療法士は障害児や両親の地域に根ざした**要望**が存在することをまず認識し，地域での理学療法はその**要望**に応えることを最優先に考えるべきである。

■ADLの評価

理学療法士が地域を訪問する際に重要となる評価の一つは，障害児における**日常生活活動**（ADL）の評価である[4]。ADLを評価する際，理学療法士は移動や移乗のみならず，食事や整容，更衣，排泄，入浴，コミュニケーションといった基本的なADL全般について把握して配慮すべきである。ADLの評価として，

①ADLを障害児や両親，保育士，学校教諭から聴取
②ADLを実際に観察して動作を視覚的に分析（写真や動画の撮影も含む）
③ADLの評価法による数値化

が挙げられる。

■PEDI

障害児のADL全般を数値化する評価法として，pediatric evaluation of disability inventory（PEDI）が挙げられる[5]（**表3**）。PEDIは障害児におけるADLの機能的スキルと介助者による援助・調整を把握する評価法である。機能的スキルはセルフケア領域，移動領域，社会的機能領域の3領域にて計197項目に分かれており，2段階（0＝できる，1＝できない）で点数化する。介助者による援助・調整はセルフケア領域，移動領域，社会的機能領域の3領域にて計20項目に分かれており，介助者による援助は6段階，調整は4段階で点数化する。

■環境・運動課題

地域を訪問した際にも，医療機関と同様にADL全般を評価することが重要となるが，地域と医療機関の違いは障害児がADLを遂行する際の**環境・運動課題**が異なることである。

医療機関での生活環境は玄関や廊下，階段，トイレ，風呂に手すりが設置されており，廊下には段差はなくエレベーターが設置されている。そして，トイレや机・椅子は和式ではなく洋式となっている。

これに対して，例えば，理学療法士が在宅を訪問する際に，在宅での生活場面において玄関や廊下，階段，トイレ，風呂に手すりが設置されておらず，玄関や廊下に段差があり，トイレや机・椅子は和式といった**環境**の場合がある。

このように医療機関での生活場面はバリアフリーとなっているが，地域を訪問する際にはバリアフリーではないことが多く，訪問先によって障害児を取り巻く**環境・運動課題**は異なる。

保育園・幼稚園を訪問する際には，障害児は運動場の遊具で遊ぶ，遠足に参加するといった**運動課題**が求められている。**学校**を訪問する際には，障害児は国語，算数，理科，社会といった授業に参加する，体育の時間に球技や体操，鉄棒，マット運動を行う，図工の時間に絵画，工作を行う，放課後や休日に友達と自転車に乗っ

表3 地域の障害児に実施する理学療法の評価法

評価法	評価内容
PEDI	基本的な日常生活動作全般
SFA	学校で必要とする日常生活動作全般 学業を遂行できる能力
CCC-2	コミュニケーションの障害をスクリーニング コミュニケーションの能力
GMFM	粗大運動能力
GMFCS	粗大運動能力の障害の重症度 粗大運動能力の障害の予後予測
MACS	手指操作能力の障害の重症度

＊ADL：activities of daily living ＊GMFM：gross motor function measure
＊GMFCS：gross motor function classification system ＊MACS：manual classification system

て出かける，就学旅行に参加するといった**運動課題**が求められる．

このように，障害児や両親の**要望**，障害児を取り巻く**環境・運動課題**は訪問先によって異なるため，理学療法士はケースバイケースで適切に対応する必要がある．ただし，筋力や筋緊張，関節可動域，協調運動，感覚，認知などの**機能障害**（impairment）の評価は医療機関と同様に実施し，訪問先によって異なることはない．

■SFA

school function assessment（SFA）は，障害児が学校で必要するADL全般や学業を遂行できる能力を数値化する評価法である[6]（**表3**）．参加，課題支援，活動遂行の3領域にて計316項目といった多くの項目に分かれており，4もしくは6段階で評価する．活動遂行の領域はさらに身体的課題と認知的課題に分かれる．この身体的課題のなかに含まれている道具の使用には，文房具の使用や工作・美術など学校での上肢動作を評価する項目が含まれている．従って，SFAは上述のPEDIと組み合わせて障害児に用いることで，地域の障害児におけるADLをより広い視点で日常生活動作を評価することができる．

■CCC-2

ADLにおけるコミュニケーションを詳細に評価する場合にはchildren's communication checklist second edition（CCC-2）がある[7]（**表3**）．CCC-2は言語といったコミュニケーションの障害を有する障害児をスクリーニングし，低下しているコミュニケーションの能力を把握する評価法である．CCC-2は音声，文法，意味，首尾一貫性，場面に不適切な話し方，定型化された言葉，文脈の利用，非言語的コミュニケーション，社会的関係，興味関心の10領域にて計70項目に分かれており，4段階で点数化する．

■それ以外の重要な評価

重要となる評価のもう一つは生活をともにして障害児を支えている両親や保育士，学校教諭の心理・身体面の評価である．両親や保育士，学校教諭の心理面の低下は障害児の心理面に少なからず影響を与える．

例えば，障害児が普段よりも泣くことや怒ることが多く，情緒不安定な場合には，母親の心理面と母親との母子関係を評価すべきである．また，障害児とどのようにかかわったらよいのか，どのように支援したらよいのかわからないといった悩みを抱えて，保育士や学校教諭の心理面が低下していることがある．この場合にも，障害児は保育士や学校教諭から適切に支援を受ける機会が減少するため配慮が必要である．

介入

■環境に合わせて工夫する訪問での介入

理学療法士が地域を訪問する際の理学療法による介入は，基本的には医療機関で実施されている**筋力トレーニングやストレッチング，運動学習，環境・運動課題の調整，遊び**を用いて実施する．しかし，**在宅**や**保育園・幼稚園**，**学校**を訪問する際には，医療機関で一般的に使用する平行棒や歩行器，重錘，環境を調整するための道具は十分に備わっていない．従って，椅子の背もたれや廊下の手すりを平行棒の代替として，車椅子を歩行器の代替として，立位・歩行練習を実施するといった工夫が必要となる（**図4**）．もしも，訪問先に重錘がなければ障害児の自身の体重（自重）が負荷となるように，筋力トレーニングを工夫する必要がある．理学療法は医療機関といった設備が整った場所でしか実施できないという訳ではなく，アイデアさえあればどのような場所でも実施することができる．

■小児特有の介入－遊び－

筋力トレーニングやストレッチング，運動学習，環境・運動課題の調整は，成人の理学療法でも一般的であるが，**遊び**は小児の理学療法に特有の介入である．

遊びは**筋力トレーニング**や**運動学習**を実施する際に用いることがあるが，認知面や対人関係面を促す際にも用いることができる。身体には視覚や聴覚，前庭覚，触覚，固有覚が存在するが，障害児においてこれらのなかでもどの感覚が適切に感じ取れているか，楽しむことができているか評価することが，理学療法に遊びを用いる際，重要である。そして，適切に感じ取れて受け入れることができ，楽しむことができる感覚を用いた玩具や遊具を選択して障害児に提供する。

例えば，障害児が動いている物を見て視覚的に楽しむことができる場合には，まずは自身の手で触って物が動く玩具で遊ぶことを実施する。この段階では大きく遊びを変化させずに，手で触って物が動くさまざまな玩具を経験していき，遊びにバリエーションをもたせて広げていく。次に，物を玩具のなかに入れてその物が動くような遊びにつなげていくなかで，物を入れる遊びを学習させる。そして，物を入れることができれば物を人に手渡すような遊びにつなげていく。

このように遊びにバリエーションをもたせる，すなわち遊びを広げることは，障害児が物や人とのかかわりにおける因果関係の理解，すなわち認知面や対人関係面を促していることを表す。そして，障害児において遊びを広げることや認知面，対人関係面を促すことは，将来のADLの獲得につながると考えられる。

臨床に役立つアドバイス
遊びを広げる際の段階付け
　障害児の遊びを広げる際には，遊びの難易度を低いものから高いものに移行することで段階付けするのみならず，対象を物から人，もしくは人から物へ移行するといった段階付けも重要となる。どのような段階付けを実施するかについては，障害児の遊びの状況や認知面の状態に応じて決定すべきである。

臨床に役立つアドバイス
障害児と両親，他職種の成功体験を積み重ねる
　理学療法士は目標を細かく段階付けたうえで，毎回の理学療法において障害児の成功体験が生じることを心掛ける必要がある。障害児の成功体験を両親や看護師，保育士，学校教諭，介護福祉士に提示するとともに，両親やこれらの他職種が支援する際にも障害児の成功体験が生じることに配慮して連携し，他職種の成功体験につなげる。そして，理学療法士はこのような成功体験を積み重ねることで，理学療法を実施することの意義を障害児と両親，他職種に示し続ける必要がある。

連携
■両親や他職種との連携
　連携も地域を訪問する際の理学療法による介入の一つである。地域を訪問する際に連携する

図4　地域で障害児・者に実施する理学療法による介入

在宅で，椅子の背もたれを代替として行う立位練習

図5 両親や他職種との連携

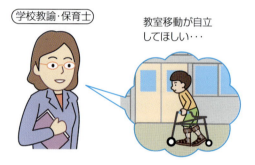

対象者は**在宅**における両親，**保育園・幼稚園**における保育士・幼稚園教諭，**学校**における学校教諭である。

　理学療法士が両親やこれらの他職種と連携する際に重要なことは，障害児における**ADLの目標**を両親や保育士，学校教諭と協議したうえで設定することである（図5）。決して理学療法士は一人よがりの目標を設定してはならない。障害児や両親，保育士，学校教諭の**要望**に基づいた，地域での生活が肯定的に変化するような**目標**を設定すべきである[8]。

■エンパワーメント

　理学療法士は両親や保育士，学校教諭に**筋力トレーニング**や**ストレッチング**，**運動学習**，**遊び**といった運動面や認知面，対人関係面のトレーニングを伝達することで連携する。その際，口頭で伝えることや実際に方法をみせることに加えて，方法の写真を掲載した書面を作成して渡すことが効果的である。また，**環境・運動課題の調整**にあたる車椅子の設定方法（シーティング）や姿勢保持具の設定方法（ポジショニング），起立台・歩行器・装具・福祉用具の使用方法についても，方法の写真を掲載した書面を作成する。

　これらの書面や生活のなかで障害児が使用する姿勢保持具や福祉用具を，理学療法士が手作りで作成することがあるが，可能であれば両親や保育士，学校教諭に作成を依頼することも必要となる。例えば，両親が姿勢保持具や福祉用具を作成，または保育士や学校教諭が書面を作成することを理学療法士が依頼することで，両親や保育士，学校教諭の**エンパワーメント**を高めることができる。両親や保育士，学校教諭の**エンパワーメント**が高まることは，両親や保育士，学校教諭の成功体験や達成感，そして障害児に対する積極的な支援につながるために重要である。

> **実践!! 臨床に役立つアドバイス**
>
> **多職種間での連携**
> 　理学療法士が障害児にかかわる多職種と連携する際には，まず各職種の仕事の特性や役割について理解する必要がある。そのうえで理学療法士が各職種から情報収集できること，依頼できることを検討する。そして，職種間にて十分なコミュニケーションを図りながら，障害児における活動（activity）と参加（participation）の獲得や維持といった共通の目標に向かってチームで協働することが重要である。

■福祉の視点

　前述のように，理学療法士は**在宅**や**保育園・幼稚園**，**学校**といった地域を訪問する際に，さまざまな障害児や両親の**要望**を聴取する。理学療法士は訪問といった個別の理学療法のなかで感じた障害児や両親の**要望**を集約することで地

用語解説　**エンパワーメント**　障害児や家族，他職種，地域の人々が内発的な力をもち，自立する力や他者を支援する力を得ること。

域全体の**要望**をとらえるように努めるべきである。そして，その地域全体の**要望**に応えるために，新たに社会資源や制度を生み出していくといった福祉の視点をもつことも必要であると考える。

■発展途上国から学ぶ

地域での理学療法を展開していく際に，参考となりうるロールモデルの一つはベトナムやタイをはじめとする発展途上国における福祉である。発展途上国の福祉では障害の問題とともに，貧困の問題も合わせて取り組まなければならない状況にある。また，発展途上国では**地域に根ざしたリハ（CBR）**[9]が実施されており，CBRは地域の人々によってなされることが多くあるという考えに基づいて，障害児や家族，地域の人々の**エンパワーメント**を高めるシステムである。

具体的には，リハを実施する主体を理学療法士といった専門職から障害児や家族，地域の人々へ転換し，障害を個人ではなく地域の問題としてとらえて，障害児にかかわることを目指す社会変革である。発展途上国においては理学療法士といった専門職の人数が限られているため，理学療法士が地域の人々にリハの方法を伝達することでボランティアであるCBRワーカーを要請する。理学療法士といった専門職と連携しながら，CBRワーカーは在宅を訪問して障害児にリハを実施する。このCBRは障害児が**平等**に**社会参加**や**自己実現**できる差別や障壁のない社会の実現を目的としている。

■福祉先進国から学ぶ

スウェーデンをはじめとする福祉先進国も地域での理学療法の展開に参考となりうる。スウェーデンの福祉は地域の人々の税金負担（消費税25％）を高めて，教育を受ける時期や高齢になった時期といった人生のなかで費用が必要となる時期に，地域の人々に税金を還元するシステムである[10]。具体的には，健康な若い時期には多くの税金を負担する（高負担）が，高齢になった時期には自身に還元されるという循環（高福祉）が生じて高福祉が維持される。また，地域の人々が負担した税金は就労が困難な障害児・者にも還元されるため，障害児・者や高齢者は費用が不足して社会参加できなくなることが防がれている。このスウェーデンの高負担高福祉は，地域の人々による大きな消費税を負担しても将来自身に還元されるという制度の認識や，障害児・者や高齢者に対して差別的ではなく平等的な意識や見方によって支持されている。

■障害平等の教育－理学療法士の働きかけ－

発展途上国のCBRと福祉先進国の高負担高福祉の両方においてシステムは異なるが，システムを支持している地域の人々の理念は障害児を**平等**にとらえたうえでかかわるというものであり同様である。

日本においては近年，障害の問題に貧困や虐待の問題も重なっており複雑化が進んでいる。そして，この数年自然の災害による日本各地の被害は甚だしいものであり，災害の問題も障害の問題に重なりをもたらしている。

このように障害児・者を取り巻く問題が複雑化した昨今にて，日本における小児分野の地域での理学療法の在り方はそれぞれの地域によって異なるが，その根底にあるべきものは，障害児・者の人生は健常児・者と**平等**にあるという理念である。そして，地域の**保育園・幼稚園**や**学校**の授業カリキュラムにおいて，**障害平等の教育**が充実したものになるよう働きかけること，それも地域を訪問する理学療法士の役割である。

＊CBR：community-based rehabilitation

2 通所

- 通所では，障害児における日中の生活場面に入り，在宅での生活の継続を支える
- 児童のためのデイサービスや放課後デイサービスでは集団での介入となり，要望が類似した障害児の小グループに分けて目標を設定する
- 成人のためのデイサービスや作業所での介入は，生活を工夫することで活動量・運動量を維持し，障害者の機能障害が悪化することを予防する

理学療法の場

概要

小児分野において理学療法士が勤務する通所施設は，就学前に通う児童のためのデイサービス，就学後に通う放課後デイサービス，高校卒業後に通う成人のためのデイサービスや作業所である（**図3**）。通所施設は上述の訪問とともに障害児・者の地域での**活動**（activity）と**参加**（participation）を支える。

デイサービスは活動プログラムによって障害児の運動・認知・対人関係面の発達を促し，障害者の運動・認知・対人関係面の機能低下を予防するとともに余暇を充実したものにする。**作業所**は障害者に就労の場や給料取得の場を提供する。

また，障害児・者を介助している両親に身体・心理面での休息を与え，介助負担を軽減する役割も有する。障害が重度であったとしても障害児・者や両親の思いとしては，施設に入所することよりも生まれ育った在宅でできるだけ生活を続けることを望む場合のほうが多い。そのため通所施設に勤務する理学療法士は障害児・者における日中の生活場面に入り，在宅での生活の継続を支えているといった認識と責任をもつべきである。

通所にかかわる法・制度

障害児・者が**デイサービス**や**作業所**といった通所施設を利用する際に，使用する制度として**障害者総合支援法**が挙げられる[3]。**障害者総合支援法**において，障害児が児童のためのデイサービスを利用する際には児童発達支援，放課後デイサービスを利用する際には放課後等デイサービスといったサービスの適用となる。また，医療的ケアが必要な障害児に対しては医療型児童発達支援といったサービスも存在し，医療機能を兼ね備えている施設が対応する。

デイサービス

児童のためのデイサービスは，地域の**保育園・幼稚園**に通園することが困難な障害児が，日中に通う障害児保育園のような役割を有する。放課後デイサービスは**学校**に通学した日の放課後や土曜日，夏・冬・春休みといった長期休暇の際にも利用できる。

また，**障害者総合支援法**において，18歳以上の障害者が成人のためのデイサービスを利用する際には生活介護，**作業所**を利用する際には就労継続支援B型といったサービスの適用となる。その他，一般企業などでの就労に就くことを目標として支援する就労移行支援や就労継続支援A型，就労定着支援といったサービスも存在する。

ケアマネジャー

このように地域の障害児・者には**障害者総合支援法**において多くのサービスが存在するが，高齢者の**介護保険**[11]と同様に小児分野においてもケアマネジャーが存在する。ケアマネジャーは障害児・者に必要なサービスを整理し，地域での病院・施設と調整したうえでケアプランを

障害児・者に提供する中核的な，重要な役割を担っている。

理学療法士の役割

概要

児童のためのデイサービスは障害児のための**保育園・幼稚園**にあたる。

放課後デイサービスにはさまざまな**学校**や年齢の障害児が集まり，日中通学する**学校**でかかわる友達とは異なった人間関係による集団を形成する。

児童のためのデイサービスや放課後デイサービスにおいて，理学療法士は，障害児が1日の活動プログラムを楽しむことができているか，障害児が他の子どもと一緒に遊ぶことができているか評価すべきである。また，人間発達学における認知や遊びの発達を軸として評価を実施し，障害児の発達段階に応じた活動プログラムを提供することが重要である。

デイサービスの特徴

児童のためのデイサービスや放課後デイサービスでは集団での介入となる。障害児一人一人の**要望**は異なるが**要望**が類似した何名かの障害児の小グループに分けることができる。この小グループごとに共通の目標を設定して運動面や認知面，日常生活動作に対する介入，すなわち活動プログラムを立案して実施する。また，自由時間といった，より個別にかかわることができる時間帯に，障害児一人一人に応じて支援することも可能である。

集団の場の力を利用する

デイサービスでの理学療法士の介入では，運動・認知面や日常生活動作に加えて，集団という場を利用して対人関係面を促すことを意識することが重要である。

集団の場では，対人関係面に機能低下がある障害児が他の障害児やスタッフといった大人を意識しやすくなる傾向がある。また，大人とはかかわることができるが子ども同士ではかかわることが困難な障害児も多いため，**デイサービス**の集団での活動プログラムに子ども同士がやり取りをする**遊び**や協力・競争する**遊び**を導入することで対人関係面の向上につながる。なによりも集団の場では他の子どもや大人にみられている状況，他の子どもが頑張っているから自分も頑張るといった状況にあるため，普段の個別での理学療法ではみられない障害児の動機の向上が生じる。

このように児童のためのデイサービス，放課後デイサービスに勤務する理学療法士は集団の場の力を利用しながら，介入を展開していくことが可能である。

評価

■デイサービスでの評価

障害児は支援学級・特別支援学校に通学している時期には，マンツーマンにて担任の先生や担任補助の先生から，運動・認知・対人関係面や日常生活動作において手厚い支援を受けることが多い。しかし，高校卒業後の障害者の年齢に達した時期以降は支援が減少し，毎日の生活が単調になる傾向がある。成人のためのデイサービスや**作業所**に勤務する理学療法士は障害者の毎日の生活が単調になっていないか，**生活の質**（QOL）は豊かに保つことができているか，人の生活や人生といった広い視点をもったうえで評価を実施する必要がある。

■加齢の影響

障害者においても障害のない高齢者と同様に加齢的変化が生じ，障害に加齢といった影響も加わることになる。加齢によって身体の筋力低下や変形・拘縮といった運動面，記憶・実行・注意・言語機能といった認知面への影響が生じる。従って，理学療法士は**機能障害**（impairment）の評価や毎日の活動・運動量についての評価を

＊QOL：quality of life

継続する必要がある。

■ 家族の心理・身体面の評価

家族の心理面においては，成人のための**デイサービス**を信頼して自身の子どもを安心して預けることができているか理学療法士は評価すべきである。重度の障害者を抱える両親ほど安心してデイサービスに預けることができず，家族自身が障害者を毎日介助することを選択する傾向がある。また，成人のためのデイサービスは児童のためのデイサービス，放課後デイサービスと比較しても施設の数が少なく，都心よりも郊外のほうがより減少する。

このように施設の選択肢が少ないことは，家族が成人のためのデイサービス通所を選択することをより一層難しくする。しかし，障害者のみならず両親も加齢が進んでいくのが現状である。加齢によって変形性関節症による肩・股・膝関節の痛みや腰の痛み，糖尿病，脳卒中といった疾患を発症する。両親による障害者の介助は年々困難となるため，理学療法士は両親の心理面に加えて身体面も合わせて評価する必要がある。

> **補足**
> 成人のためのデイサービスの施設の数は少ない状況にあるため，家族が親の会を作って活動を継続し，特定非営利活動法人（NPO）を設立する場合がある。家族がNPO法人を設立して成人のためのデイサービスを設置・運営することで，自身の子どもを通所させるという取り組みもみられる。

介入

■ 機能障害悪化の予防

成人のためのデイサービスや**作業所**での理学療法による介入においては，障害者の**機能障害**（impairment）が悪化することを予防するために，介助者の介助量を調整して自身でできる**ADL**は部分的であっても障害者に遂行してもらい，活動量を維持することが重要となる。

■ 機会を設けることで運動量を維持する

デイサービスの毎日の生活では部屋から部屋への移動において歩行動作の機会，排泄動作や入浴動作において立位の機会を生活のなかに工夫して設けることで運動量を維持する必要がある。

■ 環境・運動課題の調整

作業所での介入では，上肢運動を効率よく遂行して適切に作業を行うことができる，安定した座位を保持できるように**環境・運動課題の調整**を実施する。上肢運動において，障害者は肩関節や肘関節，手関節・手指といったどの関節運動を随意的に行うことができるか詳細に評価し，その運動を就労の作業につなげるように工夫する。この際にも障害者自身が行うことが困難な上肢運動においては，福祉用具によって**環境・運動課題の調整**を実施する。

■ 遊びの取り入れ

理学療法士は**デイサービス**や**作業所**での生活が単調にならないように，運動・認知面のトレーニングのみならず，活動プログラムのなかに**遊び**（レクリエーションや行事，外出）を多く取り入れることで，**活動**（activity）と**参加**（participation）を獲得していくことを配慮すべきである。

連携

■ 両親や他職種との連携

障害児・者のための**デイサービス**や**作業所**に勤務する理学療法士が連携する他職種は，同じく**デイサービス**や**作業所**に勤務する看護師や保育士，介護福祉士である。理学療法士は，これらの他職種とともに障害児・者の生活のなかに入り，**ADL**を介助する役割も有する。そして，障害者が**ADL**を負担なく行うことができる介助方法や**機能障害**（impairment）の低下を予防するための介助方法について，他職種と積極的に議論したうえで，送迎を行うことや日中の活動に参加している両親にも伝達して，**連携**を深めていくことが重要である。

＊NPO：non profit organization

3 入所

- 入所では，障害児が在宅での生活の継続が困難となった際に生活や生涯を支えていく
- 障害児の入所施設での生活をできる限り在宅での生活に近づけ，人生を全うするまでの生涯を支援する
- 障害児の入所施設での1日24時間の姿勢や移動動作，コミュケーションに対して他職種と連携して介入を実施する

理学療法の場

概要

　障害児において前述の訪問や通所を利用しながら，在宅での生活を家族と継続することができるか，もしくは在宅での生活を家族と継続することが困難となり施設に入所するか，これは人生のなかでの大きな分岐点にあたる。

　障害児の両親における身体・心理面での介助の限界，疾病，加齢，一人親家庭や兄弟姉妹の事情といった家族の理由によって，障害児は入所を余儀なくされる場合がある。また，両親における貧困や虐待によって障害児が入所する場合も少なくない。

　入所には，家族の支援を一時的に受けることができない場合に一時的に短期で利用する短期入所，生涯ではないが家族の状況が安定するまでの長期間の入所，人生を全うするまでの生涯の入所がある。

　小児分野において理学療法士が勤務する入所施設は，**国立病院機構**や**療育センター**，**グループホーム**である（図3）。

　入所施設に勤務する理学療法士は，自身の子どもに生まれ育った在宅での生活を継続させてあげたかったという両親の思いを汲み取ったうえで，入所施設での生活をできる限り在宅での生活に近づけるように努める必要がある。そして，理学療法士の知識と技術に基づいた創意工夫によって，障害児が人生を全うするまでの生涯，すなわち**QOL**を支援する必要があることを自覚すべきである。

　障害児・者が入所施設を利用する際に使用する制度は，18歳未満と18歳以上で分けられている。

入所にかかわる法・制度

　入所において18歳未満の障害児の場合は**児童福祉法**の障害児入所支援，18歳以上の障害者の場合は**障害者総合支援法**[3]の施設入所支援や療養介護，共同生活援助といったサービスが挙げられる。

　また，障害者は障害が重度の場合においても物事の判断を自らの意思表出で行う権利は保証されなければならない。しかし，重度の知的障害を有する場合や加齢による認知症の症状が生じた場合には自らの意思表出が困難となるため，障害者の権利を守る**成年後見制度**がある。**成年後見制度**において後見人は障害者の両親が担うことが多いが，両親亡き後には病院・施設の社会福祉士が担うことがある。後見人は障害者本人を尊重した意思決定を行わなければならない。

> **補足**
> 脳性麻痺児・者は国立病院機構や療育センター，自閉症スペクトラム障害児や知的障害児はグループホームに入所することが多い傾向にある。

理学療法士の役割

概要

　障害児において入所施設での生活は朝から夜までの1日24時間である。入所施設に勤務する理学療法士は，障害児が在宅での生活を継続す

ることができていたとすれば経験したであろう**活動**（activity）と**参加**（participation）を想像し，1日24時間そして365日といった年単位にて**ADL**を評価する必要がある．在宅での生活のなかに当たり前のようにあり，入所ではその機会が限られるものとして，日常での家族とのコミュニケーションが挙げられる．

評価

　例えば，脳性麻痺児が入所している場合，理学療法士は両親が週末に定期的に面会がなされているか評価すべきである．両親が面会している場合は，入所施設の病棟で障害児を抱っこできているかについて評価すべきである．障害児において両親の抱っこは今後将来の愛着形成や対人関係面の発達，コミュニケーションの発達において不可欠となる．

　脳性麻痺者が入所している場合，面会時に両親が病棟にて脳性麻痺者を介助で車椅子や座位保持装置付き車椅子に移乗できているか，顔と顔を向き合わせて座位にてコミュニケーションを図れているか評価すべきである．車椅子や座位保持装置付き車椅子に移乗できている場合には，入所施設内・外を両親の介助によって車椅子で散歩できているか評価する．

　また，入所施設においては障害児は理学療法士以外にも医師や看護師，保育士，介護福祉士，社会福祉士，作業療法士，言語聴覚士，臨床心理士といった他職種とかかわる可能性を有する．各職種が入所施設の生活のなかで障害児にかかわることができているか，適切にコミュニケーションを図れているか評価すべきである．

　このような人として当たり前の事柄が障害児の発達を促し，**活動**（activity）と**参加**（participation）を獲得することにつながる．

介入

　脳性麻痺児・者の場合には毎日の生活での姿勢（背臥位や側臥位，腹臥位，座位，立位）や移動動作に対する介入が今後将来の発達や変形・拘縮の予防につながる．従って，理学療法士は夜間の就寝中での姿勢も含めて，1日24時間の姿勢や移動動作について評価すべきである．

　例えば，入所している脳性麻痺児・者の場合，リハ室での個別リハによる運動・認知面の発達を促す介入に加えて，病棟での生活に働きかけることが重要となる．

　両親が面会時に病棟にて脳性麻痺児を抱っこすることや脳性麻痺者を車椅子に移乗することができてない場合には，理学療法士は個別リハの時間に，介助での抱っこ方法や車椅子への移乗方法，車椅子や座位保持装置付き車椅子のシーティングについて検討を行って両親に伝達する．

　また，脳性麻痺児・者の病棟生活での姿勢において長時間背臥位のみで過ごしている場合には，個別リハの時間に側臥位や腹臥位の姿勢保持具を作成してポジショニングを検討し，病棟の看護師や保育士，介護福祉士に伝達することで変形・拘縮や褥瘡を予防する．さらに，車椅子や座位保持装置付き車椅子において，変形・拘縮が生じない安楽なシーティングを検討することができれば，車椅子にテーブルを設置して上肢動作による**活動**（activity）の検討につなげていく．

　上肢動作による**活動**（activity）は認知面の能力に応じて設定する必要がある．障害児が実施できて好む**遊び**やコミュニケーション支援機器（VOCAやトーキングエイド）の使用方法を個別リハの時間に検討することができれば，看護師や保育士，介護福祉士に伝達し，病棟生活への般化に努めるべきである．

連携

■両親や他職種との連携

　上述のように入所施設に勤務する理学療法士は両親や看護師，保育士，介護福祉士と連携し，個別リハにて検討したシーティングやポジショニング，**遊び**，コミュニケーション支援機器に

*VOCA：voice output communication aids

ついて，写真を掲載した書面やケース会議を利用して伝達する必要がある。

しかし，一度に全ての方法を伝達するのではなく，連携する相手の様子や状況を察したうえで数回に分けて伝達したほうがよい場合もある。

例えば，

①自身の子どもが生まれもった障害を両親がまだ受容できていない場合

②両親が障害児の介助のみならず家事や兄弟姉妹の面倒によって身体・心理面ともに余裕がない場合

③両親が理学療法を受ける意義を理解できていない場合

④両親が理学療法に対して期待をもつことができていない場合

⑤看護師や保育士，介護福祉士が日々の業務に追われて時間的に余裕がない場合

など，さまざまな場合がある。このとき理学療法士は他職種と連携するために長い期間を要することを認識し，定期的に理学療法の効果判定を行うことで口頭や写真，動画，評価の数値化を用いて障害児の変化を伝達し，両親や看護師，保育士，介護福祉士との連携を深めてチームとしてまとめることが重要である。

そして，理学療法士は入所している障害児，特に生涯を入所施設で過ごす障害児の残された人生のなかで，医療人として，人として何をみせてあげることができるか考え続けるべきである。

4 病院

- 病院では，地域での障害児における理学療法による支援を開始，継続する
- 乳児期や幼児期には使用依存による脳の可塑的変化が生じやすいため，障害児の状態が安定すれば高頻度での積極的な理学療法によって発達を促進させる
- 障害児の肯定的な変化や疾患に応じた発達の予後について説明し，両親の障害受容を支援する

理学療法の場

■障害受容と支援開始

地域での障害児における理学療法による支援は，こども病院や大学病院，市民病院から開始する（図3）。理学療法の開始は医師の診断のもと，両親の子どもが疾患を発症して障害を有することになったことを意味する。そして，両親は自身の子どもの障害を受けとめなければならないといった状況に直面することになる。

例えば，脳性麻痺児においては満期産である在胎40週間よりも早い出産（早産）の場合に，こども病院や大学病院，市民病院での新生児集中管理室（NICU）のなかで，修正月齢40週まで管理されて医療的ケアを受ける。早産の場合には低出生体重（出生体重2500g未満）での出産となるため，命を失うリスクが生じる。

日本では新生児医療の進歩によって子どもの死亡率が低下し，それに伴って命を救われた早産児は増加している現状にある。早産児はNICUでの保育器のなかで，医師や看護師による慎重な医療的ケアによって呼吸・循環・栄養状態が管理され，光や音といった視覚・聴覚的な刺激が調整される。しかし，早産児の脳や肺は未熟で脆弱なため，出産前後や出産中に脳や肺にダ

*NICU：neonatal intensive care unit

メージが生じ，脳室周囲白質軟化症（PVL），頭蓋内出血（ICH），慢性肺疾患（CLD）が生じる。早産児にPVLやICHが生じることで脳性麻痺を発症することにつながる。

NICUでの医療的ケアが必要な時期を過ぎると，脳性麻痺児は**こども病院**や**大学病院**，**市民病院**を退院し，**療育センター**における外来での理学療法に移行する（図3）。NICUでは早産児の命を守ること，できるだけ後遺症が生じないようにケアすることが最優先となる。**療育センター**においては，乳児期や幼児期に使用依存による脳の可塑的変化が生じやすいことから，障害児の状態が安定すれば高頻度での積極的な理学療法が求められる。**療育センター**での外来に従事する理学療法士は，現在実施している理学療法が脳性麻痺児の未来に肯定的にも否定的にも，大きな影響を与えることを認識して取り組む必要がある。

病院にかかわる法・制度

障害児が**こども病院**や**大学病院**，**市民病院**でのNICUに入院する際や，**療育センター**における外来での理学療法を受ける際に使用する制度として**医療保険**が挙げられる[2]。医療保険では自己負担が生じるが，中学3年生までの障害児の場合には乳幼児医療，重度の障害児の場合には福祉医療を申請することによって助成を受けて，自己負担を軽減することが可能である。

理学療法士の役割

評価

■GMs

こども病院や**大学病院**，**市民病院**でのNICUにて，理学療法士が早産児に実施する評価は**general movements（GMs）**である[12]。**GMs**は出生後早期における新生児の背臥位の運動を視覚的に動作分析することで，運動の質を評価するものである。**GMs**は脊髄に存在するCPGの制御によって生じる，頭頸部・体幹・上下肢といった全身の粗大運動である。在胎36週から修正月齢6週までの間はwrithing movements，修正月齢6週から15週までの間はfidgety movementsがみられる。修正月齢15週以降は**GMs**が消失し，大脳の制御によって生じる随意運動へ移行する。**GMs**の動作分析によってwrithing movementsやfidgety movementsに異常がみられた場合，今後将来に脳性麻痺といった障害を発症する可能性が高くなる。従って，**GMs**とMRIを使用した脳画像評価や臨床的な発達検査と組み合わせることで，脳性麻痺児の予後予測や早期の理学療法による介入が可能となる。

■GMFM・GMFCS・MACS

療育センターでの外来にて，理学療法士が脳性麻痺児に実施する評価法はGMFM[13]，GMFCS[14,15]，MACS[16]である（表3）。

- **GMFM**：脳性麻痺児の粗大運動能力を評価する。臥位と寝返り，座位，四つ這いと膝立ち，立位，歩行・走行・ジャンプの5領域にて計88項目に分かれており，4段階で点数化する。

- **GMFCS**：GMFMにて評価した脳性麻痺児の経年的変化を，追跡調査することによって作成された評価法である。脳性麻痺児における粗大運動能力の障害の重症度を，年齢の各時期（2歳の誕生日の前日まで，2〜4歳の誕生日の前日まで，4〜6歳の誕生日の前日まで，6〜12歳の誕生日の前日まで，12〜18歳の誕生日の前日まで）にてレベルⅠ〜Ⅴの5段階で評価する。

GMFCSは脳性麻痺児の実際の経年的変化に基づいて作成されているため，脳性麻痺における粗大運動能力の障害の予後予測に用いることが可能である。脳性麻痺児の2歳までの粗大運動能力の障害から，18歳までの粗大運動能力の障害を予測することが可能であり，高い目標を設定することなく，妥当で実現可

---

* PVL：periventricular leukomalacia　　* ICH：intracranial hemorrhage　　* CLD：chronic lung disease
* GMs：general movements　　* CPG：central pattern generator

能な理学療法の目標設定が可能となる。
- MACS：脳性麻痺児における手指操作能力の障害の重症度をレベルⅠ～Ⅴの5段階で評価する。

> **基礎へのフィードバック**
> **writhing movements, fidgety movements**
> writhing movementsは頭頸部・体幹・上下肢で楕円を描きながらもがくような印象で，振幅は中等度の運動である。writhing movementsの異常は運動が単調でパターンに多様性がない場合，運動が硬直していて滑らかさが欠如している場合，運動が無秩序に突然出現する場合である。fidgety movementsは頭頸部・体幹・上下肢で円を描くような印象で，振幅は小さい運動である。fidgety movementsの異常はfidgety movementsが観察されない場合，正常なfidgety movementsにみえるが振幅が誇張している場合である。

介入

■入退院と介入

こども病院や大学病院，市民病院でのNICUにおける脳性麻痺児に対する介入としては，運動面の発達を促すためのトレーニングやポジショニングを実施する。退院後には療育センターにおいて，理学療法士や作業療法士，言語聴覚士，臨床心理士といったリハスタッフはチームを組み，各職種の専門性を生かして役割分担し，脳性麻痺児・者の運動・認知・対人関係面やADLの発達を促すためのトレーニングを実施する。

■リハスタッフと目標を共通化する

主に理学療法士は下肢・体幹が関与する粗大運動，作業療法士は上肢や目が関与する巧緻運動，言語聴覚士は口が関与する摂食運動や対人関係面，臨床心理士は認知面を促すことにかかわるが，各職種は脳性麻痺児・者の活動（activity）と参加（participation）の獲得といった共通の目標をもつべきである。

■両親への支援

生まれた後すぐに自身の子どもが障害を有することを医師に告げられた両親は，大きなショックや自己嫌悪，今後将来の生活の不安に苛まれる。こども病院や大学病院，市民病院に勤務する理学療法士は，医師や看護師と連携して両親が徐々に障害を受容できるように，障害児の肯定的な変化や今後の疾患に応じた発達の予後について十分に説明する必要がある。

療育センターでの外来に従事する理学療法士は社会福祉士と連携して，同じ障害を有する親の会の活動を障害児の両親に紹介し，両親が障害を受容できるように継続して支援する。

連携

■多職種との連携

保育園・幼稚園から保育士，学校から学校教諭が療育センターに見学に来た際には，障害児の実際の理学療法場面を通じて現在の障害の状態や，今後の疾患に応じた発達の予後について説明することを行い，これらの職種と連携を図る必要がある。また，現在実施している運動・認知・対人関係面やADLに対するトレーニングについても説明し，保育園・幼稚園や学校といった生活場面において，可能な範囲でトレーニングを般化する必要がある。

地域での障害児・者支援の実際

最後に，筆者が新潟医療福祉大学内にて設置して，臨床・研究・教育活動を実施している新潟医療福祉大学小児リハビリテーション研究センターにおける地域での障害児・者支援について述べる（図6）。

■新潟県における障害児支援の現状

新潟県は国内において大きな面積を有している県であるが，療育センターは2施設に限られている。従って，小児分野の理学療法士の人数は少なく，療育センターに外来で通う障害児は独歩が獲得できた時点で理学療法が終了となることが多い。そのため歩容や就学前の保育園・幼稚園，就学後の学校で必要となるスポーツ，自転車，縄跳びといった応用的な動作に関しては，

図6　新潟医療福祉大学小児リハビリテーション研究センターにおける地域での障害児・者支援

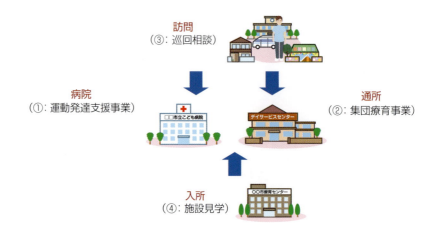

フォローアップされていないのが現状である。また，就学後には外来での理学療法の頻度が減少もしくは理学療法が終了するため，十分に支援を受けることができないといった両親の声もある。

■①運動発達支援事業

新潟県においてこのような両親の**要望**があったため，本センターでは社会資源を生み出し，運動発達支援事業を実施している。この運動発達支援事業は大学内にて個別での療育支援を平日に月1～2回，1回あたり60分とし，理学療法士（本学理学療法学科の教員）が脳性麻痺児・者やダウン症児，発達障害児，知的障害児を対象に，運動面の発達の遅れや**ADL**の困難さに対して個別での療育支援を実施している。

■②集団療育事業

保育園・幼稚園や**学校**，放課後デイサービスが休みとなる日曜日に支援を受けることが可能な施設があるとよいといった両親の声があったことから，本センターでは集団療育事業を実施している。この事業は日曜日に，大学内にて発達障害児や知的障害児を対象に集団（10～12名）での療育支援を月2回，1回あたり2時間30分として実施している。

この集団療育事業では，発達障害児や知的障害児における運動の不器用さ（協調性の低下）や言語の遅れ，対人関係面の困難さについて支援している。理学療法士（教員）の監督のもと，学生はリーダーやサブリーダーを担い，療育支援の内容を事前に企画して当日の進行を務める。その他の学生は参加している障害児をマンツーマンで担当し，各日の活動の流れに沿って参加できるようにかかわり，集団療育のなかにおいても個別の療育支援が含まれるシステムを実践している。新潟県内における他大学の社会福祉学科やこども学科の学生もボランティアとして参加しており，大学間での**連携**も深めている。

臨床としてのこれらの運動発達支援事業，集団療育事業は，**医療保険**[2]や**障害者総合支援法**[3]といった制度を使用せずに実施している。障害児や両親に医療費や利用料が生じることはないが，教育の一環として本学理学療法学科の学生が小児分野における実際の支援を経験できるように，見学や補助として事業に参加することや，小児分野の研究への協力を依頼することもある。利用希望の障害児の募集は，新潟県における新潟市や新発田市，聖籠町，阿賀野市，胎内市の行政における障害児・者に関与している各課や，

ケアマネージャーが所属する施設にパンフレットを配布して行っている。

■③巡回相談・④施設見学

本センターでは地域の病院・施設と連携して障害児・者を支援するために，巡回相談も実施している。理学療法士（教員）が**国立病院機構**や特別支援学校，放課後デイサービスを訪問し，看護師や保育士，学校教諭，介護福祉士，理学療法士，作業療法士，言語聴覚士と連携して，障害児・者に対する支援を展開している。その他，施設見学も実施しており，新潟県内や県外といった地域の小児分野における病院，NPO法人や社会福祉法人といった施設を本学理学療法学科の教員（理学療法士）と学生が見学し，障害児・者に関係する制度や，理学療法士や他職種が地域で実践している障害児・者の支援について学習する機会を設けている。

巡回相談のなかで得た両親の**要望**，施設見学で得た地域での障害児・者支援の知見を，運動発達支援事業，集団療育事業に還元できるように努めている。

■小児分野の地域理学療法とは

小児分野の地域理学療法とはどうあるべきか？「理学療法士が選んだ地域において，その土地の人々や町並みを大切に思う気持ち抱いたうえで，理学療法士としてただ人の役に立ちたいと思った頃の初心に戻ることを欠かさずに，地域の障害児・者と両親とともに歩む」そのように筆者はとらえている。

まとめ

- 地域において障害児・者を支えているのは誰か（☞p.100）。 実習 試験
- 地域において障害児・者の周囲を取り巻く病院・施設にはどのようなものがあるか（☞p.100）。 実習 試験
- 地域における障害児・者が有する疾患とはどのようなものか（☞p.101）。 実習 試験
- 障害者総合支援法とはどのようなものか（☞p.102）。 実習 試験
- 地域における病院・施設（訪問・通所・入所・病院）の役割とはどのようなものか（☞p.100, 108, 111, 113）。 実習 試験
- 地域において理学療法士が障害児に実施する理学療法の評価法にはどのようなものがあるか（☞p.102, 114）。 実習 試験
- 地域において理学療法が障害児・者に実施する介入にはどのようなものがあるか（☞p.104, 110, 112, 115）。 実習 試験

【引用文献】

1) 障害者福祉研究会：ICF 国際生活機能分類－国際障害分類改定版－，p1-263，中央法規出版，2002.
2) 木村憲洋，川越　満：2018-2019年度版イラスト図解医療費のしくみ診療報酬と患者負担がわかる（第1版），p1-157，日本実業出版社，2018.
3) 二本柳覚編著：これならわかるスッキリ図解障害者総合支援法（第2版），p1-207，翔泳社，2018.
4) Damiano DL：Activity, activity, activity：rethinking our physical therapy approach to cerebral palsy. Phys Ther, 86(11)：1534-1540, 2006.
5) 里宇明元，ほか監訳：PEDI－リハビリテーションのための子どもの能力低下評価法－，p1-282，医歯薬出版，2003.
6) Coster W, et al.：School function assessment：user's manual. San Antonio, TX：Psychological

Corporation, 1998.
7) Bishop DVM, et al.：The Children's Communication Checklist version 2 (CCC-2). London：Psychological Corporation, 2003.
8) 正木光裕：AIがリハビリテーションに与える影響－小児疾患におけるリハビリテーションロボットの視点から－．理療，48(2)：11-16, 2018.
9) 久野研二，中西由紀子：リハビリテーション国際協力入門，p1-251, 三輪書店，2004.
10) 河本佳子：スウェーデンの作業療法士大変なんです，でも最高に面白いんです，p1-249, 新評論，2000.
11) 高野龍昭：これならわかるスッキリ図解介護保険(第3版)，p1-263, 翔泳社，2018.
12) Prechtl HF：Qualitative changes of spontaneous movements in fetus and preterm infant are a marker of neurological dysfunction. Early Hum Dev, 23(3)：151-158, 1990.
13) 近藤和泉，問川博之監訳：GMFM粗大運動能力尺度脳性麻痺児のための評価的尺度，p1-126, 医歯薬出版，2000.
14) Palisano RJ, et al.：Validation of a model of gross motor function for children with cerebral palsy. Phys Ther, 80(10)：974-985, 2000.
15) Hanna SE, et al.：Stability and decline in gross motor function among children and youth with cerebral palsy aged 2 to 21 years. Dev Med Child Neurol, 51(4)：295-302, 2009.
16) Eliasson AC, et al.：The Manual Ability Classification System (MACS) for children with cerebral palsy：scale development and evidence of validity and reliability. Dev Med Child Neurol, 48(7)：549-554, 2006.

2章 地域理学療法の実際

2 成人

1 訪問

POINT
- 保険制度における訪問でのリハビリテーション（以下，リハ）の位置付けを学ぶ
- 成人に対する訪問でのリハにおいて，必要な視点を知る
- 利用者本人が大切にしている活動や役割を実現していくための訪問リハであることを前提とする
- 具体的な評価とアプローチを知る
- 実際の生活現場でのリハであることを生かす
- 利用者を中心とした多職種チームの一員としてのかかわりを大切にする

概要

保険制度における訪問でのリハ

　訪問でのリハは医療保険制度と介護保険制度にそれぞれ位置付けられているが，第2号被保険者で要介護認定を受けられる疾患は限られている（厚生労働大臣が定める特定疾病16疾病）。医療保険・介護保険のいずれの場合においても，訪問でのリハを利用する者はこの疾患に該当する場合が多い。

　一般的に，実際の生活場面に出向いて理学療法などのリハを提供することを「訪問リハ」と称しているが，狭義には，「**訪問看護の一貫としてのリハ**」と，「**訪問リハとしてのリハ**」が存在する。訪問するリハスタッフの所属は，病院，診療所，介護老人保険施設，訪問看護ステーションのいずれかであり，活動場所は「**対象者の居宅（実際の生活場面）**」と定められている。そのため実際には利用者の自宅のみならず，外部サービスを受け入れている有料老人ホームやサービス付き高齢者住宅，軽費老人ホーム（ケアハウス）などへの訪問を行うこともある。

　また，リハを実施するにあたっては，医師からの指示を受け，ケアマネジャーが作成する居宅サービス計画書のケアプランに，「訪問でのリハ」を位置付けてもらう必要がある。

訪問でのリハが必要となる背景

　訪問でのリハサービスを提供する対象者が成人の場合，第一線で仕事をしていたり，子育ての真っ只中であったり，退職を目前にして余暇の楽しみについて考えていたりする最中で要介護状態となった者も少なくない。利用者がどのようなライフステージでその障害と向き合っているかを知っておくことは，理学療法を行っていくうえで重要である。

　また，成人においては，高齢者と比べると，病気になったり，事故にあう直前までは自立した生活を送っており，誰かに生活上の指導やアドバイスを受けるような経験がない人が圧倒的に多い。そのような人達に，専門職としてのわれわれのアドバイスに耳を傾けてもらうにはどのようにアプローチしていけばよいか，十分思慮する必要がある。

　進行性の神経難病に罹患した人の場合は，疾患に対する治療を行いながら，介護保険サービ

スを利用して在宅生活を送っているケースもある。そのような人達は，原因も治療も確立されていないなかで[1]，不安を抱え，手探りの生活を送っている。そんななかで自宅に訪問し，1対1でかかわる医療専門職は，利用者にとっても家族にとっても，心強い存在であることだろう。

身体機能の維持・向上を目指したアプローチはもちろんのこと，家族，地域，社会のなかで利用者自身の役割は何か，充実した暮らしのためには何が必要かについて，理学療法士の視点で，利用者やその家族と一緒に考え，その人の生活にかかわっていくことが重要である（**表1**）。

評価

利用者本人が大切にしている活動や役割を実現していくための訪問でのリハであることを前提に，必要と考えられる理学療法評価の一部を示す（**表2**）。

リスク管理

疾病の急性増悪や転倒など，生活場面で起こりうるリスクについて，理学療法士の視点で予測しておく。さらに，**緊急時には誰に・どのような方法で連絡を取るか**を決め，利用者を含めた関係者と情報を共有しておく。

バイタルサインチェック（血圧，脈拍，呼吸数）

状態が安定している利用者であっても，日々の確認が**体調変化時の早期発見や二次疾病の予防**，訪問中の事故の回避につながる。データは利用者とも共有し，体調管理を利用者自身で行えるように促していくことは，生活の自立を目指すうえでも重要である。

一般健康状態

内服薬や食事，睡眠の状況を把握しておくことは，気分や体調の浮き沈みを知る指標にもなる。内服薬の副作用や運動量の低下から便秘や食欲不振を起こすものも少なくないため，定期的に確認しておくとよい。

機能障害（ROM，筋力，バランスなど）

ADL・IADLの障害になる機能については把握しておく必要がある。CS-30は特別な道具を

表1　訪問リハビリテーション・4つの視点

1. 生活場面において心身・生活機能の向上・維持を行う（therapy）
2. 生活環境と心身機能との関係調整を行う（coordination）
3. 生活活動の活性化と社会参加を促す（guidance）
4. 本人・家族に対してリハの視点から評価および助言や多職種へのアプローチとそのプロセス管理を行う（management）

文献2）より引用

表2　訪問で行う理学療法評価

- バイタルサインチェック
- 一般健康状態（食事，排泄，睡眠など）
- 関節可動域（ROM）
- 筋力，バランス〔握力，30秒椅子立ち上がりテスト（CS-30）〕
- 移動能力〔歩行補助具，平地/不整地，TUG，6分間歩行距離（6MWD）〕
- 日常生活活動（ADL）〔BI，機能的自立度評価表（FIM）〕
- 手段的日常生活活動（IADL）
- 屋内・外での身体活動〔生活空間評価（LSA），自宅屋内における生活空間評価（Hb-LSA）〕
- 生活環境（ベッド周囲，福祉用具，介護者の有無，自宅周囲の環境，経済状況）
- 介護者からの聞き取り

---

* ROM：range of motion　　* CS-30：30-second chair-stand test
* TUG：Timed Up & Go Test　　* 6MWD：6 minute walk distance
* ADL：activities of daily living　　* BI：Barthel index
* FIM：functional independence measure　　* IADL：instrumental ADL
* Hb-LSA：home based-life space assessment　　* LSA：life space assessment

必要とせず，簡便に下肢筋力や立ち上がり動作のバランスを評価することができる。障害側のみではなく，非障害側の巧緻性や筋力，柔軟性についても評価しておく。潜在能力を発見したり，ADL・IADLにおける道具の工夫につながることがある。

移動能力

活動範囲の拡大を図るにあたって，移動能力の評価は重要である。高齢者を対象とした調査では，歩行可能距離や，5m歩行時間は生活空間と関連がある[3]という報告もある。仕事や家事作業を行うにあたり，持久力や歩行速度を評価しておく。耐久性を含めた移動能力評価には，6MWDを用いる。就労を目指す場合にはさらに，長距離の移動方法（電動車椅子の導入や公共交通機関の利用など）についても評価する。

臨床に役立つアドバイス

筆者の臨床経験では，自宅で転倒した際にうまく立ち上がれず，家族に抱え上げてもらったというケースがいくつかある。転倒予防はもちろんだが，転倒時に備えて，床からの立ち上がりや床上での動作について評価，指導していけるとよい。

ADL

排泄動作時の環境（トイレ内手すりや介助者の要・不要）は，就労を目指すうえでも重要である。食事や整容についても，場合によっては，社会参加を促進していくうえで考慮すべき項目となる。

異性による入浴介助に対して羞恥心が強く働き，デイサービスなどでの入浴介助を拒む人も少なくはなく，自宅での入浴練習を行うケースは多い。日本人にとっての浴槽浴は，リラックスのための行為でもあるし，清潔を保つための活動の1つでもある。

どの項目でどのようにつまずいているのか，できるADLとしているADLにギャップがある場合は何が原因なのかを見極める必要がある。自宅でのADLが本人・家族にとってストレスなく，納得して遂行できる状況になって初めて，IADLや就労についての意欲が高まることもある。

IADL

訪問の現場では，1人の利用者に対して，リハ専門職が理学療法士しかかかわらないというケースも多い。生活関連動作の実施状況や**利用者本人の興味関心についての情報収集は，活動を促していくきっかけ**になる。

要介護認定を受けていない地域在住高齢者を対象とした調査において，趣味的活動への取り組みは，運動機能に影響に与えることも報告されている[4]。

利用者に主婦としての役割がある場合，洗濯物の物干し竿の高さやカゴを置く高さの調整，台所シンクで使用するスポンジの形の工夫や水切りカゴの位置を少し変えたりするだけで，作業が行いやすくなることもある。**身体機能と併せて作業を行う環境についても評価する。**

また，訪問リハ時に買い物に同行したり，電車やバスを乗り継いで職場までの移動を練習することもある。近年では，PCやスマートフォンの利用によってネットショッピングが行えたり，得られる社会情報も多いため，使用状況を確認しておくこともよいだろう。電子マネーの使用ができれば，鞄から財布を取り出して小銭を出し入れする必要もない。

Hb-LSA，LSA

活動範囲や活動頻度の評価は，利用者の社会参加の程度や日々の活動量の推定にもつながる。社会参加は屋外で家族以外のものと交流することがすべてではない。家庭も社会の構成要素である。ベッドの周囲，自宅内，庭を含めた自宅の敷地内，近所，町内，市内と徐々に広がる生活空間に対してどのような方法で，どのような目的でかかわりをもっているかを評価していく。

活動範囲の拡大や自立度の向上は，閉じこ

りや寝たきりを防ぐためにも重要であるが，利用者本人がどのようなことに満足して生活を送っているのか，**本人にとって大切な社会参加は何なのか**を評価していくことも重要である。

生活環境（ベッド周囲，福祉用具，介護者の有無，自宅周辺の環境，経済状況）

身体機能や活動範囲に見合った福祉用具や環境設定が行われているか検証する。成人の場合は手すりを引く力が強かったり，福祉用具の劣化が起こりやすい。脳血管障害をもつ利用者は装具を作成していることも多いが，成人の場合は高齢者と比べて活動量が多く，筋力もあるため，摩耗が早い。定期的なチェックが必要である。

適切な環境調整は，活動範囲の拡大やADL・IADLの自立度向上につながり，利用者が暮らす地域の交通網や社会資源を把握することは，社会参加の支援にもつながる。「こういうことを実現するために，こういうサービスを利用したい」といった具体的なものがあれば，担当のケアマネジャーや地域包括支援センターに問い合わせてみるのもよい。地域にある，目的達成に近いサービスを提案してくれるかもしれないし，存在しなければ一緒に作り上げていくこともできる。誰かの「困りごと」は，また別の誰かの「困りごと」であるからだ。利用者自身が声を上げることで地域が変わるようなことがあれば，利用者の自己肯定感や満足度の向上につながることもある。

経済状況については事細かに把握する必要はないが，前述のとおり，利用者がどのライフステージに立っているかによっては重要な課題になることがある。一定の基準を満たしている場合は障害年金（公的年金の1つ）を受給できるし，身体障害者認定を受けることで，一般企業の障害者雇用や，就労継続支援事業所での就労が可能となる。働きたい理由は，「自分の特技を生かしたい」，「生活のためにお金を稼がなければならない」，「社会とのかかわりをもつ場にしたい」など，さまざまである。

利用者本人の性格や意欲，能力，生活環境などを総合的に評価する。利用者ともそれを共有しながら生活課題を克服したり，**日常生活での楽しみの再発見を積み重ねる**ことで，よりその人らしい生活を目指していく。

具体的な役割を考える-介入・連携-

心身機能と生活機能の向上・維持と予防的なかかわり

利用者が要介護状態となっている原因の疾患や障害の悪化を防ぐ。特に，成人利用者の場合は高齢者と比較して，人生のなかで障害を抱えて生活する時間が長くなるため，長期的なプランをもって心身機能を維持していく必要がある。また，進行性神経難病によって要介護状態となっている場合は，疾患の進行についても予測を立てながらかかわっていく。今，目の前にいる利用者は，病期のどのステージにあって，今後どのような障害が起こっていくのか，**主治医と連携を取りながら，リハビリテーションを展開**していく。

身体機能，活動状況に合わせた環境調整

居住空間や福祉用具のハード面のみならず，介護者への介助指導や福祉サービスなどソフト面を含めて，環境調整を行っていく。特に，病院から自宅への退院直後は，入院中の完全バリアフリーとの環境の差にとまどって活動量が大きく低下するケースも多い。

家族に対するケア

介護を担う家族は，精神的にも肉体的にも大きな負担を抱えている。介護のことが気がかりで，利用者本人のみならず，家族も生活範囲の狭小化を余儀なくされるケースは多い。利用者の立場に立つと，家族も本人をとりまく重要な環境の一部であり，本人と一緒に歳を重ねていく。

そのため，家族も本人と同様に支援する必要がある。

利用者の生き方・価値観を尊重したかかわり

　サービスの利用は利用者の自己決定によるところが基本である（介護保険法第1章第2条）。利用者とその家族が適切な自己決定をできるように情報提供などの支援をしていく。**その人のこだわりを大切にし，その人らしい生活を支えていく**。疾患の進行度合いや要介護生活の経過によって，**利用者の価値観も変化していく**ことはよくある。行動や言動の変化に気付いたら，ゆっくり立ち止まって話を聞くことも重要である。進行性神経難病に罹患した利用者とかかわる場合においては，看取りの場面に直面することもあるため，死生観まで共有できるような信頼関係を築いていきたいものである。

多職種で地域との協動によるリハビリテーションの推進

　利用者の能力を見極め，「できる・できない」といった結果だけではなく，「なぜできないか・どうすればできるか」を共有し，利用者本人や家族を含め，**多職種で共通の目標をもってかかわっていく**必要がある。病院内での医療職同士のコミュニケーションとは異なり，利用者本人，家族，ケアマネジャー，ヘルパーなど，利用者にかかわるすべての人が理解できる言葉や表現を使わなければならない。介護や福祉の専門職員以外にも，利用者が訪れるスーパーマーケットや駅の職員，就労継続支援事業所とも連携を取り，バリアフリー・ユニバーサルデザインの環境や，段差昇降などを介助してくれる職員がいるかどうかを確認することもある。

2章 地域理学療法の実際

2 通所

- 介護保険における特定疾患の対象疾患は16種類が定められている
- 通所系サービス（通所リハ・通所介護）の異なる役割や機能・特徴を知る
- ライフステージにおける特徴と課題について知る
- 国際生活機能分類を用いて対象者の課題の要因をとらえる
- リハマネジメントを通じ「活動」や「参加」にバランスよく介入する
- 理学療法士は，個別リハに加え訪問指導やリハ会議など幅広い活躍が求められる

成人期における通所サービスの機能と現状

特定疾病の診断基準

　介護保険制度において，通所サービスの対象者は，特定疾病により介護や支援が必要とされた場合は40歳以上65歳未満であっても介護保険のサービスを利用できる。特定疾病は，がん（末期），関節リウマチ，筋委縮性側索硬化症，脊髄小脳変性症，脳血管疾患，多系統萎縮症など合わせて16種類が定められている（**表3**）。

介護保険の通所系サービスの特徴

　通所サービスは，通所リハと通所介護として提供される。通所リハ特有の機能として①医学的管理と②心身機能・生活活動の維持・向上（リハ医療），通所リハと通所介護の共通の機能として③社会活動の維持向上（ソーシャルケア）と④

介護者等家族支援（レスパイトケア）が普遍的な機能として位置付けられている。

また，地域包括ケアシステムに向け「心身機能」，「活動」，「参加」などの生活機能の維持・向上を図るものでなければならない点が基本方針に規定された。これにより，通所リハにおいては，リハマネジメントによって医師の関与が強化された。それとともに，医師の指示による医療対応や生活機能低下へのリハ専門職の対応や，リハ会議や訪問指導を通じて，他職種協働のもと，活動と参加に資する具体的な目標設定とアプローチを実践することが求められ，通所介護は地域の受け皿としての機能を担う方向性が示された（**表4**）。

通所サービスにおける成人期の理学療法評価

概要

65歳未満の大半は配偶者とともに，さまざまな身体的・精神的変化が現れてくる。社会的役割の重要性が増す一方，地域に根付いた生活を送ることが望まれる。家庭の管理，子供の援助や余暇活動の充実，老年期の両親への適応などが課題になる時期とされている。老年期と比較して，身体的，社会的，家庭的，心理的に変化の多いことが特徴である。そのため，老年期以上に高い身体能力や活動範囲の広さが在宅生活で必要とされる。

対象者の生活構造をとらえる視点

対象者の課題に介入する際は，国際生活機能分類（ICF）の生活機能モデル（**図1**）を用いて明確にとらえる。主にどの構成要因に起因する課題なのか十分評価したうえで理学療法の介入を行う必要がある。評価が不十分な場合，優先順位が低い課題を必要以上に訓練し，時間が超過してしまい，対象者の生活にとって重要な目標が実現できない状況に陥る。

通所サービスにおける理学療法の介入

リハマネジメント

通所サービスにおける理学療法の介入はリハマネジメントに基づいて実施される。調査（survey），計画（plan），実行（do），評価（check），改善（action）のサイクルの構築を通じて，心身機能・活動および参加についてバランスよくアプローチする質の高いリハを管理するための考え方である。特に，**成人期を対象とした通所リハの介入には「活動」や「参加」など生活行為に対**

表3　特定疾病

1. がん（末期）
2. 関節リウマチ
3. 筋萎縮性側索硬化症
4. 後縦靱帯骨化症
5. 骨折を伴う骨粗鬆症
6. 初老期における認知症
7. 進行性核上性麻痺，大脳皮質基底核変性症およびParkinson（パーキンソン）病
8. 脊髄小脳変性症
9. 脊柱管狭窄症
10. 早老症
11. 多系統萎縮症
12. 糖尿病性神経障害，糖尿病性腎症および糖尿病性網膜症
13. 脳血管疾患
14. 閉塞性動脈硬化症
15. 慢性閉塞性肺疾患
16. 両側の膝関節または股関節に著しい変形を伴う変形性関節症

*ICF：international classification of functioning, disability and health

表4　生活機能の維持・向上を目標とした通所系サービスの普遍的機能と実施内容

区分	通所系サービスの機能	実施内容など
通所リハ	**医学的管理** ● 医師の診察などによる医学的管理 ● 看護師による処置などの医療機能	● 通所リハ担当医と主治医が情報交換を行い，定期的な診察などにより疾患管理を行う ● 通所リハ担当医の指示に基づき，看護職が処置などを実施する
通所リハ	**心身機能・生活活動の維持・向上** ● 早期退院・退所者，在宅にて急変した利用者への専門的リハ医療 ● 生活活動（ADL/IADL）の各行為を維持・向上するリハ医療	● 医師の指示に基づき，理学療法士・作業療法士・言語聴覚士が専門的観点から評価し，チームとして目標設定を行い，その設定された期間内にて心身機能や生活活動（ADL/IADL）の各行為の維持・向上を図る ● 自宅訪問など，当事者の日々の暮らしを把握する
通所リハ・通所介護共通機能	**社会活動の維持・向上** ● 日常の健康管理，自立した生活に質する社会的活動・参加機会の確保 ● 地域での自立した暮らしに資する知識・技術の啓蒙	● 利用時の体調管理や，関連職種による運動指導実施など，活動の機会の確保 ● 他の利用者・職員との交流を通じた参加機会の確保により，社会性の向上を図る ● 暮らしに必要な知識・技術について，当事者・家族に専門職の立場から啓蒙する
通所リハ・通所介護共通機能	**介護者など家族支援** ● 介護者など家族の支援 ①精神的介護負担軽減（お預かり機能など） ②身体的介護負担軽減 　（介護環境調節や介護技術向上による負担軽減）	● サービスの利用（いわゆるお預かり機能）による介護者など家族の直接的負担負担軽減を図る ● 介護者など家族の心身および介護環境の両面にわたる負担の軽減を図り，介護技術向上をはじめ，介護者など家族の社会参加を含めた介護者支援を行う

文献5）より引用

図1　ICFと理学療法評価項目

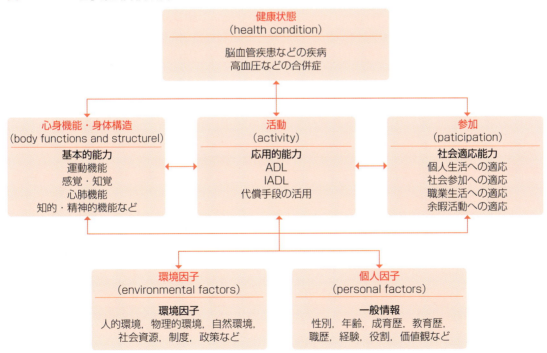

文献6）より引用

する介入や社会参加への支援が求められるため，リハマネジメントの視点で目標を設定し介入していく必要がある。

リハ

通所リハは，医師の指示のもと対象者のリハ実施計画書に記載された目標の達成に向けて実施される。

個別の機能訓練のみならず，生活指導や情報提供など役割は多岐にわたる。

具体的には，基本動作能力や応用動作能力に関しては，通所の場面で直接的に訓練し能力を高め，居宅の環境下での実用度に合わせて評価する。社会適応能力については，通所の場面だけでなく居宅に訪問し，家庭環境（家のなかでの環境）への適応の評価，利用者が利用する買い物や公共交通機関などの生活環境への適応練習，地域の行事や趣味の参加など1人で実施できるように指導する。

対象者が成人期の場合は，比較的自宅内でのADL動作は自立度が高く，「職場復帰」や「庭での畑仕事ができるようになる」，「近くのスーパーまで移動し買い物をすることができる」など，具体的かつ高い目標が設定されるケースが多い。そのため，利用者の日常生活や過ごし方など具体的なニーズ把握に際して興味・関心チェックシートを参考に実施することが推奨されている。

> **臨床に役立つアドバイス**
>
> **限られた時間での訓練ポイント**
> 対象者に行うリハは，訓練時間が限られている。そのため，成果を引き出すには，**個別な徒手による介入だけでなく，問題点に沿った効果的な自主トレーニングメニューの提供や家族・本人への指導**も重要となる。

訪問指導（居宅訪問）

通所サービスは，訪問指導を通じて在宅環境での評価・指導を実施する。通所リハにおいては，サービス開始にあたって，在宅の状況を確認し訪問指導を実施することが求められる（**図2**）。訪問時には生活行為の実施状況方法や動作の安定性，手すりなどの環境整備の状況，介護者の介護状況などを評価し，通所サービスでの支援課題を明確にする必要がある。そして，リハの観点から日常生活上の注意点や介護方法の提案，住宅改修整備，適切な福祉用具の選択などを組み合わせることで，能力に合わせた生活支援をする。

> **臨床に役立つアドバイス**
>
> **訪問時の留意点**
> 初回訪問の時期は，退院直後や通所利用開始の前後と日が浅く，全体像をとらえるためには退院時の状況をサマリーで確認することや，ケアマネジャーへの事前の情報収集を行うことが重要である。

連携

リハ会議

リハ会議（**図3**）の目的は，利用者本人や家族と他職種で情報を共有し，目標や介入方針を協議することである。利用者の目標に合わせたアセスメントの優先順位やアセスメント結果の統合，解決した課題の確認や新たな課題の抽出を行う。リハの観点から必要な看護，介護，医学的管理

図2　訪問指導

に関与する医師・看護師・介護福祉士・支援相談員らとチームを組み，他職種で連携を図る必要がある。特にケアマネジャーとの連携においてリハ実施計画書に基づいたサービスを提供するために利用者の状態を定期的に評価・記録して必要に応じて計画の見直しを行い支援する。

図3　リハマネジメント会議

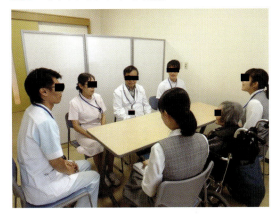

臨床に役立つアドバイス

チーム連携を効果的に行うためには
　リハ会議は，専門性の異なる他職種や家族・本人の意向を確認しながら目標や計画を共有する場になる。そのため，会議の進行やプレゼンテーションの技術も必要となり，わかりやすい説明が求められる。

3　入所

POINT
- 介護老人保健施設の目的，対象を理解する
- 他職種連携によってできる徒手的な治療以外のかかわりの大切さを知る
- 他職種からの情報収集により，利用者の24時間の情報を確認，対応する
- 身体機能だけでなく，精神状態や障害受容の状況など，多面的に利用者を理解する

介護老人保健施設の理解

介護老人保健施設の制度

■定義

　介護保険法第8条第28項に基づき「介護老人保健施設とは，要介護者であって，**主としてその心身の機能の維持回復を図り，居宅における生活を営むことができるようにするための支援が必要な者**に対し，**施設サービス計画**に基づいて，看護，医学的管理の下における介護および機能訓練，その他必要な医療ならびに日常生活上の世話を行うことを目的とする施設」と定義されている。

■介護老人保健施設

　介護老人保健施設は全国に4322施設存在する[7]。入所対象は要介護認定者のうち要介護1～5のいずれかの介護度の者である。成人の場合は介護保険第2号被保険者が対象である。

■成人の入所状況

　全国の介護老人保健施設の成人入所者は全体の1.8％と低い割合である[8]。

　成人入所者が罹患している疾患としては，脳血管疾患が最も多く約6割を占めている。次に多いのは，神経系の疾患（パーキンソン病，Alzheimer病など）が約1割程度である[8]。入所の流れとして，脳血管障害を発症し，回復期リハを経て入所する場合と，上記のような疾患を抱えながら在宅で生活していた患者が，何らかの社会的な理由で入所する場合がある。当施設でも在宅生活されていた第2号被保険者が，「孫が就職活動に専念するため」といった背景を理由

に入所されているケースがあった。

> **基礎へのフィードバック**
> **施設サービス計画書**
> 提供されるサービスの内容，それを担当する者，その他厚生労働省が定めた事項の計画が記載されている計画書のこと。介護支援専門員（ケアマネジャー）が作成する。

> **補足**
> **介護保険法第8条第28項のポイント（図4）**
> ・目的：居宅での生活が営むことができること（在宅復帰）
> ・対象：要介護者であり居宅での生活に支援が必要である者
> ・方法：看護，介護，機能訓練を実施する（施設サービス計画に基づく）

成人の入所者に対する評価

入所者に対する多面的な評価

疾患をとらえた病態および身体機能の評価はもちろん必要であるが，利用者の障害受容の評価も重要である。脳血管障害などの中途障害を発症し，回復期リハを経て入所している場合には，発症してからの経過が比較的短いことが想定されるため，**障害のとらえ方や受容の状況に目を向ける必要がある**。

介護老人保健施設入所では，全入所者の9割以上は65歳以上の高齢者であり，成人入所者としては世代のギャップが生じやすい。そのため，他の利用者との交流が生まれにくく，疎外感を感じやすくなることが考えられる。例えば，40歳の成人の入所者が，父親くらいの年齢に相当する65歳の入所者や，祖父くらいの年齢に相当する90歳の入所者に，同世代と同じようにかかわることは難しい。われわれでも父母の世代とは流行した物や言葉が異なることはよくある。担当理学療法士は，利用者本人の障害受容の状況，そして性格や趣味などの個人因子を把握できるように努め，それらの情報を介護スタッフや看護師と共有していく。また，看護師や介護スタッフの視点で得た情報を提供してもらう。

他の高齢利用者との世代的なギャップは埋められないが，このように各専門職の視点やかかわりのなかで見出した成人利用者の情報を基に，趣味やもともとの仕事などの関連性から，交流を図ることができそうな他の利用者が入所されている場合には，離床した際に交流がもてるようグルーピングするなど，成人の利用者が少しでもストレスが少なく入所での生活が送れるように配慮することが大切である。

入所者本人の身体に対する認識とニーズ

脳血管障害などの中途障害を発症し入所した場合，在宅復帰が可能となる動作能力の獲得や環境調整が重要であるが，併せて自宅や自宅以外の社会のなかで，利用者本人がどのような役割を担いたいかを確認しておくとも大切である。

成人の利用者では，在宅復帰に留まらず，職場への復帰など比較的ハードルの高いニーズが

図4 介護保険法第8条第28項における看護，介護，機能訓練のイメージ

> **用語解説** **第2号被保険者** 40歳以上65歳未満で特定疾患を有する場合，介護保険認定の対象となる。なお，第1号被保険者とは65歳以上で特定疾患の指定はない。

潜在している可能性がある。なお，自宅以外の社会とは，利用者本人のニーズによって大きく異なるが，もともと所属していた会社のなかでの役割かもしれないし，地域での役割かもしれない。いずれにしろ，**幅広い視点でニーズを確認していく際には，まず利用者本人が，自分の身体をどのように認識しているかを確認していきたい。**

本人としては，身体機能が現状よりも大きく改善すると見込んでおり期待が大きい状態であるか，それとも現在の身体状況で，できることを増やしていきたいと考えているのかなど，認識によって声かけの内容を変える必要がある。前者には，これまでの経過や入所してからの治療訓練経過を踏まえて，改善が期待できる部分と，そうでない部分を精神状態に合わせて説明していく。後者には，自宅などで担いたいことを聴取していく。

しかし，中途障害を発症後，自宅での生活を経験していない利用者の場合は，自宅での役割を利用者自身が想像することは難しいことが考えられる。その際は，利用者がもともと家庭で担っていた役割からヒントを得ながら，現状の動作能力でも実行できそうな方法を具体的に検討していく。

例えば，主婦であれば料理や掃除，洗濯など，すべての工程を実施することが難しい場合，工程の一部を実行できる方法を考え，利用者本人と目標設定する。ただし，このような役割の提案を受け入れられそうな精神的な状況であるか注意しておく必要がある。また，実施可能な自宅環境であるかの確認もしながら，**「したいこと」，そして，「できること」を本人と一緒に検討していく。**

成人の入所者に対する介入

介護老人保健施設での介入の工夫

介護老人保健施設入所では理学療法士や作業療法士，言語聴覚士が介入する頻度が最も多い加算の場合で，個別リハが週3回程度（20分程度），短期集中リハが週3回以上（20分以上）と定められている。このように個別での集中的な治療や訓練時間は回復期リハよりも大幅に短縮される。急性期や回復期，生活期のどの病期でも同様ではあるが，入所での介入では，より機能的な問題点に優先順位を立てて，焦点化して治療する必要がある。そのうえで，

①理学療法士が直接徒手で行わなければならない治療か

②内科的な側面から理学療法士がリスク管理しなければ実施できない運動か

③自主トレーニング（マシントレーニングやセルフストレッチ，起立運動，平行棒を使用しての歩行練習や段差昇降など）でできることはないか

④介護職員の見守りや声かけで行えるトレーニングはないか

など，**理学療法士が直接的にかかわる徒手的な治療訓練だけでなく，利用者自身で行えるトレーニングの検討や介護職員の協力を得て運動療法を実施することも重要な介入の1つである。**自主トレーニングが行える物品が不足している場合には，理学療法士から所属施設へ購入してもらえるように働きかける。利用者に必要な物品があれば施設をより治療・訓練がしやすい環境にしていく提案をすることも施設に勤める理学療法士の役割である。

集団体操への参加

介護老人保健施設入所では，レクリエーションや集団体操が実施されていることが多い。当施設でも週に5～6回程度実施されている。当施設では，これらの集団体操は入所者が高齢者で

あることを考慮して内容が組まれている。そのため，成人の入所者の身体状況によっては，「物足りなさ」を感じるおそれがある。集団体操は，他の利用者の馴染みのメニューとなっていることがあるため，成人の入所者だけを優先して内容を変えることは難しい現状がある。

そのため，成人の入所者に対しては，今後の生活に必要な身体機能を向上するための運動が集団体操に組み込まれていることや，1つ1つの体操の目的を説明するなどして，参加意識を高め，「物足りなさ」を軽減できるように努める必要がある。集団体操へ参加することで，マンツーマンでの理学療法以外の運動機会の確保や他者交流の場となることを期待したい。

入所中に必要な連携

介護スタッフとの連携

介護スタッフは介護老人保健施設に所属する職種で，勤務者数が多く，そして入所中のADLを日常的に支援している。担当理学療法士は，基本的動作の介助量や介助方法，注意点，在宅復帰における今後の目標などを介護スタッフと情報共有する。**日常的に支援にあたる職種に，過介助ではなく適切に介助や声かけを行ってもらうことで，利用者の残存機能が可能な限り発揮できるように努めていく。**

また，介護老人保健施設では必ずしも理学療法士，作業療法士の両者が1人の利用者を担当できるとは限らず，理学療法士のみ，作業療法士のみが担当となることが少なくない。その場合には，理学療法士であっても食事動作の状況，トイレ動作や更衣の自立度，シャワーチェアーでの入浴が可能であるかなど，生活に目を向けた評価と情報提供が必要である。

介護老人保健施設入所では理学療法士，作業療法士，言語聴覚士は日勤のみの勤務形態であることが多く，夜勤勤務はほぼない（当施設の勤務時間は8時30分～17時15分）。そのため，利用者の様子は直接的には日勤帯のみしか把握することができない。**夜間の様子については夜勤勤務をしている介護スタッフまたは看護師に確認している。**入所者のなかには，夜間に大きな声をあげるなど興奮した不穏状態になることもある。1人が不穏となると，他の利用者に影響し，さらに不穏状態となる利用者が増加する場合がある。そういった状況があるかどうか，安心して入眠できているかどうかなども夜勤勤務者に確認している。また，夜間の移乗や移動，トイレ動作が日勤帯と変わらず，安全に実施できているかを，ポイントを伝えて評価を依頼することもある。

臨床心理士との連携

当施設では同法人の病院に臨床心理士が勤務している。先に述べた成人の利用者の障害受容の状況や，施設生活でのストレス，不眠や精神的に不安定となることがあれば，臨床心理士へ現状を報告し，評価してもらうなどの対応が可能である。利用者の心理面がどのような状況であるか，どのようなことを配慮して傾聴や声かけをするとよいかなどの助言をもらい，入所中のケアに生かしていくことができる。

介護支援専門員（ケアマネジャー）との連携

入所時において介護支援専門員は，利用者がもともと送っていた生活や社会的背景，利用者本人と家族の性格やニーズなどの情報を多くもっている。理学療法士は利用者に初めて対面する前に，介護支援専門員から上記の情報を得ておくとコミュニケーションが取りやすく円滑な介入につながる。

介護支援専門員は利用者が入所して2週間以内に施設サービス計画書を作成しなければならない。例えば，利用者が理学療法場面以外でも歩行練習を望んだ場合，理学療法士は介護スタッフの介助のもとで歩行練習が導入できるかを評

価する．可能と判断した際には，1日のなかの，どの時間であれば実施可能であるかを介護スタッフと相談する．実施できる時間が決まれば，**施設サービス計画に組み込んでもらうよう介護支援専門員へ情報提供する．これによって，利用者本人の「したいこと」が計画に入るため，自立を目指した生活への一助となる**．また，施設サービス計画にこれらの情報が入ることで，介護スタッフに効果的に情報伝達を行うことができる．

看護師との連携

利用者に治療，訓練を行う前には，血圧や脈拍，発熱といったバイタルサインの変動の有無を看護師に確認する．また，普段の飲水量の増減，皮膚の乾燥具合，頻脈など脱水を疑う所見を理学療法士が発見すれば看護師へ相談することもある．その他，褥瘡を疑う発赤などの所見や炎症症状を伴う巻き爪などがあった場合も看護師へ報告し，全身管理ができるように情報共有する．

退所に向けての連携

在宅復帰に向けての連携

■退所前訪問

当施設では，家族など支援者の協力が得られる場合には，家屋調査アンケートを記入してもらい，あらかじめ家屋環境を把握している．そのうえで，環境調整が必要と判断した場合には自宅訪問を行っている．床の底上げや新たなトイレの設置など規模が大きい住宅改修が想定される場合には，退所の1カ月以上前には自宅訪問をして改修を検討している．これらの点は，回復期リハからの退院時と同様である．

在宅復帰できる環境にすることに加えて，評価のなかで見出した，利用者本人が担いたい役割が実行できるような環境調整にも考慮していきたい．

■退所前カンファレンス

退所後，在宅復帰して介護保険サービスを利用する場合には，介護保険事業所や担当となる介護支援専門員とカンファレンスが行われる．主に現在までの経過や現状の基本的動作，ADLなどを施設の介護支援専門員や担当理学療法士から説明していく．成人入所者における申し送りでは，**利用者本人の身体への認識の状況や本人がしたいことが何であるかをしっかり伝えることが大切である**．また，障害受容の状況やかかわり方への注意点，受容を促すかかわりのなかでの反応や経過など，退所後に介入するサービス事業所に理解してもらい，スムーズに関係性が築けるよう精神面を考慮した情報も提供することが望ましい．

4 病院

- 退院支援の前に，専門性を最大限に生かした身体機能の回復促進を図る
- 疾患理解に加え，対象者のライフステージも考慮した関わりを心がける
- 本人が退院後の生活を考えられるような関わり方を目指す

成人で対象となる疾患

退院後に，入院中に再獲得した運動機能の維持や向上，生活環境に適応するためのADL練習，介護・介助方法の習得が必要となる疾患という前提で考えると，脳血管疾患，脊髄損傷が対象疾患の代表例として挙げられる．

脳血管疾患では，脳出血や脳梗塞，くも膜下出血例が多い．脳出血や脳梗塞は40代から患者

数は増え，70代でその数はピークに達することが報告されている[9]。また，脳腫瘍，頭部外傷なども対象に含まれる。

その他にはパーキンソン病や脊髄小脳変性症なども挙げられる。パーキンソン病の初期は，投薬により症状をコントロールしやすいものの，徐々に薬の効いている時間が短くなり，次の薬を飲む前に効果が切れてしまうwearing-off現象を認めることが少なくない。そのような場合には，改めて投薬内容を見直すために入院することがあり，理学療法士をはじめとしたリハ専門職の支援も重要となる。

一方，脊髄損傷は，近年では20代と50代後半の発生率が高く，交通事故による受傷比率が全件数の4割を超えている。また，損傷部位は，より重篤な後遺症に繋がりやすい頚髄損傷が7割を超えている[10]。

成人に対する理学療法提供の難しさ

理学療法士は，成人に限らず対象となる疾患の医学的特徴，標準的な理学療法としてどのようなことが求められるのかを理解し実践することが求められる。

成人に対する理学療法を提供する際に忘れてはいけないことは，対象者のライフステージである。対象者は老年期ではなく，これからも労働力として社会での活躍が期待される世代，家族を持ち子供を育てていく世代，高齢となった親の介護が求められる世代である。そのような世代では，**社会的，家庭的，心理的な変化や負担が大きくなりやすいことを忘れないよう心がける。**

臨床に役立つアドバイス

自身の身体の動きや模倣を通じて動作分析の理解が進みやすいことを経験したことはないだろうか。同様に，自分自身または親が病に倒れ，援助が必要になることを想定し「もしも自分が○○できない身体になったらどうする？」と考えてみると，退院に向けた援助の難しさ，考えるべき点の多さがわかりやすいかもしれない。

退院に向けた実際の支援の流れ（図5）

住宅環境の情報収集

近年の医療制度の改正により，入院時に医師，看護師，理学療法士，作業療法士または言語聴覚士の誰かが，退院後生活する患者の自宅訪問に保険点数を付している。

入院早期に住宅環境に関する情報を得ることは医療制度のなかでも推奨されたものであり，実臨床での経験を思い返しても，後のリハ，退

図5 退院に向けた支援の概要

入院 → リハ開始 → 退院前訪問 → 外出・外泊練習 → 退院

- リハ開始
  ・他職種との意見交換
  ・家屋状況の聞き取り
  ・家屋状況を加味した理学療法の励行
- 退院前訪問
  ・家屋状況を加味した練習内容の変更
  ・住宅改修，福祉用具準備
  ・患者，家族指導
- 外出・外泊練習
  ・退院前カンファレンス

その他，毎月のカンファレンスも実施される。

院支援に有効だと強く感じる。

情報の集め方や，どこまで詳しく集めるべきかはケースバイケースとなる。筆者の勤務する医療機関では，少なくとも自宅を含めた敷地内の間取り，玄関，トイレ，浴室，台所，居寝室の構造，動線上の段差の有無やその高さなどを記載しやすいフォームを用意しており，家族に記入を依頼している。

必要に応じて情報機器（スマートフォンやタブレットなど）での記録も依頼し，画像などもイメージを膨らませる補助として使用している。

実環境における評価（退院前訪問）

リハビリが進んでくると，現状の身体機能でどの程度今後の生活場所に適応できるのかを評価する必要性が高まってくる。そこで行われるのが退院前訪問である。「退院前」という言葉を用いて患者に説明すると，「暗に，もう私の身体はよくならない，早く出ていけ，ということか」と捉えてしまう例も散見される。

そこで大切なのは，退院に向けた準備は意外にも時間がかかることを丁寧に説明することである。例えば，**住宅改修**を行う場合，市町村への届け出とその承認，施工業者とのスケジュール調整には思いのほか時間をとられる。

実際の生活環境に合った動作能力を早く獲得するには，練習内容がとても大きな意味をもつこと，実際の場面でどの程度動けるのかを確認することにより，練習内容の具体性が増し効果的な練習につながることを伝えるのが，何よりも大切である。

さらに，患者家族への**介助指導**を行う際にも，自宅環境を考慮した工夫，配慮点などをより具体的に伝えられるのも，退院前訪問のメリットとして説明するとよい。

 臨床に役立つアドバイス

実際に退院時訪問をする際に，動作場面の写真・動画撮影をすることがある。帰院後，理学療法士が動作確認をする際も有効であるが，患者自身へのフィードバック，患者自身の気付きにも有効な手段となる。

住宅改修，福祉用具などの準備

リハが必要となった疾患の種類，受傷機転により生活再建に利用できる制度は異なる。高齢者では**介護保険**，**身体障害者福祉法・障害者総合支援法**が大半を占めるが，成人の場合，通勤・就業中の労働災害に起因する疾患・外傷の場合は，利用できる制度に**労働者災害補償保険**が適応となることがある。また，自動車事故の場合は，自動車保険によって補償されることも多い。

ここで重要なのは，利用できる制度によって考慮すべき点や対応が異なるため，利用制度の実情を知ったうえで，住宅改修や福祉用具の準備を進めることである。

表5に成人患者が利用することの多い支援制度の概要をまとめた。通常，介護保険は65歳以上の者が利用可能であるが，先にも述べたように，**第2号被保険者**として利用が可能で，どの程度の介護が必要なのかを表す介護度により，利用できるサービスの合計限度額は異なる（**表6**）。その限度額の中で，退院後の生活に必要な援助，福祉用具のレンタル利用が可能である。また，特定福祉用具として腰掛便座や入浴補助具の購入補助も受けられる。

さらに，**住宅改修費**は20万円を上限に利用者負担分を除いた金額（1割負担で18万円まで）が支給される。原則は1度きりの支給であるが，転居，介護度が3段階以上上昇した際には，再度支給を受けることができる。

介護保険の場合，カタログから必要な機能を

2章 地域理学療法の実際

備え，見た目の好みも加味した物を選択しレンタル・購入することが可能である．一方で，身体障害者福祉法や障害者総合支援法でも補装具や日常生活用具が給付されるものの，カタログを見て注文するといった手軽な方法ではないのが実情である．用具が必要となる理由，求められる機能を医師の意見書としてまとめ，福祉事務所などの関係機関に提出し承認を得る必要があり，煩雑で時間を要することが多い．

また，用具品目ごとに基準額が定められているため，希望している物（一番体に合った使いやすい物）に完全に合致した物が給付されない可能性もある．

労働者災害補償保険でも社会復帰を支援するために必要な用具給付は受けられるとされているが，実際には雇用者側の意向から補償内容が

表5　退院後の生活再建に利用可能な支援制度の概要

利用制度	介護保険法	身体障害者福祉法 障害者総合支援法	労働者災害補償保険
対象者	(1)65歳以上 (2)40歳以上65歳未満	(1)18歳以上の身体障害者 (2)心身障害者・児	労働者
適用事項	福祉用具貸与・購入	補装具の交付および 日常生活用具給付	通勤・業務中の怪我や病気に対する治療費や生活保障
補装具	―	◆	△
車椅子	◆	◆	△
杖・歩行器	○	◆	△
移動用リフト	◆	◆	△
特殊寝台	◆	◆	△
収尿器	○	◆	△
通院補助	○	◆	△
介護車両購入・改造	―	◆	△

○：貸与・購入・給付の対象
◆：認定介護度，障害種別・等級によっては利用できない
△：制度上は給付対象となるが最終判断は雇用主に依存

表6　介護予防・介護サービスの利用限度

区分	設定区分	区分支給限度[*1, 2]	自己負担[*3]
予防給付（予防サービス）	要支援1	5,003単位	5,003円
	要支援2	10,473単位	10,473円
介護給付（介護サービス）	要介護1	16,692単位	16,692円
	要介護2	19,616単位	19,616円
	要介護3	26,931単位	26,931円
	要介護4	30,806単位	30,806円
	要介護5	36,065単位	36,065円

[*1] 区分支給限度額を超える利用サービス分の費用は10割(全額)負担
[*2] 1単位は地域・サービスにより10.0〜11.4円と異なる
[*3] 自己負担額は費用の1割で利用可能で，1単位10.0円の場合

限定的になることも少なくない。患者と雇用者が，法律的にも社会的にも複雑でデリケートな内容を含むやり取りを行っている可能性がある。そのため，用具の準備であっても，慎重な態度，対応が求められる。

他職種との連携

退院後の生活再建を目指すうえで運動機能，ADL能力の評価，予後予測は欠かせない。より確かな予後を，なるべく早く予測できるよう取り組むことが重要である。

そのためには作業療法士，言語聴覚士をはじめ，医師，看護師，介護福祉士，社会福祉士，管理栄養士などの他の専門職との意見交換が必要となる。また，退院に向けた準備物の検討，支援制度の選択と必要手続きの実施など，それぞれの専門性を生かした仕事が欠かせない。

意見交換の場は，自身に欠けている視点や評価などを気付かせてくれるチャンスともいえる。

実践!! 臨床に役立つアドバイス

経験年数が少ない理学療法士が歩行練習を積極的に実施した結果，歩容，歩行速度は改善したことを他職種に報告する姿を目にする。その改善自体は喜ばしいが，「病棟のトイレまでの移動は自立できる？」，「狭い場所の方向転換も大丈夫？」といった質問をされて答えに窮することも少なくない。運動機能の改善が生活機能をどう変えているのかにも必ず目を向けて欲しい。

退院支援を進めるうえで忘れたくないこと

先にも述べたように，退院支援を考える前に，理学療法士は専門性を最大限に生かし，かつ他の専門職と協働して，患者の身体機能の回復を目指すことが不可欠である。

しかし，専門性という言葉を聞くと，理学療法士としての「治療・介助技術力が中心だ」と考えがちではないだろうか。

実際の現場では患者からは，「死にたい」，「私に生きる意味があるのか」，「人に迷惑をかける人生は嫌だ」，「自分の夢を追いかけることも許されず，天井を見たまま過ごす人生になるのか」など，自分の置かれた状況を受け入れられず，悩み，苦しみ，怒りから出てくる辛い言葉を聞くことは少なくない。そのような状況でも，われわれは，より早く，より高い機能への回復を目指すために，**患者が抱えるさまざまな情動的・心理的な問題に向き合わなければならない**。また，患者の発するサインを言葉だけでなく，表情や態度からその想いを読み解く姿勢，安易な共感的態度で接していないか自問することも大切だと強く感じる。

そのような理学療法士としての**非技術的な側面に関する態度**も考え，患者と二人三脚で取り組むことが患者の気持ちを安定化させる1つのエッセンス，**患者・家族自身の意思決定**を引き出すものとなり，退院に向けた1つ1つの準備が前に進んでいくベースになると考えている。

2章 地域理学療法の実際

まとめ

- 訪問でのリハにおける重要な視点は何か（☞p.120）。 実習
- 訪問でのリハを利用する人の生活を把握するための理学療法評価項目には，どのようなものがあるか（☞p.120）。 実習 試験
- 介護保険における通所サービスの機能とはどのようなものか（☞p.123）。 実習 試験
- 成人期を対象とした通所サービスの理学療法評価とアプローチについて述べよ（☞p.124）。 実習 試験
- 通所サービスの理学療法を実践するうえでの連携について述べよ（☞p.126）。 実習 試験
- 介護老人保健施設における施設サービス計画書とはどのようなものか（☞p.128）。 実習
- 成人入所者に対する評価で留意すべき点は何か（☞p.128）。 実習
- 入所者への個別的な介入時間が限られるなかで必要な工夫は何か（☞p.129）。 実習
- 退院に向けた支援にはどのようなことが含まれるか（☞p.133）。 実習
- 支援制度の違いを述べよ（☞p.134）。 実習 試験

【参考文献】
1. 全国老人保健施設協会：介護老人保健施設 在宅支援推進マニュアル 総論・入所編，リベルタス・クレオ，2015.
2. 全国デイ・ケア協会 監：リハビリテーションマネジメント 実践マニュアル，全国デイ・ケア協会，2016.

【引用文献】
1) 厚生労働省ホームページ：難病情報センター（http://www.nanbyou.or.jp/entry/4141）
2) 日本訪問リハビリテーション協会 編：訪問リハビリテーション実践テキスト，p32，青海社，2016.
3) 阿部 勉ほか：地域在住高齢者における活動量と身体機能・IADLとの関連性．理学療法学24(5)：721-726，2009.
4) 島田裕之ほか：地域在住高齢者の生活空間の拡大に影響を与える要因：構造方程式モデリングによる検討．理学療法学36(7)：370-376，2009.
5) 全国デイ・ケア協会：リハビリテーションマネジメント 実践マニュアル，全国デイ・ケア協会，2016.
6) 障害者福祉研究会 編：国際生活機能分類(ICF)―国際障害分類改定版―，中央法規，2002.
7) 厚生労働省ホームページ：平成29年介護サービス施設・事業所調査の概況 介護保険施設の利用者の状況（https://www.mhlw.go.jp/toukei/saikin/hw/kaigo/service17/dl/kekka-gaiyou.pdf）
8) 厚生労働省ホームページ：平成28年介護サービス施設・事業所調査の概況 介護保険施設の利用者の状況（https://www.mhlw.go.jp/toukei/saikin/hw/kaigo/service16/dl/kekka-gaiyou_05.pdf）
9) 豊田章宏：勤労者世代における脳卒中の実態：全国労災病院患者統計から．日職災医誌，58：89-93,2010.
10) 日本における脊髄損傷の傾向．NPO法人 日本せきずい基金ホームページ（http：//www.jscf.org/jscf/SIRYOU/skspic/skspic.htm）

2章 地域理学療法の実際

3 高齢者

1 訪問

- 2019年現在，訪問リハビリテーション（以下，リハ）を実施する公的制度には医療保険と介護保険がある
- 高齢者における訪問リハの対象者は「在宅生活をしており通院が困難な人」である
- 訪問リハを実施する場所は「主に対象者の自宅内」であり，自宅を基点とした自宅周辺の屋外を含む
- 対象者と家族のニーズ，年齢，主な疾患とその病期，居宅を中心とした住環境を考慮しつつ，課題となる実生活での日常生活活動（ADL）と社会参加を最優先で評価する。そのうえで問題となる基本動作や機能障害について順次評価し，国際生活機能分類（ICF）で障害像をまとめ，目標をできるだけ具体化する
- 訪問リハでの主な介入には，①ADL・手段的ADL（IADL）練習，②機能的運動の実施と自主運動指導，③介助方法の提案と指導，④住宅改修の検討と提案がある
- 情報の入手と共有，目標や介入方法の共通化を図るため，多職種と緊密に連携する

理学療法の場

誰に

2019年現在，理学療法士，作業療法士および言語聴覚士によって医療保険と介護保険のいずれかの制度に基づいた**訪問リハ**が実施されている。

医療保険による訪問リハは**病院・診療所**や**訪問看護ステーション**に所属する理学療法士，介護保険による訪問リハは**訪問リハ事業所**または訪問看護ステーションに所属する理学療法士が，それぞれ原則として医師の指示に基づいて提供する。

65歳以上の高齢者で訪問リハの適用となる人は，医療保険では**在宅療養者**，介護保険では**居宅要支援者**および**居宅要介護者**である。「在宅生活をしており通院が困難な人」であることが両者に共通している。

ただし，病院への通院や通所サービスの利用が可能な高齢者であっても，主治医によって訪問リハの必要性が認められた場合は訪問リハの対象となる。通院や通所によって訪問リハと同様のサービスが担保される場合は，通所系サービスが優先される。

在宅ですでに生活をしている高齢者を対象とするため，疾患別の理学療法という意味以上に「何らかの疾患を有し在宅生活している高齢者の理学療法」という意味を考慮することが重要である。

訪問リハを実施する高齢者の理学療法では，患者本人の病態・病期・ライフステージ，主訴・希望とともに，家族関係者の有無・希望・介護力などと合わせてリハビリテーションの目的と内容を検討する。

---

*ADL：activities of daily living *ICF：international classification of functioning, disability and health
*IADL：instrumental ADL

どこで

訪問リハを実施する場所は，主に対象者の**自宅**であり，軽費老人ホームなどの一部の**療養施設**でも実施される。

訪問リハは主に**自宅屋内**で実施されるが，自宅周辺での外出や社会参加に向けた活動など，目的に応じて自宅を基点とした**屋外**を含めて実施される。病院ではなく，すでに生活の場となっている環境で評価と介入を実施するため，「対象者の日常生活の役に立つ」という考えを念頭に置く。

理学療法士の役割

評価

■時期

訪問リハ開始時の初回評価，初回評価後や再評価後の3カ月以内の各時期において定期的に**理学療法評価**を実施する。

理学療法評価は重要であるが，評価ばかりに時間をかけて介入の開始や対象者の回復を遅らせてはいけない。そのため，効率的かつ効果的な理学療法評価を実施するよう，あらかじめ評価計画を立て，実際にはいわゆるトップダウン過程で評価を進める。

訪問リハの対象となる高齢者では，**急性期**医療を受けて在宅復帰し病態が**回復期**の時期である人の場合，機能の維持よりも機能の改善を積極的に図りつつ，活動や社会参加の実用性を高める視点をもつことが重要である。

病態が明らかな**慢性期**である人の場合，実生活のADLや身体機能の維持・向上とともに，フレイル，サルコペニア，運動器症候群，認知症，転倒といった老年期に生じやすい症候や新たな疾患の罹患および再発に注意する。

病態が**進行性**の疾患を有する人の場合，病期に合わせた段階的な対応と次の病期を想定した事前の準備をする。さらに，必要に応じて補助具を積極的に活用し，活動や社会参加の実現の確保に努める。

退院してから間もない対象者では，在宅での生活に適応できない人が少なくないため，在宅環境の生活に適応するための課題や問題点を確認する。

■場所

訪問リハの主な実施場所である対象者の自宅で評価を行う。

訪問リハでは対象者や家族が実際に生活している自宅で実施するため，生活の場に起こる予想しきれない事態（訪問した際に掃除や片付けが必要になる，訪問リハ実施中に来客や電話に本人が応対しなければならないなど）が生じてリハ実施の時間が遅れることがある。対象者の評価に必要な時間，場所，検査器具，評価結果を記録する評価用紙を事前に準備し，対象者との限られた評価時間を有効活用するように評価の実施手順も事前に確認しておく。

また，病院内のリハと比べて事前に入手できる医学的情報が限られやすく，画像所見や血液検査データなどの情報が乏しい。そのため，問診，視診，聴診，触診などによるスクリーニング（**表1**）の結果をもとに，必要に応じて受診の促しや医師や他の専門職への照会を行い，精査へつなげリスクを管理し続ける。

訪問リハの対象となる高齢者は，高次脳機能障害や動作障害のために検査により多くの時間が必要なケース，検査肢位が限られるために予定した検査ができないケース，広い場所や特別な検査器具がないケース，対象者の状態が不安定あるいは疲労しやすいケース，実施可能となる検査が限られ予定どおりの評価を実施できないケースなどが十分にありえる。予定した評価が実施できなかった場合は，次回以降に評価する，別の評価で代替するなどして評価計画を速やかに修正する。

表1　訪問リハで用いる主なスクリーニングの項目の例

A. 心理・精神に関する項目
　1. うつに関するアセスメント
　2. せん妄に関するアセスメント
　3. 不安・情緒に関するアセスメント
　4. 認知機能に関するアセスメント
B. 生命・身体に関する項目
　5. バイタルサイン(体温，脈，血圧，呼吸数)
　6. 意識レベル
　7. 経皮的酸素飽和度(SpO_2)
　8. 運動に伴うバイタルサインの変動
　9. 起立性低血圧
　10. 浮腫
　11. 視診(表情，肌の色，皮膚の症状，四肢の形状など)
　12. 眼球運動
　13. 瞳孔対光反射
　14. 四肢の動脈触診(頸動脈，上腕動脈，橈骨動脈，大腿動脈，足背動脈など)
　15. 頸静脈怒張
　16. 胸部触診(可動性，呼吸パターン，左右差，呼吸筋疲労など)
　17. 胸部打診(空気の入り具合，胸水・無気肺の有無など)
　18. 呼吸音聴診(異常呼吸音の有無，空気の入り具合，気道狭窄，痰の有無など)
　19. 息切れ(主観的，客観的，頻度，程度など)
　20. 心尖拍動触診
　21. 心音聴診(異常心音の有無，リズム，脈拍との乖離の有無など)
　22. 心電図変化(不整脈の有無，ST変化など)
　23. 腹部聴診(腸蠕動音，イレウスの有無，血管雑音など)
　24. 腹部触診(腹部の張り，ガスの有無など)
　25. 腹部打診(腹水の有無，ガスの有無など)
　26. 視力(視力低下，視野欠損など)
　27. 聴力(聴力低下，難聴など)
　28. 脱水(のどの渇き，汗の量，ツルゴールなど)
　29. ショック症状(末梢循環不全，チアノーゼ，冷汗，虚脱など)
　30. 体重(水分過多，栄養，心不全増悪など)
　31. 自覚症状(気分不快，めまい，倦怠感など)
　32. 疲労の程度(易疲労，ボルグスケールなど)
　33. 非がん性の痛み(痛みの程度，鎮痛薬など)
　34. がん性の痛み(がんの進行度，部位，痛みの程度，姿勢・体動，鎮痛薬の影響など)
C. 生活に関する項目
　35. 食事(食欲，量，食形態，水分量など)
　36. 排便(便意，便通頻度，便秘の有無など)
　37. 排尿(尿意，頻度，量，色など)
　38. 睡眠(不眠，内服，昼夜逆転，活動量など)
　39. 内服薬(薬効，副作用，内服管理など)
　40. 生活環境(温度，住環境，衛生状態など)
　41. 転倒(転倒，移動自立度，福祉用具など)
　42. 保清(清拭，入浴，着替え，おむつ交換など)

文献1)より引用

■内容

　訪問リハは，生活機能の維持または向上を図ることを目的としている。そのため，対象者が居住する自宅を中心とした生活環境における生活機能を評価する。世界保健機関(WHO)が提唱したICFでは，生活機能はいわゆるADLを指すだけでなく，機能，活動，参加の3つの要素が含まれ，その各要素について包括的に評価する。

　問題と想定される焦点を絞って優先順位をつけて評価項目を選択する。

　訪問リハの対象は本人と家族であるため，まず，個人因子となる対象者の主訴と希望，環境因子となる家族の希望をそれぞれ確認する。

　その主訴やニーズに結び付く障害にあたりをつけて，居宅を中心としたADLと社会参加の評価を最優先で実施し，その問題となる基本動作や機能の障害について順次評価を進める。

　実際の居住空間でのADL障害を問題とする場合，昼夜1日の自宅内ADL・IADLの「いつ(日中か夜間か)，どこで(自宅内または屋外のどこで)，何の動作を，どのように実施することが問題となっているのか」を詳細に聴取する。可能な限り実生活に即した環境で再現し，動作・活動と環境因子の評価を同時に実施する。

　環境因子はチェック項目を羅列して機械的に実施するよりも，日常生活で問題となる動作に関係する環境要因の項目から優先的に評価する。

　ADL自立度の評価は，Barthel index(BI)(バーセル)や機能的自立度評価法(FIM)などの代表的なADL評価を実施するとよい。その際も対象者本人の実生活でのADLに主眼を置く。

　動作・活動の評価は「自立度」や「動作パター

*WHO：world health organization　*FIM：functional independence measure

ン」で評価されることが多いが，生活上の実用性についても考慮する．動作の実用性は，機能性（動作の可・不可，速度，距離，効率，パターンなど），安定性（動作の日内変動・日間変動，動作の正確性など），安全性（動作時の転倒や病状悪化のリスクなど），安楽性（動作の困難感，過度の努力，自己効力感など）といった観点で問題となっている要点に沿ってとらえる．最終的に自立度として，自立，要見守り，要介助（軽度介助，中等度介助，重度介助，全介助）に分類する．

社会参加困難を問題とする場合，求められる社会参加の内容を具体的に聴取し，その遂行に必要となる動作・活動を細分化して評価する．

例えば，屋外で催される地域の行事への参加時の移動を検討する場合，公共交通機関や補助具の利用の可否と有無，総移動距離，主に移動する路面や階段・段差やエレベーターの有無，人的介助の要否などを確認する．総移動距離は往復分を概算すると目標設定に生かしやすく，自宅を基点とした可能な範囲で実際に試行して確認するとよい．

■目標設定

対象者本人のニーズを確認してから情報収集，検査測定，**統合と解釈**を進め，**目標設定**をする（**図1**）．

高齢の障害者に対して，病院での理学療法では「自宅退院」や「施設入所」などのように次の居住環境を視野に入れた生活機能の改善が大きな目的・目標となる．しかし，訪問リハではすでに自宅や施設で実生活をしている居住環境での生活機能の維持・改善が主な目標になる．

在宅生活での目標をできるだけ明確かつ詳細に設定することが望ましく，**SMARTの法則**に基づいた5要素に沿って検討するとよい（**表2**）．「移動能力の維持・向上」ではなく「3カ月後までに，1階の居室からトイレまでの間（居室，廊下，途中の段差，片道10m）を，4点杖を用いて1分以内に，昼夜問わず自立して移動できる」といったように具体的に検討する．

訪問リハの対象には，対象者本人だけでなく家族も含まれる．対象者の人的環境となる家族を含めた問題点が抽出された場合，「3カ月後までに，対象者のトイレ移動介助に要する家族介護者の介護負担を0にする」といったように，必要に応じて目標設定では家族を対象とした目標を設定してもよい．

目標は，動作・活動の自立だけでなく，さらに本人の生きがい，楽しみ，興味・関心，役割の創出と獲得，社会参加の実現などに向けたものであると望ましい．また，「維持」，「改善・向上」，「予防」のそれぞれの観点で検討する．

目標設定する際には，主治医の診療目標，**地域包括支援センター**が作成する**介護予防サービス計画書（介護予防ケアプラン）**，**ケアマネジャー**が作成する**居宅サービス計画書（ケアプラン）**の内容との整合性を確認する．

介入

設定した目標の達成に向けて個人に適した**理学療法プログラム**を実施するとともに，より望ましい生活習慣や環境整備を必要に応じて検討し提案する．

訪問リハの目的は，対象者の生活機能障害の改善と維持にあり，維持は予防の意味合いを含む．機能的な運動を促すことも必要になることもあるが，急性期や回復期の障害者におけるリハと比べ，活動や社会参加を促進することをより重要視し，強調することをプログラム立案の際に留意する．

訪問リハは保険制度内で1週間当たり，1日当たり，1人当たりの報酬の上限が設定されている．2019年現在の介護保険制度における訪問リハでは，リハを実施して介護報酬が得られる機会が1週間に1回20分×6回に限られる．そのため，理学療法士が1人の利用者に対して個別的に実

図1 目標設定までの評価フローチャートの例

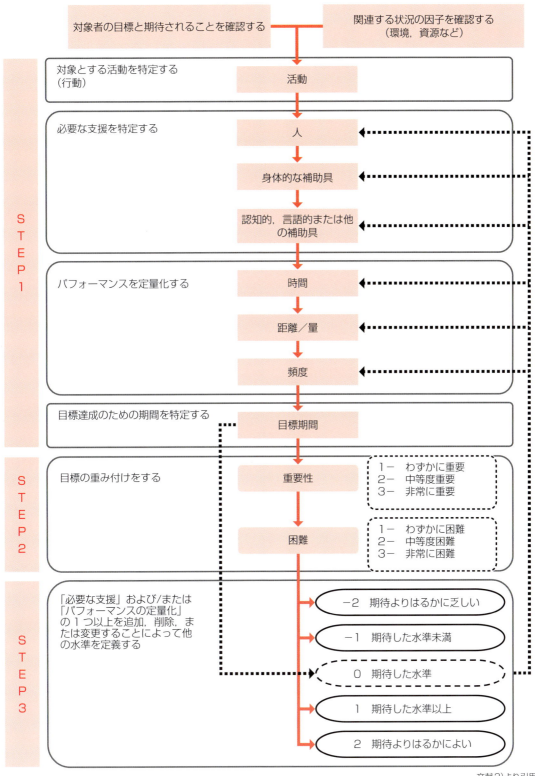

文献2)より引用

表2　SMARTとABCDE

【SMART：目標設定に含まれることが推奨される性質】

Specific	目標は，対象者に特異的であること
Measurable	目標は，測定可能であること
Achievable	目標は，達成可能であること
Repeatable/reproducible	目標は，他の専門職でも明確に理解し，評価できること
Timed	目標の達成時期が明記されていること

【ABCDE：目標設定で考慮する要素】

Actor	誰が
Behavior	何を
Conduction	どのように
Degree	どの程度
Expected Time	どのくらいの期間で

施・指導する理学療法介入を効果的・効率的に進める必要がある。さらに，関連する他職種や家族と協働し，日常的な**セルフプログラム**やADLなどを工夫して実施することが望ましい。

ADL・IADL練習は主要な理学療法介入であり，実生活の環境でのADL練習を積み重ねて残存能力を賦活し，①**ADL自立度の維持・改善**と，②**日常生活の活動量の増加**の2つの観点でのアプローチを検討してADLの練習および指導を行う。

ADL自立度の維持・改善を目的としたADL・IADL練習では，残存機能を最大限に活用して，より効率的かつ自立度の高い動作方法を模索し，試し，習得を図る。

実際のADL練習では，改善を図りたいADLを一連の動作系列（**図2**）に沿って実施する練習あるいは，改善を図りたいADLにおいて必要と

図2　代表的なADLの一連の動作系列の例

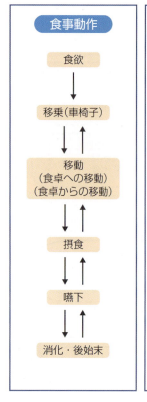
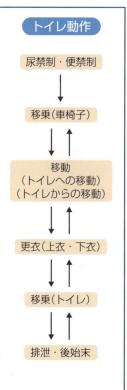
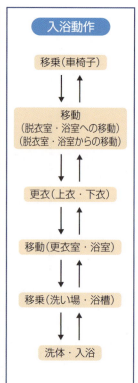

される（障害されている）構成要素となる基本動作（図3）を部分課題として分けて実施する練習のいずれかを用いて，効率的に運動学習と動作の習熟を図る。

例えばトイレでの排泄動作では，居室からトイレまでの移動，衣服の着脱，排泄，後始末などの各動作のうち，いずれの動作の場面で困難をきたすかを，本人が実際に使用しているトイレでその動作を観察する。そして，困難となっている動作が改善するように練習を進める（図3）。

課題とする動作を獲得する際に，応用的に「試してみる」という発想が重要である。①現状の環境で対象者本人の動作手順や方法を工夫して変えて試すことから始め，②必要に応じて補装具や台や手すりなどを活用して試す，という手順で進めるとよい。ただし，転倒や症状悪化のリスク管理に対して十分に配慮する。

動作や活動の獲得や定着を図る練習を行う際は，①課題を複数回反復して練習する，②失敗せずに成功する課題から始める，③時間的制約を減らし，本人のペースで実施するところから始める，④課題の難易度は簡単で基本的なものから徐々に複雑で難しいものへ進めるように調整する，⑤残存能力を最大限に活用し，介助や支援は必要最小限に留める，⑥失敗した場合は結果を確認するのみに留め否定も肯定もせず，一方で成功した場合は褒める，などといった点に留意し，運動学習を考慮した課題指向型アプローチを進める（図4）。

セラピストによる訪問リハ中の介入を実施して動作/活動の実行能力を高めるとともに，対象者本人または家族と協働し，訪問リハ以外の時間帯の自宅における動作/活動の実際の実行状況の水準を高める。

図3　ADLにおいて必要とされる構成要素となる基本動作の例

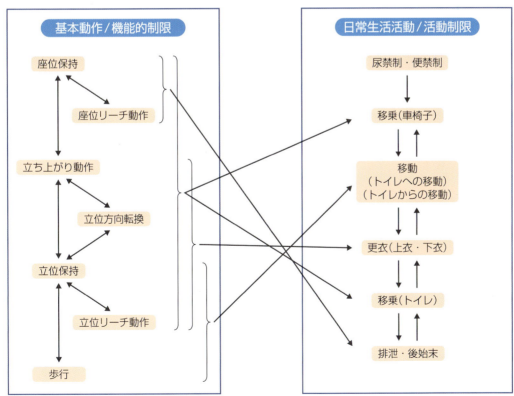

生活機能障害や閉じ込もりが影響して不活発な生活となることは，廃用症候群による生活機能障害のさらなる進行を引き起こす危険がある。そのため，個々のADLの自立度や実用性の向上だけでなく，活動量の維持・向上を図る視点をもち，**離床や運動の習慣化と定着**を図る。

その際，離床の量的な側面と質的な側面の双方を考慮する。①できるだけ生活のリズムを整えてみる（朝日を浴びる時間帯の起床を促す，朝に1日の身支度をして日中を寝間着のままで過ごさない），②できるだけ離床する（車椅子を使用している場合は離床後に別の椅子に移り，車椅子座位のままで過ごさない），③介助は必要最小限にして本人ができることはなるべく本人が行う，④本人が興味を示す活動を促す，特に興味がない場合は一緒に探すかよいと考えられることを試してみる（生活史や会話から察せられた価値観を手がかりに検討する）などといった工夫をするとよい。

離床を具体的に検討する際には，①2～4時間以上の**離床時間（座位/立位の保持時間）の確保と増加**，②**離床動作の獲得（起居/座位/移乗の各動作能力の獲得）**，③**離床後の移動手段の獲得**（安全かつ効率的な移動の自立度，連続移動距離，移動速度の向上），④**離床後の活動目的/活動内容の構築と確保**について，物的介助/人的介助による代替手段とともに検討する。

また，離床にも目的を設けると望ましく，本人や同居家族の1日の流れや家庭内の役割と結び付けると意義が高まる。

ADL練習とともに必要に応じて家族介護者への助言や指導を行う。人的環境である介護者・

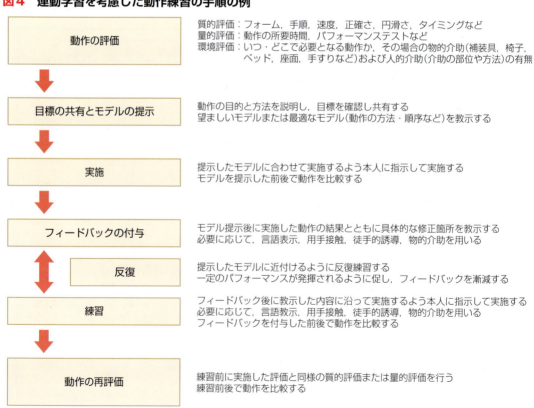

図4　運動学習を考慮した動作練習の手順の例

家族の理解が本人の生活機能に大きな影響を与えるため，介護者への支援も重要である。

プログラムの1つとして，対象者をどのように理解し受け止めて生活を支援するかについて家族とともに検討し，本人・家族とともに実際に練習する。

介護者に対して，より望ましい基本動作や歩行・移動の介助方法を提案し必要に応じて一緒に練習することで**介護負担の軽減**を図る。①日常生活でどのように実践しているか介護者が実演し介助方法の問題点を確認する，②より望ましい方法を理学療法士が実演し提案する，③介護者が再度実演して確認するという流れで実施するとよい。

また，可能な範囲で対象者のセルフプログラムの補助やモニタリングを介護者に依頼し，着実な自主練習の実施と活動量の確保を図る。服薬管理や栄養管理など多方面にわたる健康管理についても介護者に助言し，不明な点は主治医や他職種との確認や照会をする。

連携

対象者の障害像や経過を的確に把握し続け，より効果的・効率的な訪問リハを成功させるためには関連職種や家族との**連携**が重要である。

連携する主な対象は，①家族，②医師，③ケアマネジャーや地域包括支援センターの保健師など，④対象者が利用する他事業所（訪問看護，訪問介護，通所介護など），⑤事業所内の他の訪問リハ職員である。

訪問リハでは医学的な情報が十分に得られないことが少なくない。対象者本人の計画的な医学的管理を行い，訪問リハの指示を担っている医師との情報共有を欠かさない。

定期的または臨時的に開催されるサービス担当者会議を通じて，利用者の心身の状況，病歴，その置かれている環境，他の保健医療サービスまたは福祉サービスの利用状況などを把握し，情報の交換と共有を図り，密接な連携に努める。

訪問リハでは，介護予防ケアプランやケアプランで課題となっている点を念頭に評価し，理学療法士の専門性に基づいて課題や問題点を具体化して介入する。しかし，介護予防ケアプランやケアプランで課題となっていない点であっても，理学療法士の専門性に基づいて対応する価値のある課題と考えられたことがある場合は対象者，家族，ケアマネジャーなどに提案し，ケアプランへの反映について相談する。利用者が居宅サービス計画等の変更を希望する場合もその援助をする。

訪問リハで検討したADLの方法を訪問看護職員や訪問介護職員に申し送り，在宅での新たな動作方法や介助方法を実践する機会を増やして日常生活に定着させる。

訪問リハで検討したADLの方法や自主練習の内容を通所サービスの職員に申し送り，在宅での新たな動作方法や介助方法を実践する機会を増やして日常生活に定着させる。そして，さらなる活動量の増加を図る。

より医療依存度の高い対象者では，リスクを共有しつつ，体調悪化の際には訪問看護職員や医師と問題解決を図る体制を構築しておく。

通所サービスを利用していない対象者では，訪問リハによって自宅での生活が再建され外出が可能となった場合またはその見通しが立った場合は，通所サービスへの移行を検討する。そして，さらなる生活機能の向上と低下予防，社会交流の促進，介護者の休養（レスパイトケア）などを図る。

訪問リハでは1人の対象者に複数のセラピストが交代で担当することがある。リハ会議などを通じて，事業所内でも各対象者の訪問リハの方針や内容を共有する。

2 通所

- 2019年現在，通所サービスには，介護保険制度の通所リハや通所介護と，医療保険制度の精神科デイ・ケアや重度認知症患者デイ・ケアなどがある
- 介護保険制度の通所リハや通所介護を利用する高齢者の目的や特性は多様である
- 高齢者の通所リハを実施する場所は「通所施設」であり，外来の場としていかに通所施設でのリハや活動を自宅での生活の何に役立てるかを検討する
- 対象者と家族のニーズ，年齢，主な疾患とその病期，居宅を中心とした住環境を考慮しつつ，課題となる実生活でのADLと社会参加を最優先で評価する。そのうえで問題となる基本動作や機能障害について順次評価し，ICFで障害像をまとめ，目標をできるだけ具体化する
- 通所サービスでの主な介入には，①ADL・IADL練習，②機能的運動の実施と自主運動指導，③介助方法の提案と指導，④集団介入がある
- 情報の入手と共有，目標や介入方法の共通化を図るため，多職種と緊密に連携する

理学療法の場

誰に

2019年現在，通所サービスには介護保険制度の**通所リハ**や**通所介護**，介護予防・日常生活支援総合事業における**通所型サービス**，医療保険制度の精神科デイ・ケアや重度認知症患者デイ・ケアなどがある。

このうち，通所リハでは**介護老人保健施設・病院・診療所**に所属する理学療法士が原則として医師の指示に基づいてリハを提供する。通所介護では**老人デイサービスセンター**に所属する理学療法士が通所介護計画を実施する。

通所サービスの形態はいわゆる日帰りである。1〜4時間程度の約半日でリハや社会交流を主目的に実施する場合と5〜8時間程度の日中の時間帯にリハだけでなく食事・入浴・レスパイトなどの目的を含めて実施するものがある。

65歳以上の高齢者で介護保険制度の通所リハや通所介護の適用となる人は，**居宅要支援者**および**居宅要介護者**である。脳血管疾患，運動器疾患，内部障害系疾患など，さまざまな疾患を罹患するとともに，医学的な特性として，高齢・加齢変化，長期経過，複数の併存疾患の罹患，慢性期・維持期・終末期，進行性の難病の罹患，などが挙げられ，障害像は多岐に及ぶ。

在宅生活中に徐々に生活機能低下や閉じ込もりに陥った場合やその危険がある場合，病院から自宅退院した直後から利用する場合，自宅退院後の生活が安定してから利用する場合など，通所開始の時期や原因となる背景は多様である。

一般的に，認知症高齢者でレスパイト目的を伴う場合は，時期を問わずに通所サービス利用開始となることが多い。

どこで

通所サービスでのリハを実施する場所は，介護保険制度の通所リハでは**介護老人保健施設**，**病院**，**診療所**に設置された**通所リハビリテーション事業所**であり，通所介護は**老人デイサービスセンター**である。

対象者は通所施設まで送迎サービスを利用するか自らの交通手段で往来し，外来にて通所施設でのリハを実施する。

一方，対象者はすでに病院以外の自宅や施設を生活の場としているため，通所施設でのリハ

では訪問リハ以上に対象者の日常生活をできるだけ把握し「通所施設でのリハや活動を自宅での生活の何に役立てるか」を念頭に置く.

理学療法士の役割

評価

通所サービス開始時の初回評価,初回評価後や再評価後の3カ月以内の各時期において定期的に理学療法評価を実施する.効率的かつ効果的な<u>理学療法評価</u>を実施するためにあらかじめ評価計画を立て,実際にはいわゆるトップダウン過程で評価を進める.

<u>生活機能</u>の維持または向上を図るための通所サービスであるため,対象者が居住する自宅を中心とした日常生活を念頭に置きながら生活機能を評価する.

通所施設は自宅ではない別の環境であるため,<u>居宅訪問指導</u>,<u>サービス担当者会議</u>,<u>送迎業務</u>においては,個人因子となる対象者の主訴と希望,環境因子となる家族の希望をそれぞれ確認する.また,実際の居住空間でのADL障害を「いつ(日中か夜間か),どこで(自宅内または屋外のどこで),何の動作を,どのように実施することが問題となっているのか」について動作・活動と環境因子の評価を同時に実施する.

病院で病棟(居室)～リハ室の間の移動・移乗に随行することがあるように,通所サービスでは自宅と通所施設の間の送迎を理学療法士が担当することがある.

送迎業務は,対象者の自宅～車～通所施設の間の移動・移乗に随行する貴重な情報収集の機会である.自宅および自宅周辺の環境において対象者がどのように実際の移動,移乗,座位保持を実施するかを見聞きし,送迎車両の中での会話や家族の出迎えの状況から対象者のニーズや心理的状況をより具体的に把握できることがある.

ADL自立度の評価は,BIやFIMなどの代表的なADL評価を実施するとよい.その際も対象者本人の実生活でのADLに主眼を置く.

ADLの評価・介入は実生活の場で直接実施することが望ましいが,通所施設は自宅とは異なる環境であり,模擬的な環境設定や実際の介入時間にも限界がある.

各ADLに求められる基本動作の項目(**表3**)を評価し,課題となっているADLの改善の着眼点にするとよい.

また,通所施設といえども評価に使用できる場所や設備が十分に整っているとは限らない.あらかじめ必要最小限の疾患非特異的な評価項目の<u>ミニマムセット</u>を準備し,各対象者の疾患特性に応じた疾患特異的な評価を組み合わせて実施するとよい.

理学療法の主軸となる評価対象である動作の評価指標のうち,多くの対象者に適用可能で,日本理学療法士協会または米国理学療法士協会(APTA)などで使用が推奨されているものを参考に,限られた空間と設備で実施できる疾患非特異的な評価指標を目的に応じて取捨選択する(**表4**).

いずれにせよ,評価項目を選択する際は,リハビリテーション計画書に盛り込まれる「本人の希望,家族の希望,健康状態・経過,心身機能・構造,活動(基本動作,移動能力,認知機能など),ADL,リハビリテーションの目標,リハビリテーション実施上の留意点など」について優先的に把握する.

通所サービスでは自宅や施設など,すでに日常生活を送っている居住環境での生活機能の維持・改善が主な目標であり,対象者や家族の主訴やニーズに沿って具体的に目標を検討する.

＊APTA:American physical therapy association

表3 主要なADLに必要となる基本動作の例

	食事	整容（ベッド上）	更衣（上衣）	更衣（下衣）	排泄（ポータブル）	整容（洗面所）	排泄（洋式トイレ）	入浴	買い物外出
座位保持	●	●	●	●	●	●	●	●	●
座位でのリーチ	●	●	●	●	●	●	●	●	●
臥位⇔座位	▲	▲		●	●	●	●	●	●
座位⇔立位				●	●	●	●	●	●
立位保持				●	●	●	●	●	●
ベッド⇔椅子（移乗）					●				
立位でのリーチ				▲		●		●	●
立位での方向転換						●	●	●	●
歩行									
室内移動						●	●	●	●
屋内移動						●	●	●	●
屋外移動									●
床上座位⇔立位								●	●
床上座位⇔椅座位						▲	▲	●	●
片脚立位								●	●
階段昇降（段差昇降）								▲	●

文献3），4）より改変引用

表4 限られた空間と設備で実施できる疾患非特異的な理学療法評価項目の例

評価対象	評価指標	評価概要
基本動作	5回反復起立-着座テスト（FRSTS）	椅子座位から最大努力にて起立-着座動作を連続5回反復した際の所要時間を測定し，下肢筋力が反映された起立-着座動作のパフォーマンスを評価する
	functional reach test（FRT）	開脚立位から最大努力にて上肢前方リーチ動作を行った際の到達距離を測定し，立位における姿勢バランスが反映された立位前方リーチ動作のパフォーマンスを評価する
	functional balance scale（FBS）またはBerg balance scale（BBS）	座位保持，起立，移乗，立位保持，立位動作など合計14項目の姿勢保持および動作の課題を行った際の到達水準を得点化し，座位および立位における姿勢バランスが反映された姿勢保持および動作のパフォーマンスを評価する
	performance oriented mobility assessment（POMA）	起立-着座，立位保持，立位動作などの7項目のバランステストと，歩行パターンや歩容に関する9項目の歩行テスト，合計16項目の課題の到達水準を得点化し，立位における姿勢バランスや歩行バランスが反映された姿勢保持および動作のパフォーマンスを評価する
歩行・移動	timed up & go test（TUG）	椅子座位から起立し，3mの往復歩行を行って再び着座するまでの所要時間を測定し，歩行能力および移動能力が反映された起立-着座および歩行のパフォーマンスを評価する
	歩行速度	通常速度または最大速度にて10m直線歩行を行う際の所要時間を測定し，歩行能力および移動能力が反映された歩行のパフォーマンスを評価する
	6分間歩行試験（6MWT）	一定の歩行区間を6分間連続して歩行した距離を計測し，歩行の持久性や運動耐容能が反映された歩行のパフォーマンスを評価する
	dynamic gait index	合計8種の歩行課題を行った際の到達水準を得点化し，歩行のバランスや安全性が反映された歩行のパフォーマンスを評価する
ADL	FIM	ADLの自立度を評価する

＊FRSTS：five-repetition sit-to-stand test　＊6MWT：6 minutes walking test
＊ROM：range of motion

目標は，動作・活動の自立だけでなく，本人の生きがい，楽しみ，興味・関心，役割の創出と獲得，社会参加の実現などに向けたものであると望ましい。また，「維持」，「改善・向上」，「予防」のそれぞれの観点で検討する。

目標設定する際には，**主治医の診療目標**，**地域包括支援センター**が作成する**介護予防サービス計画書（介護予防ケアプラン）**，**ケアマネジャー**が作成する**居宅サービス計画書（ケアプラン）**の内容との整合性を確認する。

介入
■体調確認とリスク管理

通所サービスでの介入の前・中・後において，個々の疾患特性や全身状態を十分に考慮してリスク管理し，症状変化にも柔軟に対応する（**表5**）。

バイタルサイン（血圧，脈拍，呼吸，体温，意識），体調全般を確認するとともに，機器で測定される数値だけでなく，患者の顔色，表情，会話などからも体調を推測し，病態に応じたリスク管理を行う。

表5　リハビリテーションの中止基準

1. 積極的なリハを実施しない場合
   ①安静時脈拍40/分以下または120/分以上
   ②安静時収縮期血圧70mmHg以下または200mmHg以上
   ③安静時拡張期血圧120mmHg以上
   ④労作性狭心症の方
   ⑤心房細動のある方で著しい徐脈または頻脈がある場合
   ⑥心筋梗塞発症直後で循環動態が不良な場合
   ⑦著しい不整脈がある場合
   ⑧安静時胸痛がある場合
   ⑨リハ実施前にすでに動悸・息切れ・胸痛のある場合
   ⑩座位でめまい，冷や汗，嘔気などがある場合
   ⑪安静時体温が38℃以上
   ⑫安静時酸素飽和度（SpO_2）90％以下
2. 途中でリハを中止する場合
   ①中等度以上の呼吸困難，めまい，嘔気，狭心痛，頭痛，強い疲労感などが出現した場合
   ②脈拍が140/分を超えた場合
   ③運動時収縮期血圧が40mmHg以上または拡張期血圧が20mmHg以上上昇した場合
   ④頻呼吸（30回/分以上），息切れが出現した場合
   ⑤運動により不整脈が増加した場合
   ⑥徐脈が出現した場合
   ⑦意識状態の悪化
3. いったんリハを中止し，回復を待って再開する場合
   ①脈拍数が運動前の30％を超えた場合
      ただし，2分間の安静で20％以下に戻らないときは以後のリハを中止するか，またはきわめて軽労作のものに切り替える
   ②脈拍が120/分を超えた場合
   ③1分間10回以上の期外収縮が出現した場合
   ④軽い動悸，息切れが出現した場合
4. その他の注意が必要な場合
   ①血尿の出現
   ②喀痰量が増加している場合
   ③体重増加している場合
   ④倦怠感がある場合
   ⑤食欲不振時・空腹時
   ⑥下肢の浮腫が増加している場合

文献5）より引用

■基本動作練習/ADL練習

　課題とされる動作/活動を維持・改善するために，基本動作練習およびADL練習を実施する。

　動作練習では，動作の実用性を高めることを念頭に置く．動作が実施できるかどうかだけでなく，動作の機能性（速く実施できる，長時間実施できる），安定性（正確に実施できる，毎回同様に実施できる），安全性（安全に実施できる），安楽性（過度の努力をせずに楽に実施できる）のいずれの点を課題にするかを考慮する．

　ADL練習では，課題となりやすい起居/起立，移乗/移動，食事，整容，更衣，排泄，入浴を中心に，実生活の場面をできるだけ模した環境で実施する．

　課題となる動作を困難にさせている個々の機能障害に対する運動療法も併せて実施する．また，残存機能の維持・向上，病態や障害のさらなる悪化や再発の予防，障害され改善が不十分な生活機能の改善，といった視点を併せもった介入を実践する．

■関節可動域（ROM）運動

　ROMの維持・改善，動作水準の向上，介護時の動作時痛の発生予防のために，各関節を5～10回，全ROMにわたって，ゆっくりとROM運動を行う．必要に応じて，ストレッチ，徒手療法（関節モビライゼーションなど）を併用する（**表6**）．

　端座位や立位が困難である対象者は，腰背部・殿部が圧迫され続け，かつ，日常生活における体幹の運動が限られやすい．そのため，体幹筋のリラクゼーションを図りつつ，体幹のROM運動を積極的に実施する．

　胸郭のROM制限によって呼吸機能が低下している場合は，胸郭のROM運動ならびに呼吸介助を実施し，排痰の促進，呼吸困難感の改善，肺炎の予防を図る．

■筋力増強運動

　筋力の維持・増加のために，過負荷の原則に基づいた筋力増強運動を，1つの筋（運動）について10～30回，週2～3日以上実施する（**表7**）．

　筋力増強運動は，対象筋の最大筋力（1回最大挙上量，最大随意収縮時の徒手筋力計測定値など）の約40％以上の低強度または一定の負荷強度で運動した際の単位回数当たりの主観的運動強度（RPE）11～13（楽である～ややきつい）程度の強度を目安に開始し，徐々に漸増する．

　認知機能障害などにより強度の設定が困難な場合は，増強させたい筋力が発揮される基本動作練習（立ち上がり着座，足踏みなど）を，獲得させたい動作の様式（速さ，タイミング，環境）で反復して実施する．

■持久性運動

　全身持久力の維持・向上のために，平地歩行，自転車エルゴメータなどで有酸素運動を，RPE9～11（かなり楽～楽である）程度（最大心拍数の50～70％程度，最大酸素摂取量50％程度）の運動強度で，20分/回以上，3回/週以上実施する（**表8**）．

■集団での運動・活動

　通所施設では，各対象者個別のリハビリテーション計画や機能訓練計画が立案される．その実践形態には1対象者に実施する個別介入と複数の対象者グループに実施する集団介入がある．

　実際のADL練習では，セラピストによる個別の介入によって動作/活動の実行能力を高める．そして，通所施設のスタッフ（看護職員や介護職員など）と協働し，通所施設における動作/活動の実際の実行状況の水準を高める．

　抗重力運動や**姿勢変換**を安全に，できるだけ多く実施し，座位，座位での動作，立位，立位での動作，歩行へと，可能な限り**抗重力姿勢**での運動・活動へ漸進的に進める．

　セラピストによる**個別介入**よりも**集団介入**に

＊RPE：rating of perceived exertion

表6　ROMの目的と方法

	目的と主な方法	主な手順
ROM運動	●ROM維持・改善，拘縮予防 ●意識障害 ⇒他動的ROM運動 ・筋の随意収縮を伴わずに徒手や機器で得られている関節の全ROMを他動的に3〜10回動かす ・ROMの改善のためには，現在のROM以上に動かす（ストレッチング，伸張運動） ●ROM維持，拘縮予防 ●随意運動改善 ⇒自動的ROMまたは自動介助ROM運動 ・筋の随意収縮を伴って自動的に動かす，または自動的ROMを徒手や機器で一部（必要最低限）介助して行う関節運動 ・関節運動を伴う筋収縮の発揮やタイミング，代償運動の制御などを考慮して実施することで，運動学習にも用いられる	1. ROM制限の原因として何が影響しているかを評価する 2. 原因に応じたROM運動を実施する 1）患者を事前にリラックスさせる 2）関節の近位を固定し，遠位をゆっくりと，全ROMにわたって動かす ※過度の筋緊張亢進や筋スパスムが生じている場合は，まず，筋弛緩または筋長改善を図ってから関節へアプローチする ※乱暴で粗雑に実施すると，傷害や異所性骨化を引き起こす危険がある 3. 必要に応じて他の治療法と組み合わせて実施する 1）物理療法：温熱療法，電気療法，振動刺激など 2）薬物療法：筋弛緩剤（フェノールブロック，ボツリヌス），ヒアルロン酸など 3）徒手療法：関節モビライゼーション，筋・筋膜リリース，マッサージなど
ストレッチ	●ROMの改善，筋緊張軽減，疲労回復，血流増加，傷害予防 ⇒スタティックストレッチング ・反動や弾みをつけずにゆっくりと筋を持続的に伸長する ⇒ダイナミックストレッチング ・伸長したい筋の拮抗筋をリズミカルに収縮させて伸長する ⇒固有受容性神経筋促通法（PNF）ストレッチング ・固有受容器神経筋促通法を応用して伸長する。主導筋と拮抗筋のどちらか，あるいは両方において，収縮と弛緩を交互に繰り返す（例：ホールドリラックス） 　伸長筋を弛緩させスタティックストレッチング5〜10秒→伸長筋を等尺性収縮3〜5秒→伸長筋を弛緩させスタティックストレッチング5〜10秒	1. 患者をリラックスさせる 2. 伸長筋の近位（起始部）を固定し，伸長筋の遠位部を伸長筋の作用と逆方向へゆっくりと動かして，最終域感が出現し軽い伸長痛が生じた肢位で10〜30秒以上保持する 3. 必要に応じて他の治療法と組み合わせて実施する 1）物理療法：温熱療法，電気療法，振動刺激など 2）薬物療法：筋弛緩剤（フェノールブロック，ボツリヌス），ヒアルロン酸など 3）徒手療法：関節モビライゼーション，筋・筋膜リリース，マッサージなど
関節モビライゼーション	●関節包内運動の改善，ROMの改善 ⇒離解法 ・関節角度をゆるみの肢位に固定し，関節面を引き離すために，関節面に垂直方向に骨を牽引する ⇒滑り法 ・関節角度をゆるみの肢位に固定し，関節面を互いに反対方向に平行移動させるために，関節面に対して平行に骨を滑らせる ⇒構成運動誘導法 ・各関節の骨運動に伴って起こる関節包内の滑り，転がり，軸回旋を誘導しながら骨運動を行う	1. 患者をリラックスさせる 2. 関節を緩みの肢位（関節の接触面が小さく，関節包，靱帯などの関節周囲組織が緩み，関節面が離解する肢位。各関節面で異なる）に固定する 3. 関節面に垂直方向に骨を牽引して，関節面を引き離す 4. 関節面に対して平行に骨を滑らせ，関節面を互いに反対方向に平行移動させる 5. 関節の構成運動〔関節運動に伴う関節面相互の動き（滑り，転がり，軸回旋）の組み合わせで生じる運動〕を誘導しながら関節可動域運動を実施する ※凹凸の法則を考慮する ・運動する関節面が凸の場合，滑りは骨の角運動と反対方向に生じ，運動する関節面が凹の場合，滑りは骨の角運動と同じ方向に生じる。各関節で異なる

＊PNF：proprioceptive neuromuscular facilitaition

表7 筋力増強運動の方法

確認項目	内容
対象筋	ADLの維持・改善のために筋力増強を図る必要がある筋群 ※優先的に介入されやすい筋 　上肢・体幹：大胸筋，広背筋，三角筋，上腕二頭筋，上腕三頭筋，手指屈曲筋，腹筋など 　下肢：殿部筋，大腿四頭筋，ハムストリングス，下腿三頭筋，前脛骨筋など
運動様式	・負荷の様式 　器具を用いた運動（重錘，ゴムバンド，マシン），自重，徒手抵抗から選択 ・筋収縮の様式 　求心性収縮，遠心性収縮，等尺性収縮，等速性収縮から選択 ・介助や抵抗の様式 　自動介助運動，自動運動，抵抗運動から選択
運動頻度	筋力維持：週1〜2回以上，筋力増強：週2〜3日（高強度）または週3日以上（低強度）
運動回数	10回/1セットから開始し，2〜3セットを目標にセット数を増やしていく（1セット8〜10回を1〜3セット）
運動強度	・最大筋力に対する割合で設定する方法 　筋力維持：最大筋力の20〜30％程度，筋力増強：最大筋力の40〜50％以上（可能であれば最大筋出力の60％以上） ・一定負荷の反復回数で設定する方法 　繰り返し10〜15回実施可能な最大負荷量 ・主観的運動強度で設定する方法 　Borg scale 13（ややきつい）程度 ※運動開始時は低強度から開始し，徐々に漸増させる ※低強度でも1回の筋収縮をゆっくり（3〜4秒で挙上，3〜6秒で降下）実施することで，より高い筋力増強効果が期待できる

表8 持久性運動の方法

確認項目	内容
運動様式	平地歩行，自転車エルゴメータ，トレッドミルなど
運動強度	・最大心拍数（220−年齢または実測値）の50〜70％ ・最大酸素摂取量40〜60％ ・最大心拍予備量40〜60％ 　Karvonen（カルボーネン）の計算式：目標心拍数＝（最大心拍数−安静時心拍数）×k＋安静時心拍数 ※k（運動強度）：定数0.2（20％），0.3（30％），0.4（40％） ・嫌気性代謝閾値（AT）時の心拍数±5/分 ・RPE：12〜14 ・安静時心拍数からの簡易式 　投薬なしでの急性心筋梗塞や開心術後3週間：安静時心拍数＋10/分 　虚血性心疾患：安静時心拍数＋15/分 　非虚血性心疾患：安静時心拍数＋20/分 　投薬あり：安静時心拍数＋10/分 ※運動開始時は低強度から開始する ※実際には中等度以下の強度に設定する ※安静時血圧−20mmHgを下回らない
運動頻度	隔日〜毎日
運動時間	20〜60分程度

＊AT：anaerobic threshold

より期待される効果は，機能・活動の維持・向上だけでなく，①他者とのコミュニケーションと交流の促進，②障害の客観視・再確認と障害受容の促進，③生活意欲の向上，が挙げられる。リハや運動を含む通所サービスの一連の活動は対象者にとっての対人交流の場でもある。類似した背景をもつ対象者間のコミュニケーションをとおして，日常生活での苦労を共有し，リハへの動機付けや目標達成への意欲の向上の相乗効果を図る。

集団介入では，①対象者間の相乗効果，②実施できる介入内容の適正化，③リスク管理の効率化，を考慮して，介入内容に応じた対象者のグループやユニットの構成を検討する。例えば，立位での運動が可能な集団，全員が座位で実施する活動内容，相性がよい対象者のペアリングや，その集団介入を実行できる職員の人員配置や実行する場所などを検討する。

連携

対象者の障害像や経過を的確に把握し続け，より効果的・効率的な通所サービスを成功させるためには関連職種や家族との**連携**が重要である。

連携する主な対象は，①家族，②医師，③ケアマネジャーや地域包括支援センターの保健師など，④対象者が利用する他事業所（訪問看護，訪問介護，訪問リハなど），⑤事業所内の他の通所施設職員である。

通所施設では訪問リハと同様に医学的な情報が十分に得られないことが少なくない。対象者本人の計画的な医学的管理を行い医師との情報共有を積極的に図る。

定期的または臨時的に開催されるサービス担当者会議を通じて，利用者の心身の状況，病歴，その置かれている環境，他の保健医療サービスまたは福祉サービスの利用状況などを把握する。それにより，情報の交換と共有を図り，密接な連携に努める。

訪問リハを利用している対象者では，訪問リハで検討されたADLの方法や自主練習の内容の申し送りを受ける。在宅での新たな動作方法や介助方法を通所施設で実践する機会を増やして日常生活に定着させるとともに，さらなる活動量の増加を図る。

訪問リハを利用していない対象者が，在宅生活に支障をきたすようになった場合，訪問リハの開始を提案して生活再建を図る。

通所サービスは1人の対象者に対して，複数の職員が介護や支援を担当する。事業所内でもカンファレンスを通じて，各対象者の介助方法や支援の方針を共有する。

初回評価や再評価を実施した結果をまとめ，リハ計画（**図5**，記載例は「マネジメント」の**図10，11**（p.242〜245）参照），運動器機能向上計画，個別機能訓練計画を作成する。評価結果は書面で対象者または家族に説明し，以後の理学療法の方針や内容についての同意を得る。また，評価結果カンファレンスや事業所間連絡で共有し，緊密な連携を図るための手段として活用する。

対象者，家族，ケアマネジャーなど他職種と行うサービス担当者会議や，事業所内の関連職種で実施するリハ会議といった各カンファレンスの際には会議録（**図6，7**）を作成し，事業所内・事業所間での情報共有に努める。

図5 リハ計画書

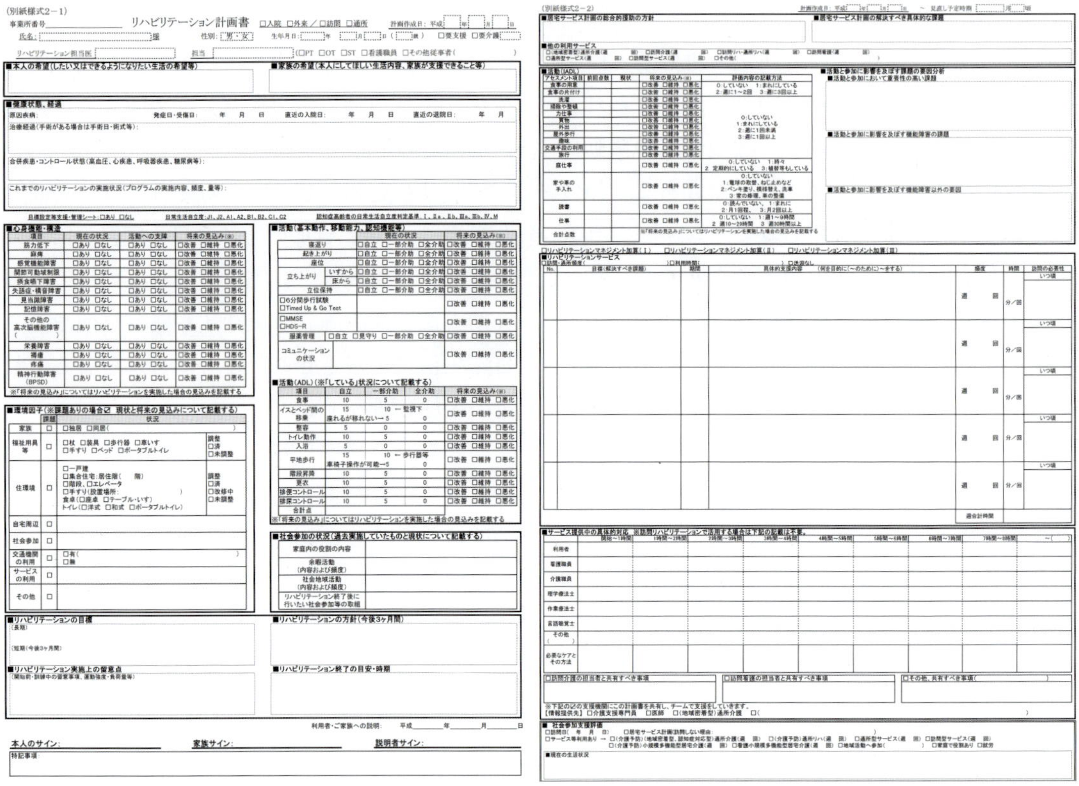

図6 リハ会議録

文献6)より引用

図7 サービス担当者会議の記録用紙の例

利用者名　　　　様	作成担当者	作成年月日　　年　月　日
開催日　　年　月　日	開催場所　　　　　　開催時間	開催回数

会議出席者	所属(職種)	氏名	所属(職種)	氏名	所属(職種)	氏名
検討した項目						
検討内容						
結論						
残された課題 (次回の開催時期)						

文献7)より引用

3　入所

POINT
- 高齢者が入所または居住できる施設は介護保険の対象か否かで分類するとよい
- 介護保険施設のなかで理学療法士や作業療法士の配置が義務付けられているのは介護老人保健施設である
- 介護保険施設の理学療法士の役割は，残存機能を生かした生活の改善，社会参加促進である
- 理学療法の展開は起居移動動作能力とADLの関係性から課題を見出す
- 機能や能力の改善だけでなく廃用症候群の改善・予防に配慮する
- 認知症や終末期の理学療法について学び，理学療法の提供に役立てる
- 理学療法の目標設定は，改善群，維持群，低下群に分類して検討する
- 理学療法の提供はリハマネジメントの手順に基づいて提供する
- リハマネジメントの目標はケア計画との整合性が重要である
- 施設では，理学療法の提供だけでなく，施設全体をとらえて機能改善が図れるようなケアを推進する

高齢者の入所施設と理学療法士の役割

さまざまな高齢者施設

　高齢者の施設は，民間施設か公的施設か，介護保険施設か対象外の施設か，日常生活能力の自立度などで分類され，施設ごとに特色をもつ（**表9**）。**表9**において，■は介護保険の対象施

表9　高齢者が入所できる施設

【民間施設】
- *介護付有料老人ホーム：要支援，要介護
- 住宅型有料老人ホーム：自立，要支援，要介護
- 健康型有料老人ホーム：自立
- *サービス付き高齢者向け住宅：自立，要支援・要介護
- シニア向け分譲マンションなど：自立，要支援

【公的施設】
① 介護保険施設
- **介護老人福祉施設（特養）：原則要介護3以上**
- **介護老人保健施設（老健）：要介護**
- **介護医療院（旧介護療養型医療施設）：要介護**

② 地域密着型施設
- **グループホーム：要支援，要介護**
- **小規模多機能型居宅介護：要支援，要介護**
- **短期入所生活介護，短期入所療養介護：要支援，要介護**

③ 軽費老人ホーム
- *ケアハウス：自立，要支援（介護サービス利用）
- *養護老人ホーム：自立，要支援（介護サービス利用）

設であり，*は施設基準と人員基準を満たしていれば特定施設入所者生活介護の指定を受けることができる。太字で示したものは介護保険施設であり，このうち理学療法士や作業療法士の配置が義務付けされているのは介護老人保健施設である。

介護保険施設

<u>介護療養型医療施設</u>は医療機関の病棟を活用した施設で，2024年に廃止される見込みであり，今後新たに病棟を活用する場合は<u>介護医療院</u>として申請するようになった。これらの施設は医療度の高い利用者が入所することになり，病院に配置された理学療法士などがかかわることがある。

<u>介護老人保健施設</u>はリハを重視した施設であり，在宅復帰を目指す施設として開設され，理学療法士や作業療法士の配置が義務付けられている。介護老人福祉施設は中～重度の要介護高齢者が身体介護や生活支援を受けて居住する施設であり，機能訓練を実施するために理学療法士などが配置されている施設もある。

いずれも入所者のリハは施設ケアプランに沿って，全入所者の状態や生活スケジュール，施設環境などをとらえたうえで，個別のリハ計画を立案し実施する。生活レベルへの介入も忘れてはならない。

入所における理学療法士の役割

医療機関では，発症早期から心身の機能回復を主眼とした理学療法が提供される。治療を継続しても改善が期待されないという判断の後は，介護保険などにおいて残存機能を生かした生活機能の改善，社会参加に向けて，在宅では訪問や通所や入所により理学療法が提供される。施設入所における理学療法の役割は以下のようになる。

- 体力，ADL（IADL）を含めた心身機能の詳細な評価を実施する。
- 評価に基づき心身機能を高めるための理学療法を提供する。
- 評価に基づき機能に見合ったADL（IADL）を提案する。
- 評価に基づき体力に見合った活動（生活スケジュール）を提案する。
- 上記を生活に取り入れるためにさまざまな職種との連携を図る（多職種協働による支援）。
- 在宅復帰のための支援（環境整備，運動など指導など）を積極的に実施する。

入所における理学療法の展開

起居移動動作能力とADLの関係性から課題を導く

トイレ動作が自立できるか否かは本人の**生活の質（QOL）**に大きな影響を及ぼすだけでなく，在宅復帰の際の家族負担を左右する重要な問題である。

トイレ動作が可能となるためには，尿意・便意があり，トイレに行こうと判断でき，起き上

*QOL：quality of life

がりや立ち上がりの動作，移動が可能でズボンの上げ下げやペーパーで拭くことができる上肢の機能が十分であることが前提となる。そのため，起居移動動作能力とADLの関係を十分に把握し，理学療法に役立てることが重要となる[8]。

ADLのような特定の目的動作や行為は起居移動動作能力との相関が高く，例えば更衣は座位保持能力と，排泄は移動能力と関連する。そのためADL能力の獲得については**基本動作能力**と関係を整理しておき，直ちに生活と結び付ける。

例えば，立ち上がり能力が高まったら現場で確認し，介護職員に協力してもらって自立まで導く，といった細やかな指導を速やかに実施するための整理である（**図8**）。これは，環境整備の際にも有用となる。

廃用症候群への配慮

介護保険施設に入所する高齢者の多くは中・重度者であり，理学療法を提供するうえで「廃用」についてしっかりと整理しておく必要がある。廃用はその原因のほとんどが安静や臥床状態や非活動などの「生活状況」に原因がある。つまり，生活に影響を与える心身機能・構造の正確な分析から理学療法を提供すると同時に，生活状況から生まれる「廃用」を起こさないための予防に取り組む必要がある。

理学療法士が理学療法を提供するなかで，1日に数分間だけ車椅子に乗車しただけでは，廃用症候群の予防にはつながらない。安静や臥床状態や非活動を解消するために，どのような姿勢でどのように過ごすかの生活指導やいかに介助するかの介護指導などが必要となり，そのための他職種との連携が重要となってくる。また，その問題を分析するためには，今までの「生活」が，どのように現在の状態に影響しているか，現在の生活をどのように変えれば，維持・改善できるか，といった縦断的な分析をしたうえでかかわる必要がある（**図9**）。

2章 地域理学療法の実際

図8　起居移動動作能力とADLとの関係

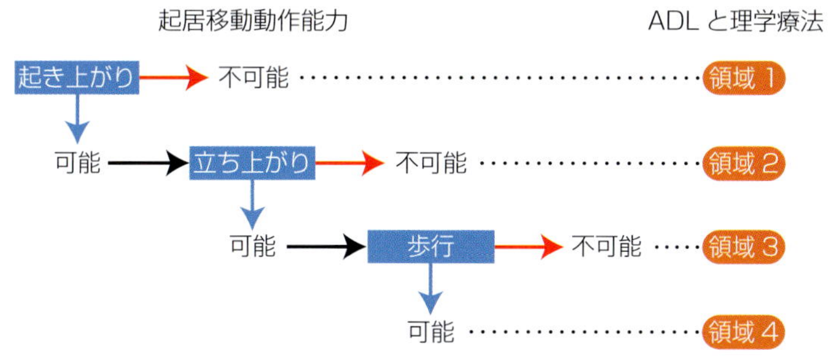

起居移動動作能力　　　　　　　　ADLと理学療法

起き上がり → 不可能 …………… 領域1
　↓
可能 → 立ち上がり → 不可能 …………… 領域2
　　　　　　↓
　　　　　可能 → 歩行 → 不可能 …… 領域3
　　　　　　　　　↓
　　　　　　　　可能 …………… 領域4

領域1 ADLは（食事以外）全介助であることが多く，褥瘡・関節拘縮・体力低下を防ぐために車椅子乗車を進める。身体機能を改善するために基本的な運動療法を実施することが可能。

領域2 自分で起き上がれる環境を作り，座位保持が可能であれば座位で過ごす時間を増やし，更衣・整容動作の自立を促す。車椅子自走が可能であれば活動範囲を広げ，活動性を高め，立位を促す運動療法を実施することが可能。

領域3 移乗動作の実践を繰り返して，可能になったら車椅子に自分で乗車できるような環境を作る。立位保持ができ尿意・便意があれば排泄動作の練習を開始する。下肢機能を強化し歩行を促す運動療法を実施することが可能。

領域4 ADLは軽介助であることが多い。転倒する可能性がある場合，筋力・柔軟性・バランスなどの身体機能分析と運動療法が必要である。1日の歩行する時間と活動範囲を検討し体力および筋力低下を防ぐ生活指導と運動療法が可能。

図9 廃用症候群を防ぐための評価・分析

聴取：介入前の生活の評価
起居移動動作能力，ADL・IADL状況，生活範囲，活動時間，活動内容，人間関係，習慣など

↓

評価：施設内での現在の生活の評価
心身機能・起居移動動作能力，ADL・IADL状況，活動時間，活動内容など

↓

予測：在宅での生活・将来の生活のために何が必要か
在宅における起居移動動作能力，ADL・IADL状況，生活範囲，活動時間，活動内容，人間関係，習慣などを想定した理学療法と生活指導などを検討する

ポイント
- 能力に応じた生活が実施できるか
- 体力維持・向上を加味した生活状況か

過去・現在・将来を縦断的にとらえて評価し，何をすべきかを分析する

認知症や終末期の理学療法を検討する

■認知症の理学療法

施設入所者が認知症を有する確率は80～90％であり，中・重度者が中心となり，その対応も理学療法士に求められる。

DSM-5の診断基準によれば認知症の診断には**IADL評価**が欠かせず，ADLに支障をきたすようになるのはよほど進行してからであるが，施設入所者の多くはADLに支障をきたしている。

認知症とADLの研究によれば，MMSE得点が14～15点より高い場合は認知機能とADL能力とは相関せず，認知機能障害が進行し14～15点より低い場合に相関したと報告している[9]。

また，認知機能障害の程度が高度・非常に高度な群ではADL低下が明らかに低下し，尿失禁の頻度も急激に増加するとされている。重度になると，認知機能障害以外に失行・失認，遂行機能障害が加わるだけでなく，運動中枢の変性が進み麻痺などの中枢神経障害が起こり，特に前頭葉に特有の筋緊張亢進などがみられるようになり，複雑に絡み合ってADLに深刻な影響を及ぼす。残存機能を活用し，悪化予防の中枢神経疾患並みの理学療法が必要になってくる。

■終末期の理学療法

介護保険施設に入所する要介護高齢者は後期高齢者が多く，遠くない将来に「死」を迎える存在で，広い意味での**終末期ケア**を意識せざるを得ない状況にある。

理学療法も同様で，ゴールはすべてが改善を目指すものではなく，低下していくなかでの理学療法士のかかわりも必要になってくる。

重度化するほど，**疼痛緩和**，**ROM拡大**，**筋緊張亢進状態の緩和**，**褥創予防の徐圧**，**車椅子座位姿勢改善**，**呼吸機能改善**，**浮腫軽減**などの理学療法提供量が多くなってくる。

施設入所者の目標設定

施設入所者の目標設定は，**改善群**か，**維持群**か，**低下群**かに分けて検討するとよい。改善群では移動能力，排泄動作に関する内容が多くなり，維持群では活動量を高めるための生活スケジュールの工夫，行動，人間関係づくりなどに関する内容が多くなる。さらに，低下群では食事動作，座位時間獲得などに関する内容が多くなる。

生活支援が重視されているが，例えば疼痛や呼吸が楽になれば，それが結果的にはQOLを高めることになる。そのような幅広い理学療法も範疇に入れるべきである。

補足

前頭葉に特有の筋緊張亢進〔抵抗症（gegenhalten, paratony）〕

抵抗症とは，患者の注意が他に向けられていると筋の抵抗はないが，"楽にして"などと指示して，検査を意識すると受動運動に対し無意識に力が入る現象で，検者の刺激が速いほど速く抵抗し，強いほど強く抵抗する。広範囲な脳障害（認知症や意識障害など）の患者で認められる現象である。抵抗症は，認知症の初期にみられることはなく，必ず出現するものでもないが，あらゆる原因で前頭葉の重篤な損傷に陥った際に出現する。

例えば，ベッドから介助で起こそうとすると，ベッドにもどるようなまったく逆の動きをする。立ち上がらせようとすると，それに抵抗するように椅子に腰掛けようとする。手を引いて別の場所に誘導しようとすると，逆に強い力で介助者の手を引っ張るなどの現象となり，介護負担が大きくなる[7]。

---

*DSM：diagnostic and statistical manual of mental disorders *MMSE：mini mental state examination

リハマネジメントの実践

リハマネジメントとは

前述したように多職種協働でリハとケアを推進することは重要で，**リハマネジメント**の実務を遂行することも理学療法士の役割である。リハマネジメントの手順は以下のようになっている。なお，リハ実施計画書はあくまでも施設ケアプランとの整合性があるものでなければならない[10]（**図10**）。

- リハ開始までに主治医からは診療情報を，かかわったリハスタッフからは実施経過を，ケアマネージャーからはケア計画などの情報を入手する。
- 開始前には必ずカンファレンスを実施してリハ実施計画原案を作成する。利用者・家族の同意を得る。
- 原案に基づいてリハを実施し，サービス開始後2週間以内にアセスメントを行うとともに，カンファレンスを実施して**リハ実施計画書**を作成する。利用者・家族の同意を得る。
- 3カ月ごとに評価を実施し，計画の見直しを行う。

多職種連携に際して

施設入所者のケアは本人の能力を見極めたうえで，残存能力を引き出すような援助を日々重ねることが重要になる。この部分は，実は心身機能を正確に把握する理学療法士こそが大きな力を発揮できる部分である。そのため，「できる」にもかかわらず介助されている部分を指摘し，看護職員や介護職員と連携し続ける仕組み（定例会議など）を構築し，協働して理想的なケアとリハを提供しなければならない（**表10**）。施設における理学療法は機能を回復するだけでなく，残存する能力をさらに引き出すケアを実践するための「**チームアプローチ**」を重視する必要がある。

理学療法士の視点

施設における理学療法士の業務は，全ケースのリハマネジメントと個人に対する理学療法提供の2つに大別できる。

限られた人員のなかで，いかに効率よく2つの業務を遂行するかが勝負となる。それを成功させるための秘訣は，施設スケジュールや介護職員などのケア業務を立体的にとらえ，協力を得ながら組み立て直し，入所して計画どおりの生活を過ごすだけで機能向上が図れるような施

図10　リハマネジメントの流れ

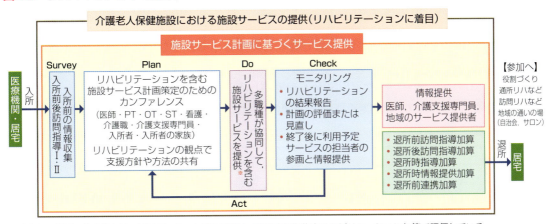

※さらに，個別の集中的なリハビリテーションを短期集中／認知症短期集中リハビリテーション加算で評価している。

文献8）より引用

表10　ケア指導の際のポイント

・疾患，健康状態，処置や服薬の状況，定期受診などを把握する
・1日の生活スケジュール，週単位，月単位，季節ごとにはどう変わるかも把握する
・総臥位時間（24時間の間に臥位になっている時間を表す：15/24など）を把握する
・朝，昼，夜の食事はどこでどのように食べるか，誰が介助するか，過介助になっていないかを確認する
・日中，夜間の排泄はどこでするか，誰が介助するか，適切な介助方法かを確認する
・入浴は一般浴か機械浴か，誰がどのように介助するか，過介助になっていないかを確認する
・屋内および屋外での移動手段はどうか，自立度に合わせた介助か，転倒予防対策は十分かを確認する
・寝返り，起き上がり，立ち上がりの介助は本人の残存能力を引き出しているかを確認する
・更衣や整容はどこでどのように実施するか，誰が介助するかを確認する
・その他～栄養状態，食事の準備や片付け，掃除や洗濯，日中の過ごしかた，習慣，人間関係などを把握する

設生活スケジュール，ケア業務を構築することである。

公平性を保ち，効果的で調和のとれた施設全体のリハを充実させ，対象者の質の高い自己実現を図るためには，多職種が互いの業務内容を明確にし，意見交換できる環境を作り，創意工夫を重ねる日々から生まれることはいうまでもない。とりわけ，理学療法士はそのかかわり方をより具体的に繰り返し示していく必要がある。

4　病院

- 退院支援には世帯形態や患者・家族のさまざまな背景が大きく影響する
- 退院支援の対象となる患者を整理し，入退院を繰り返す患者について，理学療法士は重点的にかかわる必要がある
- 入退院が繰り返される理由は，環境整備の問題，機能低下予防策の不足，機能を生活につなげる工夫の不足，IADL評価の不足が挙げられ，その対策が必要である
- 環境整備は，生活様式や習慣，価値観，家族関係，近隣の付き合い，経済面などを十分に理解し，家族や他の担当者の意見を取り入れ，柔軟に検討する
- 在宅における機能低下予防策は入院初期から始め，退院時点では自らが機能維持できるような指導を完成させておく必要がある
- 機能とADLを結び付け，実生活で機能を発揮できるような指導，さらにはIADLへの介入も積極的に行う
- 各々の地域の地域包括ケアシステムを考慮して退院支援に臨む
- 院内だけでなく地域の関連職種との連携を密にし，患者をしっかりと地域生活につなげる

退院支援

高齢者の世帯形態と退院

■高齢者の世帯形態

日本の世帯形態をみると，最新の調査結果[11]では，高齢者の「単独世帯」は27.1％，夫婦だけの高齢者世帯は31.1％で，これらを合わせた高齢者だけの世帯は58.2％となっている。

■退院できない可能性

　高齢者は，麻痺などがなくても入院するだけで心身機能の著しい低下（廃用症候群や認知症）により入院前の生活ができなくなることがあり，そうなれば容易に退院することはできない。

　この場合，**高齢者が退院できるか否かは世帯形態が大きく影響する**（図11）。

　このほか，介護者の問題，経済的問題，環境など，退院できない理由は多々あるが，本人や周囲の考え方や思い込みが障壁になるという側面もある。

　退院支援は生活の実態をとらえるだけでは解決せず，複雑な対応が求められ，ここでもチームアプローチが重要になる。

■退院支援とは

　病院の診療報酬において退院支援加算の対象となる患者の算定要件は以下のようになっている。

【医療機関の退院支援加算の対象者】

- **悪性腫瘍，認知症または誤嚥性肺炎などの急性呼吸器感染症**のいずれかであること。
- 緊急入院であること。
- **要介護状態**であるという疑いがあるか，要介護認定が未申請であること。
- 同居家族から虐待を受けている，またはその疑いがあること。
- 医療保険未加入者または生活困窮者であること。
- **入院前に比べADLが低下し退院後の生活様式の再編が必要なこと(予測されること)。**
- 排泄に介助を要すること。
- 同居者の有無にかかわらず必要な介護または養育を十分に提供できる状況でないこと。
- **退院後医療処置(胃瘻などの経管栄養法を含む)**が必要なこと。
- **入退院を繰り返していること。**
- その他患者の状況から判断して上記のいずれかに準ずる場合。

　理学療法と深く関係するものを太字で示したが，このなかで理学療法士が最も注目すべき点は，

図11　退院できない可能性

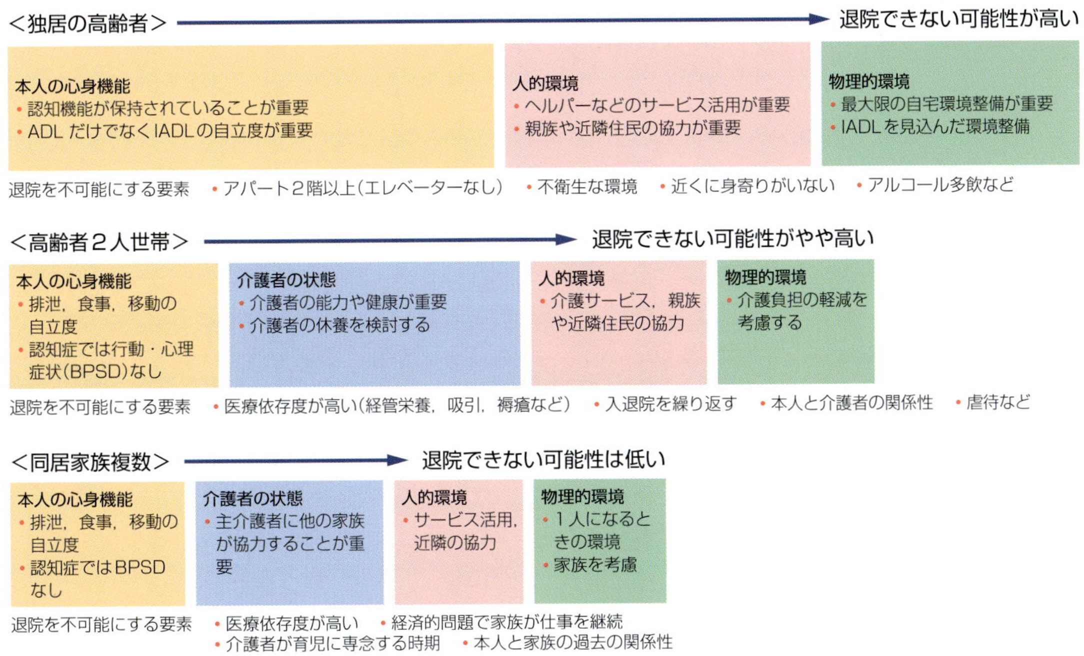

＜独居の高齢者＞ ──────────────→ 退院できない可能性が高い

本人の心身機能	人的環境	物理的環境
・認知機能が保持されていることが重要 ・ADLだけでなくIADLの自立度が重要	・ヘルパーなどのサービス活用が重要 ・親族や近隣住民の協力が重要	・最大限の自宅環境整備が重要 ・IADLを見込んだ環境整備

退院を不可能にする要素　・アパート2階以上（エレベーターなし）　・不衛生な環境　・近くに身寄りがいない　・アルコール多飲など

＜高齢者2人世帯＞ ──────────→ 退院できない可能性がやや高い

本人の心身機能	介護者の状態	人的環境	物理的環境
・排泄，食事，移動の自立度 ・認知症では行動・心理症状(BPSD)なし	・介護者の能力や健康が重要 ・介護者の休養を検討する	・介護サービス，親族や近隣住民の協力	・介護負担の軽減を考慮する

退院を不可能にする要素　・医療依存度が高い(経管栄養，吸引，褥瘡など)　・入退院を繰り返す　・本人と介護者の関係性　・虐待など

＜同居家族複数＞ ────────→ 退院できない可能性は低い

本人の心身機能	介護者の状態	人的環境	物理的環境
・排泄，食事，移動の自立度 ・認知症ではBPSDなし	・主介護者に他の家族が協力することが重要	・サービス活用，近隣の協力	・1人になるときの環境 ・家族を考慮

退院を不可能にする要素　・医療依存度が高い　・経済的問題で家族が仕事を継続　・介護者が育児に専念する時期　・本人と家族の過去の関係性

退院支援の難しさを長さで表現している。

＊BPSD：behavioral and psycological symptoms of dementia

「入退院を繰り返していること」である。

理学療法士は心身機能を評価できる唯一の職種であり，入院中に機能を高めることができても，患者が退院した後の在宅生活をイメージできず，対策を講じないままで退院となれば，廃用症候群であっという間に再入院となる。入退院の繰り返しの多くはそのような対策不足から起こることを再認識する必要がある。

なぜ入退院が繰り返されるのか

高齢者は**廃用症候群**に陥りやすく，それが原因で入退院を繰り返すが，その原因は加齢だけではない。高齢者には社会活動から離れ，役割も減り，人との交流も少ない背景があり，そのために活動量や認知機能の低下に拍車がかかる。理学療法は，それらの背景を加味した取り組みが必要になる。以下に理学療法士が着目すべき問題点を示す。

■環境整備の問題

心身機能が低下した高齢者が入院中の理学療法で一時的に改善しても，退院後の生活環境の問題で活動しにくい状態になる。

それを解消するために住宅改修や福祉用具提供などの対策が講じられるが，よりよい環境整備は，理学療法士が1人1人の患者の実際の生活をイメージできていなければ不可能である。

■機能低下予防策の不足

退院後にどのような生活を送れば現在の機能が維持できるかについて，理学療法士から患者に説明されていないことが多い。

また，悪化予防策も具体的に指導されていない（家族への説明も不足している）。

■機能を生活につなげる工夫の不足

心身機能が向上しても，その機能が日常生活のどの部分に生かされるかを十分に把握できていない。そのため，その場のトレーニングで終わってしまい，どの部分で役立てればよいかの具体的な指導がされていない。

■IADL評価の不足

ADL評価をして食事動作が可能であれば，それで退院できるわけではない。

バランスの取れた食事を調理し片付ける，飲みたいときに水分を摂取する，服薬する，食材を購入し保存する，などの一連の生活の流れをとらえなければ，本当の意味での支援はできない。しかし，それらの評価（IADL評価）が十分でない。

再入院を防ぐ方策

環境整備

住宅改修や福祉用具提供の具体的な流れや内容については「福祉用具の利用と住環境の整備」（p.215）で述べるが，無駄な環境整備に終わらないよう以下の点について留意するとよい。

■高齢者の能力を最大限に発揮できる整備かを確認する

生活のなかの行動そのものが高齢者の心身機能を維持・向上するための活動であり，環境整備は本人の心身機能を最大限に発揮するものを選択する。

環境整備の前に「心身機能を維持・改善できるような生活方法」を本人・家族と話し合い，どのように移動し活動するかを決めてから選択することが重要である。

■将来を見通した環境整備かを確認する

病状の進行や機能低下が予測される場合は，現在の状況に適した整備だけでなく将来のADL低下を想定した内容も含める。改善が予測される場合は柔軟に変更できるタイプのものを選択する。

■目的を明確にしてイメージを共有するための工夫

「手すりを使って玄関の上がり框の昇降が自力で行える」，「床の段差をなくして車椅子を自力駆動してトイレに行ける」など，改修後どのような生活になるかを明確に示し，認識してもらう。各々の理解が微妙に異なったまま進むとトラブ

ルの原因になる。

■「本当にそれでよいか」の検証

　理学療法士は限られた時間でかかわるため，本人や家族が長年守っている生活様式や習慣，価値観，家族関係，近隣の付き合い，経済面などを十分に理解してないことが多い。

　本人・家族や担当ケアマネジャーなどの意見，経験豊富な業者の意見などに耳を向けることが重要である。理想的な改修を求めすぎて家族の負担を強いてはならない。

機能低下予防策

　高齢者の多くは長期にわたる生活が原因となって廃用症候群による**起居移動動作障害**を起こす。よって，理学療法提供だけでなく，退院後の生活を考慮し，**廃用症候群を予防するための生活指導，運動指導**などが不可欠となる。

　例えば，入院中に1日の総臥位時間（24時間中に臥位になる時間）を評価し日中なるべく臥位にならないような指導，介入初期からのさまざまな自主トレーニング指導，それを生活の一部として習慣付けるような指導について，退院時ではなく介入早期から実施する必要がある。

機能を生活につなげる工夫

　ADLは身体機能（起居移動動作能力）との相関が高い。例えば，更衣は座位保持能力と，排泄は移動能力と関連する。そのため，生活遂行能力の向上は基本動作能力との相関で整理し，直ちに生活と結び付けることが重要である。

　理学療法士は能力を的確に高める技術をもつが，在宅での生活と結び付けなければ，いずれ不可能になる。すべてが該当するわけではないが，**図12**に起居移動動作能力とADLの関係を具体的に示した。

IADL評価

　生活機能は単純なものから複雑な順に生命維持，機能的健康度，知覚・認知，身体的自立（IADL），手段的自立（IADL），状況対応および社会的役割からなり，高齢期ではより高次のものから低下

図12　起居移動動作能力とADLの関係

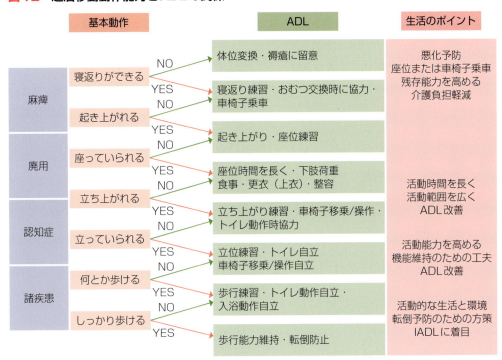

する[11]。食事動作を目的として行われる「食事の支度」や「買い物」がIADLであり，IADLは75歳までは自立度が高いが，75歳以降は加齢とともに急速に低下する。そのため，障害の発生頻度はADLよりも高く，高齢になるほど高くなる。

IADL障害をもつ高齢者は（ADL障害よりも）改善の可能性が高く，ADL障害発生の可能性も高い。IADLを無視した退院支援は十分な支援とは言い難く，認知機能障害がない患者に対してはADLを下支えするIADL評価を必ず実施するべきである。

地域包括ケアシステムと地域連携

地域包括ケアシステム

■地域包括ケアシステム

地域住民が要介護状態となっても，必要なサービスを必要な分だけ受けることができ，地域に住み続けることができるよう，保健，医療，福祉などの福祉サービスが十分に整えられ，それらが連携し，一体的，体系的に提供される仕組みのこと。

■システム作りの目的

人口が横ばいで後期高齢者が急増する大都市部，その逆となる町村部など，高齢化の大きな地域差は保険者である市町村が地域の自主性や主体性に基づいて作り上げるもの。

地域包括ケアシステムというと大がかりなものを想像してしまいがちであるが，概念的な言葉にとらわれず，対象となる患者のその先の生活を考え，家族や社会をとらえ，その先に担当する人々にしっかりとつなげることで貢献できるものである。

■地域包括ケア病棟

このような背景を加味し，近年は急性期治療を経過した患者の受け入れや在宅において療養を行っている患者などの緊急時の受け入れ，ならびに患者の在宅復帰支援などを行う機能を有し，地域包括ケアシステムを支える役割を担う**地域包括ケア病棟**（**図13**）が各地の病院で導入されている。

地域包括ケア病棟は回復期病棟と違い，すべての疾患が対象となり，在宅から直接入院し医療を受けることができるのが特徴で，在宅ケアを支える新しい病棟である。

関係職種との連携の重要性

他職種との連携を十分なものにするためには，他職種の専門性について日ごろから学んでおくことが重要である。互いの業務の内容を知ることで，互いが密接に協力でき，最終的には対象者のQOLを高めることにつながる。理学療法士は，身体機能や能力を十分に把握できる職種であり，培ってきた知識や技術を駆使して，他職種に伝える重要な役割がある。

地域理学療法では，対象者の機能・体力を維持・向上させ，自立を支援し，心身機能に見合った環境整備を行う。そして，介護負担を軽減し，社会参加を促進するために，さまざまな関係機関や組織のなかでチームの一員となって知識，技術を生かしていくことが必要である。

図13　地域包括ケア病棟の位置付け

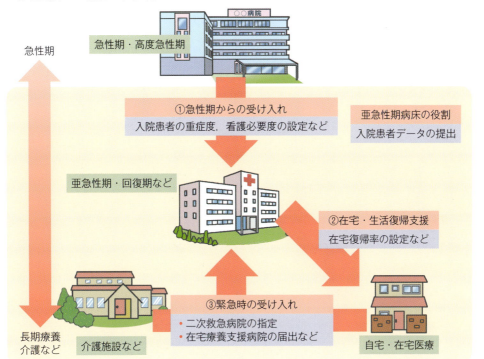

文献12)より引用

まとめ

- 訪問リハ・通所リハは，それぞれどこで，誰に実施されるか（☞p.137，138，146，147）。 試験
- 訪問リハ・通所リハにおける生活機能評価の過程と留意点を説明せよ（☞p.138～140，147～149）。 実習 試験
- 訪問リハ・通所リハでの主な介入内容と介入時の留意点を説明せよ（☞p.140～145，149～153）。 実習 試験
- 訪問リハ・通所リハにおける連携の留意点を述べよ（☞p.145，153～155）。 試験
- 介護保険施設を3つ挙げよ（☞p.156）。 試験
- 起居移動動作能力とADLの関係とはどのようなものか（☞p.157）。 実習
- 廃用症候群を予防するためのポイントを述べよ（☞p.157）。 実習 試験
- 認知症とADLの関係について述べよ（☞p.158）。 実習 試験
- リハマネジメントとはどのようなものか（☞p.159）。 実習 試験
- 施設内の多職種連携における理学療法士の役割はどのようなものか（☞p.159）。 実習 試験
- 高齢者の退院支援において理学療法士が最も着目すべき患者はどのような患者か（☞p.159）。 実習 試験
- 高齢者が入退院を繰り返す場合，理学療法士はどのような点に留意すべきか（☞p.161）。 実習
- 退院支援での在宅の環境整備は，心身機能やADL以外にどのような点に配慮すればよいか（☞p.162）。 実習
- 退院後の機能低下予防策は入院後どの時期から始めればよいか（☞p.163）。 実習
- 心身機能をADLに結び付け，実生活で機能を発揮できるような指導をするには，どうすればよいか（☞p.163）。 実習
- IADL評価と介入について述べよ（☞p.163）。 実習 試験
- 学校の近隣にある地域の地域包括ケアシステムについてまとめよ（☞p.164）。 実習 試験

【引用文献】
1) 平野康之ほか：訪問リハビリテーション実践における要介護利用者の病状把握に重要なアセスメントの検討，理学療法科学30(4)，569-576，2015.
2) Bovend'Eerdt TJ et al.：Writing SMART rehabilitation goals and achieving goal attainment scaling：a practical guide. Clin Rehabil. Apr；23(4)：352-61，2009.
3) 臼田　滋：基本動作能力を測定するための機能的動作尺度の開発，理学療法科学15(4)：173-179，2000.
4) 臼田　滋：脳卒中片麻痺患者における機能的動作尺度Functional Movement Scale(FMS)の信頼性と妥当性の検討，理学療法学31(6)：375-382，2004.
5) 前田真治：リハビリテーション医療における安全管理・推進のためのガイドライン，リハ医学44：384-390，2007.
6) 厚生労働省老健局老人保健課長通知：リハビリテーションマネジメント加算等に関する基本的な考え方並びにリハビリテーション計画書等の事務処理手順及び様式例の提示について，2018.
7) 長寿社会開発センター：第2版 居宅サービス計画書作成の手引，p22，長寿社会開発センター，2010.
8) 金谷さとみ：介護老人保健施設において理学療法士が果たすべきこれからの役割．理学療法，22(11)：1461-1466，2005.
9) 金谷さとみ：認知症の標準的解釈とリハビリテーション介入，p104，文光堂，2017.
10) 厚生労働省ホームページ：第144回(H29.8.4)社保審―介護給付費分科会参考資料2介護老人保健施設(https://www.mhlw.go.jp/file/05-Shingikai-12601000-Seisakutoukatsukan-Sanjikanshitsu_Shakaihoshoutantou/0000174012.pdf)
11) Lawton MP：Assessing the competence of older people. In：Kent DP, Kastenbaum R, Sherwood S (eds), Research planning and action for the Elderly：The power and potential of social science. Human Science Press, New York：122-143, 1972.
12) 厚生労働省ホームページ：平成26年度診療報酬改定の概要(https://www.mhlw.go.jp/file/06-Seisakujouhou-12400000-Hokenkyoku/0000039378.pdf)

2章 地域理学療法の実際

4 住民支援

1 介護予防事業支援

- 理学療法士は，啓発・普及・継続の3つの場で支援を行う
- 基本チェックリストにより，地域高齢者の要介護リスクをとらえる
- 自主グループ活動での取り組みに適した運動プログラムを考案，提供する

理学療法の場

　介護予防には，要介護状態になることを予防するという意味と要介護状態の重度化を予防するという意味がある。介護予防に資する取り組みは，個人での取り組みから地域での取り組みまで多様であるが，地域理学療法の担い手としての理学療法士には後者における役割が期待されている。

　特に**自治体**（**市町村**）が進める介護予防事業へのかかわりが求められており，その代表的な場は以下の3つである。

啓発の場

　できるだけ多くの地域住民に介護予防についての知識，関心を高めてもらうことを目的とする支援である。代表的な啓発事業は**自治体**や住民組織などが主催者となり公民館や市民ホールなど住民に身近な施設を会場にして講演会や体験イベントなどを行うものである（**図1**）。来場者数の規模は数十人から数百人までさまざまである。理学療法士は主催者からの依頼に応じて講師役を務めることが多い。ベテラン理学療法士では講演会の企画から運営まで幅広くかかわる者も少なくない。

　講演会のように地域住民と直接顔を合わせるのではなく，メディアを介した啓発を行うこともある。たとえば，自治体の広報誌への寄稿やテレビ番組への出演などである。こうしたメディアは地域住民にはなじみ深く，理学療法士として積極的に活用していくことが望まれる。

図1　介護予防イベントの例

東京都国分寺市において実施した介護予防普及啓発事業の広報資料（フライヤー）。地域住民向けの「講演会」，自主活動グループの発表の場となる「交流会」，体験イベントの「元気力測定」の3種を盛り込む工夫がなされている。

普及の場

　地域住民に介護予防への具体的な取り組み方法を習得させるための支援である。取り組み方法としてよくみられるのは，近隣住民数名から十数名程度で1つのグループをつくり，近所の集会所などを会場にして，週に1回1時間などのように定期的に介護予防活動に取り組む形である。

　近隣や近所とは徒歩圏であることが望ましいが，実際にどのようなメンバーが集まり，どのような場で取り組むのかは地域事情による。プログラムの主流は体操であるが，これに認知機能向上や口腔ケアも加えられたプログラムもよく見受けられる。

継続の場

　介護予防への取り組みは一過性ではなく，長い年月にわたって継続していくことが求められる。参加者の継続意欲を高める方法としては体操の復習（フォローアップ）の場を設けたり，運動機能測定の場を設けたりする方法がよく用いられている。

　介護予防への取り組みは長期的にみれば，それが日常生活の一場面になるほどに参加者それぞれの生活に溶け込むことが望まれており，活力ある地域生活を営む住民が増えることでその地域全体が活力ある社会となることが期待されている。このため，長期的な観点からは参加者個人としてだけでなくグループ活動としての継続意欲も高め，介護予防への取り組みを地域社会に定着させていくことが重要である。

根拠となる制度

　介護予防事業は**介護保険法**の改正に伴い事業のあり方が変化してきた。現在の制度では介護予防の文言は要支援の者と非該当の者を対象としたサービスに使用されており，関連する事業は予防給付と総合事業に位置付けられている。ここではこのうち一般介護予防事業の介護予防普及啓発事業の支援について述べる。

臨床に役立つアドバイス

運動機能測定結果の説明について
　運動機能測定の場を設けている介護予防事業は多い。しかし，参加者のなかには測定値を他人と比べたり，わずかな変動に一喜一憂したりする者もいる。また，5年あるいは10年といった長期継続者では参加開始時に比べ測定値が低下する者もいる。運動機能測定にあたってはこうした参加者の存在にも配慮して実施し，結果を丁寧に説明する必要がある。

臨床に役立つアドバイス

介護予防総合イベント
　講演会や体験イベント，自主グループの活動発表などを一体化したイベントは啓発支援と継続支援の相乗効果が期待できる。**図1**は啓発支援の例として示したがその内容は総合イベントの形になっている。

理学療法士の役割

　現在の介護予防事業は「地域づくりによる介護予防」とよばれている。全国介護保険・高齢者保健福祉担当課長会議（資料2015年3月）（**表1**）から読み取れるその意味は以下の通りである。

- 年齢や心身の状況によって分けない：元気な高齢者だけでなく虚弱な高齢者も参加できる
- 人とのつながりを作る：介護予防事業への参加を通じて友人や知人を得る
- 住民主体の取り組みである：参加者の自主グルー

表1　介護予防事業におけるリハビリテーション専門職等の役割

（前略）今後は，このような課題を踏まえつつ，より効果的かつ効率的に介護予防事業（一般介護予防事業を含む）を運営するために，高齢者を年齢や心身の状況等によって分け隔てることなく，住民主体の通いの場を充実させ，人と人とのつながりを通じて，参加者や通いの場が継続的に拡大していくような地域づくりを推進するとともに，地域においてリハビリテーション専門職等を活かした自立支援に資する取組を推進し，要介護状態になっても，生きがい・役割をもって生活できる地域の実現を目指すことが重要である。（後略）

文献1）より抜粋引用

- プ活動として確立し，地域社会から認知される
- 参加者や通いの場が継続して拡大する：参加者数や自主グループ数が年ごとに増加していく。

介護予防事業の支援はこれらを踏まえて啓発，普及，継続の3つの支援を行う。中核となるのは普及支援であり，理学療法士は介護予防事業に適した評価体系と介入プログラムおよび事業の枠組みに見合った地域住民への指導方法を開発する役割を担う。啓発支援には開発者として臨み評価や介入プログラムの魅力を地域住民にアピールする。継続支援にも開発者として臨み事業に対する地域社会の理解，協力を深めるために介入実績とその効果を示す。

評価―「地域づくりによる介護予防」事業参加者の評価―

以下の2つを参考にして，運動機能の評価のみではなく，人とのつながりを含めた生活の全体を把握する評価項目を設ける。

■基本チェックリスト（表2）

基本チェックリストは厚生労働省が提示したもので，地域在住高齢者の要介護リスクを多面的にとらえることができる。設問は，暮らしぶり（問1～5），運動機能（問6～10），栄養（問11・12），口腔ケア（問13～15），閉じこもり（問16・17），認知機能（問18～20），うつ傾向（問21～25）の7項目25問から構成されている。回答が「は

表2 基本チェックリスト（基本チェックリスト様式例および事業対象者に該当する基準）

様式1

記入日： 　　　年　　月　　日（　　）

氏名		住　所		生年月日	
希望するサービス内容					
No.	質問項目				
1	バスや電車で1人で外出していますか				
2	日用品の買い物をしていますか				
3	預貯金の出し入れをしていますか				
4	友人の家を訪ねていますか				
5	家族や友人の相談にのっていますか				
6	階段を手すりや壁を伝わらずに昇っていますか				
7	椅子に座った状態から何もつかまらずに立ち上がっていますか				
8	15分くらい続けて歩いていますか				
9	この1年間に転んだことがありますか				
10	転倒に対する不安は大きいですか				
11	6カ月間で2～3kg以上の体重減少がありましたか				
12	身長　　　cm　体重　　　kg　（BMI＝　　　）（注）				
13	半年前に比べて固いものが食べにくくなりましたか				
14	お茶や汁物などでむせることがありますか				
15	口の渇きが気になりますか				
16	週に1回以上は外出していますか				
17	昨年と比べて外出の回数が減っていますか				
18	周りの人から「いつも同じことを聞く」などの物忘れがあるといわれますか				
19	自分で電話番号を調べて，電話をかけることをしていますか				
20	今日が何月何日かわからないときがありますか				
21	（ここ2週間）毎日の生活に充実感がない				
22	（ここ2週間）これまで楽しんでやれていたことが楽しめなくなった				
23	（ここ2週間）以前は楽にできていたことが今はおっくうに感じられる				
24	（ここ2週間）自分が役に立つ人間だと思えない				
25	（ここ2週間）わけもなく疲れたような感じがする				

（注）BMI＝体重（kg）÷身長（m）÷身長（m）が18.5未満の場合に該当とする

文献2)より作成

い」であれば0点，「いいえ」であれば1点となり，該当する項目やその得点数から高齢者の状態を把握する。

■ E-SAS（図2）

E-SASは，2005年度から2007年度にかけて日本理学療法士協会が厚生労働省による老人保健事業推進費等補助金事業により作成した評価セットである。「生活の広がり」，「ころばない自信」，「入浴動作」，「歩くチカラ」，「休まず歩ける距離」，「人とのつながり」の計6指標から構成され，六角形のレーダーチャートによりイキイキ地域生活度を表現する。20段階の評価基準値が設定されており対象者の変化を幅広くかつ鋭敏にとらえることができる。

> **補足**
> **特定高齢者**
> E-SASのスコアリングの基準値設定には開発当時の介護予防事業を反映して一般高齢者，特定高齢者，要支援1，要支援2といった用語が使われている。このうち特定高齢者とは今日でいうフレイルの状態にある高齢者に相当している。

介入ー「地域づくりによる介護予防」の普及にむけた運動プログラムの開発ー

■ 運動プログラム

自主グループでの取り組みに適した運動プログラムを考案する。日常生活のなかで取り組むことを考慮すると週に1回，グループ活動に参加すれば効果を実感できるプログラムの開発が望まれる。会場（グループ活動の場）が参加者に身近な集会所や公民館などになると想定すると運動に使用する機器は少ないほうがよい。

「地域づくりによる介護予防」では参加者は年齢や心身の状況によって分けないと謳われている。このため安全確保には特に配慮が求められる。転倒リスク，循環器系リスク，運動器系リスクを念頭に参加者の状況に応じて具体的に安全確保のための注意事項を決める。

運動プログラムの内容は参加者が日常生活動作のなかでその効果を実感できるものとする。基本チェックリストでは階段（問6），立ち上がり動作（問7），連続歩行距離（問8），転倒（問9・10）であり，こうした動作が"楽になった"とか"疲れなくなった"といった実感が得られるプログラムが望ましい。その地域での生活に必要な動作能力を踏まえて開発することも重要である。外出には坂道や不整地の歩行などが欠かせない地域であればそうした動作にも対応した運動プログラムを考案する。

図2　E-SAS

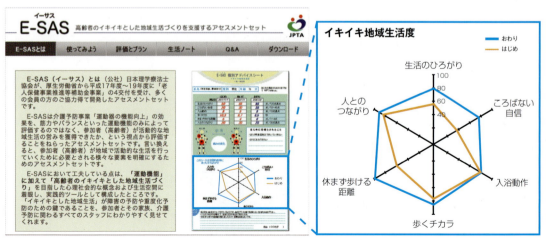

文献3)より一部改変引用

*E-SAS：elderly status assessment set

■頻度と期間

　理学療法士が各グループの会場まで出向いて指導にあたるのか，その逆に，各グループのメンバーが理学療法士のいる場所に指導を受けに来るのかによって異なる。

　前者の場合，理学療法士がグループごとにきめ細かい指導ができるが，グループ数増加にともない理学療法士が出向く回数も増えるためマンパワーが不足しやすい。

　後者の場合，グループ数が増加しても理学療法士の指導回数が増えることはないが，グループごとのきめ細かい指導を行うことは難しい。いずれの方法をとるにせよ頻度と期間は「地域づくりによる介護予防」の方針を踏まえて参加者が自主グループとして独立するまでの期間を勘案して決定する。

連携－「地域づくりによる介護予防」の普及地域住民への運動プログラムの指導－

　開発した運動プログラムをいつ，どこで，どのように指導するのかは介護予防事業の全体計画にそって具体化する。全体計画は**自治体（市町村）**が行政施策として立案する。実施方法は行政が直営の場合や地域包括支援センターなどに委託する場合があり地域によって異なる。

　実施方法にかかわらず実際に理学療法士が地域住民の前に立つまでには行政職，保健師，地域包括支援センター職員さらには住民組織のメンバーなどさまざまな関係者と連携をとる必要がある。理学療法士は介護予防事業チームのメンバーとして積極的に**多職種連携**を展開しなければならない。

> **実践!! 臨床に役立つアドバイス**
>
> **頻度と期間の設定**
>
> 　理学療法士が各グループの会場まで出向いて指導にあたる場合によくみられるのは，グループ活動開始時期に3～5回程度集中的にかかわり，その後は半年あるいは1年の間をおいてフォローアップに出向く形である。一方，理学療法士のいる場所に地域住民が指導を受けに来る場合によくみられるのは，保健センターなどの拠点施設に半年間あるいは1年間にわたり月に1回程度の理学療法士による指導日を設ける形である。この形では週1回程度のグループ活動はそれぞれに自分たちの地区で行い，月に1回程度は指導を受けに保健センターまで出向く形になる。

2　復興支援（災害対応）

- 災害は日々の暮らしを壊し，その後の人生をも大きく変える出来事である
- 災害支援は，地域支援と同様に地域と密接に関係をもち実施することが大切である
- 災害発生直後は心身機能の低下を防止することが大切である
- 災害発生直後の特別な支援は，その後の生活に妨げとなることがあるため注意が必要である
- 支援は避難所などばかりではなく自宅に暮らす人にも目を向ける必要がある

災害と支援

　災害は，ある日突然に人々の平穏な暮らしを壊してしまい，その後の人生を大きく変えてしまう出来事である。特に大きな災害になると，地域というコミュニティすらも崩壊させることがあるため，その後の暮らしに大きな影響を及ぼす。ここでは，災害に対しどのような取り組みがなされているのか，また，理学療法士がで

きることは何かを解説する。

災害の種類

災害とは，多くの人命や社会生活に被害が生じて援助を必要とする事態を指し，自然現象に起因する**自然災害**と，人為的な原因による事件や事故のような**人為的災害**がある。

自然災害は，洪水や大雪，強風・竜巻，雷などのような気象災害であり，その他にも地震や津波，土砂災害，火山噴火などがある。また，人為的災害は，列車や航空機，船舶などの事故によるものや，工場などの爆発，大火災，化学物質による災害，感染症の流行，テロ行為などである（**図3**）。

これらの災害のなかで人為的な災害は，科学や医学の発展によって，未然に防ぐ確率が高くなってきている。しかし，近年増加している自然災害に関しては，災害が発生した場合の被害を少なくする減災や災害発生後の対応によって二次的な被害を最小限にとどめるような対策が中心となっており，災害そのものをなくすことは困難である。それぞれの災害は，災害の発生する場所，被害の規模などによって，広域災害，局地災害，都市型災害などさまざまな表現が用いられるが一つとして同じものはなく，対処法や支援体制などは災害ごとに異なる。

支援体制

わが国の災害対策基本法[4]では，「災害発生またはそのおそれがある場合には，総合的かつ有効に災害応急対策等を実施するため，都道府県又は市町村に災害対策本部を設置する。非常災害発生の際には，国においても，非常（緊急）災害対策本部を設置し，的確かつ迅速な災害応急対策の実施のための総合調整等を行う」とある。そのうえで，災害の規模や状況に合わせて，事前に作成された地域防災計画に基づき支援が始まる。

表3は大規模災害時の発生からの時期と支援体制である。私たち理学療法士のかかわる医療や福祉，リハビリテーション領域については，**図4**を参照されたい。

このときに私たち理学療法士にもっともかかわりの深い団体として「**大規模災害リハビリテーション支援関連団体協議会（JRAT）**」がある。これは，リハビリテーションに関連する10団体で組織されるもので，「災害発生時に機敏かつ的確な対応が可能なリハビリテーションチームを組織し，リハビリテーション関連団体の有機的な連携のもとに，多職種連携でリハビリテーション支援活動を行えるようにする」ことを目的に結成された。

このような体制で活動するのは，一定期間避難所の設置を継続するような大規模災害であり，小規模な災害の場合には，それぞれの地域によって対応することとなる。そのためには，地域住民と地域の医療機関や事業所などが，日頃から連携し協力して対応できるようにしておくことが大切となる。

復興への道のり

復興とは，なんらかの原因で一度衰えたものを，再び盛んな状況にすることをいう。これは，災害にのみ使われる言葉ではなく，"伝統工芸を復興する"と，いうようにさまざまな場面で使われる。同様の意味として間違われやすいものに**復旧**という言葉がある。これは元の状態に戻すと

図3 災害の種類

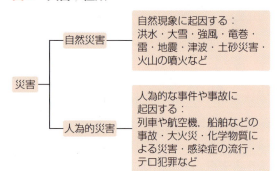

表3 大規模災害時の発生からの時期と支援体制[2]

災害フェーズ	第1期	第2期	第3期	第4期
期間	発災〜72時間	4日目〜1カ月末	2カ月目〜6カ月	6カ月以降
復興への道	被災混乱期	応急修復期	復旧期	復興期
被災地状況	ライフライン破綻 交通手段破綻 情報網破綻 行政機能混乱 食料・物資不足 医療機能混乱 医療器具 薬品不足 被災者避難所避難	ライフライン復活 主な道路網回復 情報網の復活 行政機能の集約 備蓄品配給 支援物資確保 避難所管理運営 避難者帰宅 仮設住宅建築・移行	避難所集約化 福祉避難所移行 仮設住宅生活	避難所退去 仮設住宅孤立化対策
災害医療	救命・救助	救護	仮設診療・巡回診療	地域医療再生
現地スタッフ	病院・診療所医師・看護・PT・OT・ST	→	→	病院・診療所医師・看護・PT・OT・ST
支援チーム	DMAT	JMATなど		地域医療再建支援
スタッフ	救急医・看護師・薬剤師 診療放射線技師 臨床検査技師 臨床工学技士・PT・OT・ST・事務	総合医／専門医 看護師 薬剤師 PT・OT・ST・事務		
	救急隊員・消防士・自衛隊員	消防士・自衛隊員・警察		警察
任務内容	受傷者の救命・救助・トリアージ 入院患者の後方搬送	避難所診療機能 衛生管理(感染・中毒・熱中症・低体温症等対策)	訪問・巡回診療	
災害リハ	初動対応	応急対応	生活始動	地域生活支援
現地スタッフ	リハ医・看護師・PT・OT・ST(県士会員)	→	→	リハ医・看護・PT・OT・ST・介護スタッフ・地域住民
コーディネート	災害コーディネーター 保健所(保健師)	地域リハ支援センター	協議会 地域リハ広域支援センター	行政(保健所)
支援チーム	DART	JRAT		CBRT
スタッフ	リハ医・看護師・PT・OT・ST・社会福祉士	リハ医・PT・OT・ST・リハ看護師 介護福祉士・(管理)栄養士 介護支援専門員 社会福祉士 (歯科医師・歯科衛生士)		リハ医・訪問診療医 訪問看護師・訪問介護士 訪問リハスタッフ (管理)栄養士 介護支援専門員 歯科医師・歯科衛生士
任務内容	状況把握・情報収集・集約 入院患者後方移送支援 避難所環境整備	リハ対象者把握 被災生活支援 避難所生活不活発病予防 障がい児・者リハ支援 病院・施設リハ機能支援	現地従事者支援帰宅者 孤立化対策 集落孤立化対策 訪問リハ・デイケア	地域リハ活動 仮設住宅生活支援 自宅生活再建支援 帰宅者支援 集落コミュニティ支援 地域生活再建 安定化支援 生活不活発病予防
福祉用具・機器支援	杖・車椅子・簡易ベッド・ポータブルトイレ・福祉用具・義肢・装具など			適正化
活動組織	医師会・歯科医師会・看護協会・PT・OT・ST士会など			
心のケアチーム	精神科医・臨床心理士・OTなど			
ボランティア	社会福祉協議会・NPOなど			

文献5)より作成

＊DMAT：disaster medical assistance team ＊DART：disaster acute rehabilitation team ＊CBRT：community-based rehabilitation team ＊JMAT：Japan medical association team ＊JRAT：Japan rehabilitation assistance team

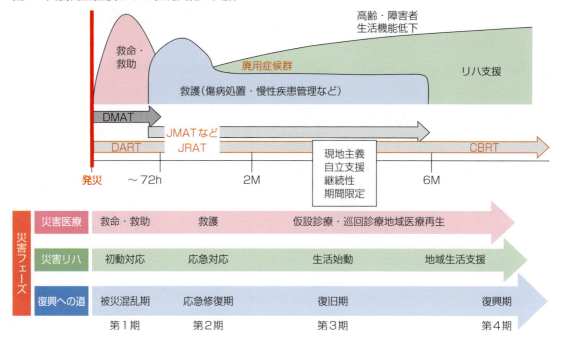

図4 災害発生直後からの状況変化と支援

いう意味で，"電気の復旧工事"などとして使われる。そのため，**災害からの地域の復興**という言葉を使う場合には，道路や建物・ライフラインなどを復旧し，地域の経済やコミュニティを盛んにし，地域の人々がより質の高い生活を営むことができるようにすることを意味する。

復旧はある意味において物理的なもので容易ではあるが，復興は地域の人々が生き生きと活動できる状態を目指すもので，長い道のりで終わりのないこととなる。しかしこのことは，普段私たちがやっている一人一人の患者や利用者へのリハビリテーションと同様であり，地域に対してのリハビリテーションだといえる。また，その基盤となるものは地域であり地域包括ケアシステムに基づく地域づくりと同様でもある。

理学療法士の役割

JRATの示す，被災直後のリハビリテーションの5原則[2]を以下に挙げる。

①それまで行ってきたリハビリテーション医療を守ること
②避難所などでの廃用症候群を予防すること
③新たに生じた各種障害へ対応すること
④異なった生活環境での機能低下に対する支援をすること
⑤生活機能向上のための対応をすること

発災直後の支援

災害発生直後は，復旧までの**心身機能の低下を防ぐこと**が第一となる。避難所など日常と違う場所での暮らしは，精神的にも肉体的にも負荷が大きく，活動量が低下する**不活発病**になりやすい。このためにも，心のケアとともに運動の機会，活動や参加ができる支援が必要となる。

また，活動の基になる環境にも注意が必要である。避難所などのように，生活の場が大きく変化した場合，使いやすい生活環境に整え活動を保証することも大切である。このことは，自宅の損壊が少なく自宅に暮らし続けることができる場合にも同様となる。避難所は多くの人々が集まり支援の目が入るものの，自宅の場合に

は支援者の目が届かず，急激な心身機能の低下をきたすこともあるため注意が必要となる．

長期的な支援のあり方

理学療法士の役割は，災害発生直後から住民一人一人の健康と社会的役割を失わないようにすることである．仮に社会的役割を失った場合でも健康な身体を保ち，精神的なダメージを最小限にして，生きる気力を維持し新たな役割に向かって進むことができるように支援することである．

ただしその支援は，その後の生活再建の妨げにならない配慮が大切である．例えば，避難所の生活は不便だからと，必ずしも必要ではない車椅子を提供してしまうことでその後も車椅子の生活から脱却できなくなることもある．このことは身体機能の低下ばかりではなく，その後日常を取り戻した際の通所などのサービスの利用などにも影響を及ぼすとともに，地域の福祉用具貸与事業所の仕事を奪うことにもつながる．発災直後は大変な時期だからと特別な支援をすることもあるが，**先を見通して支援することが大切**である．

熊本地震からの教訓

地震災害の経験

筆者は，阪神淡路大震災と熊本地震を現地の住民として経験した．阪神淡路大震災では，まだ大規模災害に対する支援システムやボランティアなどへの対応方法，仮設住宅に要援護者が入居する基準などもなく，兵庫県理学療法士会の一員として関係団体の協力のもと，被災地支援を実施した．その後の東日本大震災を経て，さまざまな災害への支援システムができるなかで，熊本地震を地元住民として，地域の訪問や通所，居宅，福祉用具貸与事業所を運営する者として迎えた．

激震地以外の支援の重要性

熊本地震の経験のなかで，最も印象深い点は大規模災害においては，支援体制や情報は甚大な被害を受けた場所に集中し，激震地から少し離れた地域に住み，自宅の損壊はなく，暮らし続けることができる人々には届きにくいことであった．

例えば，そのような人々も日常生活を普通におくることはできない．例えば，ライフラインを一定期間失うことで，数日間ではあっても水は給水車の来る場所にもらいに行かねばならない．これは老老世帯や要援護者にとっては不可能である．また，地震によって家のなかの家具が倒れ，食器やガラスが割れて散乱していても片付けることができない（**図5**）．仮にこのような人々がこのことが原因で，自宅から離れ避難所に行くと，本人の心身機能の低下につながるばかりか，災害全体の支援対象エリアの拡大とともに，支援対象者が増え支援の手が不足することにつながる．

今回の経験では，そのような人々の片付けの支援を行い，支給物資を運び，自宅で安心して暮らせる体制を早期に作ることの重要性を感じた．自宅で暮らすことができない人は**公的な支援**に任せ，自宅で暮らすことができる人は**地域で支援**していくことが大切である．

この際に重要なこととして，地域住民のなか

実践!! 臨床に役立つアドバイス

災害支援と地域包括支援システム

大規模災害では日常的な地域包括支援システムのなかでの支援体制が大いに役立つ．日々予防などの地域事業にかかわる際にも，住民一人一人と良好な関係を築き，いざというときにすぐに支援に入ることができるように備えることが大切である．また，日頃からこの地域で災害が起きたときには，どのようなことが起きうるのか理学療法士としての立場で生活環境や住民の心身機能，地域支援体制などから考えておくことも重要である．

でのコミュニティであり，地域の医療機関や事業所である。これらが日頃から地域包括ケアシステムのなかで連携し，地域の健康づくりや介護予防などによって結び付いていると，災害時にお互いの協力のもと早期の復興につながると感じた。

図5　阪神淡路大震災直後の筆者の自宅内部の様子

3　パーソナルニーズの充足

POINT
- 欲求5段階説は1943年にMaslow（マズロー）が論文「人間の動機付けに関する理論」で発表した
- 欲求は抑えるよりも引き出して満たしたほうが，より健康に，より生産的に，より幸福になる
- 承認の欲求は，言い換えると「尊厳の欲求」や「自尊心の欲求」である
- 承認の欲求が満たされると，自分は世の中で役に立つ存在だという感情が湧いてくる
- 潜在ニーズとは，顧客自身も気づいていない隠れたニーズのことである
- 人が自分のニーズに気付かない理由は，"どうせ解決できない"という思い込みと，"課題そのものを認識していない"の二つがある
- 高齢者の就業へのニーズは年々増加している
- 働き続けるためには身体的・精神的機能の担保が不可欠である

概要

理学療法士として住民支援にかかわる際に対象者の「パーソナルニーズが何であるか？ どこにあるのか？ どのくらいあるのか？」を質と量ともにとらえることは，支援そのものの成否にもかかわる重要な手続きである。

一般的にパーソナルニーズとは，尊敬されたい，承認されたい，注目されたい，愛されたい，安

全を保証されたい，非難や不安を避けたい，などなど誰しもが抱いている心理的欲求ともいえる。一方で，表面化しているニーズだけではなく潜在化しているニーズをも引き出すことは，対象者の本質に近づき質の高い支援の提供につながる。本項ではパーソナルニーズに関して理学療法士が押さえておくべきポイントを解説する。

マズローの欲求5段階説

アメリカの心理学者 Abraham Maslow（1908〜1970）は，人間の欲求は5段階のピラミッド（図6）のように構成されていて，低階層の欲求が満たされると，より高次の階層の欲求を欲すると主張した[6]。

第1段階の「生理的欲求」：は，生きていくための基本的・本能的な欲求（食べたい，寝たいなど）で，この欲求を満たすと，次の階層「安全欲求」を求める。第2段階の「安全欲求」には，安全・安心な暮らしがしたいという欲求（雨風をしのぐ家が欲しい，健康でいたいなど）という欲求が含まれる。「安全欲求」を満たすと，第3段階の「社会的欲求」（集団に属したい，仲間が欲しいなど）を求める。この欲求が満たされないとき，人は孤独感や社会的不安を感じやすくなる。ここまでの欲求は，外的に満たされたいという思い（欠乏欲求）から出てくる欲求である。

第4段階では「尊厳欲求」（他者から認められたい，尊敬されたいなど）という欲求が芽生える。ここからは外的な「モノ」ではなく，内的な「心」を満たしたいという欲求に変わる。そして，最後に第5段階として「自己実現欲求」（自分の能力を引き出し創造的活動がしたいなど）の欲求（存在欲求）が生まれるとされている。

以上より，住民支援において対象者の欲求段階を把握することは，その後の円滑な運営に欠かせない。

実践!!　臨床に役立つアドバイス

欲求段階の確認のコツ

多くの人は，家族や恋人，友達，同僚，サークル仲間など共同体の一員に加わり，周囲から愛情深く暖かく迎えられたいと思っている。情報収集を進めるなかで，サロンや町内でのイベント参加の有無，その意向や，家族とのかかわり（社会的欲求）に関して丁寧に確認していこう。

図6　マズローの欲求5段階説

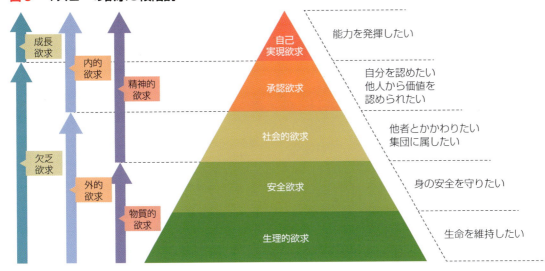

> **補足**
> **自己超越とは**
> 晩年，マズローは5段階の欲求階層の上に「自己超越」の段階がある[7]と発表している。
> 「自己超越」は，"目的の遂行・達成のみをピュアに求める"という領域を指し，見返りを求めず，自我を忘れてただ目的のみに没頭する様を指す。マズローいわく「自己超越」の領域に達することができるのは全人類の2％程度（例えば，マザーテレサなど）とのことで，第6欲求の実現を目指すのは稀なケースとされている。

> **補足**
> **ジャングルで暮らす人物[8]**
> ここに，ジャングルで暮らす人物が5名いる。
> まず，Aは，危険なジャングルで数週間暮らし，ときどき食べ物や飲み物を見つけては飢えをしのいでいる。次にB。この人物はただ生きているだけでなく，ライフル銃をもち，なかから閉められる扉のついた洞穴の隠れ家で暮らしている。3番目のCは上記の物をすべて持つとともに，一緒に暮らす2人の男がいた。さらに4番目のDは食べ物や隠れ家のほかに，親友と一緒に暮らしている。そして最後のE。この人物は上に掲げたものをすべて持ち，しかも彼は集団のリーダーとして皆から広く尊敬されている。
> このジャングルで暮らす5人それぞれは，マズローの示した各欲求階層のどのレベルで生きているか？

承認

マズローの欲求5段階説の4番目に位置する「承認欲求」は，人生経験や社会経験が積み重なれば重なるほど欲求が高くなる事項であるとともに，次の「自己実現欲求」につながるか否かの重要な事項ともいえる。承認とは「相手を認めること」「感謝すること」「挨拶すること」で「相手の存在に気付いていることを伝える」という意味・語源がある。以下にさまざまな承認レベルとそのかかわり方を記した。

- **成長承認**（成長状況を承認する）：客観視できるデータを使い，目標に向かって今どこにいるか成長の状況を伝える。成長の実感を与える。
- **成果承認**（成果が出たことを認める）：「目標を達成したね」「できるようになりましたね」「最後までやり遂げたね」など達成したこと認める。'成果への報酬'として印象付けられる。達成感は次へのエネルギーになる。
- **行動承認**（行動そのものを認める）：見てもらっている，認めてもらっていると感じることで，もっとこの行動を続けようと行動がさらに促進される。
- **存在承認**（そこにいていいという安心感）：「その場にいていいよ」と存在を認めてもらうと人は安心できる。結果，安心できるので自分自身の力が発揮できることにつながる。自信につながる，能動的になる，さらに主体的になれる。

> **実践!!　臨床に役立つアドバイス**
> **理学療法士としての承認**
> 承認とは動機付けの一つでもある。承認する事によって相手は主体的に行動しようとする。特に自分が信頼している人から承認されることが最も効果的である。理学療法士としての目指すべき姿といえる。

顕在ニーズと潜在ニーズ

顕在ニーズとは，本人自身が"これが欲しい""これがしたい"と必要性をはっきり自覚している状態。このとき自分の課題は表面化しているので，解決方法を明確に認識している。

一方，潜在ニーズとは顕在ニーズの裏に隠れ

> **補足**
> 地域におけるひとり暮らし高齢者のニーズ[9]には，住民による支え合いへの期待が大きい。約6割の人が地域での支え合いを期待するものとなっている。そして，その支え合いの内容は，家事的支援（家の掃除，庭の手入れなど）とともに精神的支援（安否確認，話し相手など）を含んでいる。

> **実践!!　臨床に役立つアドバイス**
> **潜在ニーズを把握せよ**
> 潜在ニーズに対して先手を取って課題を言い当て，解決策を提案することで，「私のことをわかってくれている」「大勢の中の一人ではなく個人として気にかけてくれている」という喜びや驚きを与えることができ，信頼関係の構築につなげることができる。従って，"なぜそうなのか？"と深堀りして潜在ニーズを引き出す作用が重要である。

た本人も自覚していないニーズ。課題はまだ表面化しておらず，自分が本来何を必要としているかに気づいていない状態である。実はこちらの方が数十倍大きい，まさに氷山の一角である（**図7**）。

就労意欲

65歳を過ぎても働きたいと思っている人は多い（**図8**）。高齢者の就労ニーズは，「無理なく働きたい」「誰かのために役に立ちたい」「人間関係を得るために働きたい」「お小遣い稼ぎをするために働きたい」とさまざまである[6]が，マズローの欲求5段階説のなかの「社会的欲求」，「尊厳の欲求」が多くを占めている。

さて，定年後も働き続けるためには，身体的な健康と十分な体力，精神的な健康とメンタルの強さが必要といわれている。産業理学療法における運動療法（**表4**）とともに，カウンセリングまたはコーチングによる精神的サポートも重要である。

図7　地域在住高齢者のニーズ特性

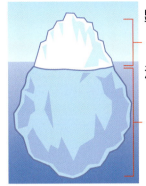

顕在ニーズ
・転ばないで歩きたい
　→転倒予防教室に参加

潜在ニーズ
・地域で人の役に立ちたい
　→ボランティアの斡旋
・仕事をしたい
　→シルバー人材センターの紹介
・旅行に行きたい
　→旅行の計画

表4　産業理学療法における運動療法の目的

- 通勤および就労に必要な基礎的体力の確保
- 活動と疲労・睡眠のバランスの整った生活習慣の実現
- 身体的トラブル（疲労や痛み）の予防と修復

図8　高齢者の就業意識

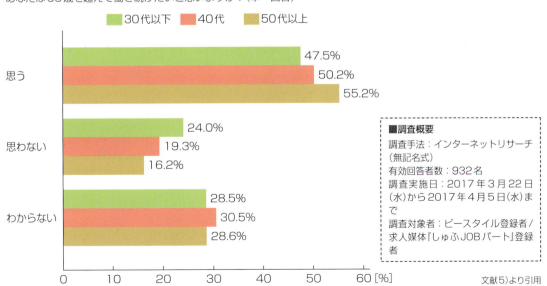

文献5）より引用

用語解説　産業理学療法　産業保健あるいは産業衛生概念における就労者の職業に関連する健康増進と労働災害，職業病などの予防を目的としている。特に，職業性腰痛予防，生活習慣病予防，労働災害予防等に関する理学療法の知識と技術が根幹である。

基礎へのフィードバック
カウンセリングとコーチング

　カウンセリングとは，クライアントの孤独感を癒しクライアントの頭の中の混乱を静めることを目的とする。そのため，カウンセラーは，クライアントの話にひたすら傾聴する。
　コーチングは，効果的な質問をしたり対話をすることによってクライアントの目標達成のサポートをする。コーチングでは，「答えはクライアント自身にある」と考える。

まとめ

- 介護予防とはどのような意味か（☞p.167）。 試験
- 地域づくりによる介護予防にはどのような特徴があるか（☞p.168）。 試験
- 介護予防事業参加者に適した評価の例を挙げよ（☞p.169）。 試験
- 介護予防事業における運動プログラムの開発の留意点を挙げよ（☞p.170）。 実習
- 介護予防事業における運動指導の留意点を挙げよ（☞p.171）。 実習
- 災害の種類にはどのようなものがあるか（☞p.172）。
- 災害の支援体制にはどのようなものがあるか（☞p.172）。
- 発生からの時期によっての支援体制を挙げよ（☞p.173）。
- 大規模災害での理学療法士の役割について述べよ（☞p.174）。
- マズローの欲求5段階説のなかで，サロンなどに参加するニーズは何か（☞p.177）。 実習 試験
- 自己超越のレベルにある人を答えよ（☞p.177）。 試験
- 承認の意味語源は何か（☞p.178）。 試験
- 産業理学療法として考えられている具体的な運動プログラムは何か（☞p.179）。 実習 試験

【引用文献】
1) 厚生労働省ホームページ：介護予防の推進関連事業について（https://www.mhlw.go.jp/file/05-Shingikai-12301000-Roukenkyoku-Soumuka/0000076520.pdf）
2) 厚生労働省ホームページ：介護予防ケアマネジメント実施における様式1〜5（https://www.mhlw.go.jp/file/06-Seisakujouhou-12300000-Roukenkyoku/0000184588.docx）2016年7月19日アクセス
3) 日本理学療法士協会ホームページ：E-SASとは（http://jspt.japanpt.or.jp/esas/）
4) 内閣府ホームページ：災害対策基本法（http://www.bousai.go.jp/taisaku/kihonhou）
5) 東日本大震災リハビリテーション支援関連10団体『大規模災害リハビリテーション対応マニュアル』作成ワーキンググループ編：大規模災害リハビリテーション対応マニュアル，医歯薬出版（http://www.jrat.jp/images/PDF/manual_dsrt.pdf），2012．
6) Potter AP, Perry AG：Basic Nursing：Theory and Practice，p25-30，Mosby，1991．
7) 中野　昭：マズロー心理学入門―人間性心理学の源流を求めて，アルテ，2016．
8) フランク・ゴーブル：マズローの心理学（小口忠彦 監訳），産業能率大学出版部，1972．
9) 倉田康路：地域におけるひとり暮らし高齢者の生活ニーズと住民による支え合いへの期待―佐賀県の高齢者を対象としたアンケート調査から―．西九州大学健康福祉学部紀要，44，81-87，2014．
10) ビースタイルホームページ：しゅふJOB総研調査結果（https://www.bstylegroup.co.jp/news/shufu-job/news-11683/）
11) 福島さやか：高齢者の就労に対する意欲分析，日本労働研究雑誌，49(1)：19-31，2007．

第3章

個別支援の技術

3章 個別支援の技術

1 日常生活活動（ADL）の拡大

1 理学療法アプローチの視点

- 日常生活活動（ADL）の概念を理解する
- ADLの拡大に向けて多面的なアプローチがある
- ICFを構成する要素間には相互作用がある

ADLの概念

ADLについて，1976年に日本リハビリテーション医学会評価基準委員会は，「ADLは，1人の人間が独立して生活するために行う基本的な，しかも各人ともに共通に毎日繰り返される一連の身体動作群をいう」とADLの概念を示している[1]。

ADLの拡大

世界保健機関（WHO）は，2001年5月の第54回総会において，国際生活機能分類（ICF）を採択している。これまで障害に関する国際的な分類としては国際障害分類（ICIDH）が用いられてきたが，ICFは，生活機能という肯定面からみる視点と環境因子などの観点を加えている。

ICFの構成要素には，**心身機能・身体構造，活動，参加，環境因子，個人因子**がある（**図1，表1**）[2]。ICFの構成要素でADLを考えると「活動」がADLにあたると考えられる。ICF構成要素間の相互作用から，ADLの拡大には「活動」だけでなく，「心身機能・身体構造」，「参加」，「環境因子」，「個人因子」へのアプローチが必要である。

ケースへのアプローチ

ADLの拡大には，「心身機能・身体構造」，「活動」，「参加」，「環境因子」，「個人因子」へのアプローチが必要であり，臨床では各要素を考慮し

図1 ICFの構成要素間の相互作用

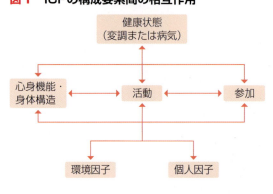

表1 ICFの構成要素の説明

心身機能	身体系の生理的機能（心理的機能を含む）である
身体構造	器官・肢体とその構成部分などの，身体の解剖学的部分である
活動	課題や行為の個人による遂行のことである
参加	生活・人生場面（life situation）へのかかわりのことである
環境因子	人々が生活し，人生を送っている物的な環境や社会的環境，人々の社会的な態度による環境を構成する因子のことである
個人因子	個人の人生や生活の特別な背景であり，健康状態や健康状況以外のその人の特徴からなる

*ADL：activities of daily living　*WHO：world health organization　*ICF：international classification of functioning, disability and health　*ICIDH：international classification of impairments, disabilities and handicaps

アプローチが展開されている。しかし，ケースによって各要素への重きの置き方やかかわり方は異なる。

ケース1：50歳代，女性，書道家（図2）

変形性股関節症を発症し，床からの立ち上がりや正座など書道家としての仕事に支障がでるようになり，人工股関節全置換術（THA）を行った。術前より，変形性股関節症についての理解があり，仕事以外では股関節に負担のかからないようT字杖を使用するなど気を付けて生活を送っていた。

術後は変形性股関節症への理解がよいという「個人因子」を考慮しながら，「心身機能・身体構造」に着目してアプローチすることで，ADLの拡大および脱臼予防についての理解が認められた。書道家として，床からの立ち上がりと正座も自立し，書道教室を開くことや作品展に参加できるようになった。術後，生活上初めて行う動きに対しても脱臼肢位にならないか自身で確認できるようになった。

「心身機能・身体構造」と「個人因子」に着目してかかわることでADLの拡大が認められたケースであった。

ケース2：60歳代，男性，無職（図3）

小脳出血を発症し，協働運動障害のため，ADLに介助を要した。「個人因子」から早期の自宅復帰と信頼関係の構築を意識しながら，「活動」と「環境因子」に着目してアプローチすることで，ADLの拡大が認められた。

セルフケアは自助具を活用しながら介助量を軽減した。歩行は転倒のリスクを軽減するため歩行器を使用した。セルフケアの介助方法や歩

図2 ケース1のICFの構造

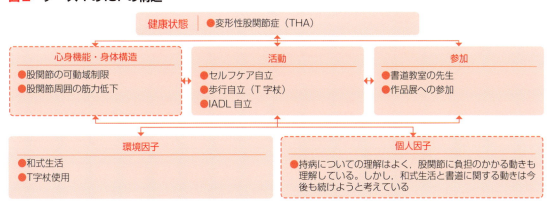

図3 ケース2のICFの構造

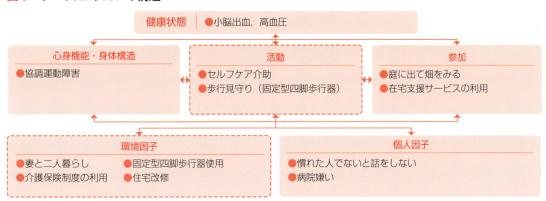

＊THA：total hip arthroplasty　＊IADL：instrumental ADL

行の見守り方法は過介助にならないよう本人と家族に指導した。家族の介護負担軽減と本人のADL拡大のため，訪問リハビリテーション（以下，リハ）や通所リハの利用を提案した。また庭に出て畑をみるために自宅内だけでなく屋外の環境調整を住宅改修含め提案した。提案を受け，自宅で生活を送っている。

「活動」と「環境因子」に着目してかかわることでADLの拡大が認められたケースであった。

ケース3：60歳代，女性，主婦（図4）

脳梗塞を発症し，通所リハを利用しながら在宅生活を送っていたが，通所リハの利用をやめて，地域活動への参加や民間施設の利用を考えていた。そこで，「個人因子」を考慮しながら，今後の「参加」にかかわる動作についての確認と練習を行っていった。また介護支援専門員に本人の意向を伝え，介護保険制度以外の情報収集と提供を依頼した。その後，通所リハを利用している期間内に地域活動への参加や民間施設の利用を実際に行ってもらい，自信がついたため通所リハの利用は終了となった。

「参加」に着目してかかわることでADLの拡大が認められたケースであった。

各ケースへのアプローチを通じて

各ケースへのアプローチからみえてきたことは，「心身機能・身体構造」，「活動」，「参加」，「環境因子」，「個人因子」に対するアプローチの視点が必要であるということである。さらに，相手を知るために**コミュニケーション能力**が必要であること，**疾患と障害**，**介助方法**，**住環境の整備**，**福祉用具の利用**，**多職種連携**，**制度**への理解もADLの拡大に必要であるという点である。

図4 ケース3のICFの構造

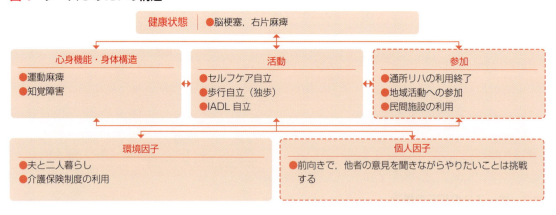

2 評価

- Barthel index (BI)
- 老研式活動能力指標
- functional independence measure (FIM)

ADLの評価

ADLの評価法として広く用いられているのは，BIとFIMである。ADLを広くとらえ，生活関連活動を評価する場合は，老研式活動能力指標などが用いられている。

BI（表2）

食事，椅子とベッド間の移乗，整容，トイレ動作，入浴，移動，階段昇降，更衣，排便自制，排尿自制からなる10項目の総得点が100点になるように各項目に評点（5，10，15）が配置されている。BIは，患者にかかわるすべての人に容易に理解され，各項目をよく理解さえすれば，誰でも正確に迅速に採点できる。また，入院前後の患者評価に役立っている。

表2　BI

項目	点数	記述	基準
1. 食事	10	自立	皿やテーブルから自力で食物をとって食べることができる（自助具を用いてもよい）．食事を妥当な時間内に終える
	5	部分介助	なんらかの介助・監視が必要（食物を切り刻むなど）
2. 椅子とベッド間の移乗	15	自立	すべての動作が可能（車椅子を安全にベッドに近づける，ブレーキをかける，フットレストを持ち上げる，ベッドへ安全に移る，臥位になる，ベッドの縁に腰かける，車椅子の位置を変える，以上の動作の逆）
	10	最小限の介助	上記動作（1つ以上）最小限の介助または安全のための指示や監視が必要
	5	移乗の介助	自力で臥位から起き上がって腰かけられるが，移乗に介助が必要
3. 整容	5	自立	手と顔を洗う，整髪する，歯を磨く，髭を剃る（道具はなんでもよいが，引出しからの出納も含めて道具の操作・管理が介助なしにできる），女性は化粧も含む（ただし髪を編んだり，髪型を整えることは除く）
4. トイレ動作	10	自立	トイレの出入り（腰かけ，離れを含む），ボタンやファスナーの着脱と汚れないための準備，トイレット・ペーパーの使用，手すりの使用は可．トイレの代わりに差し込み便器を使う場合には便器の清浄管理ができる
	5	部分介助	バランス不安定，衣服操作，トイレット・ペーパーの使用に介助が必要
5. 入浴	5	自立	浴槽に入る．シャワーを使う，スポンジで洗う（このすべてがどんな方法でもよいが，他人の援助なしで可能）
6. 移動	15	自立	介助や監視なしに45m以上歩ける（義肢・装具や杖・歩行器（車付きを除く）を使用してよい）．装具使用の場合には立位や座位でロック操作が可能なこと，装着と取りはずしが可能なこと
	10	部分介助	上記事項について，わずかの介助や監視があれば45m以上歩ける
	5	車椅子使用	歩くことはできないが自力で車椅子の操作ができる．角を曲がる，方向転換，テーブル・ベッド・トイレなどへの操作など，45m以上移動できる（患者が歩行可能なときは採点しない）
7. 階段昇降	10	自立	介助や監視なしに安全に階段の昇降ができる．手すり・杖・クラッチの使用可，杖をもったままの昇降も可能
	5	部分介助	上記事項について，介助や監視が必要
8. 更衣	10	自立	通常着ている衣類・靴・装具の着脱（細かい着方までは必要条件としない．実用性があればよい）が行える
	5	部分介助	上記事項について介助を要するが，作業の半分以上は自分で行え，妥当な時間内に終了する
9. 排便自制	10	自立	排便の自制が可能で失敗がない．脊髄損傷患者などの排便訓練後の坐薬や浣腸の使用を含む
	5	部分介助	坐薬や浣腸の使用に介助を要したり，ときどき失敗する
10. 排尿自制	10	自立	昼夜とも排尿自制が可能．脊髄損傷患者の場合，集尿バッグなどの装着・清掃管理が自立している
	5	部分介助	ときどき失敗がある．トイレに行くことや尿器の準備が間に合わなかったり，集尿バッグの操作に介助が必要

文献3,4)より作成

FIM(表3〜5)

セルフケア，排泄コントロール，移乗，移動，コミュニケーション，社会的認知の各領域（全18項目）を介護の度合いに応じて，完全自立（7点）から全介助（1点）までの7段階で評価している。すべて完全自立の場合は126点，全介助の場合は18点となる。FIMは，介護量の測定を目的とし，「しているADL」を測定している。食事，整容などの「運動ADL」13項目と，「認知ADL」5項目からなる。

老研式活動能力指標(表6)

「手段的自立」5項目（1〜5），「知的能動性」4項目（6〜9），「社会的役割」4項目（10〜13）の13項目で構成されている。各項目は，「はい」または「いいえ」で回答し，13項目における「はい」の数で評価している。

表3 FIM(全18項目)

運動項目 (motor items)	セルフケア (selfcare)	食事(eating)
		整容(grooming)
		清拭(bathing)
		更衣・上半身(dressing, upper body)
		更衣・下半身(dressing, lower body)
		トイレ動作(toileting)
	排泄コントロール (sphincter control)	排尿管理(bladder management)
		排便管理(bowel management)
	移乗 (transfer)	移乗：ベッド・椅子・車椅子(transfers：bed, chair, wheelchair)
		移乗：トイレ(transfers：toilet)
		移乗：浴槽・シャワー(transfers：tub or shower)
	移動 (locomotion)	歩行・車椅子(ambulation, wheelchair)
		階段(stairs)
認知項目 (cognitive items)	コミュニケーション (communication)	理解(comprehension)
		表出(expression)
	社会的認知 (social cognition)	社会的交流(social interaction)
		問題解決(problem solving)
		記憶(memory)

文献5)より引用

表4 FIMの採点基準

採点基準	介助者	手出し	
7：完全自立	不要	不要	
6：修正自立	不要	不要	時間がかかる，補助具が必要，安全性の配慮
5：監視・準備	必要	不要	監視，指示，促し
4：最小介助	必要	必要	75％以上自分で行う
3：中等度介助	必要	必要	50％以上，75％未満自分で行う
2：最大介助	必要	必要	25％以上，50％未満自分で行う
1：全介助	必要	必要	25％未満しか自分で行わない

文献5)より引用

表5 FIMの採点基準，認知項目の特徴

採点基準	介助者	手出し	
5：監視・準備	必要	不要	監視，指示，促し
	必要	必要	90％より多く自分で行う
4：最小介助	必要	必要	75％以上，90％以下自分で行う

文献5)より引用

表6　老研式活動能力指標

毎日の生活についてうかがいます。以下の質問のそれぞれについて，「はい」「いいえ」のいずれかに○をつけてお答えください。質問が多くなっていますが，ご面倒でも全部の質問にお答えください。

（1）	バスや電車を使って一人で外出ができますか	1. はい	2. いいえ
（2）	日用品の買い物ができますか	1. はい	2. いいえ
（3）	自分で食事の用意ができますか	1. はい	2. いいえ
（4）	請求書の支払いができますか	1. はい	2. いいえ
（5）	銀行預金，郵便貯金の出し入れが自分でできますか	1. はい	2. いいえ
（6）	年金などの書類が書けますか	1. はい	2. いいえ
（7）	新聞などを読んでいますか	1. はい	2. いいえ
（8）	本や雑誌を読んでいますか	1. はい	2. いいえ
（9）	健康についての記事や番組に関心がありますか	1. はい	2. いいえ
（10）	友達の家を訪ねることがありますか	1. はい	2. いいえ
（11）	家族や友達の相談にのることがありますか	1. はい	2. いいえ
（12）	病人を見舞うことができますか	1. はい	2. いいえ
（13）	若い人に自分から話しかけることがありますか	1. はい	2. いいえ

文献6）より引用

まとめ

- ICFの構成要素は何か（☞p.182）。 実習 試験
- ICFの構成要素について説明せよ（☞p.182）。 実習 試験
- ADLの拡大に必要な視点とは何か（☞p.182）。 実習
- BIとは何か（☞p.185）。 実習 試験
- FIMとは何か（☞p.186）。 実習 試験
- 老研式活動能力指標とは何か（☞p.186）。 実習 試験

【引用文献】
1）日本リハビリテーション医学会：ADL評価について．リハ医学，13：315，1976．
2）厚生労働省ホームページ：「国際生活機能分類－国際障害分類改訂版－」（日本語版）の厚生労働省ホームページ掲載について（https://www.mhlw.go.jp/houdou/2002/08/h0805-1.html）
3）Mahoney FI, Barthel DW：Functional evaluation：The Barthel Index. Maryland State Medical Journal, 14：61-65, 1965.
4）土屋弘吉，ほか：日常生活活動（動作）―評価と訓練の実際―，第3版，p1-25，医歯薬出版，2003．
5）千野直一，ほか：脳卒中患者の機能評価　SIASとFIMの実際，初版，p43-55，シュプリンガー・ジャパン，2009．
6）古谷野亘，ほか：地域老人における活動能力の測定―老研式活動能力指標の開発．日本公衆衛生雑誌，34（3）：109-114，1987．

3章 個別支援の技術

2 生活の質（QOL）の向上

1 理学療法アプローチの視点

POINT
- 生活の質（QOL）の概念を理解する
- QOLと健康はそれぞれ補完・重複する関係にある
- QOLの向上に向けて多面的なアプローチが必要である

QOLの概念

WHOは1998年に発行した『Health Promotion Glossary』のなかで，「quality of lifeとは，個人個人の生活状態の認識のことをいい，生活している文化や価値観，それぞれの目標や期待，規範や関心事とも関連している。これは非常に広い概念であり，身体の健康や心理的側面，自立の程度や社会的関係，さらに個人の信条など環境面での顕著な特徴などとの関係が複雑に組み込まれた変動的なものである。」とQOLの概念を示している[1]。WHOは，どの文化においてもあてはまるQOLの概念の根幹を6つに分類している（表1）。

QOLと健康

「QOL」と「健康」は，それぞれ補完・重複する関係にある。QOLは，社会的，経済的状況にかかわりなく，個人のニーズが満たされているか，幸福や満足感を達成する機会が否定されていないかという個人の認識を反映している。

> **補足**
> 健康の定義：WHO憲章では，「健康とは，病気でないとか，弱っていないということではなく，肉体的にも，精神的にも，そして社会的にも，すべてが満たされた状態にあることをいいます。」（日本WHO協会訳）[2]

QOLの向上

国際生活機能分類（ICF）は，**健康状態，心身機能・身体構造，活動，参加，環境因子，個人因子**で構成されている（**図1**）[3]。「健康」と「QOL」は，それぞれ補完・重複する関係にあることから，ICFの評価に基づいた介入は，QOLへの介入へとつながっている。QOLの向上には，「心身機能・身体構造」，「活動」，「参加」，「環境因子」，「個人因子」へのアプローチが必要であると考えられる。

表1　QOLの概念の6つの根幹

1. 身体面（例：体力，疲労など）
2. 心理面（例：前向きな感情など）
3. 自立の程度（例：日常活動能力）
4. 社会的関係（例：現実的な社会支援）
5. 環境面（例：ヘルスケアへのアクセスのしやすさ）
6. 個人の信条や精神面（例：人生の意義）

文献1）より引用

図1　ICFの構成要素間の相互作用

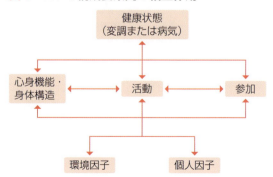

* QOL：quality of life　　* WHO：world health organization　　* ICF：international classification of functioning, disability and health

ケースへのアプローチ

　QOLの向上には，「心身機能・身体構造」，「活動」，「参加」，「環境因子」，「個人因子」へのアプローチが必要である。ここからは「日常生活活動（ADL）の拡大」（p.182〜）で紹介したケースを基にQOLの向上について考える。

ケース1：50歳代，女性，書道家（図2）

　変形性股関節症を発症し，床からの立ち上がりや正座など書道家としての仕事に支障がでるようになり，人工股関節全置換術（THA）を行った。術後からの希望の変化を次に示す。

股関節前面のつっぱりをとってほしい
↓（改善）
腰の痛みをとってほしい
↓（改善）
ぶれないで歩きたい
↓（改善）
正座ができるようになりたい
↓（自立）
脱臼しないようにしたい
↓（新たな動きにも対応）
書道教室を再開したい
↓（達成）
作品展に参加したい
↓（達成）
介入の継続

　「心身機能・身体構造」から「活動」，「参加」に関連する希望へと変化が認められたケースであった。

ケース2：60歳代，男性，無職（図3）

　小脳出血を発症し，協働運動障害のため，ADLに介助を要した。発症からの希望の変化を次ページに示す。

図2　ケース1のICFの構造

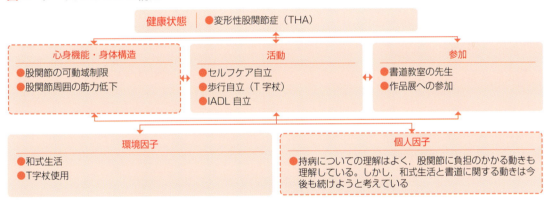

図3　ケース2のICFの構造

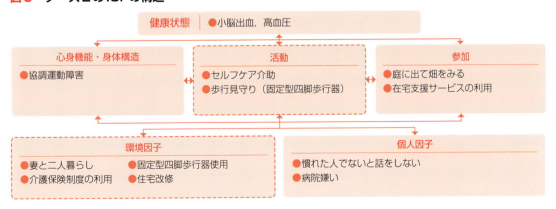

＊ADL：activities of daily living　＊THA：total hip arthroplasty

家に帰りたい。庭に出て畑をみたい
↓（未達成）
身の周りのことを一人でしたい
↓（自助具使用，妻の介助）
一人で歩きたい
↓（歩行器使用，見守り）
妻を休ませたい
↓（介護保険制度の利用検討）
今の状態で家に帰れるかみてほしい
↓（住環境の整備，自宅復帰）
介入の継続

「参加」から「活動」，「環境因子」，「参加」に関連する希望へと変化が認められたケースであった。

ケース3：60歳代，女性，主婦（図4）

脳梗塞を発症し，通所リハビリテーション（以下，リハ）を利用しながら在宅生活を送っている。通所リハ利用直後からのケースからの希望の変化を次に示す。

食事の準備で長く立てるようにしたい
↓（改善）
手で物を固定できるようになりたい
↓（改善）
瓶の蓋を開けられるようにしたい
↓（改善）
近所に買い物に行きたい
↓（達成）

電車に乗って東京へ買い物に行きたい
↓（達成）
通所リハをやめて，地域の活動や民間施設を利用したい。
↓（実際の活動に参加し自信をつけた）
通所リハの利用終了

「活動」から，「参加」，「環境因子」に関連する希望へと変化が認められたケースであった。

各ケースへのアプローチを通じて

各ケースからみえてきたことは，「個人因子」を考慮しながら「心身機能・身体構造」，「活動」，「参加」，「環境因子」に対するアプローチの視点がQOLの向上には必要であるという点である。

> **実践!! 臨床に役立つアドバイス**
>
> **希望を達成するコツ**
> 　ケースの希望は複数ある場合や，生活しているなかで変化していく。
> 　まず，希望をとらえるにはケースが希望を伝えたいと思える人になることである。そのためにはケースの生活を豊かにするために，ケースのことを知りたいという思いをもち，コミュニケーションを図ることが大切である。次に希望を達成するには，「心身機能・身体構造」，「活動」，「参加」，「環境因子」，「個人因子」の各要素に対する理解とアプローチが欠かせない。

図4　ケース3のICFの構造

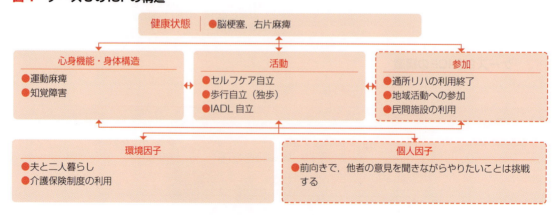

2 評価

- sickness impact profile (SIP)
- WHOQOL-26
- 改訂PGCモラール・スケール
- life satisfaction index K (LSIK)
- 楽しさ-11

QOLの評価

客観的QOLと主観的QOLのどちらを評価するのか，また健康に関連するQOL（HRQOL）と健康に直接関連のないQOL（NHRQOL）のどちらを評価するのかなど，評価の目的によって尺度の選択が必要である．

SIP（表2）

包括的な健康状態の指標やHRQOL指標として国際的に広く用いられている．構成は身体的領域の3カテゴリー，心理社会的領域の4カテゴリー，その他の領域の5カテゴリーの136項目からなる．SIPは実際の行動から客観的に評価する．採点は項目ごとに重みづけされたスコアを集計し，スコアが高いほどHRQOLが低い状態を表す．

WHOQOL-26（表3）

主観的QOLを測定している．「身体的領域」，「心理的領域」，「社会的関係」，「環境」の4領域と「全般的な生活の質」を加え，26項目で構成されている．採点は1〜5点の5段階で，領域の平均値や全体の平均値が与えられ，対象者のQOLが推測されている．

改訂PGCモラール・スケール（表4）

「心理的動揺」，「孤独感・不満足感」，「老いに対する態度」の3つの因子があり，17項目で構成されている．質問項目について肯定的な選択肢（表4の下線部）が選ばれた場合に1点，その他の選択肢が選ばれた場合には0点を与え，合計得点を算出する．合計得点の範囲は0〜17点である．

表2　SIPの尺度

領域	カテゴリー	項目数
身体的領域	A／移動	12
	M／可動	10
	BCM／身体介護と運動	23
心理社会的領域	SI／社会相互性	20
	C／コミュニケーション	9
	AB／行動の変化	10
	EB／感情的行動	9
その他の領域	SR／睡眠と休息	7
	E／栄養摂取	9
	HM／家庭管理	10
	RP／レクと娯楽	8
	W／雇用	9

A：ambulation　M：mobility　BCM：body care/movement　SI：social interaction　C：communication　AB：alertness behavior　EB：emotional behavior　SR：sleep/rest　E：eating　HM：home management　RP：recreation/pastimes　W：work

文献4，5）より作成

表3　WHOQOL-26の構成

領域	下位項目
身体的領域	日常生活動作，医薬品と医療への依存，活力と疲労，移動能力，痛みと不快，睡眠と休養，仕事の能力
心理的領域	ボディイメージ，否定的感情，肯定的感情，自己評価，精神性・宗教・信条，思考・学習・記憶・集中
社会的領域	人間関係，社会的支援，性的活動
環境	金銭関係，自由・安全と治安，健康と社会的ケア，居住環境，新しい情報と技術の獲得の機会，余暇活動の参加と機会，生活圏の環境，交通手段

文献6）より引用

＊HRQOL：health-related QOL　＊NHRQOL：non-health-related QOL　＊SIP：sickness impact profile
＊PGC：Philadelphia Geriatric Center　＊LSIA：life satisfaction index A　＊LSIK：life satisfaction index K

表4　改訂PGCモラール・スケール

あなたの現在のお気持ちについてうかがいます。当てはまる答えの番号に○をつけてください。

1. あなたの人生は，年をとるにしたがって，だんだん悪くなっていくと思いますか[Ⅱ]
　　1. そう思う　　　　<u>2. そうは思わない</u>
2. あなたは去年と同じように元気だと思いますか[Ⅱ]
　　<u>1. はい</u>　　　　2. いいえ
3. さびしいと感じることがありますか[Ⅲ]
　　<u>1. ない</u>　　　　2. あまりない　　　3. 始終感じる
4. 最近になって小さなことを気にするようになったと思いますか[Ⅰ]
　　1. はい　　　　<u>2. いいえ</u>
5. 家族や親戚，友人との行き来に満足していますか[Ⅲ]
　　<u>1. 満足している</u>　　2. もっと会いたい
6. あなたは，年をとって前よりも役に立たなくなったと思いますか[Ⅱ]
　　1. そう思う　　　　<u>2. そうは思わない</u>
7. 心配だったり，気になったりして，眠れないことがありますか[Ⅰ]
　　1. ある　　　　<u>2. ない</u>
8. 年をとるということは，若いときに考えていたよりも，よいことだと思いますか[Ⅱ]
　　<u>1. よい</u>　　　　2. 同じ　　　　3. わるい
9. 生きていても仕方がないと思うことがありますか[Ⅲ]
　　1. ある　　　　2. あまりない　　　<u>3. ない</u>
10. あなたは，若いときと同じように幸福だと思いますか[Ⅱ]
　　<u>1. はい</u>　　　　2. いいえ
11. 悲しいことがたくさんあると感じますか[Ⅲ]
　　1. はい　　　　<u>2. いいえ</u>
12. あなたには心配なことがたくさんありますか
　　1. はい　　　　<u>2. いいえ</u>
13. 前よりも腹をたてる回数が多くなったと思いますか[Ⅰ]
　　1. はい　　　　<u>2. いいえ</u>
14. 生きることは大変きびしいと思いますか[Ⅲ]
　　1. はい　　　　<u>2. いいえ</u>
15. いまの生活に満足していますか
　　<u>1. はい</u>　　　　2. いいえ
16. 物事をいつも深刻に考えるほうですか[Ⅲ]
　　1. はい　　　　<u>2. いいえ</u>
17. あなたは心配事があると，すぐにおろおろするほうですか[Ⅲ]
　　1. はい　　　　<u>2. いいえ</u>

Ⅰが「心理的動揺」，Ⅱが「老いに対する態度」，Ⅲが「孤独感・不満足感」

文献7，8)より引用

　改訂PGCモラール・スケールの得点は，主観的QOLの指標であるが，個人の相対的な位置を示すものであり，基準値を設けて「幸福な人」や「不幸な人」の弁別を行うことはできない。

　自記式尺度である。面接法で使用する場合には調査員によるバイアスがかからないように注意する必要がある。

LSIK（表5）

　既存の3つの測度尺度（改訂PGCモラール・スケール，LSIA，カットナー・モラール・スケール）の質問項目を組み合わせた3因子9項目の尺度である。3つの因子は，「人生全体についての満足感」，「老いについての評価」，「心理的安定」である。質問項目について肯定的な選択肢（**表5**の下線部）が選ばれた場合に1点，その他の選択肢が選ばれた場合には0点を与え，合計得点を算出する。合計得点の範囲は0～9点である。

　LSIKの得点は，主観的QOLの指標であるが，個人の相対的な位置を示すものであり，基準値

を設けて「幸福な人」や「不幸な人」の弁別を行うことはできない。

自記式尺度である。面接法で使用する場合には調査員によるバイアスがかからないように注意する必要がある。

楽しさ-11（表6）

「情動」，「認知-課題」，「自己主張的社会関係」の3因子11項目で構成されている。楽しみのある場合，楽しい理由として該当する項目に「はい」と回答してもらう。「はい」が選ばれた場合に1点，「いいえ」が選ばれた場合には0点を与え，合計得点を算出する。合計得点の範囲は0～11点である。

楽しさ-11の得点は，主観的QOLの指標であるが，基準値を設けて「楽しさの高い人」や「楽しさの低い人」の弁別を行うスケールではない。

表5 LSIK

あなたの現在のお気持ちについてうかがいます。当てはまる答えの番号に○をつけてください。

1. あなたは去年と同じように元気だと思いますか[Ⅲ]
   　1. はい　　　　2. いいえ
2. 全体として，あなたの今の生活に，不幸なことがどれくらいあると思いますか[Ⅰ]
   　1. ほとんどない　2. いくらかある　　3. たくさんある
3. 最近になって小さなことを気にするようになったと思いますか[Ⅱ]
   　1. はい　　　　2. いいえ
4. あなたの人生は，他の人に比べて恵まれていたと思いますか[Ⅰ]
   　1. はい　　　　2. いいえ
5. あなたは，年をとって前よりも役に立たなくなったと思いますか[Ⅲ]
   　1. そう思う　　2. そうは思わない
6. あなたの人生をふりかえってみて，満足できますか[Ⅰ]
   　1. 満足できる　2. だいたい満足できる　3. 満足できない
7. 生きることは大変きびしいと思いますか[Ⅱ]
   　1. はい　　　　2. いいえ
8. 物事をいつも深刻に考えるほうですか[Ⅱ]
   　1. はい　　　　2. いいえ
9. これまでの人生で，あなたは，求めていたことのほとんどを実現できたと思いますか[Ⅰ]
   　1. はい　　　　2. いいえ

Ⅰが「人生全体についての達成感」，Ⅱが「心理的安定」，Ⅲが「老いについての評価」

文献8，9）より引用

表6 楽しさ-11

1.	平穏	リラックスしてくつろぐため	はい	いいえ
2.	幸福	喜び，満足感，幸福の感覚を体験するため	はい	いいえ
3.	身体的健康	健康的，精力的で，身体的に強健であると感じるため	はい	いいえ
4.	探究	好奇心を満足するため	はい	いいえ
5.	理解	知識を得るため	はい	いいえ
6.	知的創造性	創意工夫のない思考様式を避けるため	はい	いいえ
7.	熟達	達成や改善に関するやりがいのある基準をクリアするため	はい	いいえ
8.	課題創造性	芸術的表現や創造性を含むような活動にたずさわるため	はい	いいえ
9.	個性	人との類似や一致を避けるため	はい	いいえ
10.	自己決定	制約，強制といった感覚を避けるため	はい	いいえ
11.	優越	勝利，成功という観点から都合よく他者と比較をするため	はい	いいえ

文献10）より引用

まとめ

- ●QOLの概念とは何か(☞p.188)。 実習
- ●QOLと健康の関係は何か(☞p.188)。 実習
- ●QOLの向上に必要な視点とは何か(☞p.188)。 実習
- ●QOLの評価尺度を挙げよ(☞p.191)。 実習 試験

【引用文献】

1) World Health Organization：Health Promotion Glossary：17-18, 1998.
2) 日本WHO協会ホームページ：健康の定義について(https://www.japan-who.or.jp/commodity/kenko.html)
3) 厚生労働省ホームページ：「国際生活機能分類－国際障害分類改訂版－」(日本語版)の厚生労働省ホームページ掲載について(https://www.mhlw.go.jp/houdou/2002/08/h0805-1.html)
4) Bergner, M. et al：The Sickness Impact Profile：development and final revision of a health status measure. Medical care, 19：787-805, 1981.
5) 後藤葉子, ほか：Sickness Impact Profile (SIP) 日本語版の作成と慢性呼吸器疾患患者における信頼性および妥当性の検討. 東北医誌, 118：1-8, 2006.
6) 田崎美弥子, 中根允文：WHO QOL26手引 改訂版, 金子書房, 2008.
7) Lawton MP：The Philadelphia Center Morale Scale；A revision. J Gerontol, 30：85-89, 1975.
8) 古谷野 亘：QOLなどを測定するための測度(2). 老年精神医学雑誌, 7(4)：431-441, 1996.
9) 古谷野 亘, ほか：生活満足度尺度の構造；因子構造の不変性. 老年社会科学, 12：102-116, 1990.
10) 矢嶋昌英：地域在住高齢者における「楽しさ」の因子構造について. 理学療法科学, 26(1)：95-99, 2011.

3章 個別支援の技術

3 行動変容

1 行動変容を導き出す理学療法アプローチの視点

POINT
- 動機付けは，外発的動機付けと内発的動機付けがある
- 行動変容を促すためには，自己効力感を高めることが挙げられる
- 行動変容は多理論統合モデル（TTM）に基づいたステージがある

概要

患者などの対象者に対して実施する理学療法の効果を最大限に引き出すためには，対象者が主体的に取り組むための教育や支援が必要である。しかし，実際には主体的な取り組みを始め，実行し継続していくことは難しい場合が多い。厚生労働省による「国民健康・栄養調査」[1]の報告では，20歳以上で運動習慣のある者の割合は，男性で35.9％，女性で28.6％であり，この10年間で男女とも有意な増減はみられないとされている。

健康寿命を延伸するための介護予防（転倒予防教室など）や，障害を余儀なくされた対象者への理学療法は生涯にわたって支援することが必要であり，対象者が主体的な取り組みを継続していくためには，科学的な根拠・理論をもった行動変容アプローチを理学療法に取り入れる必要性がある。

> **補足**
> 「運動習慣のある者」とは，1回30分以上の運動を週2回以上実施し，1年以上継続している者をいう[1]。

アプローチの理論

行動変容を導き出す要因の把握と理解

行動変容を導き出すためには，個人のさまざまな要因（**表1**）が複雑に影響し合っているため，対象者個人の要因の特色を把握・理解しアプローチすることが重要である。

動機付け

動機付けとは，対象者が何か目的や目標に向かって行動を起こし，その行動を継続させていくための心理的な過程をいい，大きくは**外発的**

表1 行動変容に影響する要因

個人的要因		環境的要因	
基本属性・社会的背景	性別や年齢，家族構成や学歴・職業などによって，行動変容に対するとらえ方が変化する	社会資源	施設や設備の配置や利便性，専門家などの人的資源の有無によって行動変容は大きく左右する
疾病や自覚症状の有無	深刻な疾病や自覚症状が明らかであると，通院や服薬をするなど行動変容が生じる	他者の支援	家族や友人，地域住民による組織，職場での人間関係の支援は行動変容に大きくかかわる
知識・態度	医学的知識の有無や，信念，価値観によって行動変容への影響は大きく左右する	社会的情報	テレビや新聞などのマスコミや口コミなどの社会的情報によって，健康意識が高まるなどの社会的風潮は行動変容に大きくかかわる

文献2)より引用

＊TTM：transtheoretical model

動機付けと内発的動機付けに分けられる（**図1**）。理学療法の場面では，はじめに外発的動機付けから開始し，内発的動機付けに結び付けられるように，過程を理解したうえで支援をしていくことが重要である。

自己効力感（セルフエフィカシー）

自己効力感（セルフエフィカシー）[3]とは，今ある状況に対して自分が必要な行動をとれるという自信の程度を示すもので，行動変容を促していくうえで大きな影響を及ぼす。自己効力感を高めていくためには，下記が挙げられる。

- **遂行行動の達成**：ある行動を実践した結果の成功を体験（成功体験）し，達成感をもつこと。
- **代理的体験**：他人が行っている行動をみて，「自分もできそうだ」と感じること。
- **言語的説得**：他者からの励ましなど言語による説得など指す。単独での効果は得られにくいが，代理的体験の補助的なものとして用いられるとよい。
- **情動的喚起**：できると思っている行動を実践する直前に不安になったり，逆に冷静になると自信が高まってくるといったような，情動的な変化によって喚起を感じること。

行動変容ステージとアプローチについて

TTM

TTMは健康行動への変容を促すための数多くある理論モデルを統合したものである。対象者が主体的な取り組みをはじめ，継続していくためには患者の行動変容のステージを確認し，自己効力感に配慮しながらステージに応じたアプローチが必要である。（**図2**）

①**前熟考期**：動機付けが不十分な状態であり，対象者は主体的な取り組みの必要性を感じていない状況である。この時期は，自ら積極的に取り組むことをしないことが考えられるため，その必要性を明確に説明し，理解を求める働きかけが必要となる。

②**熟考期**：対象者は，「何か取り組みをしなけれ

図1　外発的動機付けから内発的動機付けへの過程

外発的動機付け（目的のための行動）		内発的動機付け（行動そのものが目的）	
自分の外（他人）からの声かけや報酬などの働きかけによって行動する		自分から楽しさや興味が得られて起こる行動	
メリット	デメリット	メリット	デメリット
実行しやすく，動機付けを作るには即効性があり，コントロールしやすい。	主体性に欠け，充実感を得ることが少ないため，継続に結び付くことが難しい。	自分にとって有意義であることという意識が生まれれば，自ら率先して行動し，継続に結び付きやすい。	自ら意図的に動機付けを作ることが難しく，即効性に欠ける。

動機付けの段階　例）自宅でのトレーニングを勧めた際の対象者の動機付けの過程

外発的動機付け　→　内発的動機付け

外的調整	取入れ的調整	同一視的調整	統合的調整	内発的動機付け
トレーニングをしないと怒られるなどの強制的な刺激	自分でトレーニングをしないと寝たきりになるといった不安などの刺激	これ以上症状が悪化しないようにトレーニングをしようという，課題の価値や重要性の認識	トレーニングをしたいという気持ちが自然と湧き出てくる状態	トレーニングをすると楽しいなど自発的な行動がみられる状態

ばいけない」という気付きが生じているが，自分にとってのメリットとデメリットを秤にかけ，迷っている時期である。多くの対象者はこの時期に留まっている可能性が高い。対象者に即した情報提供や，家族や友人など周囲からの働きかけなどを活用し，取り組みを始めるためのメリットの認識を高めるとよい。またこの時期に自己効力感を評価し，行動変容のステージを進行させるための具体的な分析をするとよい。

③ **準備期**：明確な行動の実行まではいかないが，地域のイベントに時折参加したり，取り組むための物品を購入するなどの様子がみられる。この時期は，対象者の目標を明確にし，目標達成のためのアプローチを具体的に考え支援することが必要となる。しかし，目標は対象者が到達可能でより具体的なものでなければならない。

④ **行動期**：まだ安定した行動変容ではなく主体的な取り組みが定着していないため，目標を達成したら褒美を与えるなどの強化が必要である。また，この時期はステージの後退が最も多い時期である[5]ため，先行刺激のコントロール（刺激統制法）を行うことが有効である。例えば，セルフトレーニングのメニューをみえるところに貼っておくなどの工夫が必要である。

⑤ **維持期**：行動変容が安定しており，生活の一部として習慣化できているため，後退も少なくなる。習慣化するための方法を他人に教えるなどの役割を与え，強化するとよい。

> **日常生活に当てはめて学習しよう！**
> 行動変容は，日常でもよく経験していることを理論化したものである。それぞれ理論を理解し日常生活に当てはめてみると，対象者の気持ちを理解したうえで，より具体的なアプローチに結びつけることができる。

図2　TTMと自己効力感の関係

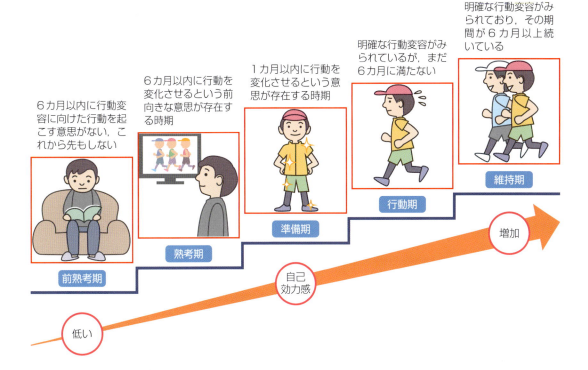

2 行動変容のための評価と理学療法アプローチの実際

POINT
- 自己効力感の評価の一つとして，転倒恐怖感の尺度がある
- 対象者の行動をTTMのステージに合わせて評価する
- 行動変容を導き出すアプローチは，目標設定とセルフモニタリングである

評価

自己効力感の評価

　自己効力感の評価は，対象とする特性や疾患などによりさまざまな視点から作成されている。本項では，介護予防事業のなかでも理学療法士が実施すること多い転倒予防でよく使用される**転倒恐怖感**に対する尺度を紹介する。

転倒恐怖感の尺度

　Tinettiら[6]は，Bandura[3]による自己効力感の理論を基にして，転倒恐怖に対する尺度 fall efficacy scale（FES）を開発した。これは日常生活の10項目を転倒せずに行う自信がどの程度あるかを調べる評価表である。その後，Hillら[7]により4項目追加した全14項目の日常生活活動（ADL）およびIADLについて転倒することなく実施できる自信の程度を調べる modified falls efficacy scale（MFES）（図3）が発表された。日本語版は近藤ら[8]によって発表された。MFESは140点満点でスコアが低いほど転倒恐怖感が強いことを意味している。

図3　MFESの評価表

1〜14の各活動を転倒する（ころぶ）ことなく，行う自信はどのくらいありますか？　自宅での生活を基準に0〜10段階で判断し，○を記してください。

	転ぶことなく行う自信は？	まったく自信がない　──────→　とても自信がある
1	風呂に入る	1-2-3-4-5-6-7-8-9-10
2	戸棚やタンス・物置きの所まで行く	1-2-3-4-5-6-7-8-9-10
3	食事の準備（調理・配膳）をする	1-2-3-4-5-6-7-8-9-10
4	家の中の老化や畳を歩き回る	1-2-3-4-5-6-7-8-9-10
5	布団に入る，布団から起き上がる	1-2-3-4-5-6-7-8-9-10
6	来客（玄関・ドア）や電話に応じる	1-2-3-4-5-6-7-8-9-10
7	椅子に掛ける・椅子から立ち上がる	1-2-3-4-5-6-7-8-9-10
8	衣服の着脱を行う	1-2-3-4-5-6-7-8-9-10
9	軽い家事を行う	1-2-3-4-5-6-7-8-9-10
10	軽い買い物を行う	1-2-3-4-5-6-7-8-9-10
11	バスや電車を利用する	1-2-3-4-5-6-7-8-9-10
12	道路（横断歩道）を渡る	1-2-3-4-5-6-7-8-9-10
13	庭いじりをする，または洗濯物を干す	1-2-3-4-5-6-7-8-9-10
14	玄関や勝手口の段差を越す	1-2-3-4-5-6-7-8-9-10

文献8）より引用

* ADL：activities of dairy life　　* IADL：instrumental ADL

TTMの評価

対象者の**行動変容ステージ**を評価するためには，まず主体的な取り組みを実行しているか否かを問うことから始める。その後，実行している期間を問い，6カ月以上実行していれば「維持期」，6カ月未満であれば「行動期」と判定する。主体的な取り組みを実行していなければ，1カ月以内に実行したいか否かを問い，実行するつもりであれば「準備期」となる。また，主体的な取り組みを1カ月以内に実行するつもりがない場合は，6カ月以内に実行するか否かを問い，実行するつもりであれば「熟考期」，実行するつもりがなければ「前熟考期」と判定する。

図4は，介護予防事業などで使用できる運動習慣に関する行動変容ステージの評価表である。認知機能の低下などがみられない場合は，対象者の自記式質問紙として使用することができる。

> **補足**
> 「自記式質問紙」とは，対象者自身が調査票の質問を読み回答を記入する調査のことである。質問紙を配布して調査を行うことが可能であるため，集団で調査することが可能である。しかし，対象者の誤記入などにより信頼性に欠ける場合もあり，調査対象者の特性を理解したうえで使用する必要性がある。

理学療法アプローチ

目標・環境の設定

これから主体的に取り組もうするときには，具体的な目標設定が必要となる。「いつ・どこで・誰と・何を・どのくらい」といった行動目標を設定させ，その内容を用紙に書いて目に付く場所に貼っておくなどの環境設定をするとよい。目標を達成したときは必ず称賛を与え，用紙にスタンプを押したり，コメントを書くと効果的である。また，目標に達成できなかった場合においても叱責することはせず，目標の見直しや環境設定の工夫を支援する。

セルフモニタリング

取り組みに対して自分自身で観察したり評価することによって，自己を振り返るなどの内省ができ，客観的な気付きをもたらすことができる（**セルフモニタリング**）。臨床場面においては，理学療法士が対象者と接する時間は限られているため，自宅などでのセルフトレーニングを促す際に活用できる。しかし，目標が不明確であったり，到達レベルが高く対象者の負担となっている場合は，有効とならない場合があるため，使用する場合は対象者の特性に合わせて設定する必要がある。セルフモニタリングを活用するための方法を**図5**に示す。

図4　運動習慣に関する行動変容ステージの評価

日常生活に対する，運動習慣に対するアンケートです。「はい」「いいえ」のいずれかに○をつけてください。

質問	回答	判定
1　あなたは，現在，定期的な運動を行っていますか？	はい	→質問「2」へ
	いいえ	→質問「3」へ
2　あなたは，定期的に運動を行っていて，すでに6カ月が経過していますか？	はい	維持期
	いいえ	行動期
3　あなたは，これから1カ月以内に，定期的な運動を行うつもりですか？	はい	準備期
	いいえ	→質問「4」へ
4　あなたは，これから6カ月以内に，定期的な運動を行うつもりですか？	はい	熟考期
	いいえ	前熟考期

文献9）より引用

図5 セルフモニタリングシート

セルフモニタリングシート
トレーニングの到達度を記録しましょう！

【日誌の記録方法について】
◇記入例に沿って，毎日記録をしましょう。
◇目標：週ごとに，実施するトレーニングとセット数の目標を立てましょう。
◇到達度チェック：目標に対する到達を4段階で記録しましょう。

記入例							
目標	○○トレーニング：1〜8　　セット数：1 ○○トレーニング：1・2　　セット数：1						
到達度チェック	3	1	4	1	2	1	1

到達度は以下の4段階を目安にしてください。

大変よくできた (100％)	よくできた (50％以上)	あまりできなかった (50％未満)	できなかった 実施しない日 (0％)
4	3	2	1

○○月のトレーニング達成度

	1	2	3	4	5	6	7
目標	○○トレーニング：　　セット数：1 ○○トレーニング：　　セット数：1						
到達度チェック							

(中略)

	22	23	24	25	26	27	28
目標	○○トレーニング：　　セット数：1 ○○トレーニング：　　セット数：1						
到達度チェック							

1カ月間の目標達成度（○をつけましょう）

大変よくできた	よくできた	あまりできなかった	できなかった
4	3	2	1

トレーニング・回数の設定
理学療法の場面で対象者に実際に指導した内容を，対象者自身が自宅などで「何のトレーニングを，何回行うのか」を明確に伝えること重要である。口頭で伝えると，明確に伝わっていないため，トレーニングメニューを記したものを提示すると伝わりやすい。

シートの工夫
月ごとにカレンダー形式に設定すると，経過を観察しやすくなる。

到達度の記載
設定したトレーニングメニューに対して4段階で記録することで，取組み内容が具体的に把握できるが，初期段階では実施の有無を「○」「×」で記載する方法から始めてもよい。

月ごとの総合判定の記載
継続していくために，全体を通してフィードバックをする必要がある。よくできている場合は称賛を与え，さらなる行動変容を促す。またできていない場合は，その原因を追究し，必要に応じて対象者が遂行可能なメニューに変更する。

文献10)より引用

行動変容に対するアプローチの実践例

介護予防事業などに理学療法士として参加する場面において，地域の健常高齢者に対する介入を実施する場合があるが，多くは講習会などでの1回限りの指導や週1回程度の指導に限られることが多く，介入頻度に限界がある。効果的な取り組みのためには，いかに対象者自身で取り組むようにするかの工夫が必要である。

週1回の転倒予防教室において，筋力トレーニングなどの集団体操と併せて，自宅で行うためのトレーニング方法の指導，セルフモニタリング，そのフォローを実施することで，実施しなかった群と比較すると筋力やバランス能力の向上が得られたという報告[11]がある。これは，対象者の行動変容によって得られた効果であり，理学療法に行動変容を取り入れたアプローチがより効果的であることを示している。

臨床に役立つアドバイス

「抵抗」を解決するためには？

対象者は，過去に経験のない取り組み（例えば，自宅での筋力トレーニング）などを習慣づけられることに対して，開始時には「させられている感」などの「抵抗」を生む可能性がある。抵抗が観察された場合，その取り組みを中止するのではなく，その原因を追究することから始める。その後，行動変容の理論に基づいて対象者に明確なインフォームドコンセントを行い，対象者の気持ちに寄り添って，励ましや称賛などを与えながら取り組みを継続すると，抵抗が解消されることが多い。

まとめ

- 外発的動機付けと内発的動機付けの特徴とメリット・デメリットは何か(☞p.196)。 試験
- 外発的動機付けから内発的動機付けに結び付ける過程はどのようなものか(☞p.196)。 試験
- 自己効力感を高めるために必要なことは何か(☞p.196)。 試験
- 行動変容ステージの評価方法はどのようなものか(☞p.199)。 実習
- セルフモニタリングを臨床で使用するメリットとは何か(☞p.199)。 試験

【引用文献】

1) 厚生労働省ホームページ：平成29年「国民健康・栄養調査」の結果(https://www.mhlw.go.jp/stf/houdou/0000177189_00001.html)
2) 厚生労働省ホームページ：Ⅳ 健康教育(https://www.mhlw.go.jp/bunya/shakaihosho/iryouseido01/pdf/info03k-05.pdf)
3) Bandura A：Self-Efficacy：Toward a unifying theory of behavioral change. Psychol Rev, 84(2)：191-215, 1977.
4) Patricia M. Burbank, Deborah Riebe 編著：高齢者の運動と行動変容 トランスセオレティカル・モデルを用いた介入(竹中晃二 監訳), p.37-53, ブックハウスHD, 2005.
5) 日本糖尿病療養指導士認定機構 編：糖尿病療養指導ガイドブック2014, メディカルレビュー社, 2014.
6) Tinetti ME, et al.：Falls efficacy as a measure of fear of falling. J Gerontol, 45(6)：239-243, 1990.
7) Hill KD, et al.：Fear of Falling Revisited. Arch Phys Med Rehabil, 77(10)：1025-1029, 1996.
8) 近藤 敏, ほか：高齢者における転倒恐怖. 総合リハ, 27(8)：775-780, 1999.
9) 日本保健医療行動科学会 編：講義と演習で学ぶ保健医療行動科学. 日本保健医療行動科学会雑誌, 31(別冊)：16-19, 2017.
10) 大渕修一, 竹本朋代：介護予防 動ける体をつくる本－にこにこ生活・老化にかつ！, 一橋出版, 2005.
11) Matsubayashi Y, et al.：Low-frequency group exercise improved the motor functions of community-dwelling elderly people in a rural area when combined with home exercise with self-monitoring. J Phys Ther Sci, 28(2)：366-371, 2016.

3章 個別支援の技術

4 社会参加の促進

1 就学・復学支援

- 運動機能が十分に発揮され，勉学に励む環境を作る
- 成長する身体に影響を与える因子について調整を行う
- 移動についての歩行支援具の選択や，扱いやすく，また介助なども行いやすい装具・福祉用具を選ぶことが必要である
- 学校環境は実際に確認する必要がある。また定期的に本人の活動や環境を再確認できる連携体制が必要である

概要

就学・復学支援の対象となる子どもには，先天性の障害や就学前の中途障害がある子ども，在学中の受傷や疾病による病休からの復学する子どもなどさまざまである。障害のある子どもの学校教育は，主に特別支援学校（訪問教育・病院施設内学級などを含む）と，地域の小・中学校の特別支援学級および通常学級で行われる。

就学・復学については，事前に学校関係者と家族，医療専門職との連携が必要である（図1）。また，就学・復学後も継続して子どもの変化を追うことが必要であり，就労や進学につなげていくことが求められる。

学校教育は集団生活の場であるとともに，運動機能が発揮され勉学に励む環境が保証されるかが重要である。

教科学習に関しては，姿勢などの学習環境や身体に必要な介助やケアについての配慮が，**運動**に関しては，成長と運動発達のために必要な機会とリスクについての配慮が必要である。集

図1 地域における理学療法士の連携

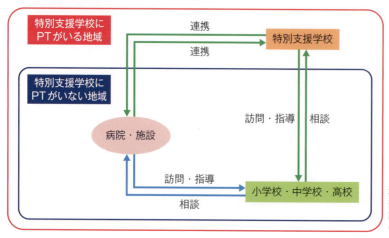

地域において状況が異なる。特別支援学校に理学療法士がいない場合は，誰が継続的に相談や指導をしていくのか明確にする必要がある

団行動では，教師やヘルパーなど新たな人とのかかわりへの配慮や，障害の有無にかかわらず，多くの友人とともに活動するための配慮が必要である。そして，子どもの障害が進行する場合はもちろん，そうでなくても心身の成長と，活動の質と量の変化とともに二次的障害が増えてくるため，日常生活に視点を置き，補装具などの活用法を試みることが重要になる。

学校関係者は，障害に関する専門的知識が乏しいことから，変化に気付かないことや不安から連携がうまくとれないケースがみられる。また，保護者は，子どもの障害の状況や精神的成長の変化に適応できず，それまでの療育スタイルから脱却できないケースがみられる。そのため，専門職が学校関係者と保護者のつなぎ役として行う連携や介入の意義は大きい。理学療法士は子どもの運動パターンの改善に注目しすぎてしまうことがあり，また医療機関での介入内容が教育現場へ伝わらないこともあり，医療機関と教育機関との間での連携強化が望まれる。

理学療法介入のポイント

移動

地域にはエレベーターがない学校や不整地がある学校などさまざまあり，教室の配置や移動教室に伴う動線には配慮が必要である。低学年では，教員による抱きかかえ移乗や車椅子を所有していないことによる抱きかかえ移動などがみられる。このような場合は，自立に向けて適切な歩行支援道具や介助方法への切り替えが必要である。また，通学や学校環境は見に行かなければわからないことも多い。具体的な対策や介助指導をするためにも訪問調査は必要である。

装具・福祉用具の工夫（二分脊椎症の例）

短下肢装具（AFO）を使用している例では，靴型金属支柱付きAFOで歩行している場合，歩行時の足音が大きいことや，屋内履きへの履き替えができないなどの問題があるため，プラスチックAFOやファイナーなどの検討が必要である。

車椅子を使用をしている例では，屋外や実験，実習室などではパンクの原因となるガラスなどの破片や金属片が落ちていることが多いため，ノーパンクタイヤを使用するなど学校生活に支障がない選択をする。

クラッチ歩行をしている例では，荷物を持っての移動ができない場合はリュックを使う，または車椅子の併用もよい。通学など手動車椅子では時間がかかる場合，電動車椅子の導入も有効である。

さらに，子どもの成長によるサイズの変更，または活動量が増えることによる負担などで装具や車椅子が不適合になる。福祉用具の取り扱い方は広く指導が必要である。

運動とケア

運動の機会は成長過程の子どもにとって重要である。残存機能を生かした運動や健常児とともに行う種目については，専門職（障害者スポーツ指導員や障害者スポーツセンターの職員など）に相談することが望ましい。また，運動には禁忌や運動によるリスクが伴うため体調や体表状態などの確認を運動前後に行うことが必要である。

学習

障害のある子どもが初めて自宅ではない環境で長く過ごすことになる。机に向かう姿勢や机の高さ，休憩方法，疲労度などが適切であるか調整が必要である。また，トイレまでの距離やタイミング，介助方法などが円滑に行えているか確認する。

その他

集団生活のなかで無理をして長時間・長距離を歩いたり，学校では車椅子を使用しているが，自宅では偏ったいざり生活をしていたりと，身体に影響を与える因子について把握し，調整する。

---

*AFO：ankle foot orthosis

専門職が注意すること

学校関係者が，専門職に相談の必要があると考える子どもの状況と，理学療法士が介入の余地があると考える子どもの状況は，必ずしも一致しない。そのため専門職として，本人や保護者，学校関係者との連携は必要である。理学療法士は病院や施設という視点にとらわれやすく，また学校という独特な文化があるが，それらにとらわれず子どもの生活全体をとらえることが重要である。

2 就労支援

- 就労の前提として生活基盤を確立する必要がある
- 通勤や動作の安定性と耐性を獲得することが必要なため，就労に合わせて装具や歩行支援具の選択が必要である

概要

身体になんらかの障害をもった人が社会復帰し，復職や新規就労を行うときに，理学療法士として行う支援は，就職活動などの社会的支援ではなく一般的な理学療法の延長としての支援である。日常生活の自立または一部の支援で生活できるよう，さらに仕事上の動作や移動，通勤手段や就業時間と通勤を含む体力をつけるように支援を行う（**図2**）。

自立訓練と就労移行支援

自立（生活）訓練では，**日常生活の自立**と**通所**を目指して生活の基盤を確立させる。就労支援が必要な人の多くは，身体の障害だけでなく高次脳機能障害を有することが多いが，理学療法士として移動や動作の安全性・耐久性に関する確認や判断などが必要である。また，就労に合わせた装具や歩行補助具・車椅子などの活用を再検討することや，軽作業の場合は動作方法や

図2 退院から就職・復職までの流れ

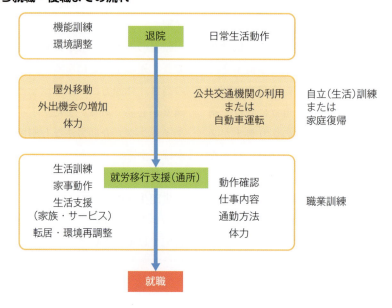

手順を確認することで安全に生活に作業ができるか確認する。

就労については，復職や配置転換，新規就労などの一般就労と作業所（A型・B型）などの福祉的就労などがある。

自立（生活）訓練

自立（生活）訓練では，理学療法や作業療法だけでなく，作業基礎やPC基礎，市街地訓練や家事動作などの**生活訓練**がある。また，病院を退院するときに家屋調整が間に合わない場合や，必要な家屋改造の見極めができない場合，自宅で生活できず独居や施設などへの転居の検討をする場合などに利用することもできる。対象は肢体不自由者だけでなく，高次脳機能障害者や知的障害者においても可能であるが，理学療法としての支援が必要になるのは，主として脳血管障害での麻痺がある人や，車椅子を使用して生活をする肢体不自由者などである。

就労支援制度

障害者福祉制度によるサービスでは，介護保険制度では不十分な第2号被保険者（40～64歳）の社会復帰や復職，新規就労を支援する。退院後の生活に不安のある人や通所できない人に対応する。障害者支援施設では，生活介助を受けながら自立訓練を受けられる施設や，スポーツを通じた体力向上や就職を支援する施設がある。

就労支援施設

■障害者就業・生活支援センター

障害者の雇用の促進に関する法律第27条の規程に基づいて県知事や社会福祉法人，特定非営利活動（NPO）法人などの民間法人が運営する支援施設である。

就職希望のある障害者や職場定着が困難な人を対象に，雇用福祉教育など関係機関と連絡調整を行いながら，就業およびこれに伴う日常生活，社会生活の支援を一体的に行う。

■市町村障害者就労支援センター

障害者の就労機会の拡大を図るために，地域で一番身近な市町村が設置する支援施設である。障害者のその家族の求めに応じて，職業相談，就職準備支援，職場開拓，職場実習支援，職場定着支援などの業務を行っている。

■その他

発達障害支援センターや職業能力開発センター，国立職業リハビリテーションセンターなどがある。

就労支援の内容

■機能訓練

在宅生活に必要な身体機能や生活能力の向上のために，一定期間，必要な訓練を行う。

■生活訓練

障害により日常生活に不安がある人，また休職や退職をしたが仕事に就きたい人に対し，理学療法・作業療法，作業訓練，体育訓練，市街地訓練，家屋調査，改修指導などを行う。生活基盤の確立や在宅就労や家庭復帰なども含まれる。

■評価

就職や復職などに際し，「今の自分にどんな仕事ができるか」，「どんな仕事が向いているか」などについて，通所による**職業評価**が受けられる。

■職業（職能）評価

職業特性評価，心理評価，職業適性検査，基礎能力評価，作業評価など，さまざまな課題を行いながら，障害によってできなくなっていることや，得意なこと，苦手なこととその補い方などを明らかにする。就労にあたっての配慮点や対応方法を助言し，地域機関の担当者と連携し，今後の地域生活や職業生活に関する課題を整理する。報告は書面で行い，就労支援の方向性について具体的な提案を行う。

就労移行支援

■職業準備訓練

一般事務や情報処理やPCでの製図や軽作業などの訓練を行う。受託生産や在庫管理物品の仕分けや配達など，個人に合わせた訓練を行う。

---

* NPO：nonprofit organization

■通勤訓練
　通勤方法の検討や通勤方法による練習を行う。
■就労支援
　就職活動としてハローワークの利用や会社訪問，面接などの活動を支援する。
■職場実習
　就職希望先で実習経験を行うだけでなく，就労体験，職場体験ができる。また復職予定の会社で仕事を体験することで安心して働くことができる。
■体育訓練
　動作が可能であっても，より安定して行うため，繰り返し行えるように支援する。また，スポーツなどを通して社会生活で必要な体力を培う。
■職場定着支援
　就労後に起こりうる相談事などについて継続して支援する。

理学療法介入のポイント

　50歳代の男性左片麻痺者を例に就労を考える。下肢にプラスチックAFOを使用し，T字杖で歩行可能。左手は補助手であり，自宅では歩行にて単身で生活できるが，家事はサービスを週1回利用している。

①**通勤ができるか**

　装具と杖を使用して公共交通機関による通勤を考えたときに，歩行スピードや耐久性，周囲への配慮などが必要である。安定して実用的なスピードでなくてはならない。なんとか時間をかけてたどり着けるという場合や，疲労や転倒の危険があるならば，最大限の能力で移動を行う必要はなく，車椅子や電動車椅子の利用も検討する。通勤時の混雑がある場合は，耐えうる安全な移動方法を選択し，時短契約をする場合もある。現実的な移動方法と移動時間になるように転居も検討するが，独居を検討する場合は環境調整や家事サポート（家族・ヘルパー）についても考慮することが必要である。

②**仕事ができるか**

　どのような職種の仕事ができるかという評価が重要である。通勤時間や通勤にかかる体力を除き，就業中の作業耐久性など仕事を考慮する。物を運ぶ必要がある場合にはワゴンを使用するなどして工夫したり，階段で移動する必要がある場合は実際にできるか何度も練習したり，就業のなかで具体的な動作を反復し確認する必要がある。

③**体力があるか**

　通勤と仕事の時間を除いた時間で，食事や入浴のほか，掃除や洗濯，買い物などの家事動作，翌日の仕事の準備などを行う時間と，体力が必要である。そのため，①～③を踏まえて現実的に週に何日，何時間働くことができるのかを検討する。

④**脊髄損傷者車椅子使用の場合**

　仕事環境において，公的施設はバリアフリーであることが多いため車椅子使用者には適している。しかし，職場環境の動線が狭い場合は車椅子使用者には不便である。通勤には公的交通機関より手動装置にて自動車を運転する人が多い。その場合駐車場の確保が必要である。在宅勤務をしつつ週1回出勤をしているような契約もみられる。排泄に関して障害者用トイレの有無や場合によっては車椅子を降りる休憩スペースの確保などを調整することもある。

就労支援のポイントと課題

　通常は生活がなんとかできるようになったところで退院になることが多い。その後自宅復帰し，自宅復帰から復職や新規就労まで，または就労支援を受けるまでの間に①**移動としての活動範囲の拡大**，②**体力作り**，③**生活動作の効率化と生活リズムの確立**が必要になる。③は家屋調整や生活環境を整えることで時短や効率化を図る

ことが可能であり，無理なく生活を行うためには生活の支援をサービスに頼る選択も必要である。

現在，就労支援施設は通所型が多く，高次脳機能障害，発達障害，知的障害の場合は通所が可能であれば，就労の最初の段階である①の通勤はクリアしているといえる。

しかし，肢体の機能障害がある場合は，①②という就労支援を受けるまでの支援が少ない。就労支援を受けるために通所をするという最初の段階でハードルが高くなる。体力をつけるために外出の機会を作ること，スポーツ施設に通うことが必要であるが，例えば家族は仕事があり，家族が育児や介護などでそのようなサポートができない場合が多い。

入所型で機能訓練や市街地訓練や生活動作を練習できる支援があることで就労支援につながる人が増えることが望ましく，また，理学療法士が病院におけるかかわりから就労に必要な機能についての視点をもつことが必要であるとともに，対象者が地域において活動できるところにつなげることが必要である。

3 障害者スポーツ

- 障害者のスポーツ活動には，身体機能維持や回復，健康増進，社会参加，自己実現といったさまざまな目的がある
- 目的や障害に合わせたスポーツを紹介，または紹介できる施設や人につなげる
- スポーツによって起こりうるリスクを予防する

概要

障害者スポーツとは，障害があってもスポーツ活動ができるよう障害に応じて競技規則や実施方法を変更したり，用具などを用いて障害を補ったりする工夫・適合・開発がされたスポーツのことである。そのためアダプテッド・スポーツ（adapted sports）ともいわれる。子どもから高齢者まで参加可能なものが多く，障害のある人もない人もともに実践できる可能性がある。

障害者の活動参加へのさまざまな目的

■機能維持・向上

リハビリテーション（以下，リハ）の延長として，筋力強化，柔軟性，歩行スピードや安定性の向上など。

■健康増進

車椅子の使用により日常の活動量が少ないことや，障害があることにより運動の機会が得られないことで，生活習慣病や肥満になることがある。残存機能を最大限に活用してアクティビティーを行うことで，二次的障害を予防する。

■社会とのつながり

外出機会の確保，コミュニティーづくりとしてスポーツ活動は重要である。

■自己実現

日本選手権（ジャパンパラリンピック）や国際大会を目指して競技としてスポーツを行う（**表1, 2**）。

表1　障害者が利用しやすいスポーツ施設

・障害者スポーツセンター
・障害者優先体育館
・リハセンター
・障害者福祉センター

> **補足**
> **全国障害者スポーツ大会**
> 都道府県の障害者スポーツ協会から派遣される大会で，障害者がスポーツを始める導入の役割を担っている。地域の障害者スポーツセンターやリハセンター，または特別支援学校などで活動を行うことで，都道府県選手団として派遣される。

リスク管理とスポーツ支援

褥瘡，傷のリスク

褥瘡は高齢者の不動によって引き起こされる褥瘡だけでなく，スポーツをすることによって引き起こされる褥瘡がある。感覚障害のある部位に装具や車椅子の一部が継続的に，または繰り返し接触し続けることや，競技において安楽ではない姿勢や荷重が偏ることを強いられること，汗や尿もれなど高温多湿な環境にあることなどが原因となる。スポーツによって循環がよくなるなどのメリットがあるため，リスクを管理して行うことが望ましい。

自律神経障害や排泄障害のリスク

障害によって発汗障害によるうつ熱や低体温，排泄障害による自立神経過反射や感染症などがある。環境の影響を受けやすい反面自覚しにくく，症状に気付きにくいため，普段からの水分摂取や体温の調節が重要である。体温や血圧の変化を把握し，体調には十分注意する必要がある。

道具

スポーツ用具は個人に合わせる必要があるものが多い。競技用車椅子やスポーツ用義足，自転車やチェアスキー（**図4**）などは高額なため，体験会などを通したり，スポーツセンターにある体験用のものを借りたり，競技をすでに行っている人のものを借りたりするなど，体験してから購入することが望ましい。体験時は簡易的

表2　障害者スポーツの大会と種目

全国障害者スポーツ大会	**個人種目**：陸上競技（50m走，100m走，200m走，400m走，800m走，1500m走，スラローム，走高跳，走幅跳，立幅跳，砲丸投，ジャベリックスロー，ソフトボール投，ビーンバッグ投，25m走（車椅子），30m走（電動車椅子），4×100mリレーの計17種目），水泳，卓球，サウンドテーブルテニス，アーチェリー，フライングディスク，ボーリング **団体競技**：バスケットボール，車椅子バスケットボール，ソフトボール，グランドソフトボール，バレーボール，フットベースボール，サッカー
パラリンピック	**夏季**：アーチェリー，陸上競技，バドミントン，ボッチャ，カヌー，自転車競技，乗馬，5人制サッカー，ゴールボール，柔道，パワーリフティング，ボート，射撃，シッティングバレーボール，水泳，卓球，テコンドー，トライアスロン，車椅子バスケットボール，車椅子フェンシング，ウィルチェアラグビー，車椅子テニス **冬季**：アルペンスキー，バイアスロン，クロスカントリースキー，アイスホッケー（アイススレッジホッケー），スノーボード，車椅子カーリング
デフリンピック	聴覚障害者が運営する聴覚障害者の国際競技大会。パラリンピックには聴覚障害者は出場しない。参加者が国際手話によるコミュニケーションで親睦を深められるところに大きな特徴がある。
スペシャルオリンピックス	知的障害のある人たちに継続的なスポーツトレーニングとその発表の場である競技会の提供を使命とし，活動を通して彼らの自立と社会参加を促進し，生活の質（QOL）を豊かにすることを目的とする活動で，日常のスポーツトレーニングの成果を発表する場として，競技会を開催している。
各種障害者スポーツ大会	パラリンピックの競技ではないが世界選手権や全国大会などがある競技がある（電動車椅子サッカー，アンプティサッカー，障害者ゴルフ）。そのほかに，国際脳性麻痺者スポーツ・レクリエーションワールドゲームス，世界車椅子・切断者競技大会，国際視覚障害者スポーツ大会などがある。
レクリエーションとして行われている種目	スポーツ吹き矢，風船バレー，卓球バレー

＊QOL：quality of life

に合わせるため身体に合わないことが多いが，不適合により競技が楽しめないといったことがないように，また傷を作らないようにすることが重要である．

シーティング・スポーツ補装具の適合

障害者のスポーツは，パラリンピック種目のようにルールが確立されているが，そのルールのなかには障害を補うための道具を自由に作成できる部分があり，それによってさまざまな障害がある人が参加できるようになっている．例えば車椅子で行う競技はルールの範囲で補装具やベルトを着けることでより身体を安定させることができる．日常用の車椅子で行う競技では，バーなどの持ち手を付けることでより力を発揮しやすく，または身体を安定させている．競技力向上だけでなく，褥瘡や傷の予防に有効である．

体を動かし，スポーツを楽しむ

ルールが完成された公式なスポーツがある一方，スポーツは参加者の障害者や年齢や人数によって，そのときどきでルールを変えて楽しむことができる．特別ルールを設定したり，健常者とペアにしたり，工夫次第で参加者を楽しませることができる．理学療法士がリハにおいて，このような視点で意欲を引き出すことは重要である．

障害者スポーツ指導員制度

障害者のスポーツ活動を支えているのは障害者スポーツセンターの指導員だけではなく，地域の障害者スポーツ指導員がボランティア活動を通して支援している．日本障がい者スポーツ協会は公認指導者制度（**表3**）を制定し，わが国における障害者のスポーツの普及と発展を目指し，障害者のスポーツ環境を構築するうえで必要な人材の養成ならびに資質向上を図るための研修事業を行っている．これら指導員が地域のスポーツ活動を支えている．

リハからアクティビティーやスポーツへ

スポーツは，段階的に進めることが大事である．スポーツとの出会いや，同じ障害をもつ仲間との出会いは，障害を受け入れるきっかけになる．

そのため，理学療法士は対象者の目的や障害に合わせてスポーツを紹介する，または紹介できる施設や障がい者スポーツ指導員がいるところにつなげることが望ましい．

理学療法士として，地域において身近で低負荷なアクティビティーから提案する．

図4 チェアスキー

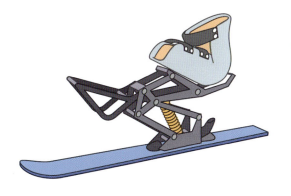

表3 日本障がい者スポーツ協会公認指導者

初級障がい者スポーツ指導員	地域で活動する指導者で，主に初めてスポーツに参加する障がい者に対し，スポーツの喜びや楽しさを重視したスポーツの導入を支援する者．
中級障がい者スポーツ指導員	地域における障がい者スポーツのリーダーとしての役割を持ち，指導現場で充分な知識・技術と経験に基づいた指導ができる者．
上級障がい者スポーツ指導員	県レベルのリーダーとして，指導現場では障がい者スポーツの高度な専門的知識を有し，指導技術と豊富な経緯に基づいた指導と指導員を取りまとめる指導的立場になる者．
障がい者スポーツコーチ	各種競技別の障がいのある競技者の強化・育成などを行う者．
障がい者スポーツトレーナー	障がい者のスポーツ活動に必要な安全管理および競技力の維持・向上の支援をする者．

障害の種類や程度によって適合するスポーツがあるため，スポーツによって起こりうるリスクを予想し，安全に楽しめるように補装具などを確認し工夫する。

4 通いの場

- 通いの場とは，住民が主体的に運営する，誰もが参加できる，介護予防に取り組む場であり，地域の交流や助け合いにつながる場である
- 通いの場では，筋力トレーニングをはじめとする運動や趣味活動などが行われている
- 通いの場が，歩いて行ける場所にあれば，外出機会が増え，社会参加の促進になるとともに，地域交流が活発になり，助け合える地域づくりにつながる
- 通いの場に対する支援は，リハ職だけでなく，保健師や栄養士など多職種の連携が必要である

概要

「通いの場」とは，**住民が主体的に運営**し，地域に住む**多世代の人々が自由に参加**でき，地域で**介護予防**に取り組む場であり，**助け合い**につながる場である（図5）。

国や市町村は，高齢者の社会参加や，生きがいづくりにつながる「通いの場」を推奨しており（表4），高齢者が容易に通える範囲に展開できるよう，住民主体の「通いの場」の立ち上げを支援している（高齢者人口の10％の参加を目標）。

背景

高齢化に伴う**社会保障給付費**の増大だけでなく，地域における**人間関係の希薄化**や，**核家族化**，**一人暮らし高齢者の増加**，**閉じこもりの問題**などが存在すると考えられる。

また，健康寿命延伸を推進するうえでは，地域住民自らの意志で参加し，介護予防に取り組むことが大切である。現在自宅から「通いの場」までの移動手段の確保が，難しい状況の住民もいるため，歩いて行ける範囲に「通いの場」の展開を広げることが，今後の高齢化社会を乗り切

図5 「通いの場」の位置付け

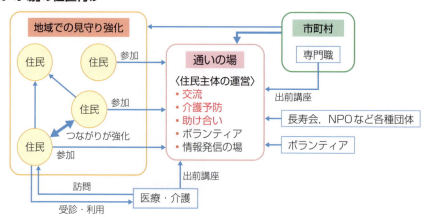

るうえで，とても重要な役割を果たす。

「通いの場」の運営
（群馬県佐波郡玉村町の例）

どのような人達が立ち上げたのか？

一般住民を対象とした，町主催のフォーラムや，勉強会などに参加した住民。

表4 国が推奨する住民主体の介護予防活動

【住民運営の通いの場のコンセプト】
1. 市町村全域で，高齢者が容易に通える範囲に通いの場を住民主体で展開
2. 前期高齢者のみならず，後期高齢者や閉じこもりなど何らかの支援を要する者の参加を促す
   - 元気な方がより一層元気になるだけでなく，たとえ弱ってきても地域のなかで通える場があり，お互いに支え合える地域を目指す
3. 住民自身の積極的な参加と運営による自律的な拡大を目指す
4. 後期高齢者・要支援者でも行えるレベルの体操などを実施
   - 住民自身が納得して行うためにも，介護予防として効果がある取り組みを行う
5. 体操などは週1回以上の実施を原則とする
   - 介護予防として効果を上げるのに必要な頻度（週1回以上）行う

文献1）より抜粋引用

どのような人が参加しているのか？

介護認定や障害の有無にかかわらず，地域住民誰でも参加してよいのが「通いの場」である。一般的には地域の高齢者が多い。

どこで開催しているのか？

主に，地域の集会所や公民館，公園，介護事業所など。なかにはビニールハウスを居場所としている地域もある（図6）

集まって何をしているのか？

①健康体操：筋力トレーニング（図7，8），ス

図6 ふれあいの居場所 住吉

図7 上福島 公民館にて

図8 下新田 カーポートにて

トレッチング，ラジオ体操など
②趣味活動：手芸，絵手紙，書道，カラオケ，切り絵，囲碁将棋，麻雀など
③スポーツ：卓球，スマイルボール，スポーツ吹き矢，グランドゴルフなど
④食事会：ギョーザ作り，たこ焼き，ケーキカフェ，けんちん汁など
⑤健康講座：認知症予防講座，栄養講座，口腔講座など（各専門職を講師に迎えて）

行政（玉村町）の取り組み

①「通いの場」のなかで，地域交流や地域支え合い促進および，介護予防を目的として住民主体で立ち上げたものを，玉村町では「ふれあいの居場所」とし，立ち上げ時の備品購入費，運営費を補助
②勉強会を開催し，居場所を立ち上げる住民リーダーを育成
③「ふれあいの居場所」の代表者会議を開催
④専門職（理学療法士，保健師，歯科衛生士など）の派遣

期待される効果

①社会参加の促進

閉じこもり予防／地域での交流を促進／地域の活性化／生きがい・やりがい／役割の創出

②心身機能，能力の改善

不安感の軽減／自己肯定感の向上／筋力・柔軟性・歩行・バランス能力の向上（フレイル予防）

「通いの場」における理学療法士の役割

国および自治体は，地域における介護予防の取り組みを強化するために，住民主体の通いの場への理学療法士をはじめとする，リハ専門職などの関与を促進している。

理学療法士には以下のような役割がある
①運動機能および認知機能，生活能力向上にむけての専門的指導

- 誰もができる**体操の紹介および指導**（筋力トレーニング，腰痛体操，膝体操など）
- 転倒予防講座などの**健康講座の企画，開催**

②リハ・マインドの啓発

- リハ専門職として住民に，**健康意識の向上**と**自立支援**を促す

③多職種連携

- 介護予防事業においては，保健師，栄養士，歯科衛生士，薬剤師などの**多職種連携**が重要であり，ときにコーディネーターとしての役割を担うこともある

④住民サポーターの育成

- 通いの場に参加し，運動などを参加者に指導できる**住民サポーター育成**のための研修を開催

> **実践!! 臨床に役立つアドバイス**
>
> **実際の通いの場で気を付けていること**
> ・身体機能や認知機能の評価ができていない状態で，集団指導するため，常に参加者全員に目を配る
> ・公民館や集会所などでは，段差や手すりがないなど，環境が整っていないため，転倒にはよく注意する
> ・テーマをわかりやすくして，大きな声で説明する（難聴の人も多い）
> ・一方的に話し続けず，参加者とともに楽しみながら進めていく（特に健康講座で何分も長く話していると，参加者は疲れてしまう）

「通いの場」での介護予防支援のポイント

閉じこもり予防

「通いの場」に参加している住民は，一般的に社会参加への意欲が高い人が多い。元気なうちに「通いの場」に参加して地域交流を行うことで，なんらかの要因で（身体的，心理的および家族環境など）外出が困難になったとき，交流のある地域住民からの声掛けなど地域の支援を期待でき，閉じこもりを予防できる。

また「通いの場」にて健康講座を行う際には、**社会参加の必要性**を住民に説明し、隣近所で閉じこもり傾向のある人に対して、**住民同士で参加を促し合う**ようよびかける（実際、行政や専門職が誘っても、参加につながるケースは少ない）。

フレイル予防

体力測定や**アンケート**などにより、参加者の**健康状態を把握**し、参加者本人にも自覚を促す。また、リハ職だけでなく、保健師や管理栄養士、歯科衛生士などの専門職と連携し、本人の活動性を上げ、適度な強度の運動習慣をもち、栄養状態の改善などバランスの取れた生活を送れるよう、指導していく。

転倒予防

転倒の要因は、筋力低下だけでなく、バランス能力や、関節可動域（柔軟性）、認知機能の低下などの内的要因と、段差や滑りやすい床など住環境や、豪雪地帯など居住環境の外的要因に分けられる[2]。

そこで**転倒予防講座**を開催し、上記のような転倒の要因を参加者に理解してもらい、転倒により寝たきりや要介護の状態につながる危険性を説明し、自ら運動機能向上や住宅環境の見直しなどに取り組んでもらう。その際、実例を挙げて、自宅で行える具体的対策を提示するとよい。

認知症予防

「通いの場」では、すでに認知機能が低下している方の参加もみられる。そのため認知症の説明は、参加者に不安を抱かせないよう配慮が必要である。

また参加者全員が楽しく取り組めるレベルの、**有酸素運動**や**デュアルタスク（2重課題）トレーニング**などを紹介し、状況に合わせて実行する。

認知症については、**早期発見および早期対応**が望まれており、「通いの場」においても**認知症の理解を参加者に促し**、地域包括支援センターおよびかかりつけ医、認知症疾患センターへ情報をつなげられる地域のネットワーク構築が重要である。

「通いの場」における今後の課題

参加者の高齢化

立ち上げた住民、**参加住民の高齢化**により、参加者が減っているところもある。今後は多世代の交流を促進する必要がある。

男性参加者が少ない

地域ごとに広報や回覧版などで周知をしているが、**男性の参加者が少ない**ところが多い。男性の役割の創出や「通いの場」の活動内容を再検討する必要がある。

移動手段の確保

「通いの場」まで歩行能力に問題があって参加できない住民に対しての**移動手段**の確保が必要[3]（**図9**）。

担い手の育成

「通いの場」での介護予防を強化するため、専門職の派遣を行っているが、回数が限られている。今後は運動指導などが可能な**住民サポーターを養成**し、各地区への派遣が必要とされる。

「通いの場」のある地域と、ない地域の格差

「通いの場」は、住民主体の運営が基本であり、強制的に作るものではないため、立ち上げに時間がかかることも想定される。よって、地域のなかで「通いの場」を展開できる地域と、展開が難しい地域が生じる。

図9　玉村町の居場所に参加意向なしの理由（n＝92）

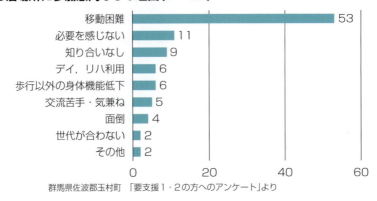

群馬県佐波郡玉村町「要支援1・2の方へのアンケート」より

まとめ

- 就学支援の教科学習において配慮が必要なポイントを3つ挙げよ（☞p.202）。 実習
- 就学支援の運動において配慮が必要なポイントを2つ挙げよ（☞p.202）。 実習
- 通所で行われている就労移行支援を受けるために必要なことは何か（☞p.204）。 実習 試験
- 主に就労支援施設で行われる就労支援にはどのような内容があるか（☞p.205, 206）。 試験
- 障害者スポーツの目的は何か（☞p.207）。 試験
- 障害者が利用しやすいスポーツ施設にはどんな場所があるか（☞p.207）。 実習
- 障害者のスポーツのリスクにはどんなものがあるか（☞p.208）。 実習 試験
- 住民主体の通いの場とは何か（☞p.210）。 実習
- 通いの場における理学療法士の役割にはどのようなものがあるか（☞p.212）。 実習
- 通いの場において認知症予防の取り組みを行う際に留意する点は何か（☞p.213）。 実習

【引用文献】
1) 厚生労働省ホームページ：平成26年度 地域づくりによる介護予防を推進するための手引き（https://www.mri.co.jp/project_related/roujinhoken/uploadfiles/h26/h26_07_tebiki.pdf）
2) 山田 実：高齢者の生活機能向上支援（第1版），p72，文光堂，2017.
3) 齊藤道子，山上徹也，浅川康吉，ほか：住民主体の通いの場への参加意向と関連要因の検討．理学療法群馬，29，51，2018.

3章 個別支援の技術

5 福祉用具の利用と住環境の整備

1 移動支援

- 移動支援は動作分析を根拠として行う
- 支援では，身体機能評価のみならず，環境評価，予後予測を踏まえて行う
- 支援補助具の目的を明確にする（過度な介助物にならないこと・安全確保・生活範囲の向上・介助者支援）

概要

「移動支援」はかなり広義な意味でとらえることができる用語である。介護保険法や地域リハビリテーション（以下，リハ）のなかでは，外出支援の一つのサービスとして利用されることが多いが，本項では「動作分析を根拠として行う移動支援」としてとらえる。

支援に伴い実施する動作分析は，屋内での「寝返り〜起居」，「座位〜移乗あるいは座位〜起立」，「立位〜歩行」，「屋内／屋外の移動」に分けて評価を行い，それぞれの動作に求められる支援と支援補助具の利用，住環境の整備について解説していく（図1）。

動作に応じた支援

寝返り〜起居

寝返りが困難な場合には，モーター式ベッドと合わせてエアマットなど支援補助具を導入するケースが多い（図2 a, b）。起居に関する介助者の負担は高く，導入目的として介護支援や褥瘡防止などが挙げられる。モーター式ベッドには2モーター式，3モーター式があり，高さ，体幹ギャッジアップ，膝の角度などの調整機能を用途に応じて選択できる。介護保険該当者では

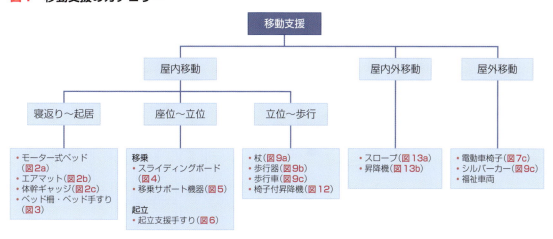

図1 移動支援のカテゴリー

レンタルするケースが多く，その料金は事業所により多少異なる。また，最近では起き上がり補助装置として体幹ギャッジだけを目的にした電動の製品もある（図2c）。

軽介助程度の起居が可能な場合には，ベッド柵や手すりの工夫が必要である。多様な種類があるため，起居のみならず，その後の車椅子移乗や立位などの動作につながるようなサイズや形状，機能のものを選ぶ必要がある（図3）。

臨床に役立つアドバイス

ベッドや周辺器具の選定時の注意点

モーター式ベッド導入時の注意点として，自立してリモコンの操作が可能かどうかの認知面の評価が重要である。また，その設置場所なども配慮する。リモコンの誤操作などで柵間に頭部を挟むなどの事故もありうる。床ずれ防止マットには多様な種類があるが，経験上エアマットが効果的である。

図2 モーター式ベッド・エアマット・起き上がり補助装置

a　モーター式ベッド

b　エアマット

c　起き上がり補助装置

図3 ベッド柵

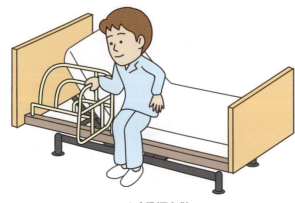

a　L字柵（固定式）

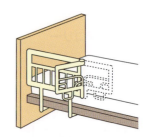

b　L字柵（可動式）

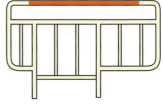

c　ベッドサイドレール

移乗動作

　座位から移乗を考えてみよう．まず，支持物があれば座位が安定する場合，その柵の高さや形状そして，ベッドの高さにより，体幹の前傾姿勢角度が変化し，座位時の転倒リスクに影響する．全介助の場合は，介助者技術が未熟な場合，車椅子アームレストを跳ね上げ式や脱着式にし，スライディングボード（**図4**）などと併用して活用することがある．移乗サポート機器（**図5**）などの研究も日進月歩であるが，装着時間などの面で実用性が低く普及が進んでいない．中等度介助の場合，車椅子アームレストの形状をデスク型などにすることで，介助者とともに双方，容易になる．移乗やその後の自走などの評価を根拠に選択する．ベッドと車椅子座面の高低差が移乗の困難度に影響するため，モーター式ベッドの高さ調節機能は活用すべきである．

起立動作

　起立を容易にする支持物は，多種存在する（**図6**）．その選択には，容易さのなかにも**安全性と身体的効果**を配慮しなければいけない．ベッド柵を把持し起立可能なケース，歩行器などの歩行補助具を直に使用し起立するケース，またなんらかの支持物設置にて起立するケースがみられる．最後のケースの場合，置き型手すりや天井と床に突っ張る形式の手すりも存在する．手すりの選択には，起立動作の評価が重要である．起立初期時の**前方移動**の問題，起立後期の**麻痺側支持性**の問題，**不安要素**のみを解消するのかなど，手すり使用の目的を明らかにする．歩行器などの歩行補助具を把持して起立する場合は，荷重量や高さなどを評価し，高さや重量が適切かを見極める必要がある．手すり活用に関しては，過度な援助にならず対象者の能力を最大限活用し，安定した支持物として使用できるものを選定する．

歩行

　歩行が不可能な場合は，車椅子やストレッチャー使用となるが，急性期リハの普及により

図4　スライディングボード

図5　移乗サポート機器

a　マッスルスーツ

b　リフト支援装置

ストレッチャーでの移動を生活で余儀なくされるケースは非常に少なくなった。車椅子の選定には，姿勢や筋緊張，座位時間など多様な評価を行い，**適切な形状，機能性，幅や高さ**などを配慮しなければならない（図7）。ブレーキに関しても疾患特性に合わせ，ブレーキ形状や長さの変更，ジョイステックなどの活用をする場合もある。また，屋内外に別の車椅子を使い分ける場合もある。狭小住宅では，ハンドリムそのものが通路と接触するなど，ハンドリムの必要性も配慮すべきである。付属品として座面，背面のクッションなどもシーティング上，吟味したいところである（表1）。ひいては，**良肢位悪化による誤嚥**など多岐に影響が出現する。個人個人の寸法に合わせた製作車椅子も存在し，特に脊髄損傷者などの若年者には普及している。

図6 起立動作支援手すり

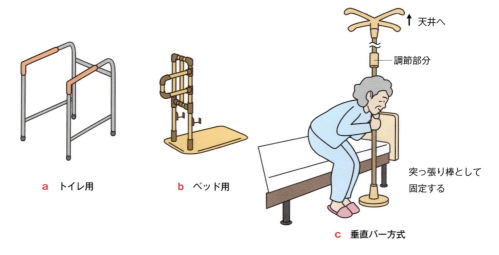

a　トイレ用　　b　ベッド用　　c　垂直バー方式

図7 車椅子の構造と種類，付属品機能

a　車椅子の構造（スタンダードタイプ）　　b　モジュールタイプ　　c　電動タイプ

臨床に役立つアドバイス

車椅子選定時の配慮すべき点

外出時の車両への積荷のことも考えると，折りたたみ具合や重量などは，高齢者にとって非常に重要なポイントとなる．さらに車椅子は，介護保険では要支援者には特別な医師の指示などがない限りレンタル対象にはならない．製作の場合は，身体障害者手帳の有無を確認し各市町村窓口などへの相談で補助が出る場合がある．

歩行が可能な場合は，歩行支援物として歩行補助具の使用となる．歩行補助具は多様な種類が存在し，疾患別や障害の程度に応じ選定する．整形疾患急性期の免荷や荷重制限，疼痛緩和，片麻痺者の下肢支持性補助，歩容改善，不安定さ解消など目的は多数ある．医師の指示や動作分析，用途を考え選択すべきである．

また，どこで使用するかという点で環境評価も重要である．在宅では，生活動線の段差や幅などを考える必要がある．歩行器の選択には注意が必要である．まだまだ日本家屋は狭小であり段差が多い．身体機能のみでなく**生活動線の環境評価**と予後を踏まえたうえで選定すべきである．さらに，屋内か屋外か，外出先かなどそれぞれの環境条件を配慮し，歩行補助具の提案をする．

介護保険サービスのレンタル品も多く，その知識も必要である．家で利用している歩行補助具が持ち込めない介護保険施設があるなど，屋内と屋外で歩行補助具を使い分けをする場合もある．生活全般にかかわるセラピストとして，屋内のみならず買い物，庭，車両への乗降などを含め，すべての生活動線を移動範囲としてとらえ，情報収集を欠いてはいけない（**図8**）．注意点として歩行可能な時期から車椅子レベルになった場合も想定することが重要である．

歩行補助具

歩行補助具の適応と用途

歩行補助具には，杖，歩行器などがある．杖のなかでT字杖，4点杖などは手掌支持型であり，ロフストランド杖は前腕支持型そして，腋下支持型の松葉杖などに多く触れる（**図9a**）．

下肢支持性や疼痛度，高次脳機能や認知機能も含め評価を行い選択する．一般的に手掌支持型杖は，片麻痺者や整形疾患などの軽度歩行障

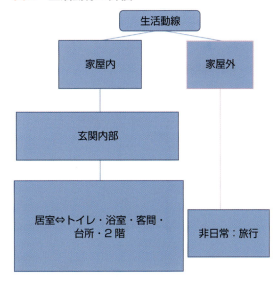

図8 生活動線の評価

表1 付属品機能例

・アームレストはね上げ	・電動	・スリムタイヤ
・チルト	・座シート張り調整	・クッション付
・リクライニング	・6輪車	・座幅調整
・脚部スイングアウト・イン	・介助ブレーキ	・シートベルト
・背シート張り調整	・軽量	・転倒防止キャスター
・座面高さ調整	・ノーパンクタイヤ	・脱着式アームサポート
・アームレスト高さ調整	・脚部エレベーティング	

害者に適応される。前腕支持型は、上肢の固定が困難な症例に適しており、脊髄損傷などの対麻痺者などに両手把持にて多く適用することがある。また片麻痺者でも失行症状がある、非麻痺側にも軽度な症状があるなどの場合、ロフストランド杖が使用されることがある。腋窩支持型の松葉杖は、主に骨折などの免荷の目的で利用されることが多い。腋下の損傷には注意を要する。

歩行器は両側把持であるため、中重度の片麻痺者などには不向きである。脳血管疾患においては、顕著な麻痺がなく失調症状などの不安定さの解消などに活用される。頸髄・脊髄損傷の軽度の四肢麻痺や対麻痺、Parkinson病（PD）などの神経筋疾患の中期にも多く利用される。固定型と交互型があり、対象者のレベルに応じた選別を行う（図9b）。固定型は、両手把持し歩行器を持ち上げる工程が必要であり、**体幹機能**が伴わないと困難である。交互型にも体幹機能は軽度要求されるため、困難な場合はキャスター付きを検討する。

歩行車とよばれる歩行補助具は、通称ではシルバーカーなる用語で市販されている（図9c）。四輪固定式と、前輪のみ可動式のものがある。前輪のみ可動式のほうが方向転換しやすい反面、コントロール能力を問われる。屋外で買い物をする、体力がなく休憩にも椅子として使用するなど、機能評価のみならず用途を把握し、座面の形状、ブレーキの有無、荷台の有無、キャスターの動きなどを考察し選定する。

歩行補助具の使用方法と指導法

片杖使用の場合、基本的には、障害側の対側上肢で把持する。支持基底面を分散させることで障害側の荷重量減少、安定性の向上などが図られる。両側の下肢能力にあまり差がない場合、利き手に把持することもある。杖の適切な長さについては図10が基準となるが、何を目的として杖を使用するのかは、**身体機能**と**動作分析**

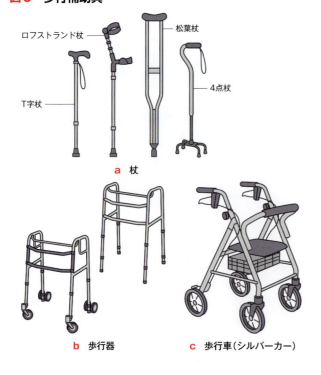

図9　歩行補助具
a　杖
b　歩行器
c　歩行車（シルバーカー）

図10　杖の標準の長さ
足の小指の外側15cmのところに突いたとき、肘関節が約30°の角度になる長さ

*PD：Parkinson's disease

評価が重要である。

　また，疼痛度や荷重量，支持性の評価から，目的を解消するよう歩行様式をしっかりアドバイスする。介助者は，基本的に障害側に位置し，自立を促すため視線内に介入しないようにする。しかしながら，転倒リスクがある場合は，介助者の見守り位置や介助法をセラピストとして適確にアドバイスする。

　歩行器使用中，体幹機能が低下している場合，前傾になるきらいがあるため，歩行器と対象者の足底位置の指導は必要である。比較的体幹が安定している場合は，介助者位置は後方でよいが，前傾傾向の対象者には，患側横で見守ることも必要である。訓練的に歩行器を使用する場合もあるが，日常的に使用する場合は，安全性を重視したい。

屋内外への移動と住環境の整備

　移動環境には屋内移動，屋内から外への移動，屋外の移動がある。屋内では，**敷居**，**廊下幅**，**床質**，**ドアの形状**（引き戸・ドア・折り畳み）や，移動目的場所としてトイレ，入浴，食事，居室などに絡む箇所への環境評価は特に重要である。入浴に関しては通所介護などの介護保険サービスを利用することで改修の必要性がない場合もある。介護保険などのサービスの利用状況も把握すべきである（**図11**）。

　具体的に浴室環境においては，実際の動作をしっかりその場で確認する必要がある。確認事項は，すでに設置されている手すりやタオル掛けの活用が可能かどうか，扉の形状が移動に影響はないか，浴室内介助者スペースの確保，浴槽の跨ぎ動作など多数ある。

　トイレは，対象者や家族にとって非常に需要な空間となる。出入り時のドアの仕様が引きドアの場合，後ずさりが困難でドアすら開けられないということもある。トイレ内動作で不安定要素は何であるのか評価し，最適な手すり設置や便器やドア仕様の変更などをすべきである。夜間は，ポータブルトイレなどの使用を考える対象者も多い。

　住宅改修で段差解消のためのスロープ，安定性向上のための手すりの設置などを多く経験するが，必ずその場で対象者と実際動作の**シミュレーション**することを勧める。自宅という住み慣れた場所であるからこそ，本人の能力が想像以上に発揮されることもある。

　2階への階段移動では，壁面が片側のみであることが多い。**後方向き**で後段することを指導することも在宅では多い。居室を2階から1階へ変更する方も多いが，歩行困難者の2階への移動には，椅子付昇降機（**図12**）を設置する場合がある。

　屋内外への移動に関しては，玄関の上がり框（かまち）の段差解消や，手すり設置，スロープ活用を行

図11　住環境の評価

評価項目	
建築仕様	**家屋内部**
幅 （扉・廊下）	居室 （TV位置・ベッド向き・補助具配置）
ドアの様式 （ドア内開き，外開き） （引き戸）（折り畳み式）	トイレ （便座の形状・高さ・ペーパーホルダー位置）
段差 （階段・玄関・敷居）	浴室 （浴槽形状・深さ・高さ・スペース）
床質 （畳・フロア・絨毯）	台所 （シンク・調理器具・作業スペース）
手摺 （形状・太さ・質・高さ・長さ）	客間 （和洋・掘りごたつなど）

3章　個別支援の技術

う(**図13a**)。これらが困難な場合は，廊下より車椅子昇降機(**図13b**)を設置することもあり，柔軟な発想が重要である。スロープの出し入れなどで介助者の負担が増すこともあるため，移動目的を果たすためだけの考えにとどまってはいけない。玄関アプローチなどの階段，側溝，斜面の傾斜角度，飛び石など，実際場面を利用者と体験し，相談していくことが大事である。日本家屋は，門・車庫・玄関アプローチ・玄関内上がり框・敷居・畳など特徴が多い。

図12　屋内階段椅子付昇降機

> **実践!!　臨床に役立つアドバイス**
>
> **環境整備に関連する留意事項**
>
> 　機器の導入はレンタルなどの法的支援がある。しかし，改修補助費には上限額があり，自己負担額の予算なども配慮して進めることとなる。改修などに要する概算費用なども予備知識としてもつべきである。
> 　身体機能と環境のマッチング，家族の生活動線，装置使用時の自立度や注意点・家族負担などを総合的に評価するべきである。

図13　屋外昇降機・スロープ

a　スロープ

レンタル品としてある。常設でないため家族がその都度設置する必要があり，家族の負担感を評価することが大切である。

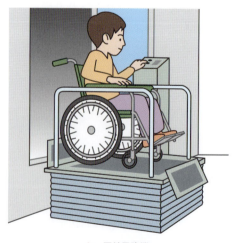

b　屋外昇降機

玄関の出入りが困難な場合，庭へつながる掃き出し廊下などに設置することが多い。設置場所からの外出アプローチに関する評価は重要である。

臨床に役立つアドバイス

環境整備や住宅改修でよくある失敗事例
①ポータブルトイレや収尿器の導入時，本人や家族の主張を聞かずに提案して信頼を失うこともあるなどデリケートな問題であることを再認識する。
②難病者の場合，初期段階で廊下に手すり設置を行ったが，進行期，車椅子が通れず手すりを撤去する事態もある。予後予測は重要であり，違う動線の設定など発想豊かに進めるべきである。
③屋内敷居に関してスロープ（図14）を取り付けたところ，傾斜が強く逆に滑りやすくなり，スピードがつき危険度が高まるケースがある。その場の広さや，歩行か，車椅子移動なのかにより判断する。

図14　敷居スロープ

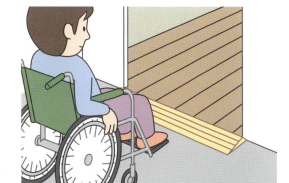

2　セルフケア支援

- 自助具・補助具の知識を身に付ける
- 準備動作の評価も欠かさずに行う
- 介護保険貸与制度を理解する

概要

　理学療法の概念では，セルフケアには食事，整容，清拭（入浴），更衣，トイレ動作が含まれる。セルフケアの評価には，主に機能的自立度評価表（FIM）が用いられる。なんらかの疾病や障害により，これらの動作が従来のように行えなくなってしまった場合，福祉用具・自助具の使用や動作指導により最大限自力で行えるように支援していくことが必要である。単身者のように介助者がいない場合，**セルフケア**は在宅生活の継続を妨げる要因になる**重要**な分野である。セルフケアの自立支援に用いられる福祉用具や自助具，また方法について紹介する。

動作に応じた支援

食事

　食事はモチベーションや生命にかかわる重要なセルフケアである。食事動作は，食物を口に運ぶ・食物を集める・食器を持つなど多様な要素がある。

　上肢機能は，体幹機能や姿勢が大きく影響する。座位姿勢などセッティングをきちんと行い，評価する必要がある。片麻痺者には，食器ごとずれないように滑り止め付きお盆，すくいやすい高さのある食器が有用である。また，非利き手を使用する場合や，リウマチなどの手指変形がある場合はカフ付きスプーンやバネ付き箸，柄を太くするなどの工夫が多い（図15）。疾患により特徴的な動作も現れるが，頸髄損傷などではアームバランサーなどの活用も視野に入れたいところである（図16）。

整容

　整容には，口腔ケア，整髪，洗顔，髭剃り，爪切りなどが含まれる。整容動作を行うための姿勢や立位の安定性に理学療法士は着眼しやすいが，認知症の初期症状としてもこの動作の欠

＊FIM：functional independence measure

落が示唆されているため，実際の整容動作そのものにつなげていくために必要な補助具などの情報は得ておく必要がある。

片麻痺者を想定した口腔ケア用品や爪切り器，長い柄の櫛などがある（**図17**）。また，頸髄損傷者などには，カフなどの工夫を施すことが必要なときもある。歯磨き粉のキャップを開けるなどの準備動作の評価も必要である。自立支援に結び付くよう動作の前後背景を視野に入れよう。

図15　セルフケア補助具（食事）

図16　頸髄損傷者へのアームバランサーの活用

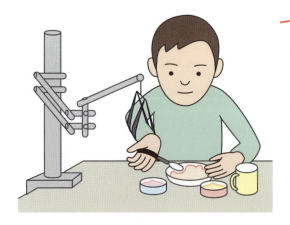

> **臨床に役立つアドバイス**
>
> **多職種連携の重要性**
> 　自助具については，理学療法士が苦手にしがちである。評価においては姿勢，バランス機能に加えて，実用性や継続性，効率，リスクを考慮のうえ，精神面への影響なども含めて多面的に評価する。また，作業療法士や言語聴覚士などとの連携も重要である。セルフケアは介助者の負担が大きいことを認識し，セラピストとしての関心を深めよう。

図17　セルフケア補助具（整容）

a　片手用歯磨きコップ（パラリン®コップ）

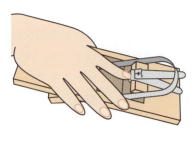
b　片手用爪切り

c　長い柄の櫛

清拭（入浴）

　入浴動作は介護負担として大きな割合を締める動作である。入浴動作一連を評価すると，浴室への入退室，浴槽への出入り，洗体，洗髪など多くの工程に対し，考慮しなければならない。

　洗体の自助具として，柄付きスポンジやループ式タオルがある（図18）。ループ式タオルを使用すれば，片麻痺などで麻痺側上肢がうまく機能しなくても，麻痺側の手指や前腕にループをかけて背部を洗うことができる（ただし，非麻痺側上肢の洗体は困難なことが多いようである）。さらに，浴室内における環境設定には多様な物品が存在する。機能面のみならず，安全性も配慮し環境設定する（図19）。脊髄損傷者などは，長座位を確保できるスペースなどを要し，改修が必要なことが多い。

図18　セルフケア補助具（入浴）

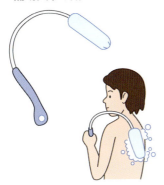
a　柄付きスポンジ

b　ループ式タオル

図19　浴室内の福祉用品活用

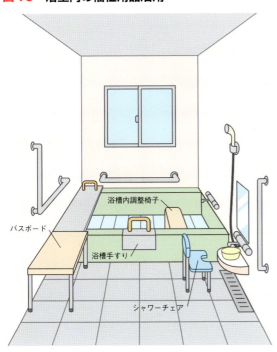

バスボード：浴室床・浴槽上など必要に応じて形状を選択する
手すり：浴室内や浴槽の出入りの工程に合わせて設置する。浴槽手すりは，またぐ動作の補助にはなるが不適合であるとかえって邪魔になる
シャワーチェア：よく用いられるが，背もたれのあり・なし，高さ，幅などの適合をしっかり評価する
浴槽内椅子：膝の屈曲制限などの方に使用するが，着座の際，湯に肩まで浸かれないという訴えが多い
バスマット：浴槽内床面に設置するが，摩耗してマットごとすべることがないように注意を促す
＊麻痺側を考慮のうえ，動作工程をしっかりと評価しよう。

更衣

　更衣動作も非常に介護負担の高い項目である。片麻痺者では，できる日常生活活動（ADL）であっても時間がかかるため実際はしていないADLになることが多い。上衣では，ボタン部分が面ファスナーに改良されたものや，ボタンエイド，靴下エイド（図20）を活用することがある。かぶりものの上衣を使用することをアドバイスすることも多い。上衣・下衣の着脱に関しては，その方法をしっかりと指導練習することが重要である。脊髄損傷者は，ベッド上長座位にて自立できることは多い。

トイレ動作

　トイレ動作で困難を要するのが下衣の上げ下げであることが多い。特に片麻痺者は，立位の安定性や全身の柔軟性が影響しやすい。壁や手すりにもたれて身体を安定させ，非麻痺側で下衣操作を行うこともよく目に触れる。衣服自体に工夫を加えた全開ファスナー付きズボンや非麻痺側手が届きやすいように腰に紐を付けるなど工夫をして可能になる場合もある。

　また，失禁のある場合は，デイパンツを使用するなどしている。下衣をしっかり下げずに洋式便座に座り排泄後，下衣が濡れているということもよく経験している。この場合，足関節まで確実に下げることを指導する。また男性では，便座に座る行為を嫌うケースや，収尿器の使用を拒否するケースがみられる。その際は，対象者の意向に応じ進めていく必要がある。脊髄損傷者の膀胱直腸障害に関しては，収尿器や留置カテーテル，自己導尿などさまざまな方法があるため，そのなかで工夫できることはアドバイスが必要である。便座の形状や環境設定などしっかりと評価する。

> **実践!!　臨床に役立つアドバイス**
>
> **在宅セラピスト**
> 　在宅では，理学療法士や作業療法士と細分化した治療ができないため，福祉用具や自助具などの知識は幅広くもっておこう。

図20　セルフケア補助具（更衣）

a　リーチャー

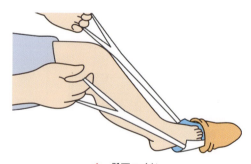

b　靴下エイド

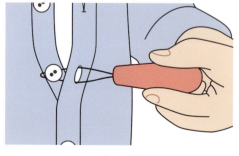

c　ボタンエイド

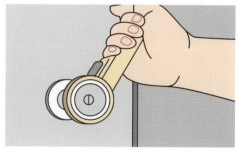

d　ドアグリップ

*ADL：activities of daily living

3 外出支援

- 生活の質（QOL）向上を目指すにあたり，外出支援は非常に重要である
- 病前は，何を目的にどこへ外出していたのかをしっかり評価する
- 現実的な目的地までの細かな環境評価を行うとともに，現地の関係者と情報共有する
- インフォーマルサポート資源や地域活動などの把握に努めよう

概要

2015年の介護報酬改定では，**活動**と**参加**に焦点を当てた新たな報酬体系が導入された[1]。急性期や回復期などの医療領域のリハでは心身機能へのアプローチが中心となるが，生活維持期においては心身機能に加え，主に活動や参加へのアプローチを中心に考えていかなければならない。意欲や外出機会が少なくなると，フレイルや閉じこもり，廃用症候群を引き起こす可能性がある。フレイルは要支援・要介護状態に至るリスクを有する状態である一方，再び自立した状態に戻る可塑性を有した予防的意義の高い対象である[2]。医療機関で向上した機能が，在宅で生かされず活動性が低下し，再発や転倒，再入院をするというような悪循環は避けなければならない。

そこで理学療法士は，地域で生活する高齢者や障害をもつ対象者に対し，心身機能を評価したうえで，活動や参加につなげ地域で生きがいや役割をもって生活できるようQOL向上に働きかけていくことが求められる。そのなかで外出支援は非常に重要である。具体的な支援内容について紹介していく。

評価とアプローチ

生活範囲の把握

屋外移動に関しては，対象者の生活動線，主訴を評価しその環境調査，情報収集をきちんと行う。自宅の畑，介護保険施設，職場，買い物，隣近所，外食，通院，美容室，スポーツなど多様な生活範囲がある。それぞれに到着前後，入室，入室後の移動に関する問題事項やその目的地でサービスを受けるなかでの問題などを**情報収集**することが非常に大切である。自宅内での問題解決以外にも在宅生活ではこのさまざまな範囲の課題が対象者のQOLにとっては重要なことでもある。対象者が行きたい場所，本来生活のなかで普通に行っていた外出。障害をもってもなお暮らしのなかにその機会を構築する一助になるのも理学療法士にとって重要な役割である。

外出支援評価

外出手段として自動車，公共手段，歩行であるのか，それにより移動補助具などを検討する必要もある。自動車の場合，車椅子や荷物などの積み荷の作業がある。車の収納サイズに合わせた車椅子の選定，重量などが影響する。公共手段についてはその停留所までの距離，障害物，斜面，階段，不整地など通路の評価と体力評価をしっかり行う。さらにバスのステップ，駅構内の移動，電車への乗降などが懸念される。施設送迎車やタクシー利用などの乗降方法も重要である。歩行外出においては，体力，安全性，到着場所の環境評価などを行う（**図21**）。

外出には目的がある。その達成のために移動手段，距離，路面状況，体力，荷物をもつ方法，トイレの設置場所など，理学療法士として**安全かつQOL**を目標に配慮すべき点は多い。

さらに，注意したいのはその距離や体力によっては季節に応じた耐久性の評価も必要である。熱中症や循環器系への負担，関節の疼痛悪化な

*QOL：quality of life

どにより外出が不可能になるようなことは避けたい。そのために耐久性や移動限界距離，移動手段の変更，介助者の導入なども経過を追い，モニタリングをしていくことが重要である。

外出支援訓練

回復期病棟や訪問リハなどでは，実際に買い物やバスなどの公共交通機関への乗降の練習を行う。例えば，都心部に住む場合であれば切符の購入や地下鉄の乗降訓練，大型の商業施設などに買い物に行く場合はエレベーターやエスカレーターの乗降訓練，自宅から店，店内の移動距離を想定した歩行訓練など，行く先に合わせた訓練を行う。

また，自動車の乗降練習も重要である。動作の手順を本人や家族に指導する。介助が必要な場合は，家族にも実際行ってもらい，介助指導を行う。通常，殿部から座り，その後下肢を上げるようにすると安全に行いやすい。車のシートが高い場合は，踏み台を準備するとよい。砂利や砂などの不整地歩行，斜面や階段，溝など多様な路面状況の練習や雨などを想定した練習も大切である。さらに荷物をもつ手段や転倒などの緊急時想定の練習も念頭に置きたい。

外出先の評価と連携

職場復帰などに伴い，その職場の環境設定や対象者の心身状況の共有理解のために職場担当者と話し合いの場を設けるということも必要な場合がある。片麻痺者の場合，現場職から事務

図21　外出支援評価

目的地までの移動手段の評価
- □独歩
- □介助者付き歩行
- □車椅子（自走・介助）
- □公共手段（バス・タクシー・電車）
- □施設送迎車
- □スポーツ施設

目的地までの通路状況と乗降手段の評価
- □距離
- □体力・耐久性
- □安全性
- □トイレ・休憩所の場所
- □障害物・路面状況（階段・坂・不整地・エレベーター・エスカレーター）
- □バスステップ・電車への乗降

目的地とその環境の評価
- □庭や畑（移動手段・作業動作・滞在時間・衣服）
- □職場（役割達成のための職場環境と理解）
- □集会所・公民館（参加目的作業）
- □外食（出入口の環境・内部の座席状況・トイレ）
- □美容室（出入口環境・整髪台）
- □病院・施設（施設内での移動手段・滞在時間）
- □近所（行き先の環境全般・相手先の理解）
- □スーパー（荷物の運搬手段・内部移動手段・金銭管理）
- □旅行（旅館内の移動・部屋内部の状況・トイレ・浴室・食事情報・観光地状況・体力・健康状態）
- □スポーツ施設（スポーツ車椅子・耐久性・健康状態）

＊緊急時の通報手段・季節に応じたアドバイス，転倒時の対応なども念頭に置こう。

職への転向などで電話対応（**図22**）やPC業務などに就くことも多い。特に電話応対時には，受話器をもつとメモが取れない，構音障害がある，反応の遅延があるなど職場に理解をしてもらうことも重要である。さらに排泄時間の確保や体力指標，通勤手段，時間などの配慮も職場に理解を求めることも必要な面もある。

隣近所，定期的利用の多い歯科医や美容室など生活範囲に即した箇所へ，共有理解を求め伝達し対象者のQOLに資することは，理学療法士の役割として大きい。

旅行などの希望が出た場合，交通手段はもちろん，旅館内の動線や食事形態，また入浴，排せつに絡む環境，部屋内の状況なども相談に随時応じ，安全でかつ満足感があり，次に生かせるような体験になるよう努めたい。

地域資源の提供

活動参加支援のために，地域資源の把握に努めることも重要である。対象者に関係するサービス担当者とともに，インフォーマルサポート，行政サービスなどの把握に努め，提案することも重要である。

現在は，地域の住民が気軽に集えるサロン（**図23**）やクラブ活動などが増えてきている。精神的な自立の促しとともに，無理のない範囲で外出の機会を増やし活動性を広げられるよう，ケアマネージャーとの連携も重要である。

外出以外にも現在は，自宅で受けることのできる訪問歯科や訪問理美容サービスもある。多様なサービスを網羅したうえで最善のアドバイスに心がける。

図22　片麻痺者の電話環境設定

片麻痺者の場合，受話器を非麻痺側で把持するとメモが取れないことが想定される。作業効率を考えて，写真にあるような受話器を設置する機器などを取り付けることがある。また，スピーカー機能付き電話などへの変更も選択肢の1つである。

図23　地域サロン

a　料理

b　散策

c　体操

d　歌

社会福祉協議会主催や勇志で集まる活動などインフォーマルなものも増えている（**a～d**のほかに詩吟や将棋などもあり多様である）。

＊QOL：quality of life

4 制度

- バリアフリーに関する制度のこれまでの流れと，生活環境にどのような変化をもたらしているかを理解する
- 地域包括ケアと地域共生社会が生まれた背景として，少子高齢化の問題が挙げられる
- 地域共生社会の一員として理学療法士には幅広い役割が期待されている

概要

近年では，**バリアフリー**という概念がかなり普及している。バリアフリーとは，高齢者，障害者などが社会生活をしていくうえで障壁（バリア）となるものを除去（フリー）することで，物理的，社会的，制度的，心理的な障壁，情報面での障壁などすべての障壁を除去するという考え方と定義されている。

現在までに整備されてきたバリアフリーに関する制度について国土交通省資料より紹介する[3]。

ハートビル法（1994年）

不特定多数の人たちや，主に高齢者や障害者などが使う建築物のバリアフリー化を進めるために，「高齢者，身体障害者等が円滑に利用できる特定建築物の建築の促進に関する法律」（通称：ハートビル法）が制定された。デパートやスーパーマーケット，ホテルなど，不特定多数の者が利用する建造物を**特定建築物**とし，その建築主は，建物の出入口や階段，トイレなどに，高齢者や身体障害者などが円滑に利用できるような措置を講じるよう努めなければならないとされた。

また，2002年の改正では，高齢者や身体障害者などが円滑に利用できる特定建築物の建築を一層促進するため，不特定でなくとも多数の人々が利用する学校や事務所，共同住宅などを特定建築物として範囲の拡大が行われた。

交通バリアフリー法（2000年）

駅・鉄道車両・バスなどの公共交通機関と，駅などの旅客施設周辺の歩行空間のバリアフリー化を進めるための「高齢者，身体障害者等の公共交通機関を利用した移動の円滑化の促進に関する法律」（通称：交通バリアフリー法）が制定された。この交通バリアフリー法により，公共交通事業者による鉄道駅などの旅客施設および車両のバリアフリー化と，市町村が作成する基本構想に基づいた，鉄道駅などの旅客施設を中心とした一定の地区における旅客施設や周辺の道路，駅前広場などの重点的・一体的なバリアフリー化が推進された。

バリアフリー法（2006年）

通称「高齢者，障害者等の移動等円滑化の推進に関する法律」といわれる。交通バリアフリー法とハートビル法を統合し，内容を拡充させたものである。

旅客施設や特定の道路・建築物などの新設や大規模改良などを行う場合に，その施設の所有者・管理者などに対し，移動等円滑化基準への適合を義務付け，既存の施設については，基準適合への努力義務を課している（**図24，25**）。

市町村は，旅客施設や官公庁，福祉施設などの生活関連施設が所在する一定の地区を重点整備地区として定め，これらの施設内や施設間の経路のバリアフリー化を進めるための面的な**まちづくり計画**である基本構想を定めることができる。地域の高齢者，障害者などから，構想の素案を提案することも可能である。市町村は，基本構想の作成のための連絡調整を行う協議会を組織することができ，同協議会は，市町村，施設設置管理者，高齢者，障害者，学識経験者

などにより構成する必要がある。

国は，啓発活動などを通じて，国民の高齢者，障害者などに対する理解・協力や，バリアフリー化の促進に関する理解を深める**心のバリアフリー**を実施している。

現在は，少子高齢化の問題から改革の基本コンセプトとして**地域共生社会**の実現を掲げ，「ニッポン一億総活躍プラン」[4]や，「『地域共生社会』の実現に向けて（当面の改革工程）」[5]に基づいて，その具体化に向けた改革を進めている（**図26**）。

図24　バリアフリー法

（文献6より改変引用）

図25　ICタグ内蔵視覚障がい者誘導ブロック（ユビキタス誘導ブロック）

(文献6より引用)

図26　地域共生社会

「地域共生社会」の実現に向けて（当面の改革工程）【概要】

「地域共生社会」とは
◆制度・分野ごとの『縦割り』や「支え手」「受け手」という関係を超えて，地域住民や地域の多様な主体が『我が事』として参画し，人と人，人と資源が世代や分野を超えて『丸ごと』つながることで，住民一人ひとりの暮らしと生きがい，地域をともに創っていく社会

改革の背景と方向性
公的支援の『縦割り』から『丸ごと』への転換
- 個人や世帯の抱える複合的課題などへの包括的な支援
- 人口減少に対応する，分野をまたがる総合的サービス提供の支援

『我が事』・『丸ごと』の地域づくりを育む仕組みへの転換
- 住民の主体的な支え合いを育み，暮らしに安心感と生きがいを生み出す
- 地域の資源を生かし，暮らしと地域社会に豊かさを生み出す

改革の骨格

地域課題の解決力の強化
- 住民相互の支え合い機能を強化，公的支援と協働して，地域課題の解決を試みる体制を整備【2017年制度改正】
- 複合課題に対応する包括的相談支援体制の構築【2017年制度改正】
- 地域福祉計画の充実【2017年制度改正】

地域を基盤とする包括的支援の強化
- 地域包括ケアの理念の普遍化：高齢者だけでなく，生活上の困難を抱える方への包括的支援体制の構築
- 共生型サービスの創設【2017年制度改正・2018年報酬改定】
- 市町村の地域保健の推進機能の強化，保健福祉横断的な包括的支援のあり方の検討

「地域共生社会」の実現

地域丸ごとのつながりの強化
- 多様な担い手の育成・参画，民間資金活用の推進，多様な就労・社会参加の場の整備
- 社会保障の枠を超え，地域資源（耕作放棄地，環境保全など）と丸ごとつながることで地域に「循環」を生み出す，先進的取組を支援

専門人材の機能強化・最大活用
- 対人支援を行う専門資格に共通の基礎課程創設の検討
- 福祉系国家資格を持つ場合の保育士養成課程・試験科目の一部免除の検討

実現に向けた工程

2017年	2018年	2019年以降	2020年代初頭
介護保険法・社会福祉法等の改正 ◆市町村による包括的支援体制の制度化 ◆共生型サービスの創設　など	◆介護・障害報酬改定：共生型サービスの評価　など ◆生活困窮者自立支援制度の強化	さらなる制度見直し 【検討課題】 ①地域課題の解決力強化のための体制の全国的な整備のための支援方策（制度のあり方を含む） ②保健福祉行政横断的な包括的支援のあり方 ③共通基礎課程の創設　など	全面展開

(文献5より引用)

まとめ

- 移動支援に必要な評価のポイントは何か（☞p.219）実習
- 起居・移乗・起立・歩行にかかる移動支援補助具には何があるか（☞p.216〜220）実習 試験
- 歩行補助具の適応と種類を把握できたか（☞p.218〜220）実習 試験
- 住環境の支援において，どのような点を配慮すべきか（☞p.221）実習
- セルフケア支援には，どのような方法があるか（☞p.224〜226）実習
- 外出支援の評価項目には，どのような種別があるか（☞p.228）実習 試験

【引用文献】
1）日本訪問リハビリテーション協会 編：訪問リハビリテーション実践テキスト．p84，青海社，2016．
2）瀬戸佳苗，ほか：地域在住自立高齢者におけるフレイルの実態と関連要因．日本地域看護学会誌，19（3）：15-23，2016．
3）国土交通省ホームページ：高齢者、障害者等の円滑な移動等に配慮した建築設計標準（http://www.mlit.go.jp/jutakukentiku/build/barrier-free.files/guideline12.pdf）
4）政府広報オンライン：ニッポン一億総活躍プランについて（https://www.gov-online.go.jp/tokusyu/ichiokusoukatsuyaku/plan/）
5）厚生労働省ホームページ：「地域共生社会」の実現に向けて（当面の改革工程）（https://www.mhlw.go.jp/file/04-Houdouhappyou-12601000-Seisakutoukatsukan-Sanjikanshitsu_Shakaihoshoutantou/0000150631.pdf）
6）国土交通省：歩行空間のユニバーサルデザイン（http://www.mlit.go.jp/road/road/traffic/bf/design/about.html）
7）国土交通省：自立移動支援プロジェクトの推進，2005（http://www.mlit.go.jp/seisakutokatsu/jiritsu/siryou/170317/pdf/sanko2.pdf）

【参考文献】
1）鶴見隆正 編：日常生活活動学・生活環境学 第3版：p83-117，医学書院，2010．
2）吉村茂和，相馬正之：歩行補助具の適用基準．PTジャーナル，34（7）：457-467，2000．
3）日本作業療法士協会 編：作業療法士が選ぶ自助具・生活機器．保健同人社，1997．
4）厚生労働省ホームページ：平成27年介護報酬改定の骨子（https://www.mhlw.go.jp/file/06-Seisakujouhou-12300000-Roukenkyoku/0000081007.pdf）
5）厚生労働省ホームページ：地域包括ケアシステムの5つの構成要素と「次女・互助・共助・公助」（https://www.mhlw.go.jp/seisakunitsuite/bunya/hukushi_kaigo/kaigo_koureisha/chiiki-houkatsu/dl/link1-3.pdf）
6）内閣府ホームページ：平成30年版障害者白書（http://www8.cao.go.jp/shougai/whitepaper/h30hakusho/zenbun/index-pdf.html）

3章 個別支援の技術

6 マネジメント

1 ケアマネジメント

POINT
- ケアマネジメントは2000年の介護保険法，その後，障害者総合支援法で導入された
- 介護保険制度での目標は自立支援である
- 基本プロセスは相談およびアセスメント，プラン作成，モニタリングである
- プランの見直しにPDCAサイクルが用いられる
- アセスメントはケアマネジメントの中核である

概要

マネジメントとは"うまくやり遂げる"ことを意味し，さまざまな分野で活用されている。社会保障分野では1970～90年代にイギリス，アメリカ，オーストラリアで**ケアマネジメント**が導入され，わが国では2000年の介護保険法施行にて介護支援専門員（以下，**ケアマネジャー**）の誕生と合わせて制度化された。その後，障害者総合支援法にて相談支援員が，生活困窮者自立支援法では主任相談支援員が，ケアマネジメントを担う専門職として位置付けられている（**図1**）。

介護保険制度におけるケアマネジメント

概要

介護保険制度においてケアマネジメントは**自立支援**，すなわち「その人らしい，その人が望む暮らしの実現」を目標としている。

ケアマネジャーは利用者および家族からの相

図1　ケアマネジメントの種類

| 介護保険法
介護支援専門員
（ケアマネジャー） | 障害者総合支援法
相談支援員 | 生活困窮者自立支援法
主任相談支援員 |

種類	対象	事業所と担当者	支援計画
ケアマネジメント	要介護1～5	居宅介護支援事業所の介護支援専門員	居宅サービス計画（ケアプラン）
介護予防ケアマネジメント	要支援1・2，および事業対象者	地域包括支援センターまたは委託先居宅介護支援事業所の介護支援専門員	介護予防サービス・支援計画（介護予防ケアプラン）
施設ケアマネジメント	施設入所者	施設の介護支援専門員	施設サービス計画（施設ケアプラン）
障害者ケアマネジメント	障害支援区分1～6	相談支援事業所の相談支援員	サービス等利用計画（障害者ケアプラン）
自立相談支援	生活困窮者	自立相談支援機関の主任相談支援員	自立支援計画

談とアセスメントに基づきケアプランを作成し，その実施状況や効果をモニタリングする．ケアプランの見直しは計画（plan），実行（do），評価（check），改善（act）から構成される**PDCAサイクル**が用いられる（図2）．

アセスメント

概要

アセスメントはケアマネジメントの中核とされ，介護保険制度では課題分析標準項目に基づき実施される．

ケアマネジャーは利用者の基本情報，健康状態，心身機能，日常生活活動（ADL），手段的日常生活活動（IADL），居住環境，介護力などを把握し，主治医意見書など他機関の情報も活用し生活全般の解決すべき課題（ニーズ）を抽出する．

図3に介護保険制度の事例A（70歳，女性，脳梗塞，要介護2）を用いてアセスメントで使用する様式と記載例を示す．

基本情報シート（図3）

国の示す課題分析標準項目をもとに作成した

> **実践!! 臨床に役立つアドバイス**
>
> **ケアマネジャーになるには**
>
> 理学療法士を含む医療・保健・福祉に関する国家資格取得後5年の臨床経験でケアマネジャーの資格試験を受けられる．看護師などの医療系基礎資格と介護福祉士や社会福祉士などの福祉系基礎資格をもつものがおり，福祉系ケアマネジャーの割合が増えている．さらにケアマネジャーとして5年の実務経験で主任介護支援専門員を取得することで居宅介護支援事業所の管理者になることが可能である．

> **実践!! 臨床に役立つアドバイス**
>
> **ケアマネジャーは対人援助職**
>
> ケアマネジャーは相談面接を通じて利用者の生活意欲を高め自立を促し，主介護者である家族などの身体的および精神的負担を軽減する対人援助職である．利用者の心情に寄り添い，傾聴し，強み（ストレングス）を把握し，自ら問題を解決する力を引き出す（エンパワーメント）よう努める．ときには表出しにくい困りごとを代弁（アドボカシー）することもある．ケアマネジャーには質の高いコミュニケーション技術が求められる．

図2 ケアマネジメントの基本プロセス

a 相談およびアセスメント
病気や体力の衰え，物忘れなど，本人や家族の困りごとを把握する．

b プラン作成
介護サービスや医療サービスと連携しながら，ケアプランを作成する．

c モニタリング
サービスやサポートなどを効果的に活用できているかなど，定期的に確認を行う．

＊ADL：activities of daily living　＊IADL：instrumental activities of daily living

基本情報シート。フェイスシートともよばれ，利用者や家族の相談内容，家族構成，生活状況，居住環境などを記載する。

アセスメントシート（図4）

国の示す課題分析標準項目を用いて作成したアセスメントシート。アセスメントは14の項目からなり，ケアマネジャーは相談と面接を通じて利用者の心身の状態や生活環境を把握し記載していく。

主治医意見書（図5）

要介護認定で用いられる帳票で介護が必要となった原因疾患や現在の健康状態についての記述がある。ケアマネジャーが保険者に開示請求することができる。医療情報の把握には主治医に診療情報提供書などの提供を求めることもある。

図3　基本情報シートと記載例

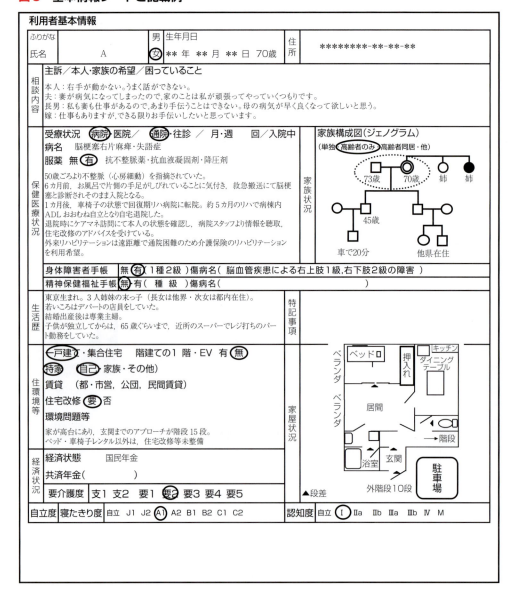

図4 アセスメント項目と記載例

課題分析標準項目	状態
①健康状態	脳梗塞右片麻痺，失語症，高血圧，不整脈，心房細動
②ADL	起居：床座位からの立ち上がりに介助が必要。ベッドからは自立。 歩行：短下肢装具着用自立。T字杖使用。屋内は伝い歩きならば装具なしで歩ける。屋外は車椅子。 入浴：浴槽出入りは介助，洗髪と洗体は自立。 更衣：下着・ズボンは時間をかかるが自立。 整容：整髪は簡単なもの，化粧は口紅を塗る程度はできる。爪切りは右手のみ介助。
③IADL	家事全般：夫　　金銭管理：夫　　服薬管理：シートからの取り出し要介助。 電話の利用：着信応答はできるが，失語のため言葉が出てこない。入院中に携帯電話練習。
④認知	失語症の影響もあり精査困難だが，年齢相応の物忘れと思われるうっかりがある。
⑤コミュニケーション能力	失語症のためうまく思いを伝えられない。（「えーと」，「あのー」が多い。）人や物の名前が出てこない。 単語の間違いに対しては自覚がある。「聞く」「読む」の理解はよい。左手での書字を練習中。
⑥社会とのかかわり	病前は，姉や友人（パート勤務のころの仲間など）とよく旅行に出かけていた。
⑦排尿・排便	夫が見守っている。日中はほとんど失敗ないが，夜間は間に合わないこともあるため，パットを使用。
⑧褥瘡・皮膚の問題	褥瘡：なし。　皮膚：乾燥すると痒い。
⑨口腔衛生	左下顎に部分義歯使用。　電動歯ブラシを用いて自分で磨いている。
⑩食事摂取	左手にてスプーン・箸で摂取。
⑪問題行動	特になし。
⑫介護力	夫が家事をこなしている。長男は土日も仕事が多く，帰りも遅い。 嫁はパート勤務。ときどき家事の手伝いにくる。姉は独居。バスで15分程度。入院前はよく来てくれていた。
⑬住環境	築30年の戸建。建物は高台にあり，外階段15段，手すりなし。 外泊時のアドバイスをもとに，玄関アプローチ，トイレ，浴室などへの手すり設置の住宅改修を検討中。 介護ベッド，車椅子，シャワーチェア導入済み。
⑭特別な状況	特になし。

図5 主治医意見書と記載例

ケアプラン

概要

ケアプランは利用者の同意に基づき原案が作成され，サービス担当者会議で確定される。

介護保険制度の要介護認定で要介護1~5となると，在宅でサービスを利用する場合は居宅サービス計画が，施設に入所した場合は施設サービス計画が立案される。

要支援1および2，ならびに事業対象者については介護予防ケアマネジメントとなり，地域包括支援センターまたは委託を受けた居宅介護支援事業所のケアマネジャーが介護予防サービス・支援計画を作成する。

障害者は障害者総合支援法に基づき相談支援事業所の相談支援員がサービス等利用計画を作成する。

図6～8に介護保険制度の事例A（70歳，女性，脳梗塞，要介護2）を用いてケアプランと記載例を示す。

第1表　居宅サービス計画書(1)（図6）

利用者の基本的な情報のほか，利用者および家族の生活に対する意向，総合的な援助の方針など支援計画の全体的な方向性を記載する。

第2表　居宅サービス計画書(2)（図7）

利用者のニーズ，目標，援助内容などを記載する。支援計画の中核となる。

第3表　週間サービス計画表（図8）

週単位の介護サービスや利用者の主な日常生活上の活動などを記載する。

図6　第1表　居宅サービス計画書（1）と記載例

第1表

居宅サービス計画書（1）　　（初回）・紹介・継続　　（認定済）・申請中

利用者名　A　殿　生年月日 **** 年　** 月　** 日　住所 **********-**-**-**

居宅サービス計画作成者氏名　K

居宅介護支援事業者・事業所名および所在地　R居宅介護支援事業所

居宅サービス計画作成(変更)日 **** 年　** 月　** 日　初回居宅サービス計画作成日　**** 年　** 月　** 日

認定日　**** 年　** 月　** 日　認定の有効期間 **** 年　** 月　** 日 ～ **** 年　** 月　** 日

要介護状態区分	・要支援1・要支援2・要介護1・（要介護2）・要介護3・要介護4・要介護5
利用者および家族の生活に対する意向	(本人)右手が動くようになって，上手にしゃべれるようになって，病気になる前のように過ごしたい。 (夫)前のように戻ってもらいたい。できれば今は休業しているシルバー人材センターの植木剪定の仕事に復帰したい。
介護認定審査会の意見およびサービスの種類の指定	なし。
総合的な援助の方針	病気になる前のようにご自宅で楽しみのある暮らしができるよう支援をしていきます。 ご本人が希望されている，右手が回復して動きがよくなるように，また上手にお話をすることができるように，しっかりとリハビリが受けられるよう支援していきます。 心配されている入浴時の浴槽の出入りについて支援いたします。 今後の生活に対する不安などをお聞きし，楽に生活が送れるよう，利用可能な介護サービスの紹介と提案を行っていきます。 緊急連絡先　長男　***-****-*****　次男　***-****-***** 主治医　E病院　F医師　***-****-*****
生活援助中心型の算定理由	1. 一人暮らし　2. 家族等が障害，疾病など　3. その他（　　）

居宅サービス計画について説明を受け，内容に同意し交付を受けました。	説明・同意日	****年 **月 **日	利用者同意欄	A	印

図7　第2表　居宅サービス計画書(2)と記載例

第2表

居宅サービス計画書（2）

利用者名　　　A　　　殿

生活全般の解決すべき課題(ニーズ)	目標				援助内容					
	長期目標	(期間)	短期目標	(期間)	サービス内容	※1	サービス種別	※2	頻度	期間
右手を以前のように動かせるようになりたい。	右手でできることが増える。	****年**月**日～****年**月**日	右手が柔らかくなり動きが良くなる。	****年**月**日～****年**月**日	a.右手のリハビリ b.関節ストレッチ c.自主トレ	○ ○	通所リハa.b. 訪問リハa.b. 本人c.	W老人保健施設 W老人保健施設	週2回 週1回	****年**月**日～****年**月**日
1人で外出ができるようになりたい。	付き添いなく外出が一人でできるようになる。	****年**月**日～****年**月**日	階段を安全に昇り降りできるようになる。	****年**月**日～****年**月**日	階段昇降訓練	○	訪問リハ	W老人保健施設	月1回	****年**月**日～****年**月**日
安心して入浴がしたい。	一人で入浴できるようになる。	****年**月**日～****年**月**日	浴槽出入りがひとりでできるようになる。	****年**月**日～****年**月**日	a.入浴介助 b.浴槽出入り介助	○ ○	訪問介護a.b. 通所リハa.b. 家族a.b.	Sヘルパーセンター W老人保健施設	週1回	****年**月**日～****年**月**日
家事ができるようになりたい。	以前のように家事ができるようになる。	****年**月**日～****年**月**日	左手でできる家事を少しずつ増やしていく。	****年**月**日～****年**月**日	a.家事のリハビリ b.家事への参加	○	訪問リハa. 家族b.	W老人保健施設	月1回	****年**月**日～****年**月**日
きちんと話せるようになりたい。	もっとスムーズに会話ができるようになる。	****年**月**日～****年**月**日	家族以外の人とも会話する機会を増やす。	****年**月**日～****年**月**日	a.ことばのリハビリ b.日常会話 c.モニタリング訪問	○ ○	訪問リハa.b. 通所リハa.b. 家族a.b. 居宅介護支援c.	W老人保健施設 W老人保健施設 R居宅介護支援事業所	週2回 週1回	****年**月**日～****年**月**日
転ばずケガなく過ごしたい。	転倒を防止する環境を整える。	****年**月**日～****年**月**日	介護ベッドを活用した生活に慣れる。	****年**月**日～****年**月**日	a.特殊寝台レンタル b.移動バーレンタル c.車椅子レンタル	○ ○ ○	福祉用具貸与 a.b.c.	J福祉用具	随時	****年**月**日～****年**月**日

※1　「保険給付対象かどうかの区分」について、保険給付対象内サービスについては○印を付す。
※2　「当該サービス提供を行う事業者」について記入する。

図8　第3表　週間サービス計画表と記載例

第3表　利用者名：　A　殿　　週間サービス計画表

		月	火	水	木	金	土	日	主な日常生活上の活動
深夜	0:00								
	2:00								
	4:00								
早朝	6:00								起床
	8:00								朝食
午前	10:00		訪問リハビリ			訪問介護			
	12:00	通所リハビリ			通所リハビリ				昼食
午後	14:00								(午睡)
	16:00								
	18:00								夕食
夜間	20:00								
	22:00								就寝
深夜	24:00								
週単位以外のサービス		特殊寝台貸与　付属品貸与　車椅子貸与							

3章　個別支援の技術

モニタリング

　モニタリングとはケアプランの目標が定められた期間内に達成されているか，サービスが適切に提供されているか，新たなニーズが生じていないか，などについて，ケアマネジャーが利用者の状態や家族の状況などを面接で把握することである。

臨床に役立つアドバイス

ケアプランとサービス計画
ケアマネジャーの作成するケアプランはマスタープランともよばれる。訪問や通所のサービス事業者はマスタープランに基づき利用者の個別サービス計画を作成する。リハビリテーションにより個別サービス計画やケアプラン見直しの必要性が生じた場合はケアマネジャーと連携しながら進めていく。

2　リハビリテーションマネジメント

- リハビリテーションマネジメントは，介護保険サービスの通所および訪問リハビリテーションで導入される
- 医師と理学療法士などのリハ専門職がケアプランに基づき実施する
- SPDCAサイクルを用いてリハビリテーション計画書を作成する

概要

　リハビリテーションマネジメントは，介護保険サービスの通所リハビリテーションならびに訪問リハビリテーションにおいて2006年より導入された(図9)。

　ケアマネジャーの作成するケアプランに基づき，医師と理学療法士などのリハビリテーション専門職が調査(survey)，計画(plan)，実行(do)，評価(check)，改善(act)からなるSPDCAサイクルを用いて，利用者の心身機能，活動および参加についてバランスの取れた質の高いリハビリテーションが提供されるよう，**リハビリテーション計画書**を作成する。

　以下に介護保険制度の事例A(70歳，女性，脳梗塞，要介護2)を用いてリハビリテーションマネジメントで使用される帳票と記載例を示す。

興味・関心チェックシート(別紙様式1)

　国が定めるリハビリテーションマネジメントの様式。SPDCAサイクルの調査(survey)に該当する帳票の一つ。日本作業療法士協会のホームページ(http://www.jaot.or.jp/wp-content/uploads/2014/05/seikatsukoui-2kyoumikanshin-checksheet.pdf)よりダウンロードできる。

リハビリテーション計画書(別紙様式2-1) (図10)

　本人と家族の希望ならびに健康状態，心身機能，活動，環境因子といった国際生活機能分類(ICF)に準じたアセスメント内容とリハビリテーションの目標を記載する様式。別紙様式2-2と合わせてリハビリテーション会議などを通じて利用者および家族に説明し同意を得る帳票。

リハビリテーション計画書(別紙様式2-2) (図11)

　ケアプランの内容を踏まえ具体的なリハビリテーションサービスを記載する帳票。様式2-1と組み合わせて使用する。

＊ICF : international classification of functioning, disability and health

図9 活動と参加に焦点を当てたリハビリテーションの推進

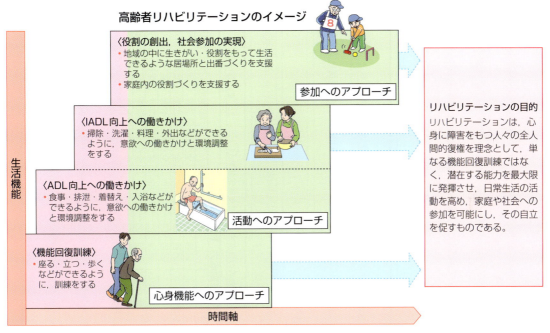

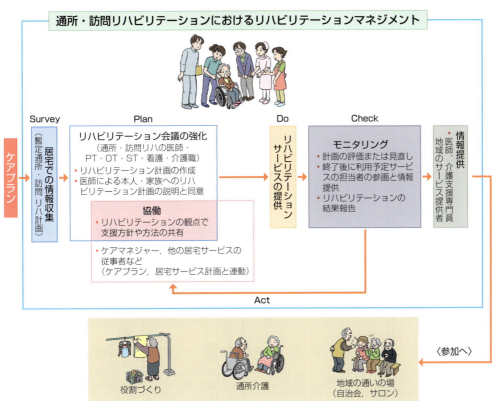

（文献4より作成）

図10 リハビリテーション計画書（別紙様式2-1）と記載例

(別紙様式2-1)

リハビリテーション計画書

事業所番号： ＊＊＊＊＊＊ 　　□入院 □外来 / ☑訪問 ☑通所　計画作成日：＊＊年＊＊月＊＊日

氏名： A 　様　性別： 男・☑女　生年月日： ＊＊＊＊年＊＊月＊＊日 （70歳）　□要支援 ☑要介護 2

リハビリテーション担当医： B 　担当： C(PT)・D(OT)・E(ST) （☑PT ☑OT ☑ST □看護職員 □その他従事者（　　））

■利用者の希望（したい、またはできるようになりたい生活の希望など）
右手が動くようになって、上手にしゃべれるようになって、病気になる前のように過ごしたい。

■ご家族の希望（本人にしてほしい生活内容、家族が支援できることなど）
前のように元に戻ってもらいたい。できれば今は休業しているシルバー人材センターの植木剪定の仕事に復帰したい。(夫)

■健康状態、経過
原因疾病： 脳梗塞右片麻痺
　　　　　運動性失語（軽度）

発症日・受傷日：＊＊年＊＊月＊＊日　直近の入院日：＊＊年＊＊月＊＊日　直近の退院日：＊＊年＊＊月＊＊日

治療経過（手術する場合は手術式・術式など）：不整脈と高血圧の既往あり。
7カ月前に心原性脳梗塞を発症。救急病院入院1カ月を経て、回復期リハ病院に入院し、約5カ月入院しADLがおおむね自立し自宅退院となる。
外来リハが15段あり、階段昇降（夫の介助を要し）ている。通所リハ、訪問リハへの利用を希望している。

合併疾患・コントロール状態：高血圧、心疾患、呼吸器疾患、糖尿病など）：
心房細動、高血圧があるが服薬にてコントロール良好。

これまでのリハビリテーションの実施状況（プログラムの実施内容、頻度、量など）：入院では、右上下肢機能訓練、ADL訓練（特に屋外歩行）、IADL訓練（特に調理など）の家事動作、失語症に対する言語訓練などを行ってきた。外来ではPTのみがかかっていた。

目標設定等支援・管理シート： □あり ☑なし　日常生活自立度： J1、J2、☑A、A2、B1、B2、C1、C2　認知症高齢者の日常生活自立度判定基準： ☑I、IIa、IIb、IIIa、IIIb、IV、M

■心身機能・構造

項目	現在の状況	活動への支障	将来の見込み（※）
筋力低下	☑あり □なし	□あり ☑なし	□改善 ☑維持 □悪化
麻痺	☑あり □なし	☑あり □なし	☑改善 □維持 □悪化
感覚機能障害	☑あり □なし	☑あり □なし	☑改善 □維持 □悪化
関節可動域制限	☑あり □なし	□あり ☑なし	□改善 ☑維持 □悪化
摂食嚥下障害	□あり ☑なし	□あり ☑なし	□改善 ☑維持 □悪化
失語症・構音障害	☑あり □なし	☑あり □なし	☑改善 □維持 □悪化
見当識障害	□あり ☑なし	□あり ☑なし	□改善 ☑維持 □悪化
記憶障害	□あり ☑なし	□あり ☑なし	□改善 ☑維持 □悪化
その他の高次脳機能障害（　　）	□あり ☑なし	□あり ☑なし	□改善 ☑維持 □悪化
栄養障害	□あり ☑なし	□あり ☑なし	□改善 ☑維持 □悪化
褥瘡	□あり ☑なし	□あり ☑なし	□改善 ☑維持 □悪化
疼痛	□あり ☑なし	□あり ☑なし	□改善 ☑維持 □悪化

■活動（基本動作、移動能力、認知機能等）

項目		現在の状況	将来の見込み（※）
寝返り		☑自 □一部介助 □全介助	□改善 ☑維持 □悪化
起き上がり		☑自 □一部介助 □全介助	□改善 ☑維持 □悪化
座位		☑自 □一部介助 □全介助	□改善 ☑維持 □悪化
立ち上がり	椅子から	☑自 □一部介助 □全介助	□改善 ☑維持 □悪化
	床から	□自 ☑一部介助 □全介助	☑改善 □維持 □悪化
立位保持		☑自 □一部介助 □全介助	□改善 ☑維持 □悪化
□6分間歩行試験 ☑Timed Up & Go Test		40秒	☑改善 □維持 □悪化
□MMSE □HDSR		15点 （失語症のため）	☑改善 □維持 □悪化
服薬管理		□自立 □見守り ☑一部介助 □全介助	☑改善 □維持 □悪化
コミュニケーションの状況		家族との会話はおおむね問題ない が、外出先や電話の利用には支障がある。	☑改善 □維持 □悪化

242

精神行動障害　□あり ☑なし　　□あり ☑なし　□改善 □維持 □悪化
BPSD
※「将来の見込み」についてはリハビリテーションを実施した場合の見込みを記載する

■課題因子（課題ありの場合）現状と将来の見込みについて記載する

	課題	状況	調整
家族	☑	□独居 ☑同居（73歳の夫と2人暮らし。長男夫婦は近隣他市。）	
福祉用具等	□	☑杖 ☑装具 □歩行器 ☑車いす ☑手すり ☑ベッド □ポータブルトイレ シャワーチェア導入済み。	☑済 □未調整
住環境	☑	☑一戸建 □集合住宅：居住階（　　　階） □階段・□エレベータ ☑手すり（設置場所：玄関階段、トイレ、浴室 食卓（□座卓 ☑テーブル・いす） トイレ（☑洋式 □和式 □ポータブルトイレ） 外階段が15段あり夫の介助を要している。	調整 □済 □改修中 ☑未調整
自宅周辺	☑	自宅からスーパーまで300mある。	
社会参加	□	自宅から自治会の集会所まで100mある。	
交通機関の利用	□	□有（バス停までは100m。通院は夫が車を運転。） ☑無	
サービスの利用	□		
その他	☑	高齢の夫と2人暮らし。長男夫婦は車で20分程度。共働き。	

■活動（ADL）（※「している」状況について記載する）

項目	自立	一部介助	全介助	将来の見込み（※）
食事	⑩		0	□改善 ☑維持 □悪化
イスとベッド間の移乗	⑮	10→監視下	0	□改善 ☑維持 □悪化 座れるか座れない→5
整容	⑤		0	□改善 ☑維持 □悪化
トイレ動作	10	⑤	0	☑改善 □維持 □悪化
入浴	5	⓪	0	☑改善 □維持 □悪化
平地歩行	⑮	10→歩行器など 車椅子操作が可能→5	0	□改善 ☑維持 □悪化
階段昇降	10	⑤	0	☑改善 □維持 □悪化
更衣	⑩	5	0	□改善 ☑維持 □悪化
排便コントロール	⑩	5	0	□改善 ☑維持 □悪化
排尿コントロール	⑩	5	0	□改善 ☑維持 □悪化
合計点	95			

※「将来の見込み」についてはリハビリテーションを実施した場合の見込みを記載する

■社会参加の状況（過去実施の内容・現状について記載する）

家庭内の役割の内容	主婦業
余暇活動（内容および頻度）	旅行 友人との交流
社会地域活動（内容および頻度）	自治会女性部
リハビリテーション終了後に 行いたい社会参加等の取組	旅行、友人との交流 自治会女性部への参加

■リハビリテーションの方針（今後3カ月間）

通所と訪問を組み合わせながら、機能回復や活動性を高めていく。

現在の能力で達成可能な参加活動について、ご本人の希望を確認しながら検討していく。

■リハビリテーション終了の目安・時期

長期目標が達成され、かつ見直し後も新たな目標が設定されなくなったとき。時期についてはおおむね6カ月後とするが、本人・家族の希望と関係者の意見を踏まえ設定していく。

■リハビリテーションの目標

（長期）思うように手足が動かせるようになり、言葉も自由に話せるようになる。以前と同じように暮らしていけるようにする。
（短期：今後3カ月間）これまでのリハビリで回復した機能を維持するとともに、ご本人の希望をもとにおひとりでできることを増やしていく。

■リハビリテーション実施上の留意点

（開始前・訓練中の留意事項、運動強度・負荷量等）
心房細動があるため、脳塞栓症の再発に十分注意しながら、過剰な負荷とならないよう実施すること。

特記事項：HDS-Rは失語症の影響を受けている。1人では他人や店員との意思疎通に不安があるため、外出や買い物は夫と一緒に行っている。しばらく義歯の調整を行っており受診が必要と思われる。主治医より今後の機能回復はゆっくりとしたものであることの説明を受けている。

本人のサイン：　A　　　家族サイン：　F　　　利用者・ご家族への説明：　****年　**月　**日　　説明者サイン：****　D

図11　リハビリテーション計画書(別紙様式2-2)と記載例

(別紙様式2－2)　　　計画作成日：＊＊＊＊年＊＊月＊＊日　～　見直し予定時期 ＊＊＊＊月＊＊頃

■居宅サービス計画の総合的援助の方針

本人家族の希望を尊重し，ご自宅でも継続的にリハビリテーションを受けられるよう支援します。

■居宅サービス計画の解決すべき具体的な課題

・右手を動かせるようになりたい。　・1人で外出ができるようになりたい。
・家事ができるようになりたい。　・きちんと話せるようになりたい。

■他の利用サービス

☐(地域密着型)通所介護(週　回)　☑訪問介護(週　1 回)　☐訪問リハ・通所リハ(週　回)　☐訪問看護(週　回)
☐通所型サービス(週　回)　☐訪問型サービス(週　回)　(☐その他(　))

■活動(IADL)

アセスメント項目	前回点数	現状	将来の見込み(※)	評価内容の記載方法
食事の用意		0	☑改善　☐維持　☐悪化	0:していない　1:まれに 2:週に1～2回　3:週に3回以上
食事の片付け		0	☑改善　☐維持　☐悪化	
洗濯		0	☑改善　☐維持　☐悪化	0:していない 1:まれにしている 2:週に1回未満 3:週に1回以上
掃除や整頓		0	☑改善　☐維持　☐悪化	
力仕事		0	☐改善　☐維持　☐悪化	
買物		1	☑改善　☐維持　☐悪化	
外出		2	☑改善　☐維持　☐悪化	
屋外歩行		1	☑改善　☐維持　☐悪化	
趣味		0	☑改善　☐維持　☐悪化	
交通手段の利用		0	☑改善　☐維持　☐悪化	
旅行		0	☑改善　☐維持　☐悪化	
庭仕事		0	☐改善　☐維持　☐悪化	0:していない　1:ときどき 2:定期的にしている　3:植替等もしている
家や車の手入れ		0	☐改善　☐維持　☐悪化	0:していない 1:電球の取替，ねじ止めなど 2:ペンキ塗り，模様替え，洗車 3:家の修理，車の整備
読書		0	☑改善　☐維持　☐悪化	0:読んでない　1:まれに 2:月1回程度　3:月2回以上
仕事		0	☐改善　☐維持　☐悪化	0:していない　1:週1～9時間 2:週10～29時間　30:週30時間以上
合計点数		4	※「将来の見込み」についてはリハビリテーションを実施した場合の見込みを記載する	

■活動と参加に影響を及ぼす課題の要因分析

■活動と参加において重要性の高い課題

屋外歩行に不安があり車いすを使用している。
自宅玄関の階段が15段あり，手すりはあるものの昇降に介助を要している。
近所づきあいは少しずつ再開しているが，失語もあるため会話が続かないなどの支障はある。

■活動と参加に影響を及ぼす機能障害の課題

脳卒中右片麻痺　屋外歩行不安定　装具　杖歩行　失語症

■活動と参加に影響を及ぼす機能障害以外の要因

外階段の昇降練習を十分に行った経験がない。
自宅のキッチンでの家事動作の練習も行っていない。
退院後自治会の方々と会えておらず，集会場までも行けていない。

☐　リハビリテーションマネジメント加算(Ⅰ)　☑　リハビリテーションマネジメント加算(Ⅱ)　☐リハビリテーションマネジメント加算(Ⅲ)

■リハビリテーションサービス

☑訪問・通所頻度(　週1回・週2回　)　☑利用時間(　6～8　)　☐送迎なし

No.	目標(解決すべき課題)	期間	具体的支援内容　(何を目的に(～のために)～をする)	頻度	時間	訪問の必要性
1	自宅の階段の昇り降りが，一人でできるようになる。	3カ月	1人での外出が可能となるよう，15段の階段昇降練習を行います。また，階段昇降に必要となる，下肢や体幹の筋力強化運動や，立位バランス練習を行います。	週 2 回	20分/回	いつ頃 サービス提供時
2	他者との会話に，自信を持てるようになる。	6カ月	外出先で他者との会話が円滑にできるよう，また会話を楽しめるようになるよう，状況に即した会話の練習を行います。その他，自宅でも実施できるよう，家族に協力を依頼し，課題を作成します。携帯電話や電子メールの利用なども練習していきます。	毎日 (デイ週2回)	10分/回	いつ頃
3	食事の片付けを家庭内の役割として日課にする。	3カ月	左手での食器洗いが可能となる様，右手の機能向上訓練を実施します。また，自宅に訪問し，家族と共に実施方法を模索し，必要な自助具等の助言および選定を行います。	週 2 回	20分/回	いつ頃 サービス提供時
4	洗濯たたみを家庭内の役割として日課にする。	3カ月	自宅での洗濯たたみを想定し，右手の機能向上訓練を実施します。また，リハビリ以外の時間も，タオルや布巾を畳む機会を提供します。	週 2 回	10分/回	いつ頃
5	一人で外出できるようになる。	3カ月	実際に利用する，外出ルート(自治会女性部の活動場所など)での屋外歩行練習を実施します。	週 1 回	40分/回	いつ頃 サービス提供時
				週合計時間	160 分	

3章 個別支援の技術

■ サービス提供中の具体的対応　※訪問問リハビリテーションで活用する場合は下記の記載は不要。

	開始〜1時間 (10時　)	1時間〜2時間 (11時　)	2時間〜3時間 (12時　)	3時間〜4時間 (13時　)	4時間〜5時間 (14時　)	5時間〜6時間 (15時　)	6時間〜7時間 (16時　)	7時間〜8時間 (　　　)	〜 (　　　)
利用者	挨拶／手洗いうがい／荷物を所定の場所へ収納	準備体操／レク参加	リハビリ①	昼食	入浴	リハビリ②	帰り仕度・挨拶		
看護職員	バイタル測定			服薬管理			バイタル測定		
介護職員	送迎誘導	ラジオ体操・レクの提供		食事中の見守り	入浴介助				
理学療法士			筋力強化運動、立位バランス練習の提供			上肢訓練の提供			
作業療法士				必要に応じて嚥下や食事動作の評価を行う		外出を想定した会話練習の提供			
言語聴覚士	←			布巾やタオルたたみ		→			
その他 (　　　)	送迎時、自宅外階段昇降時は、降り名階は非麻痺側から昇降は麻痺側からと実施方法を統一し、見守り対応では介助を行う、本人の状態によっては介助を行う。 血圧の数字を復唱してご自身で記録していただき職員が確認する。	体操時は教唱を促し、レクでは他者とコミュニケーションが円滑に図れるよう、声かけなどに工夫する。		昼食時は献立てや食材を(通所仲間と)確認して書くように促す。					

☑下記の区の支援機関にこの計画書を共有し、チームで支援をしています。 【情報提供先】☑介護支援専門員　□医師　□訪問介護(訪問型対応型通所介護(週　回)　□看護小規模多機能型居宅介護(週　回)	☑訪問看護の担当者と共有すべき事項 訪問リハビリ入浴方法の険会を行い訪問介護職と共有するとともに、手すりの設置や福祉用具の導入を行います。	☑その他、共有すべき事項 階段昇降練習は、訪問リハビリ時やデイ送迎時に自宅外階段を利用して行います。また、食器洗いと布巾たたみは本人の日課としてご自宅で行っていただき、会話の練習はSTより課題を出し、ご家族協力のもとで行っていただきます。 デイ利用時の日課として、上肢機能の向上を目的にタオルたたみを実施するとりタオルたたみを実施するよう声掛けを行う。

■ 社会参加支援評価
□訪問日：　　年　　月　　日　→□居宅サービス計画(訪問リハビリ対応型通所介護(週　回)　□(介護予防)通所リハ(週　回)　□(介護予防)通所型サービス(週　回)　□訪問型サービス(週　回)　□家庭で役割あり
□(介護予防)地域密着型□(介護予防)小規模多機能型居宅介護(週　回)　□看護小規模多機能型居宅介護(週　回)　□地域活動へ参加(　　　)　□家庭で役割あり
■現在の生活状況

3　介護者支援

POINT
- 老老介護や介護離職の増加，介護の担い手不足が深刻な問題となっている
- ケア，リハビリテーションのいずれにおいても介護者支援には地域資源を活用したマネジメントが必要である
- 地域資源の把握にエコマップの作成が有効である

概要

超高齢社会と人口減少が同時に到来しているわが国において，介護離職の増加や介護の担い手不足は深刻な問題である。医療依存度の高い利用者の在宅療養も増加しており，ケアマネジメントにおいてもリハビリテーションマネジメントにおいても**介護者支援**の視点は欠くことはできない。

介護保険や障害施策の公的サービス（フォーマルサービス）のみならず，地域のさまざまな社会資源すなわち**地域資源**を（**図12**）活用し，地域包括ケアシステムの理念である自助・互助・共助・公助のバランスの取れたマネジメントを実施していくことが望まれる。地域資源の把握には**エコマップ**（**図13**）の作成が有効である。

図12　地域資源の分類

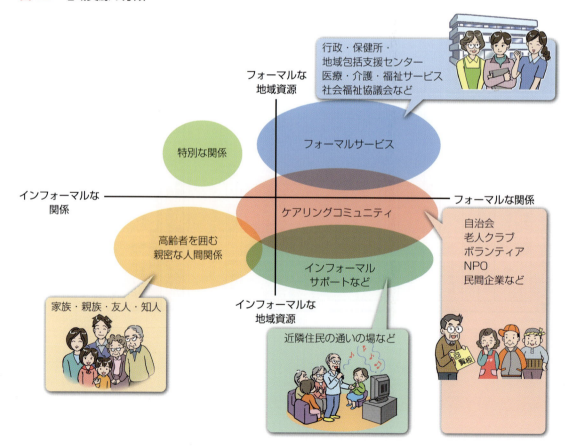

図13 エコマップの例（50歳，女性，筋委縮性側索硬化症，人工呼吸器，要介護5，障害程度区分6）

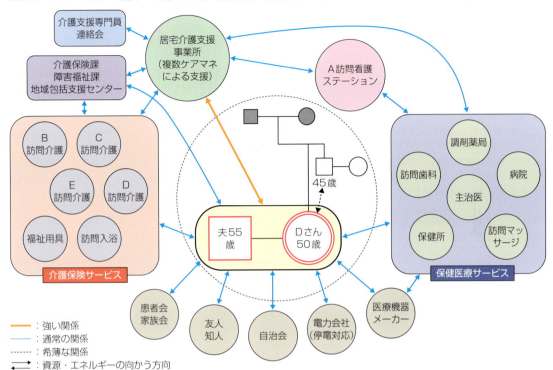

まとめ

- ケアマネジメントが導入された制度を挙げよ（☞p.234）。[実習]
- 介護保険制度でのケアマネジメントの目標は何か（☞p.234）。[試験]
- ケアプランの作成に用いられる手法は何か（☞p.235）。[実習]
- 要介護1～5で立案されるケアプランは何か（☞p.238）。[試験]
- 要支援1と2で立案されるケアプランは何か（☞p.238）。[試験]
- 障害者総合支援制度で立案されるケアプランは何か（☞p.238）。[実習]
- リハビリテーションマネジメントが導入される介護保険サービスは何か（☞p.240）。[実習]
- リハビリテーション計画書の作成に用いられる手法は何か（☞p.240）。[実習]
- マネジメントで介護者支援に活用が求められるものは何か（☞p.246）。[実習]

【引用文献】
1) 南雲健吾：おさえておきたいこれからのケアマネジメント. 達人ケアマネ，10(1)：16-21，2015.
2) 東京都介護支援専門員研究協議会：居宅介護支援専門員業務の手引き，p5-35，2011.
3) 東京都介護支援専門員研究協議会：予防給付ケアマネジメントにおける介護支援専門員業務の手引き，p1-33，2011.
4) 厚生労働省ホームページ：第119回社保審介護給付費分科会資料1-2「平成27年度介護報酬改定の概要(案)骨子版」，p7（https://www.mhlw.go.jp/file/05-Shingikai-12601000-Seisakutoukatsukan-Sanjikanshitsu_Shakaihoshoutantou/0000073610.pdf）
5) 厚生労働省ホームページ：リハビリテーションマネジメント加算等に関する基本的な考え方並びにリハビリテーション計画書等の事務処理手順及び様式例の提示について（http://www.kyoto-roken.jp/wp/wp-content/uploads/2018/03/6_rehakeikaku_yoshikirei_rorohatsu0322-2_20180323.pdf）
6) 東京都理学療法士協会，京都作業療法士協会，東京都言語聴覚士協会：リハビリテーションマネジメント加算におけるリハビリテーション計画書（アセスメント）記載マニュアル，p1-10，2016.
7) 田村孝司 編：作業療法学ゴールド・マスター・テキスト 地域作業療法学（長崎重信 監修），p176-188，メジカルビュー社，2016.
8) 田村孝司 編：作業療法学ゴールド・マスター・テキスト 老年期作業療法学（長崎重信 監修），p190-197，メジカルビュー社，2017.

第4章

地域づくりの技術

4章 地域作りの技術（地域へのアプローチ）

1 地域へのかかわり方

1 行政と働く・行政で働く

POINT
- 理学療法士が行政について知る必要性を理解する
- 「行政」，特に「市町村」について理解する
- 実際に行政と働く，行政で働くうえで最低限知っておくべき行政の仕組みを理解する
- 行政における「計画」とは何かを理解する
- 介護保険事業計画について理解する
- 行政の理学療法士と病院・施設の理学療法士で役割が異なることを理解する

行政とは何か

行政を知る必要性

2018年3月末現在，日本理学療法士協会員のなかで海外所属や自宅会員などを除く94,747人中77,569人（約82％）が病院や診療所などの医療機関で働いている。昨今では介護保険領域をはじめ「地域」といわれる領域で働く理学療法士も増えてきている。そして，369人（約0.5％）が都道府県や市町村などの行政関係施設で働いている（**表1**）。

行政関係施設で働いている場合を除き，「行政」を知る必要性が理解できないかもしれない。しかし，理学療法士の仕事は「行政」と密接にかかわっている。

例えば，各病院でどのような機能を有する病床を何床作るべきか，また，病院の**医療圏**における役割・機能はどうあるべきかなど，理学療法士が働く環境は，都道府県が策定する**医療計画**などに基づき決定されている。

介護保険領域で働いている場合，その在り方は保険者である市町村の示す方向性により左右される。この道標的存在が各市町村の立案する**市町村介護保険事業計画**である。また，理学療法士が市町村から依頼を受け**一般介護予防事業**

表1 理学療法士の勤務先（2018年3月末）

区　分	人　数[人]
医療機関	77,569
医療福祉中間施設	8,294
教育・研究施設	2,610
老人福祉施設	1,826
児童福祉施設	771
介護保険法関連施設	486
行政関係施設	369
身体障害者福祉施設	212
健康産業	80
障害者自立支援施設	75
知的障害者福祉施設	6
精神障害者社会復帰施設	4
その他	2,433
合計	94,735

※所属が不明・海外・自宅を除く
文献1）より作成

用語解説
医療圏　医療法第30条の4第2項第12号に基づき設定されている地域的単位。都道府県を単位とする三次医療圏，複数の市町村を単位としている二次医療圏，市町村を単位とする一次医療圏がある。
医療計画　医療法30条の4により，医療提供体制の確保を図る計画として都道府県が策定を義務付けられている計画。

や障害児・者関係の事業に携わる場合も市町村との関係が大きくなる。

一方で，行政のことを理解することなく行政を批判する現状も見受けられる。このことは理学療法士の社会性の向上に有益とはいえない。

このようなことから，理学療法士として「行政」のことを一定程度は知る必要性を理解してほしい。

「行政」とは何か

行政とは，法令に基づいた公共の利益のための仕事，すなわち公共政策の決定を実行することである。

法令とは法律や政令，省令を指し，地方公共団体の場合は条例や規則などが含まれる。

公共の利益のための仕事である以上，その対象は一個人ではなく社会の構成員（国の場合は国民，市では市民）全体もしくはその多数である。

また，公共の利益のための仕事である以上，その財源も公的費用すなわち税金や公的な保険料などである。

「市町村」を知る

本項では理学療法士が直接かかわることが多い「市町村」について解説する。なお，都道府県と市町村は普通地方公共団体，特別区（東京23区）は特別地方公共団体と分類されるが，本項では合わせて地方公共団体と扱い，また特別区も含めて市町村と扱う。

■市町村の役割

地方自治法第1条によると「地方公共団体は，住民の福祉の増進を図ることを基本として，地域における行政を自主的かつ総合的に実施する役割を広く担うもの。」と位置付けられている。従って，市町村はこの役割を担う。

この「住民の福祉」とは広く住民の「幸福」を意味する。その実現のために行政の業務は多岐にわたっており，事務職やさまざまな専門職が市町村には雇用されている。ただし，現在は市町村をはじめ国，都道府県の「行政」への理学療法士の法的な必置基準はない。

■市町村の基準

市町村の基準としては人口規模がある（**表2**）。

指定都市は人口50万人以上，**中核市**は20万人以上の市のなかで，**政令**により指定された都市である。その他の一般的な市は人口5万人以上が基本的な条件である。

一方，町・村には人口要件は明記されていない。町は「都道府県の条例で定める町としての要件を備えていること」とされており，村については特に要件はない。また，特別区として東京23区がある。

■「指定都市」と「中核市」の機能の違い

指定都市は都道府県と同様の権限と財源をもち，大都市特有のニーズに対応することが可能となる。市の業務のうち多くの分野で都道府県知事が関与する必要がなく，直接主務大臣の関与を受けるようになる。一方，中核市は福祉の分野に限り都道府県知事の関与が必要ない。

指定都市には区役所が設置される。そして，

表2　地方自治体の種類

普通地方公共団体	都道府県	
	市町村	指定都市 人口50万人以上の市のなかから政令で指定
		中核市 人口20万人以上の市の申出に基づき政令で指定
		市 人口5万人以上，ほか
		町・村
特別地方公共団体	特別区 大都市の一体性および統一性の確保の観点から導入されている制度	

文献2）より作成

用語解説　一般介護予防事業　介護保険法第115条の45の規定に基づき，要介護状態などの予防または要介護状態などの軽減，もしくは悪化の防止および地域における自立した日常生活の支援のための施策を総合的かつ一体的に行うため，厚生労働省令で定める基準に従って行われる地域支援事業のなかで位置付けられている市町村事業。

第4章　地域づくりの技術（地域へのアプローチ）

市議会議員や県議会議員の選挙も区単位で行われる。さらに，石油ガス譲与税，軽油引取税交付金，宝くじ発行収益金などが交付されるなど，中核市や一般市にはない財源が確保される。

■「市町村」の業務の根拠

行政は法令に基づき仕事をする。これは市町村も同様である。

市町村の業務は地方自治法を基本法としている。さらに各分野の根拠法律などに基づいて多種多様な仕事が行われている。理学療法士がかかわる領域の法律としては，介護保険法や健康増進法，障害者総合支援法などがある。

法律とは別に市町村で定められている法令などが，条例，規則，要綱，要領である。

条例は，地方行政の区域内，要するに都道府県や市町村ごとで適用される自治立法であり，成立には行政の議会の議決が必要となる。

規則も地方行政が設定する自治立法だが，議会の議決を必要としない。国の法令に違反しない範囲で首長などが定められる。

要綱と**要領**は，行政が内部事務の取扱いについて独自に定めているもので法的な拘束力はない。一般的には指針・基準を大きく定める場合には「要綱」を，事務の処理する手段，方法などについて細かく定める場合には「要領」ということが多い。

■保健所と保健センター

保健所は，地域保健法第5条により都道府県，指定都市，中核市その他の政令で定める市や特別区が設置をすることとなっている。

従って，指定都市と中核市はそれぞれの市として保健所を設置しているが，一般の市町村では保健所はなく，多くの場合複数市町村をまたぐ圏域に1カ所県が保健所を設置している。

保健所の業務は，同法第6条の1～14項に規定されている（**表3**）。保健所は公衆衛生にかかわる全体的業務を行うこととなっている。保健所においても理学療法士の必置基準はない。

保健センターは市町村保健センターとして地域保健法第18条により市町村が設置することができるとされる。一般市にあるのは保健所ではなく，保健センターである。

また，同法第18条の2にて，市町村保健センターは住民に対し，健康相談，保健指導および健康診査，その他の地域保健に関し必要な事業を行うことを目的とする施設と定められている。

このように，保健所と市町村保健センターは設置者と役割・機能が異なる。

表3　地域保健法（第3章 保健所）

第6条　保健所は，次に掲げる事項につき，企画，調整，指導及びこれらに必要な事業を行う。
1. 地域保健に関する思想の普及及び向上に関する事項
2. 人口動態統計その他地域保健に係る統計に関する事項
3. 栄養の改善及び食品衛生に関する事項
4. 住宅，水道，下水道，廃棄物の処理，清掃その他の環境の衛生に関する事項
5. 医事及び薬事に関する事項
6. 保健師に関する事項
7. 公共医療事業の向上及び増進に関する事項
8. 母性及び乳幼児並びに老人の保健に関する事項
9. 歯科保健に関する事項
10. 精神保健に関する事項
11. 治療方法が確立していない疾病その他の特殊の疾病により長期に療養を必要とする者の保健に関する事項
12. エイズ，結核，性病，伝染病その他の疾病の予防に関する事項
13. 衛生上の試験及び検査に関する事項
14. その他地域住民の健康の保持及び増進に関する事項

用語解説　法令の差（制定者の違い）　**法律**：国会が定める　**省令**：各省の大臣が定める　**政令**：内閣が定める　**条例**：地方公共団体の議会で制定　**規則**：都道府県知事，市町村長が制定

行政の仕組みを知る

「予算」編成を知る

冒頭にも述べたが，行政の財源は税金や公的な保険料などであることから，各種計画や社会情勢から鑑みて収支が考えられている。

予算編成の詳細な流れは自治体により異なる。ここではその一例を示すことにより予算編成の概要を理解してもらいたい。

ある市では，9月に市長から基本構想などに則り政策推進上の課題や経営資源の配分の考え方を示した方針が示される。この方針に基づき，財政担当部署が翌年度の施策立案，予算および執行体制の編成の方針を検討し，10月上旬に各部署へ公表される。これを受けて，各課による予算案作りが行われ，10月下旬には各課からその上の部や局へ提出され，各課から出された予算案を部局長が査定し，それぞれの部局内での調整を行い，11月中旬には各部局から財政担当部署へ予算要求が行われる。その後，財政担当部長が予算案を精査し，全体最適化や取組みの優先順位付け，資源の効果的・効率的配分を行い，市長へ予算案を提出する。

そして，翌年1月上旬には市長が査定をし，中旬には各部局・各課へ予算案の内示がある。さらに，その後に復活折衝として各課・部局との調整が行われ，最終的に市長が今一度査定をし，2月には議会に予算案が提出され，議会での議論を経て承認可決されれば予算が成立し，4月から施行可能となる（**図1**）。

このように予算編成は**議会承認**などさまざまなプロセスを経ている。

決裁権と役職

市町村でも役職がある（**図2**）。しかし，例えば同じ「課長」という役職であっても自治体によってその業務内容や役割が異なる。

物事を承認し実行に移すために，組織として物事を決定する権限が**決裁権**である。

1つの課のなかで対応できる案件は課長決裁，複数の課にまたがる案件は部長決裁，さらに複数の部に関係する案件は局長や副市長決裁，そしてもっとその市の根幹にかかわることは首長決裁としている市もある。

また，自治体によっては案件の金額で決裁権者が決まっている場合がある。例えば，300万

図1 予算決定までの流れの概要（例）

図2　行政の役職例

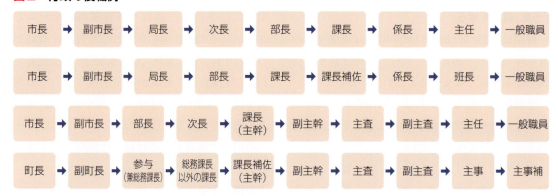

円以上の場合の案件は首長の決裁となるなどである。

同じ「課長」という役職名であっても病院や施設の課長と市町村の課長では権限がまったく異なる。

行政組織を知る

部署の名称に一律の基準はない。例えば介護保険に関する業務を行っている部署も，ある市では介護保険課，別の市では長寿支援課，または高齢障害課などと名称はさまざまである。

また，A市とB市で介護保険課と地域包括ケア推進課があったとしても，A市では一般介護予防事業の担当が介護保険課で，B市での担当は地域包括ケア推進課であったりする。

同じ名称の部署で同じ制度の仕事を携わっていても，その職種はさまざまである。先に述べたが理学療法士は行政機関への必置基準はない。一方で保健師や栄養士など，一部の保健・医療・福祉の専門職については配置の義務がある。従って，A市で一般介護予防事業の担当をしているのは理学療法士だったとしても，B市でのそれは保健師や事務職であるということも珍しくない。

国・都道府県・市町村の関係を知る

国・都道府県・市町村が縦の関係であり，都道府県は国からの命令で，市町村は都道府県の命令で動いているという誤解がある。

介護保険法が施行された2000年4月1日に「地方分権の推進を図るための関係法律の整備等に関する法律（通称，**地方分権一括法**）」が施行された。

この地方分権一括法によって，国からの**機関委任事務**が廃止され，**法定受託事務**と**自治事務**に分かれた。

廃止された機関委任事務では都道府県知事や市町村長を国の下の機関として位置付けた状態で仕事が依頼されていた。

法定受託事務とは，法律や政令により都道府県・市町村などが処理する事務のうち，国が適正な処理に責任をもつ必要がある事務である。例えば，生活保護や国政選挙やパスポートの交付などであり，国の強い関与が現在も残っている事務である。

現在，法定受託事務以外はすべて自治事務であり，基本的に国は是正の要求や情報提供，技術支援という関与に留まる。

これにより国からの文書が，基本的に「通達」ではなく「通知」になった。**通達**とは基本的に国からの命令であるのに対して，**通知**は情報提供，助言，技術支援という範囲に留まり，それを実施するか否かは都道府県や市町村が判断することとなっている。

「計画」を知る

行政における「計画」とは何か

　市町村のみならず行政は「計画」に基づき施策を実行している。

　2011年5月2日に「地方自治法の一部を改正する法律」が公布されるまでは，市町村で**基本構想**を定めることが法的に義務付けられていた。そして，この「基本構想」に基づき各種計画が策定されていた。同法公布により，市町村の基本構想の法的な策定義務がなくなったが，多くの市町村では「基本構想」を策定し，その実現に向けた基本計画，それを実行に移す実施計画が策定されている。

　この基本構想を鑑みながら，法的に立案が定められている計画を立案し，その計画に基づきさまざまな施策が実行される。

　ここでは「地域」に携わる理学療法士の多くがかかわる介護保険事業計画について触れる。

介護保険事業計画を知る

　介護保険事業計画の策定は，介護保険法第117条第1項で策定が義務付けられており，市町村が3年を1期として策定しなければならないとされている計画である（**表4**）。

　この介護保険事業計画では，市町村が介護保険の保険者として介護保険などに関する施設整備にかかわる必要利用者定員総数や介護給付対象サービスの種類ごとの量の見込み，地域支援事業の必要量の見込みなどを定めることが求められている。

　また条文から，この計画立案には各市町村の現状を確認していることが前提であること，住民が日常生活を営んでいる地域の地理的条件，人口，交通事情やその他の社会的条件，介護給付サービスを提供するための施設の整備の状況，などを総合的に勘案して定めること，市町村の要介護者の人数，要介護者の介護給付など対象サービスの利用に関する意向，その他の事情を勘案し，被保険者の意見を反映させるために必要な措置を講ずることが求められていることがわかる。そして，他の保健・福祉に係る計画との調和が求められている。

　理学療法士として市町村事業にかかわる場合には，市町村の「計画」を知ることが大切である。例えば介護保険にかかわる業務に携わるのであれば，当該市町村の介護保険事業計画を理解することで，市町村の課題，進むべき方向が理解できる。市町村のホームページや情報公開コーナーなどでは，この計画書や計画策定にかかわる調査結果のほとんどが閲覧できる。

　なお，都道府県には**都道府県介護保険事業支援計画**があり，これも介護保険法第118条第1項に定められている。

行政の理学療法士の役割

　これまで述べてきたように，行政機関への理学療法士の雇用について法的な根拠はない。

　従って，都道府県や市町村に雇用された理学療法士に対する法的な義務としての業務はない。その都道府県や市町村の方針により業務内容は異なる。

■人口による違い（**図3**）

　例えば，人口が100万人近い指定都市に理学療法士が1人雇用されている場合，自らが高齢者や障害者個人を対象とする直接的な関与は難しいことは誰でも理解できよう。住民を対象とした関与についても，継続的に特定の地域だけにかかわることしかできない可能性が高い。このような場合は，理学療法士としての技術を，必要とする人に直接的に使う仕事の仕方ではなく，その市全体を俯瞰し，冒頭にも述べた公共の利益に資するように，理学療法士が有する見識を政策立案に活用する視点が必要となる。

用語解説		
通達	国からの「通達」というと，基本的に国からの命令	
通知	国からの「通知」は情報提供，助言，技術支援。実施か否かは自治体判断	

表4　介護保険法第117条

市町村は，基本指針に即して，3年を1期とする当該市町村が行う介護保険事業に係る保険給付の円滑な実施に関する計画（以下「市町村介護保険事業計画」という。）を定めるものとする。

2　市町村介護保険事業計画においては，次に掲げる事項を定めるものとする。

　一　当該市町村が，その住民が日常生活を営んでいる地域として，地理的条件，人口，交通事情その他の社会的条件，介護給付等対象サービスを提供するための施設の整備の状況その他の条件を総合的に勘案して定める区域ごとの当該区域における各年度の認知症対応型共同生活介護，地域密着型特定施設入居者生活介護及び地域密着型介護老人福祉施設入所者生活介護に係る必要利用定員総数その他の介護給付等対象サービスの種類ごとの量の見込み

　二　各年度における地域支援事業の量の見込み

　三　被保険者の地域における自立した日常生活の支援，要介護状態等となることの予防又は要介護状態等の軽減若しくは悪化の防止及び介護給付等に要する費用の適正化に関し，市町村が取り組むべき施策に関する事項

　四　前号に掲げる事項の目標に関する事項

3　市町村介護保険事業計画においては，前項各号に掲げる事項のほか，次に掲げる事項について定めるよう努めるものとする。

　一　前項第一号の必要利用定員総数その他の介護給付等対象サービスの種類ごとの見込量の確保のための方策

　二　各年度における地域支援事業に要する費用の額及び地域支援事業の見込量の確保のための方策

　三　介護給付等対象サービスの種類ごとの量，保険給付に要する費用の額，地域支援事業の量，地域支援事業に要する費用の額及び保険料の水準に関する中長期的な推計

　四　指定居宅サービスの事業，指定地域密着型サービスの事業又は指定居宅介護支援の事業を行う者相互間の連携の確保に関する事業その他の介護給付等対象サービス（介護給付に係るものに限る。）の円滑な提供を図るための事業に関する事項

　五　指定介護予防サービスの事業，指定地域密着型介護予防サービスの事業又は指定介護予防支援の事業を行う者相互間の連携の確保に関する事業その他の介護給付等対象サービス（予防給付に係るものに限る。）の円滑な提供及び地域支援事業の円滑な実施を図るための事業に関する事項

　六　認知症である被保険者の地域における自立した日常生活の支援に関する事項，居宅要介護被保険者及び居宅要支援被保険者に係る医療その他の医療との連携に関する事項，高齢者の居住に係る施策との連携に関する事項その他の被保険者の地域における自立した日常生活の支援のため必要な事項

4　市町村介護保険事業計画は，当該市町村の区域における要介護者等の人数，要介護者等の介護給付等対象サービスの利用に関する意向その他の事情を勘案して作成されなければならない。

5　市町村は，第二項第一号の規定により当該市町村が定める区域ごとにおける被保険者の心身の状況，その置かれている環境その他の事情を正確に把握するとともに，第百十八条の二第一項の規定により公表された結果その他の介護保険事業の実施の状況に関する情報を分析した上で，当該事情及び当該分析の結果を勘案して，市町村介護保険事業計画を作成するよう努めるものとする。

6　市町村介護保険事業計画は，老人福祉法第二十条の八第一項に規定する市町村老人福祉計画と一体のものとして作成されなければならない。

～後略

図3 人口による違い

a　都市
理学療法士1人あたりの人口が多い都市の場合，市全体を俯瞰する視点が必要となる。

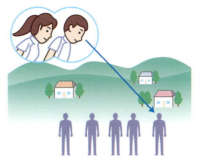

b　町
理学療法士1人あたりの人口が少ない町や村の場合，ある程度直接的な介入が求められることも多い。

一方，人口が2万人に満たない，かつ医療や介護にかかわるインフラが不足している町に2人の理学療法士が雇用された場合，ある程度直接的な介入が求められるであろう。一人一人に対して訪問リハビリテーション（以下，リハ）を行うことは難しくても，町立のデイサービス事業の実施などが求められるであろう。

■部署による違い

配属する部署によっても業務内容は異なる。母子保健部門であれば，保健師と乳幼児健診などをともにし，理学療法士ならではの発達障害のスクリーニングに寄与することができるであろう。また，障害者部門に配属となれば，補装具の支給管理にかかわる場合もあれば，自治体の施設で直接的に家族などへかかわり方を指導することもあるだろう。一方，介護予防担当部署であれば，住民が主体的に活動できるための下支えにかかわる仕事が多くなる。

さらに，理学療法士の資格を有した者であっても役職が上がると，予算編成や議会答弁書の作成，条例作成等にかかわる能力など一般行政職としての職能を求められる。

いずれにしろ，行政の理学療法士としては，その職能を活用し，政策立案を進め，先に述べたような計画立案そして予算管理，また後述する委託管理などにより，少ないマンパワーであってもより多くの住民がより良い生活を営めるように働きかける役割が求められる。

実践‼　臨床に役立つアドバイス

コミュニケーション能力の向上

理学療法士の地域での予防活動への関与が進むなかで，求められるのが基本的なコミュニケーション能力である。「医療職は挨拶ができない」という批判が多い。最低限の社会人としてのコミュニケーション能力は身に付ける必要がある。

学習の要点

地域リハ活動支援事業

2015年度の介護保険法改定時に，介護予防の機能強化に向けてリハ専門職などを活用した取り組みを推進するために，市町村が行う一般介護予防事業のなかに位置付けられた。

この事業に基づき理学療法士を介護予防事業に活用している市町村も多い。

2 自治体事業にかかわる

POINT
- 市町村からの事業を「委託」されることとは何かを理解する
- 市町村からの委託事業にはどのような事業があるのかを知る
- 市町村からの委託事業にかかわるうえでの理学療法士の役割を知る

「委託」事業とは

理学療法士が直接かかわるのは「業務委託」である。

業務委託とは，本来は市町村が行うべき業務を，質，効率，マンパワーなどの理由から，民間事業者などに費用を支払い，業務を委ね実施してもらうことである。その目的はより効果的な事業展開である。介護予防にかかわる事業の運営の委託や介護保険事業計画を立案するための住民調査の委託などがこれにあたる。

業務委託先は株式会社やNPO，社会福祉法人など，多様である。例えば，公園の草刈りなどを市内の自治会に委託している自治体もある。都道府県理学療法士会でも都道府県や市町村と業務委託契約を結び，介護予防事業や障害児者に関する事業などの人材の育成や派遣を行っていることがある。

業務委託の場合，委託契約を自治体と委託先で締結し，支払われるお金も業務委託費として予算計上されている。講師などを頼まれて報償費もしくは講師謝金として謝礼が支払われる場合は，業務委託ではない。

行政としては民間事業者に委託した事業が，契約の際に提示した**仕様書**に則り施行されているか管理することが求められる。なお，予算編成が年度単位であることから，業務委託契約は単年契約であることが多い。

委託事業者を選定するには，**入札やプロポーザル**という手続きがある。

指定管理者制度

都道府県や市町村が設置し，住民に利用してもらう病院や図書館，市民会館などの公の施設の管理について，2003年に地方自治法の改定によって**指定管理者制度**が創設された。公的な施設の管理や運営を民間企業や各種法人，市民団体などに委託することである（**図4**）。

指定管理者制度は，公の施設の管理運営に民間を活用することでコストの削減とサービスの向上を狙いとしている。指定管理者制度で運用されている施設としては，病院や福祉施設，図書館，保育園や学童保育，公民館や文化センターなどがある。

委託事業の種類

ある事業を委託するのか，市町村直営で行うのかについては，市町村の判断となる。

例えば，A市では地域包括支援センターが5カ所ありそのすべてを市内の社会福祉法人へ委託している場合もあれば，B市では5カ所の地域包括支援センターのうち1カ所は市直営で4カ所は市内医療法人へ委託，またC町では町直営の地域包括支援センターを2カ所設置しているなどのケースがある。

民間病院や施設に勤務する理学療法士がかかわる可能性がある行政の委託事業は，介護保険関係の一般介護予防事業，地域包括支援センター業務，在宅医療介護連携推進事業，障害児・者にかかわる事業などがある。

表5に某市が事業委託をしている内容のなか

用語解説　プロポーザル　行政が事業実施者を公募した際に，受託希望者側から具体的な事業内容や運営方法そして費用などの提案を受け，受託希望者を選定する方法。

図4 指定管理者制度

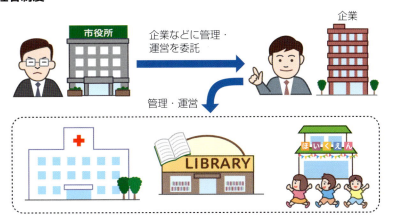

表5 理学療法士がかかわる可能性がある市町村委託事業の一例

福祉カー貸付事業管理運営
基幹型包括運営事業
認知症初期集中支援事業
認知症地域支援・ケア向上事業
生活支援体制整備事業
障害者相談支援事業
こどもルーム事業
放課後児童健全育成事業
生活困窮者自立相談支援事業
生活困窮者家計相談支援事業
成年後見支援センター機能
パラスポーツ応援事業企画業務
障害者アスリート学校訪問および競技用車椅子乗車体験業務

学習の要点

介護保険法の考え方
介護保険法の第1条に，その目的は要介護者などがその有する能力に応じ，自立した日常生活を営むことができるように各種サービスを提供することと位置付けられている。このように介護保険法の基本的な考え方は決して「お世話」ではないことに留意したい。

から，理学療法士がかかわる可能性がある事業の名称をまとめた。

受託事業における理学療法士の役割

行政から事業を受託する際には，一般的に契約書と仕様書が行政側から提示される。

契約書は委託側と受託側双方の義務や権利事項が記載されている。例えば，事業の実施場所，委託期間，委託料などが記載されており，行政の首長が発注者となり，受託する法人などの代表者が受注者と記載され，公印が押されていることが多い（図5）。

仕様書は委託業務の中身が書かれている。事業として何をどの程度，どのような頻度で実施しなければならないのかが記載されていること が多い。理学療法士が何をすべきかが仕様書に書かれている（図6）。

理学療法士として受託事業にかかわる場合，行政へのフィードバックをどのように行うのかを確認しておく必要がある。仕様書に記載された委託事業内容では，十分な効果が得られないことが明らかになった場合，専門職として事業をより良く変えることが望ましい。しかし，発注者である行政と話をするチャンネルをもっていないと，このようなフィードバックが困難となり，効果が上がらないだけでなく受託業務にかかわること自体に負担感が増大することがあるので注意したい。

4章 地域づくりの技術（地域へのアプローチ）

図5 業務委託契約書（例）

図6 業務仕様書（例）

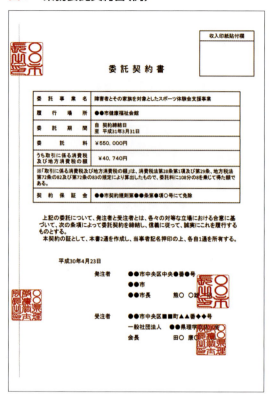

3 地域貢献活動にかかわる

- 地域貢献活動は，企業などにおいて社会的責任として規定されている
- 地域包括ケアシステムにおいて，地域医療のみならず，地域ケア会議や介護予防などに対するリハ専門職種への期待が高まっている
- 地域貢献活動の目標は，地域にあるすべてのものが安全で健康に存在することができる街づくりになる
- 教育・研究機関の使命は，教育・研究・社会（地域）貢献である
- 各自治体での事業計画や目標を把握することで，さまざまな貢献が可能である
- 事業の実施に際し，主従関係を作るのではなく，互いの利点を生かし，対等な関係で目標を共有しながら，事業を実施していくことが重要である

地域貢献活動とは

　近年，さまざまな企業や大学などが地域貢献活動を行っている。企業では，社会的責任(social responsibility)として国際規格ISO26000に策定され，日本においても日本工業規格にてコミュニティーへの参画として記載されJIS Z 26000「社会責任に関する手引き」として策定されている。企業における地域貢献活動としては，地域住民

＊ISO：international organization for standardization

への教育や安全への取り組み，環境美化活動などが主に挙げられる．しかしながら企業にとどまらず一般病院や大学などであっても上記のような活動に取り組むところも少なくない．

理学療法士がその専門性をもって取り組むべき地域貢献活動は，地域医療や保健・福祉の分野になると思われる．そのなかでも地域包括ケアは重要なキーワードになるといえる．**地域包括ケアシステム**が各自治体に導入され，地域における「住まい」，「医療」，「介護」，「予防」，「生活支援」のサービスについて一体的にケアする体制の構築を実現しようと各自治体にて検討されている（**図7**）．一体的なケア体制が実現されることにより，地域住民が住み慣れた地域での生活を末永く継続できる．そこで地域住民のために健康で文化的な生活の継続や，適正なケアの実施が行われるように，理学療法士などの専門職種が自治体や地域住民などと協力していく必要があると考える．

地域包括ケアシステムの実現に対して，**地域ケア会議**も重要である．これは多職種協働による個別ケースの支援を通じて「地域支援ネットワークの構築」，「高齢者の自立支援に資するケアマネジメント支援」，「地域課題の把握」を図るものであり，対象者の日常生活支援につながり，さらには地域社会の構築につながる重要な会議である．理学療法士などのリハ専門職種は自立支援のスペシャリストといっても過言ではなく，積極的に意見することが望まれる．

地域での活動を考えるうえでは**介護予防**も重要と考える．2013年に厚生労働省医政局から，介護予防事業などにおいて，「理学療法士」の名称を使用することに問題がないこと，かつ診療補助に該当しない範囲の業務を行うときは，医師の指示は不要であることが通知された．この通知を受け，地域での介護予防教室の実施や住民自主グループ活動の支援などの介護予防に取り組む理学療法士も増えたことと思われる．また，介護予防事業の一環として介護予防ボランティアの育成にかかわる者もいる．それ以外にもさまざまな形でわれわれ理学療法士も地域貢献できると考える．具体的な例や筆者の取り組みは，p.297の事例で紹介させていただく．

地域貢献活動はさまざまであり，方法だけではなく，目的や所属（法人，個人）によっても取り組み方は変わってくると考える．しかしながら，その最終的な目標については，地域にてそこに住む者や，そこにあるものすべてが安全で健康に存在することができる街づくりになると筆者は考える．

図7 地域包括ケアシステムの5つの構成要素

本人の選択が最も重視されるべきであり，本人・家族がどのように心構えをもつかという地域生活を継続する基礎を皿ととらえ，生活の基盤となる「住まい」を植木鉢，そのなかに満たされた土を「介護予防・生活支援」，専門的なサービスである「医療・看護」，「介護・リハビリテーション」，「保健・福祉」を葉として描いている．

文献3）より引用

教育・研究機関による地域貢献事業の活用

2005年の文部科学省の中央教育審議会において，以下の答申がなされた[4]。

> 大学は教育と研究を本来的な使命としているが，同時に，大学に期待される役割も変化しつつあり，現在においては，大学の社会貢献の重要性が強調されるようになってきている。当然のことながら，教育や研究それ自体が長期的観点からの社会貢献であるが，近年では，国際協力，公開講座や産学官連携などを通じた，より直接的な貢献も求められるようになっており，こうした社会貢献の役割を，いわば大学の「第三の使命」としてとらえていくべき時代となっているものと考えられる。
> （わが国の高等教育の将来像，中央教育審議会）

つまり教育・研究機関は，使命として社会（地域）貢献することが求められている。

近年では地域連携を推進する大学が多く，地域連携を担う部署を設ける大学も多い。また地域連携に対する補助金などを出す自治体や，財団も少なくない。文部科学省では「地（知）の拠点大学による地方創生推進事業」を打ち出し，地域の中核となる各大学の強みを生かしつつ，大学の機能別分化を推進し，地域再生・活性化の拠点となる大学の形成につなげる試みを行っている。

さらにこの事業では，地方公共団体や企業などと協働して学生にとって魅力ある就職先を創り出すとともに，その地域が求める人材を養成するために必要な教育カリキュラムの改革を断行する大学の取り組みを支援することを目的としている。まさに大学の使命である教育・研究・社会（地域）貢献を形にしたものであると考える。

しかしこのように大型な事業でなくとも，市区町村レベルの事業においても貢献できるところは多い。市町村区での医療・保健・福祉事業には**一般介護予防事業**や**健康増進事業**があり，国の目標に準じた各自治体での健康目標や事業を挙げている。一般介護予防事業は「介護予防把握事業」，「介護予防普及啓発事業」，「地域介護予防活動支援事業」，「一般介護予防事業評価事業」，「地域リハ活動支援事業」の5つで構成され，65歳以上の地域住民を対象にしている（**表6**）。健康増進事業では主に成人（高齢者を含む）を対象にメタボリックシンドローム（メタボ）などの生活習慣病の予防や健診，指導，注意喚起を実施している。

現在，筆者は所属する大学の地域である自治体より委託を受け，一般介護予防事業ならびに健康増進事業に協力している。筆者はこの事業において，地域住民に対して身体・運動機能や認知機能などを評価し，結果をフィードバックするとともに助言的な指導を行っている。また得られた結果を解析し，その結果を自治体に報告して事業評価を行い，さらなるブラッシュアップを図っている。このような形で自治体や地域

表6 一般介護予防事業の構成とその内容

項　目	内　容
介護予防把握事業	地域からの情報などを活用して，閉じこもりなどのなんらかの支援を要する者を把握し，介護予防活動へつなげる事業
介護予防普及啓発事業	パンフレットの作成や講座の開催を通じ，住民一人一人の主体的な介護予防活動を支援していく事業
地域介護予防活動支援事業	介護予防の知識を有した住民ボランティアの育成や活動支援などを行う
一般介護予防事業評価事業	介護保険事業計画に定める目標値の達成状況などを検証し，一般介護予防事業の事業評価を行う
地域リハ活動支援事業	地域における介護予防の取り組みを機能強化するために，通所，訪問，地域ケア会議，サービス担当者会議，住民運営の通いの場などへのリハ専門職などの関与を促進する

住民に還元し，貢献できるように努めている。さらに講演会や講習会の実施のほかに，介護予防体操を実施している自主グループの支援や介護予防サポーターの養成などを行っている。

自治体は事業の施行に当たり，知識や技術ならびに人材を必要とし，一方で大学や研究所は研究フィールドの確保や知識・技術の活用，人材教育のよい機会となる。しかし，地域貢献事業を実施するにあたっては，対等な関係を築き，互いの利点を生かし協同して地域住民の健康を推進するという目的を共有しながら事業を実施することが重要であると考える。

4 起業・自営

- 起業・自営により地域社会へ参入する場合，事業内容や地域特性を念頭に置き，社会的位置付けを明確にする
- セラピストによる起業には，できるサービス業とできないサービス業がある
- 人員要件や施設要件は，都道府県だけでなく市町村にも確認する必要がある
- 起業するにあたり，地域に必要で理想的な社会資源であるほうが開設しやすい
- 地域社会で必要とされているサービスの開設に自らかかわれることは自身の喜びにつながる
- 起業・自営を目指すには，"寛大なこころ"が大切である
- 短期・長期計画を作成すること，新しい社会資源を作り続けることが重要である

概要

起業・自営には大きく2つの道があると思われる。1つは法人を設立し起業していくこと，もう1つは個人事業主として起業していくことである。セラピストが地域社会に参入する場合，どちらの道を選択するかは将来の従業員数，事業所数，開設エリアや社会的貢献度などを考えたうえで，自社の社会的位置付けを明確にすることが選択の材料となる。また，セラピストによる起業には，できるサービス業とできないサービス業がある。例えば，個別に腰痛や肩こり，関節症状などに対して施術する施設，いわゆる治療院などの開設がある。この場合は医療保険や介護保険の適用とならず，いわゆる自費診療が主体となる起業である。この場合は人員要件や施設要件のハードルがそれほど高くなく開設できることだろう。

次に紹介するサービス業には，個人事業主では開設できないサービス業があるため注意が必要である。

まず，高齢者を対象とした在宅・地域密着サービスが挙げられる。例えば，通所介護（デイサービス），訪問看護，小規模多機能型居宅介護など。これは，介護保険や医療保険の適用となる。また，障害者総合支援法や児童福祉法に基づくサービスがある。これには就労支援事業などや児童発達支援，放課後等デイサービスなどが該当する。これらは，障害福祉サービス受給者証や通所受給者証の適用となる。これら以外にも，法人を設立しても医療法人や社会福祉法人でないと許可が認められない福祉サービスがいくつかある。

法人設立によってできるサービス業は，すべ

用語解説 **自費診療** 医療証や介護保険証の適用とならない診療にかかる費用。

て都道府県の許認可制である(加えて市町村の許認可が必要なサービスも含む)。人員要件や施設要件が厳格に決められておりサービスによっては,開設ハードルがかなり高いものもある(**図8**)。さらに,都道府県への申請許可以外に市町村ごとに人員配置や条例が詳細に定められていることがあり,開設前に**事前相談・事前協議**での確認が必要である。

起業・自営の喜び

医療法人や社会福祉法人などのような大きな組織下では,セラピストである立場上,新規事業所開設をすべて任されることは,ほぼないに等しいだろう。しかし,起業ではそれが実現できる。特に起業では地域に必要で理想的な社会資源を開設することができるだろう。

では,「あなたが起業しようとしている地域社会で必要な社会資源は何か?」という問いかけに対してどのような行動を起こせばよいのだろうか。

例えば,事前相談などで市町村が望んでいるサービス業を確認することが挙げられる。それにより実現しなければならない社会資源が明確になるだろう。さらに,地域に合致した事業業態を特化(コアコンピタンス)させることで地域社会に見合った,類のない新しい事業を展開することができ,市町村と協同の関係を築くことができるだろう。具体的に事業所開設の方向性が決まれば,人員を準備し,開設予定地を決め,施設設計,デザイン,備品配置,リハ機器の選択など,多岐にわたってやらなければならないことがある。しかし,そういった苦労も自らイメージした通りの施設を開設することができるのであれば最終的に大きな喜びにつながるであろう。

起業・自営で大切なこと

起業することは簡単である。株式会社の場合は20~30万の登記費用で,合同会社の場合はさらに安くでき,資本金1円から設定することが可能である。しかし,会社を設立して大切なことは**継続する力**である。

起業は,いくつもの大きな壁や大波を乗り越えなくてはならない。壁や大波とは,人材確保や教育の問題,資金繰り,給与の支給,事故・クレーム対応,稼働率などさまざまある。それらを乗り越える力とは,"寛大なこころ"をもつ

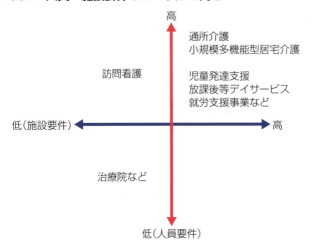

図8 人員・施設要件のハードルの高さ

高
通所介護
小規模多機能型居宅介護
訪問看護
児童発達支援
放課後等デイサービス
就労支援事業など
低(施設要件) ←→ 高
治療院など
低(人員要件)

> **実践!! 臨床に役立つアドバイス**
>
> **いつも経営者目線で考えること**
> 将来,起業・自営を考えている人は,従業員のときから雇用主の気持ちを常に考えることが必要である。例えば,自らの稼働量・時間に見合う売り上げを立てられているかといった視点をもってほしい。また,普段からの意識付けとして,自分の収入(給与)と支出の家計簿を付けるなどのことを始めてもよい。

用語解説
事前相談・事前協議 市町村にて許認可を受ける前に行う面接。
コアコンピタンス (自社の)強みや特色。

ことが大切であると筆者は考える。すべて代表者自身が行うような企業は長続きしない。きちんと組織図を作成し，職務権限を明確にし，職員それぞれに責任をもたせ，会社一丸となり壁や大波を乗り越えなくてはならない。そのためには会社代表者は，人に任せられる"寛大なこころ"を持つことが必要になるわけである。

"寛大なこころ"をもつための一つの道具として，目先の計画だけでなく短期・長期計画を立案するとよいだろう。毎年の事業目標（マイルストーン）以外に，おおよそ5カ年（短期）計画や10カ年（長期）計画を設定し，従業員へ周知させ，自社が目指すビジョンや方向性をいつも確認することが大切だろう。ときには，軌道修正も行う。さらに目標設定には数値化が必要である。月次推移表などをチェックし，業績推移も把握しなければならない。

今後，高齢者の増加，さらには発達障害児や医療ケアの必要な重症心身障害児の増加など，社会資源生成として専門職による質の担保された施設の増加が望まれている。セラピスト全体が地域における職域拡大に向けた積極的な働きかけが必要とされ，そのなかで自ら起業・自営を率先し，地域に合致した質の高い施設を運営・継続することが望まれる。

まとめ

- 各病院の病床数や役割機能は何に基づいて決められているか（☞p.250）。 実習 試験
- 市町村をはじめ国，都道府県の行政への理学療法士の法的な必置基準はあるか（☞p.251）。 実習 試験
- 保健所と市町村保健センターの設置者および業務の違いは何か（☞p.252）。 実習 試験
- 国から市町村へ出される文書が基本的に「通知」となったことで国と市町村の関係性がどのように変わったか（☞p.254）。 実習 試験
- 市町村が立案する介護保険事業計画は何を定める計画か（☞p.255）。 実習 試験
- 理学療法士としてかかわる市町村の介護保険事業計画について，なぜ知る必要があるのか（☞p.255）。 実習 試験
- 行政の理学療法士と病院・施設の理学療法士の役割の違いは何か（☞p.257）。 実習 試験
- 理学療法士が受託事業にかかわるうえで留意すべきことは何か（☞p.259）。 実習 試験
- 地域包括ケアシステムの5つの構成要素とは何か（☞p.261）。 試験
- 地域ケア会議の目的は何か（☞p.261）。 実習 試験
- 介護予防において理学療法士に求められている仕事はどのようなものか（☞p.261）。 実習
- 一般介護予防事業にはどのようなものがあるか，またその内容はどのようなものか（☞p.262）。 試験
- 健康増進事業とはどのようなものか（☞p.262）。 試験
- セラピストによる起業で，できるサービス業には何があるか。できないサービス業には何があるか（☞p.263）。 実習
- 在宅サービスや地域密着サービスには何があるか（☞p.263）。 実習 試験
- 障害者総合支援法や児童福祉支援法に基づくサービスには何があるか（☞p.263）。 実習 試験

第4章　地域づくりの技術（地域へのアプローチ）

用語解説
マイルストーン　節目，中間目標点。日本でいう「一里塚」。
月次推移表　月々の数値の一覧。売上の比較・検証ができる表。数値の推移を見ることにより，異常値を見つけることもできる。

【引用文献】
1）日本理学療法士協会ホームページ：統計情報　会員の分布（http://www.japanpt.or.jp/about/data/statistics/）
2）総務省ホームページ：地方公共団体の区分　地方公共団体の種類について（http://www.soumu.go.jp/main_sosiki/jichi_gyousei/bunken/chihou-koukyoudantai_kubun.html）
3）地域包括ケア研究会：地域包括ケアシステム構築に向けた制度及びサービスのあり方に関する研究事業報告書「地域包括ケアシステムと地域マネジメント」，三菱ＵＦＪリサーチ＆コンサルティング，2016．
（http://www.murc.jp/uploads/2016/05/koukai_160509_c1.pdf）
4）文部科学省：我が国の高等教育の将来像（答申）第1章 新時代の高等教育と社会 2高等教育の中核としての大学．
（http://www.mext.go.jp/b_menu/shingi/chukyo/chukyo0/toushin/attach/1335581.htm）

4章 地域づくりの技術（地域へのアプローチ）

2 住民へのかかわり方

1 ヘルスプロモーション

- ヘルスプロモーションは自分自身で健康づくりを行うことを促す概念である
- 保健人材には専門家以外に，地域住民の教育と活用により生まれる人材も含まれる
- 社会資源は単なる制度の活用だけではなく，幅広いサービスのリソースが含まれる

概要

従来，健康づくりは個人の努力によるという見解があった。しかし，地域理学療法や公衆衛生の考え方は個人の背中を押す人を見い出し，育て，その仕組みを作り，社会全体へ働きかけることを含んでいる。ここでは住民へのかかわり方の基本となるヘルスプロモーション，保健人材，社会資源について述べる。

ヘルスプロモーションの基本的な考え方

ヘルスプロモーションとは何か

ヘルスプロモーションの定義は，「人々が自らの健康とその決定要因をコントロールし，改善することができるようにするプロセス」とされている[1]。また，「自己健康づくり」と表されることがある。

具体的な目標として，「すべての人びとがあらゆる生活舞台－労働・学習・余暇そして愛の場－で健康を享受することのできる公正な社会の創造」が挙げられている[1]。

世界保健機関（WHO）が1986年のオタワ憲章で提唱し，2005年のバンコク憲章で再提唱した新しい健康観に基づく21世紀の健康戦略で，目標実現のための活動方法として，次の5項目が掲げられている。これらの有機的な連携が具体的な"健康づくり"に発展していくとされる[1]。

①健康な公共政策づくり
②健康を支援する環境づくり
③地域活動の強化
④個人技術の開発
⑤ヘルスサービスの方向転換

さらに，この活動を成功させるための5つのプロセスが次のように挙げられている。

①唱道（advocate）（擁護とも考えられる）
②投資（invest）
③能力形成（build capacity）
④規制と法制定（regulate and legislate）
⑤パートナーと同盟（partner and build alliance）

世界の理学療法とヘルスプロモーションの動向

2017年，世界理学療法連盟の会長を擁するアイルランド理学療法協会における行動目標は，このヘルスプロモーションを体現しており，障害をもつ人，もつ可能性のある人々に身体活動を適切に促して健康を享受することとしている。

国連は，「達成すべき高い健康を享受すること」は人種差別のないことと同様に，あらゆる人間にとっての**基本的な権利の一つ**であることを認めている[2,3]。

ヘルスプロモーションは，このような重大な人権に基づいている。それは，生活の質（QOL）

---

*WHO：world health organization　*QOL：quality of life

の決定要因や精神的・霊的な(spiritual)状態(例えばお葬式のときに，信仰に則った儀式で弔うことを希望する気持ちの所在にこの例を認めると考える)を包含するポジティブ(積極的)で包括的な健康概念を提案している。

ヘルスプロモーションは，人々が自らの健康とその決定要因をコントロールし，改善することができるようにするプロセスである(図1)。ヘルスプロモーションは，公衆衛生の中心的な機能を果たしており，感染症や非感染症そしてその他健康を脅かすものに取り組むことに貢献するものといえる。

保健人材(地域の担い手)の育成

WHOは，保健人材を「健康向上を主たる目的とする活動にかかわるすべての人々」と定義している。それは，医師，看護師，理学療法士，栄養士など患者や住民に直接サービスを提供する人材だけでなく，保健行政官や医療事務，臨床工学技士なども含まれる。専門家だけでなく，病院の清掃員や地域ボランティア，伝統治療師も，広義の保健人材である[2]。

人材育成の目的は，"the right people, with the right skills and motivation, in the right place, at the right time"であるといわれている[4, 5]。すなわち，「適切な技術をもち動機づけられた人材が，病院であれ地域であれ，人々がアクセスできる場所に，必要とされるときに存在している」ということである。「適切な技術」のなかには，リーダーシップや管理能力も含まれる。保健人材は2020年時点でも，世界的にも不足していると考えられる。

社会資源について

アメリカでは，表1に示す社会資源があるという[6]。

それらのセンターの目標は，障害者の自立の機会を創り上げること，そして彼らを援助し，家庭や地域で自立のレベルを最大限にすることを成し遂げることにある。その任務は，住居，雇用，移送，レクリエーション設備，健康，社会サービスを物理的に，実際的に確実にすることである。

図1 ヘルスプロモーション活動の概念図

a 従来の健康づくり　　b ヘルスプロモーション

表1 アメリカの社会資源

・情報案内サービス(無料の電話で一般的な情報を提供) ・住宅提供職業リハビリテーションサービス ・在宅看護サービス ・給付プログラム ・雇用促進 ・精神保健カウンセリングサービスおよび危機管理
・介助サービス ・法的援助，保護および権利擁護システム ・交通機関 ・全米自立生活協議会(自立生活センター)：①個人的アドボカシー(権利擁護)とそのシステム，②情報提供と照会，③ピアサポート，④自立生活技術の訓練

2 公衆衛生理学療法学

POINT
- 公衆衛生の語源にはドイツ由来の衛生学とアメリカ由来の公衆衛生がある
- アメリカでは公衆衛生活動から理学療法の社会化が生じた
- 公衆衛生学のなかで理学療法を利活用する学術分野として公衆衛生理学療法学がある
- 公衆衛生学の方法論としてポピュレーション・アプローチとハイリスク・アプローチがある
- 公衆衛生活動のなかでも住民へのリハビリテーション・マインドの醸成は重要な目標となる

公衆衛生学とは

公衆衛生の語源を紐解くと，衛生とは「生命や生活を守る」ということを指す。江戸時代には個人の生命や生活を守る方法論として「養生」という言葉が使われていた（貝原益軒「養生訓」，1703年）。

明治時代に長与専斎がヨーロッパを視察し，生命や生活を守る概念として使われているhygiene（衛生学）の考え方が社会基盤整備を含み，集団を対象としていることから，あえて「養生」を転用せず，「衛生」という言葉を中国の古典から見つけて訳語としたとされる（hygieneの考え方は，明治時代に西洋医学全般とともにドイツから入ってきた）。

公衆衛生学は第二次世界大戦後に連合軍進駐と同時にもたらされ，占領政策の一環として医学教育に組み込まれた。英語でいえばpublic healthである（healthには健康という訳語がすでに当てられていたが，public healthの訳語は公衆健康とはされず，公衆衛生学となった）。

公衆衛生の定義としてC.E.A. Winslow（ウィンスロウ）は，「公衆衛生は，共同社会の組織的な努力を通じて，疾病を予防し，寿命を延長し，身体的・精神的健康と能率の増進を図る科学・技術である」（1949）と提唱した。内容としては，環境保健，疾病予防，健康教育，健康管理，衛生行政，医療制度，社会保障が挙げられている。

公衆衛生学も衛生学も，**集団の健康についての学問**であることは共通している。衛生学がhygieneでありヨーロッパ生まれの基礎科学である一方で，公衆衛生学とはアメリカ生まれのpublic healthである。そもそも政策的側面を含んでいて，応用科学ともいえる。患者でなく，**普通に生活する健康な人々を対象とする**点が，臨床医学とは異なる。対象とする人々によって**母子保健**，**産業保健**などに分かれる。

健康とは

健康の測定と健康指標

健康を測定するポイントは**個人の健康**か**集団の健康**か対象を明らかにし，測定目的を明確にすることである。

よく使われる**健康指標**としては**表2**に示すものが挙げられる。

> 補足
> **健康指標（health indicator）**
> 集団の健康を知るためのモノサシ。病気や死の多少によって間接的に評価しようとする指標が大半となる。
> **健康水準（health level）**
> そのモノサシの目盛りで示される健康の程度。都道府県間比較，国際比較，時系列比較（公衆衛生活動の評価），行政の目標などに使われる。

4章 地域づくりの技術（地域へのアプローチ）

公衆衛生と理学療法の関係

そもそもアメリカの理学療法の社会化には公衆衛生があった

　1890年代後半より，当時ヨーロッパで流行したポリオが猛威を振い，当然子供たちの手足が動かなくなる奇病として恐れられていた．北米にもこの病が発症する兆しがみられ，ヨーロッパの轍を踏まないように，アメリカでは国を挙げて取り掛かった．

　当時原因が不明であったことから，その対策には疫学的アプローチが行われた．すなわち，症状のない子供たちと，症状のある子供たちを隔離することで，なんらかの感染症であるなら，予防できると考えた．このとき，医療機器の発達は十分でなく，手足が動かないという症状を客観的に調べる方法が考案された．この方法を用いて，北米中を訓練された医師と理学療法士がキャラバン隊を組み，バーモント大学から出発したことが，アメリカのリハビリテーション（以下，リハ）医学と理学療法の社会的な認知の源流になっている．

　この方法とは，重力と抵抗の概念を取り入れた検査法であり，1912年にハーバード大学医学部整形外科のWrightとLovettによって誕生したMMTである．その後1946年にDanielsによって改訂がなされ，日本の理学療法士や作業療法士の多くはこの検査方法にならって筋力の評価を行っている．

　すなわち，この活動は地域住民に対するフィールドワークそのものであり，公衆衛生活動にアメリカの理学療法が根差していることを示すものである．

公衆衛生活動のアプローチ

　今日では，いかに対象者の健康を守り，向上させるか，方法論として概念が固まってきている．**表3**にその方法（アプローチ）を示す．

エンパワーメント

　エンパワーメントは，**セルフ・エンパワーメント**（自分エンパワーメント），**ピア・エンパワーメント**（仲間エンパワーメント），**コミュニティ・エンパワーメント**（組織／地域エンパワーメント）の3つに分けられる（**表4**）．これらを組み合わせて使うことがエンパワーメントの実現に有効であり，**エンパワーメント相乗モデル**という．

　エンパワーメントの概念の基礎を築いたJohn Friedmann（フリードマン）は，エンパワーメントを育む資源として，「生活空間，余暇時間，知識と技能，適正な情報，社会組織，社会ネットワーク，労働と

表2　健康指標

- 罹患率（届け出による）
- 有病率（国民生活基礎調査による（有訴者率，通院者率，生活影響率））
- 受療率（患者調査による）
- 粗死亡率
- 年齢調整死亡率
- 乳児死亡率
- 平均余命
- 平均寿命
- 健康余命
- 健康寿命
- 50歳以上死亡割合
- 死因別死亡率
- さまざまな身体計測値
- 病欠率，など

用語解説　ポリオ　前角細胞への感染により四肢麻痺を呈する病気

*MMT：manual muscle testing

生計を立てるための手段，資金」を挙げた。

それぞれの要素は独立しながらも相互依存関係にあるとしている。地方自治や弱者の地位向上など下から上にボトムアップする課題を克服していくうえで，活動のネットワークが生み出す信頼，自覚，自信，責任などの関係資本を育むことが，エンパワーメント向上の大きな鍵とされている。

リハ・マインド

リハ・マインドの普及・啓発

障害のある人々と家族，そして地域，さらに適切な保健医療，教育，職業および社会サービスが一体となって努力するなかで履行されていくことがリハの理念に含まれる。

これらの目的を達成するために，障害の発生を予防することが大切であるとともに，あらゆるライフステージに対応して継続的に提供できる支援システムを地域に作ることが求められる。特に医療においては廃用症候群の予防および機能改善に向けて，疾病や傷害が発生した当初よりリハサービスが提供されることが重要であり，そのサービスは急性期から回復期，維持期へと遅滞なく効率的に継続される必要がある。さらに，一般の人々が障害を負うことや年をとることを**自分自身の問題としてとらえる**よう啓発される

表3　3つのアプローチ

名称	内容
ポピュレーション・アプローチ	対象を一部に限定しないで集団全体へアプローチし，全体としてリスクを下げていこうという考え方がポピュレーション・アプローチである。これは後述のハイリスクと考えられなかった大多数のなかにまったくリスクがないわけではなく，その背後により多くの潜在的なリスクを抱えた人たちが存在すると仮定した方法である。
ハイリスク・アプローチ	疾患を発生しやすい高いリスクをもった人を対象に絞り込んで対処していく方法をハイリスク・アプローチとよぶ。しかしこれは問題をもった少数の人のみにアプローチするものである。
エンパワーメント	エンパワーメントとは，一般的には，個人や集団が「自らの生活への統御感を獲得し，組織的，社会的，構造に外郭的な影響を与えるようになること」とされ，人々に夢や希望を与え，勇気付け，人が本来もっているすばらしい，生きる力を湧き出させることを指す。

表4　3つのエンパワーメント

名称	内容
セルフ・エンパワーメント（自分エンパワーメント）	共通の問題や課題，悩みを抱えた当事者同士の集まりは，保健医療福祉領域では，当事者グループ，自助グループ，本人の会，疾患であれば患者会，その家族であれば家族会などがある。同じような課題に直面する人同士のなかで，自分自身と向き合い，自己の力によって，勇気や，気持ちを強くもつようにする（なる）こと。
ピア・エンパワーメント（仲間エンパワーメント）	「同じような課題に直面する人同士が互いに支え合う」いわゆる仲間同士による，勇気や気持ちを強くもつようにする（なる）こと。
コミュニティ・エンパワーメント（組織／地域エンパワーメント）	人対人だけでなく，支援を必要としている人と地域にあるサービス（公的・民間問わず）をすべて活用して支援を行い，人や組織，地域共同体の能力，活気を高めること。具体的には，支援を必要としている人が社会資源を活用できるよう地域全体にサービスについてパンフレットやポスターを用いて正しく説明することや，公的機関だけでなく隣近所の底力が重要な資源の一つとなること，必要な社会資源がなければ，新たに作る（公的機関へ働きかける。特定非営利活動法人（NPO）の活用など）こと，いわゆる町おこしも含まれる。これらを通じて，地域全体の能力を強化することを，コミュニティ・エンパワーメントとよぶ。

＊NPO：nonprofit organization

ことが必要である。
　リハが**全人間的復権**という意味をもつことを理解すべきである。リハは可能な限り最高度の人間的復活を目指すものであり，誰もが，普通に，当たり前にリハを享受し，保障される法制度体系や支障なく生活活動ができる住環境基盤が社会的に整備される必要がある。
　Kübler-Ross（キューブラー・ロス）による死の受容過程5段階説で最も重要な要素は，人の心の根底に流れ続ける「希望」を最期まで残し続けることにある。障害受容の個々の「段階」で，理学療法士が技術的・医学的限界を患者に伝えることは厳に戒めなければならない。患者が希望をもち続けられることの重みを認識し，働きかけていくこと，これこそがリハ・マインドそのものであろう。

補足

日本公衆衛生理学療法研究会の方針
公衆衛生における理学療法に関する研究を推進し，知識の交流を通して公衆衛生と理学療法の進歩に寄与することを目的としている。

日本公衆衛生理学療法研究会の目的
①公衆衛生理学療法学，並びに公衆衛生理学療法実践の発展
②公衆衛生理学療法活動，並びに公衆衛生に関わる理学療法士教育の発展・開発
③公衆衛生理学療法学の研究の推進
④社会の安寧と国民の健康増進に寄与

現在の研究動向
①公衆衛生学と理学療法学のリンク研究
②臨床疫学（予測ルールに基づく理学療法診断，運動学ルールに基づく理学療法診断）
③理学療法保健情報学（ヘルスリサーチとICT機器の統合的活用）
④基礎・臨床医学と理学療法トランスリレーション
⑤医療経済学と理学療法サービス
⑥グローバル医療とDPT化を前にした日本版PTリフォーム
⑦理学療法と人間環境複合要因など
などについて検討し，公衆衛生に寄与する実践指向型ヘルスサイエンスリサーチを基礎とする新たな公衆衛生理学療法研究学の確立を目指している。

まとめ

- 理学療法士によるヘルスプロモーションとは何か（☞p.267）。 試験
- 保健人材育成の目的における「適切な技術」とは何か（☞p.268）。 実習 試験
- 公衆衛生活動に理学療法が用いられた例を挙げよ（☞p.270）。 試験
- 公衆衛生活動の3つのアプローチを挙げ，その違いを説明せよ（☞p.270, 271）。 実習 試験

【引用文献】

1) 日本ヘルスプロモーション学会ホームページ：ヘルスプロモーションとは（http://plaza.umin.ac.jp/~jshp-gakkai/intro.html）
2) Padilha A, et al：Human resources for universal health coverage：leadership needed. Bull World Health Organ.；91(11)：800-800A, 2013.
3) World Health Organization：Health workers：a global profile. In：WHO. The World Health Report 2006：working together for health, p1-17, WHO, 2006.
4) World Health Organization：Human Resource Development(HRD)（http://www.who.int/tb/health_systems/human_resources/hrh_action_framework/en/）
5) World Health Organization：Progress on human resources for health in the decade of action since 2006. In：A universal truth：No health without workforce, WHO：13-30, 2014.（https://www.who.int/workforcealliance/knowledge/resources/GHWA_AUniversalTruthReport.pdf）
6) Chen L, et al：Human resources for health：overcoming the crisis. Lancet, 364(9449)：1984-1990, 2004.

4章 地域づくりの技術（地域へのアプローチ）

3 情報通信技術（ICT）の活用

1 在宅生活の評価

POINT
- ICT活用のメリットとデメリットを理解する
- 生活のモニタリングにはさまざまなデバイスが用いられる
- 基本動作のモニタリングとして歩行速度の計測が挙げられる

ICT活用のメリットとデメリット（図1）

ICTは情報通信技術を意味するinformation（情報），communication（通信），technology（技術）の略語である。その代表例はコンピューターやスマートフォンなどでメールやインターネットを利用する技術である。

地域理学療法におけるICT活用のメリット

地域理学療法における**ICT活用のメリット**は時間と距離がもたらす制約を解消することである。タブレットパソコンやスマートフォンなどを利用すれば，理学療法士は対象者が遠隔地にいても評価や介入が可能になる。

例えば，対象者自身が外出先での歩行の様子や補装具の使用状態を撮影して理学療法士に送信し助言を受けるといったことができる。あるいは，理学療法士が運動プログラムをアップロードしておけば，対象者は病院や施設に行かなくとも，見たい時間に見たい場所でそのプログラムを視聴しながら運動することができる。テレビ電話の機能を活用すれば対象者は遠隔地からでも理学療法士に相談したり，指導を受けたりすることもできる。コンピューターの性能がよければ時間と距離の制約を解消するだけでなく，運動の実施状況を記録・蓄積し，そのデータを使って理学療法士からそれぞれの対象者に適切なフィードバックを行うことも可能である。膨大な数の対象者のデータを統合できれば理学療法ビッグデータとしての活用も期待できる。

図1 ICT活用のメリット・デメリット

a メリット
補装具の使用状態を撮影して理学療法士に送付することで，助言を受けることができる。

b デメリット
理学療法士がいない状況で，無理に運動を行うリスクが高まる。

地域理学療法におけるICT活用のデメリット

ICTを活用した評価や介入では理学療法士が対象者を直接監視下に置くことができない状況が生じる。見たい時間に見たい場所で運動プログラムを視聴できるということは便利なように思えるが，例えば暑熱環境での運動を促して熱中症リスクを高めてしまったり，継続を促されることで体調不良にもかかわらず運動するリスクを高めてしまったりしかねない。また別の問題として，運動プログラムを視聴したとしても，その運動を正しく実施できているのかは確認できないといったことや，タブレットパソコンやスマートフォンなどの機器の誤操作といった問題もある。

> **補足**
> 「地域」の新しいとらえ方－メガリージョンの誕生－
> ICTの発展と交通網の整備によってメガリージョンという視点が生まれている。メガは巨大な，リージョンは地域という意味で，たとえば関東地方と中部地方とで1つの地域とみなすような地域のとらえ方をいう。ICTによって電子情報のやりとりに距離の制約がなくなり，高速道路や鉄道，特に新幹線とリニアモーターカーの整備によって人や物の移動も短時間で可能になる。近い将来にはメガリージョンにおける地域理学療法が誕生するかもしれない。

生活のモニタリング

ICTへの期待

対象者の歩行速度の評価はリハビリテーション（以下，リハ）室などで理学療法士の指示・監視下で行われるのが一般的であるが，そこで測定された歩行速度が対象者の日常生活で歩いている速度と関係しているのかは不明であった。この問題は歩行速度に限らない問題で，リハ室などでの専門家による評価により得られた測定値が，実際の在宅生活での動作にどのように反映されているのかを知ることはこれまで不可能であった。この問題の解決に **ICTへの期待** が寄せられている。

在宅生活のモニタリング

対象者の在宅生活における活動をとらえる技術は2つに大別される。1つは対象者自身が装着するデバイスを使うものである。腰に万歩計をつけたり，靴に加速度センサーを装着したりするものが多く，これらは **ウエアラブルデバイス** といわれる（図2）。これらのデバイスを通じて歩数や歩行速度などのデータが記録・蓄積される。ICTの利活用としては，これらのデバイスから得られたデータによって身体活動量の低下や転倒リスクの発生などを予測できることが期待されている。

もう1つは **センサー** が対象者の様子を記録するものである。テレビや冷蔵庫などの家電製品にセンサーを組み込み，それらが使用されるたびにセンサーの反応がインターネットを介して指定されたデバイスに送信される。センサーが反応した時間と家電製品の組み合わせで，朝にテレビを見ていたとか，昼に冷蔵庫を使ったといった生活の様子を把握することができる。この技術は，遠隔地に暮らす独居の親をもつ子どもが，自分のスマートフォンを使ってその親の安否確認をするといった"見守り"の手段として活用されている。

図2　ウエアラブルデバイス

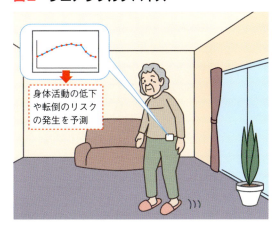

身体活動の低下や転倒のリスクの発生を予測

> **用語解説　物のインターネット化（IoT）**　物にインターネットとの接続機能をもたせることを物のインターネット化（internet of things）といいIoTと略される。テレビにインターネット接続機能をもたせれば外出先からスマートフォンでテレビを操作したり，冷蔵庫にインターネット接続機能をもたせれば冷蔵庫を使いながら食事のメニューを検索したりできる。手すり，杖，靴，車椅子，ベッドなどのIoTによって在宅生活のモニタリングは急速に発展する可能性がある。

在宅生活における基本動作のモニタリング

理学療法士の専門的知識・技術の一つに基本動作能力の評価がある。ICTを活用すれば対象者が在宅生活における普段の基本動作の遂行状況を評価できるかもしれない。例えば、センサーを生活動線上の2カ所に設置して、センサー間の距離とセンサーの反応時刻の情報からその間の移動速度を算出できる可能性がある。立ち上がり動作を行う場所の上下にそれぞれセンサーを設置すれば立ち上がり動作や着座動作の回数や速さを算出できる可能性がある。

臨床に役立つアドバイス

生活歩行速度

基本動作能力の一つである歩行について、NECソリューションイノベータらによる情報通信研究機構（NICT）における研究開発事業[1]では「生活歩行速度」という指標が提唱されている。

この研究では、生活歩行速度を居宅内で居間-トイレの間の動線上に設置した2つのセンサーの反応時刻の差で、センサー間距離を除した値としている。2つのセンサーは居間からトイレに行く場合もトイレから居間に戻る際に反応し、トイレ利用以外の目的でこの動線を使用する際にも反応する。

図3は生活歩行速度の日内変動の様子を示したもので、図4はセンサー設置場所の例である[2]。こうしたデータを蓄積すれば、リハ室で計測した歩行速度とは異なる在宅生活での歩行速度を知ることができる。

図3　生活歩行速度の日内変動

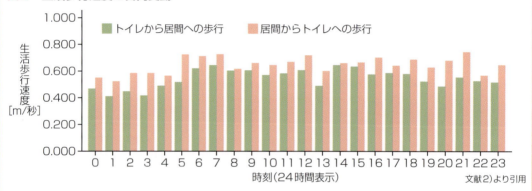

文献2）より引用

図4　センサーのイメージとセンサーを用いた生活歩行速度の計測方法

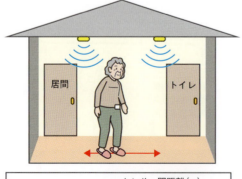

$$生活歩行速度(m/s) = \frac{センサー間距離(m)}{両センサーの反応時間の差(秒)}$$

a　センサーによる歩行速度計測のイメージ

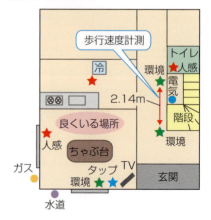

b　センサー設置場所の例

○印と☆印：センサー設置場所

2　在宅生活への介入

POINT
- テレエクササイズとはICTを用いて離れた場所から運動指導することである
- タブレットパソコンなどを用いることで，自宅で確認しながらホームエクササイズを実施できる
- ICTの活用において安全確保が欠かせない

テレエクササイズ

病院や施設での運動療法は，理学療法士と対象者が直接対面した環境で実施される。介護予防事業など地域住民向けの運動指導も理学療法士は対象者と直接対面して指導するのが一般的である。こうした直接対面して行われてきた運動療法を，ICTにより互いが離れた場所にいながら行えるようにしたものがテレエクササイズである。

テレエクササイズを用いることで，交通が不便な地域の住民がスマートフォンを介して簡単に理学療法士とコミュニケーションをとれたり，大型モニターをネットワークすることで1人の理学療法士が複数の場所で同時に多数の対象者を指導したりできることは大きなメリットである。

ただし，その利用にあたってはハンドリングや触診はできないため直接対面しての運動療法に比べるとその内容には限界がある。また，リスク管理が不十分になりやすい点に注意が必要である。

ホームエクササイズ

ホームエクササイズは病院や施設などで理学療法士が対象者に直接対面して指導する形が一般的であったが，自宅でのホームエクササイズが指導したとおりに行われているのかどうかを確認することはできなかった。

タブレットパソコンやスマートフォンを使用すればホームエクササイズ中の画像を記録することができ，その画像を理学療法士が確認することができる。ホームエクササイズそのものを動画コンテンツとしてアップロードしておけば，対象者はインターネットを介してそれを視聴しながら運動することも可能である。もちろん指導，助言，相談といったことも可能である。**図5**にタブレットパソコンを使ったホームエクササイズのイメージを示した。

ICT活用における安全確保

テレエクササイズにしてもホームエクササイズにしても対象者は自分だけで周囲に誰もいない状況で実施する可能性が高い。これらを実施するには安全確保の対策をとることが必須となる。

安全確保には**パッシブセーフティ，アクティブセーフティ，プロアクティブセーフティ**の3段階がある（**表1**）。

ICT活用における安全確保のためには，対象者自身に高水準の**ヘルスリテラシー**と**ICTリテ**

> **ICT活用への期待**
> ICTを活用すれば対象者の普段の生活の様子をとらえることができる。プライバシーには十分な配慮が必要であることはいうまでもないが，センサーやウエアラブルデバイスを生かして"しているADL"を評価したり，質の高いホームエクササイズを指導したりすることが期待できる。

4章　地域づくりの技術（地域へのアプローチ）

用語解説　リテラシー　リテラシーとはもともとは読み書き計算などの能力を指す言葉で，ここではさまざまな情報を使いこなす能力という意味で用いた。ヘルスリテラシーとは健康に関するさまざまな情報を，自分の健康づくりのために効果的に使いこなす能力をいう。ICTリテラシーとはインターネットをはじめとするICTを自分の生活の利便性を高めるために効果的に使いこなす能力をいう。

ラシーが必要である．安全かつ効果的なテレエクササイズやホームエクササイズのコンテンツ開発は地域理学療法学の新たな課題である．

図5　ホームエクササイズにおけるタブレットパソコンの活用

a
ホームエクササイズの方法や注意点を学んだり，実施状況（グラフ）を確認できる

b
音声付の動画を視聴しながらホームエクササイズに取り組める

表1　安全確保の対策

名称	内容	例
パッシブセーフティ	異変や事故が起きてからの対応する方策	救急隊への通報，など
アクティブセーフティ	異変や事故が生じるリスクを減らす方策	血圧や脈拍など個々人のリスク管理，居宅熱中症の危険性の有無，運動時の住環境のチェック，など
プロアクティブセーフティ	そもそも異変や事故が生じるリスクが生じないようにする方策	普段から体調管理に気を配る，運動に適した場所をつくる，など

まとめ

- ICTを活用するメリットとデメリットを挙げよ（☞p.274）．試験
- ウエアラブルデバイスにはどのようなものがあるか（☞p.275）．試験
- ICTを活用した評価にはどのような特徴があるか（☞p.276）．実習
- ICTを活用した介入にはどのような特徴があるか（☞p.277）．実習

【引用文献】
1）情報通信研究機構ホームページ：課題B 新たなソーシャル・ビッグデータ利活用・基盤技術の研究開発ライフラインデータを活用した高齢者の在宅生活を支援するライフマネージメント基盤の研究（https://www.nict.go.jp/collabo/commission/k_178b03.html）
2）Asakawa Y, et al：Measurement of daily fluctuation of walking speed during daily activities for development of sensing model among older adults. 世界理学療法連盟アジア西太平洋地域国際会議，2017．

事例集

脳性麻痺

■車椅子への移乗動作の獲得を目標とする痙直型両麻痺児における特別支援学校との連携

症例は在宅で両親と妹の4人で生活している小学1年生（7歳）の男児である。早産によって低出生体重での出産となり，脳室周囲白質軟化症（PVL）を発症して痙直型両麻痺を呈した。乳児期から地域の療育センターでの外来理学療法・作業療法を継続している。現在，特別支援学校に通学しながら放課後デイサービスを利用している。

初回来学時の母親からの聴取内容

- ケアマネジャーから大学で実施している運動発達支援事業（個別での療育支援）の紹介を受けた。療育センターでの理学療法月2回，作業療法月1回に加えて，大学での個別での療育支援を希望したい。
- 両股関節に亜脱臼があり，過去に長内転筋，腓腹筋の筋解離術の既往がある。半年に1回ボトックス療法を右長内転筋に実施している。
- 母親の要望：ベッド上での起き上がり動作や車椅子への移乗動作が可能になってほしい。

理学療法評価（初期評価：2017年7月）

■心身機能・身体構造（図1）

- 徒手筋力テスト（MMT）（右／左）：
肩関節屈曲2/2，肘関節伸展3＋/3，股関節屈曲3/2，伸展3/3，外転2/2－，膝関節伸展2/2，足関節屈曲2－/2－，体幹伸展2，屈曲2
- 関節可動域（ROM）測定（右／左，単位：°）：
肩関節屈曲170/180，肘関節伸展0/0，股関節屈曲（膝屈位）80/85，屈曲（膝伸展位）60/65，伸展10/10，外転20/25，膝関節伸展－5/0，足関節背屈（膝屈曲位）15/20，背屈（膝伸展位）0/5
- 痙縮（MAS）（右／左）：上腕二頭筋1＋/2，腸腰筋1/1，長内転筋2/1，ハムストリングス1＋/1，腓腹筋3/2
- WISC-Ⅳ：全検査IQ50

■活動（図1）

- GMFCS：Ⅳ
- MACS：Ⅲ
- GMFM：29.6％
- PEDI：93／197
- SFA（活動遂行・身体的課題・道具の使用）：49／100

■姿勢・動作分析

- 起き上がり動作：ベッド上にて背臥位から右

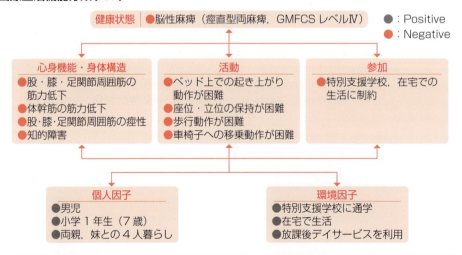

図1　国際生活機能分類（ICF）

＊PVL：periventricular leukomalacia　＊ICF：international classification of functioning, disability and health　＊MMT：manual muscle testing　＊ROM：range of motion　＊MAS：manual classification system　＊WISC-Ⅳ：Wechsler intelligence scale for children-fourth edition

側臥位までは自立して寝返りが可能である。右側臥位からあぐら座位に起き上がり動作を行うが，右肘関節伸展筋，体幹筋の筋力低下によって介助なしでは困難である。

- 端座位：端座位は頭・頸部を伸展して頭部挙上が可能であるが，骨盤が後傾，体幹は胸椎で右凸の中等度側弯があり，胸・腰椎が屈曲して円背の姿勢となる。両上肢で支持しているが体幹・股関節の姿勢制御が困難であり，体幹が後方に倒れてバランスを崩す傾向があるため，体幹からの介助なしでは困難である。
- 立位，歩行動作：平行棒内での立位は両上肢で平行棒を把持して，体幹からの介助が必要である。平行棒内での歩行動作は胸椎で右凸の中等度側弯があり，側方への重心移動や下肢を前方に振り出すことが困難なため，体幹からの介助が必要である（金属支柱付き短下肢装具を両側使用）。
- 車椅子への移乗動作：自走用車椅子に対面し平行棒内にて両上肢で平行棒を把持した立位から，右下肢を左斜め前方に1歩振り出して左回りで方向転換し座面に座ることを行う。知的障害や経験不足により遂行する運動のイメージが欠けているため，平行棒を把持する上肢の変換や右下肢を1歩前に振り出すことがわからず，介助や口頭指示なしでは困難である（金属支柱付き短下肢装具を両側使用）。

目標
① ベッド上での起き上がり動作を自立して行うことができる
② 立位からの車椅子への移乗動作を自立して行うことができる

理学療法プログラム（2017年7月～）

■大学での個別での療育支援（月2回）
① 上下肢のストレッチング
② 上下肢・体幹筋の筋力トレーニング
③ 端座位でのリーチ動作による座位保持練習
④ 平行棒内歩行練習
⑤ ベッド上での起き上がり動作，車椅子への移乗動作の運動学習

■特別支援学校との連携（年4回）
- 大学所属の理学療法士による特別支援学校の訪問：理学療法士が大学から定期的に本児が通学する特別支援学校に訪問し，巡回相談を実施している。本児のクラスには年3回巡回して担任の学校教諭と相談し，車椅子座位のシーティングや起立台・歩行器・装具・福祉用具の設定方法，トイレでの排泄動作における立位の介助方法，授業中での上肢運動における環境・運動課題の調整を伝達した。
- 特別支援学校の学校教諭による大学での個別での療育支援見学：特別支援学校の担任の学校教諭が来学して，大学での本児の理学療法場面を年1回見学する機会を設けた。ストレッチング（図2）・筋力トレーニング（図3）の方法や教室間における介助歩行（図4）での移動方法，ベッド上での起き上がり動作や車椅子への移乗動作の運動学習の方法（身体介助や視覚提示，口頭指示による外在的フィードバックの与え方）を，学校教諭や母親に実際に提示して伝達した。
- また，本児にかかわる他の学校教諭にも方法を共有できるように，方法の写真を掲載した書面を学校教諭が作成して回覧した。これらの連携によって，大学や特別支援学校，在宅において能動的な反復練習の機会を本児に提供した。

理学療法評価（中間評価：2018年7月）
大学で実施している個別での療育支援を開始して1年が経過し，上下肢・体幹筋の筋力や座位での体幹・股関節の姿勢制御が向上した。それに伴い，ベッド上での起き上がり動作は自立して可能となった（図5）。端座位では体幹が後方に倒れてバランスを崩すことがみられなくなり，

---

* GMFCS：gross motor function classification system * MACS：range of motion * GMFM：gross motor function measure * PEDI：pediatric evaluation of disability inventory * SFA：school function assessment

図2 ストレッチング

a 肩関節屈曲　　　　　　　　　　　　b 膝関節伸展位での股関節屈曲

図3 筋力トレーニング

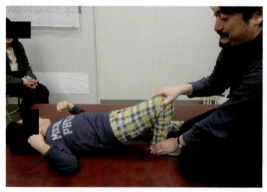 

a 片脚ブリッジ　　　　　　　　　　　　b 体幹伸展運動

図4 介助歩行

体幹からの介助による介助歩行

図5 起き上がり動作

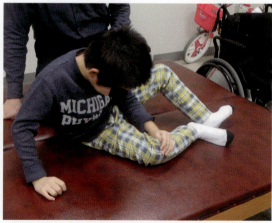

右側臥位からあぐら座位への起き上がり動作

一側上肢で支持して他側で上肢運動を行うことが可能となった（**図6**）。平行棒内での立位は両上肢で平行棒を把持して自立し（**図7**），平行棒内での歩行動作は体幹ではなく骨盤からの介助で可能となった（**図8**）。また，立位からの車椅子への移乗動作は大学や特別支援学校，在宅での能動的な反復練習によって運動のイメージを学習したため，平行棒を把持する上肢の変換や右下肢を左斜め前方に1歩振り出すことが可能となり，見守りで遂行できるようになった（**図9**）。

今後の展開として，特別支援学校の学校教諭や母親のみならず，放課後デイサービスの保育士や介護福祉士とも連携することで，地域での生活のなかでより積極的に本児を支援することに努め，車椅子への移乗動作の自立を目指したい。

図6　端座位

一側上肢で支持した端座位での上肢運動

図7　立位

両上肢で支持した平行棒内立位

図8　歩行動作

骨盤からの介助による平行棒内歩行

図9　車椅子への移乗動作

両側上肢で支持した平行棒内での車椅子への移乗動作

片麻痺

■訪問リハビリテーション（50代，男性）の症例

症例（Aさん）は50代の男性，介護度は要支援2。左視床出血（発症から5年以上経過），右片麻痺（Brunnstrom stage：上肢Ⅲ，手指Ⅲ，下肢Ⅲ）。利き手交換完了，常時視床痛あり。自宅内は装具なし伝い歩きで移動。屋外歩行時はT字杖とプラスチック短下肢装具を使用中。障害年金を受給中。リハビリテーション（以下，リハ）を継続しながら，仕事や趣味活動など社会活動を継続していきたいと考えている。

国際生活機能分類（ICF）
- 図1参照。

Aさんの1日および1週間の流れ
- 表1～3参照。

自宅環境
- 図2参照。
- 部屋は1階で，自室ベランダを通じてハンドル型電動車椅子充電用のコンセントを引くことができている。

Aさんにとって大切な活動

■職場での仕事
- ハンドル型電動車椅子で通勤できる範囲で就職先を探す。近隣病院での事務仕事と，就労継続支援A型事業所内での就労とで迷った時期もあったが，雨の日の通勤を考慮して，少しでも自宅に近いところを選んだ。

図1　ICF

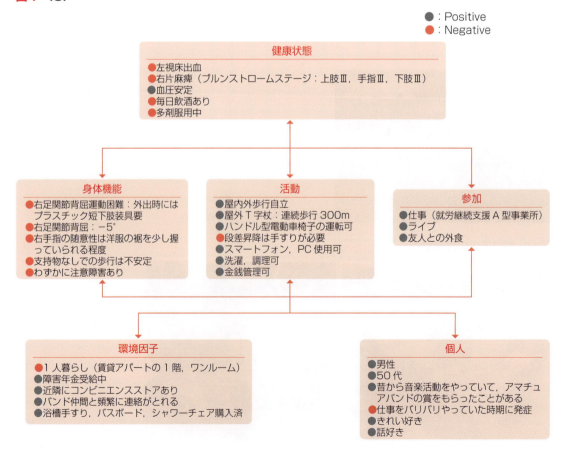

＊ICF：international classification of functioning, disability and health

- A型事業所に入職した当時は，フリーペーパーのコラム記事をパソコンを使って入力する仕事を行っていた。Aさんは左手で書字を行うようになってから，友人の飲食店に書を書いてプレゼントしたり，年賀状や暑中見舞いは手書きで書く習慣があった（図3a）。そのため，筆ペンで書いた詩を売るという仕事をしてみたい，と事業所管理者に相談したところ，了承された。
- 町屋やショッピングモールなどのイベントコーナーに出店したり，インターネット販売にて利益を得られるようになった。
- アドバイス（理学療法士から利用者）：「麻痺側の上肢を下ろしてしまうと姿勢が捻れて，腰痛の危険もあります。麻痺手もテーブルの上に置いて管理できないか，チャレンジしてみましょう。」（図3b）

■趣味のバンド活動（図4）
- 病気をする前からのバンド仲間主催のイベントや，福祉事業関係のイベントなどで演奏している。
- もともとギタリストであったが片手では演奏できないため，代替手段を検討した。
- 現在は，Apple社が提供している音楽制作アプリ「GarageBand®」を使用して演奏を行っている。
- 自然災害発生時などはライブ会場で募金を集めて，支援団体への寄付も行っている。
- 情報提供（理学療法士からケアマネジャー）：自分自身が楽しむためのバンド活動のみならず，

表1　Aさんのある1週間

月	就労継続支援A型事業所
火	
水	
木	訪問リハビリテーション，訪問介護
金	就労継続支援A型事業所
土	
日	趣味のバンド活動

表2　Aさんのある1日（仕事の日）

6：30	起床
7：00	身だしなみの確認
9：00	出社
	仕事
16：00	退社
18：00	食事の準備，晩酌
20：00	シャワー
21：00	週末のライブに向けて準備，ブログの更新
23：00	就寝

表3　Aさんのある1日（訪問リハビリテーションの利用日）

6：30	起床
7：00	簡単な掃除
9：00	友人の喫茶店でモーニング
12：00	コンビニのATMに寄って帰宅
13：30	訪問リハビリテーション
15：00	訪問介護
16：00	ネットスーパーで注文した品物が届く
18：00	食事の準備，晩酌
19：00	シャワー
20：00	週末のライブに向けて準備，ブログの更新
23：00	就寝

「社会奉仕を行う」ということでの社会とのかかわりももてている。介護が必要な状態でありながらも「誰かのための奉仕活動」が行えることで、自己価値を高めることができているようだ。

リハ訪問時のかかわり

■血圧、睡眠状況、排便確認など、バイタルサインをチェックする。

■「こんにちは、訪問リハに伺いました。お変わりないですか？ お仕事、お忙しいんじゃありませんか？」といったように、1週間の出来事や気になっていることを確認する。

■さらに関節可動域（ROM）練習を行いながら、会話を進める。非麻痺側の筋力、ROMをチェックし、立位でのステッピング練習など行っていく。

Aさんからの相談①

■相談内容：最近足がよくむくむのはなぜか？ どうしたらいいだろうか？

■PTでの評価

- 足背動脈の拍動を確認する。
- 胸部症状を確認する。
- 装具による当たりや、裸足で移動したときの傷はないか確認する。
- 飲酒しすぎていないか、何時間も座りっぱなしになることはないかなど、生活習慣を確認する。

図2　自宅環境

a　浴室段差昇降のための環境

b　浴室環境

c　ハンドル型電動車椅子

図3　仕事の一部

a　実際の作品

b　作業時の姿勢について助言

図4　バンド活動

＊ROM：range of motion

■Aさんからの情報
- 仕事中は座りっぱなしの作業が多い。
- 週末のライブイベントに向けて，練習のためにタブレットで楽器演奏している時間が長くなっている(図5)。

■アドバイス(理学療法士からAさん)
- 30分～1時間に1回は起立・着座を繰り返し，ふくらはぎの筋を動かすようにする。
- ときどき足を前に投げ出し，太ももの裏のストレッチも行う。
- 健側の足も伸ばしておく。
- よく使う左手が腱鞘炎を起こすことも懸念されるので，お風呂から出たら手首のストレッチも取り入れる。

Aさんからの相談②

■相談内容：ヘルパーがベランダに干してくれたシーツに手が届かず，取り込めないことがある。

■Aさんからの情報
- ベランダに出る手前にある10cmの敷居を麻痺側で越えるのが困難である。
- 非麻痺側の足だけをベランダ側に出すようになるため，手が届く範囲に限界がある。
- 奥の物干し竿にシーツをかけて洗濯バサミで止めてしまうと，はずせない。

■アドバイス〔理学療法士からヘルパー（担当者会議での情報共有）〕
- ベランダは狭く，敷居も高さがあるため，動きにくい環境である。
- 奥の物干し竿に取り付けた洗濯バサミは手が届かないことがあるので，手前の物干し竿に干して欲しい。
- ハンガーに掛けた物は十分に手が届くのでこれまで通りで構わない。リハでも，またぎ動作が楽に行えるように練習してみたい。

図5　タブレットを用いた楽器演奏練習

片麻痺

■訪問リハビリテーション（80代，女性）の例

症例は80代の女性。8カ月前に脳梗塞左片麻痺を発症し，自宅近くの病院に入院しリハビリテーション（以下，リハ）を受け，発症から約6カ月後に車椅子レベルにて自宅退院した。しかし，トイレへの移乗を中心に自宅内での日常生活活動（ADL）が自立せず，家族（主介護者：息子）の介護負担が大きく，日中の不活動状態が続き廃用症候群進行のおそれがあったため，2回/週（40分/回）の頻度で訪問リハが開始された。

評価

- 訪問リハ開始時におけるADL上の主なニーズは「トイレ動作困難の改善」と「社会参加の機会増加」であり，その障害像は国際生活機能分類（ICF）モデルに準じて図1のように整理された。

■主要な活動制限

- 症例は歩行要介助で自宅内環境での車椅子自走と便座までの移動は自立し，尿意・便意はあり，自制と自己申告が可能であったが，移乗動作（車椅子・トイレ，中等度介助），更衣

図1　訪問リハ開始時の障害像

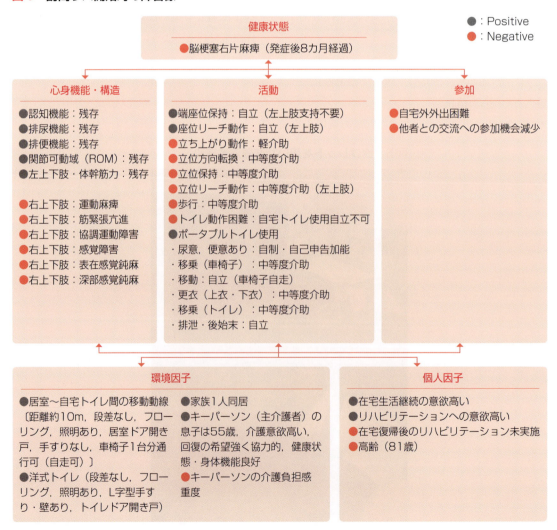

* ADL：activities of daily living　* ICF：international classification of functioning, disability and health
* ROM：range of motion

動作(下衣,中等度介助)のそれぞれについて介助が必要な状態であり,トイレ動作全体の介助量は中等度であった。

■活動制限の原因

- 移乗やトイレの介助は昼夜問わず毎回息子が担い,おむつを併用しており,息子は症例のトイレ動作への介助と居室の清潔保持に対して介護負担を強く感じていた。
- これらの生活環境における移乗・移動・更衣の活動制限ならびに家族介護者への重度の介護負担は,主に立位に関する機能的制限によって引き起こされていると考えられた。
- トイレ動作の各要素の制限の原因となる基本動作レベルの機能的制限は,端座位からの立ち上がり(軽度介助),立位方向転換(中等度介助),立位保持(中等度介助),立位リーチ動作(中等度介助)であった。
- また,これらの機能的制限の原因となる主な機能障害は,右上下肢における運動麻痺(Brunnstrom stage 上肢Ⅲ,手指Ⅳ,下肢Ⅳ)と運動失調症状(企図振戦,測定障害,運動分解)であると考えられた。
- 左上下肢の筋力は徒手筋力検査(MMT)4レベルで必ずしも十分ではなかった。さらに,右上下肢の表在感覚および深部感覚はいずれも中等度鈍麻があり,動作時における右下肢への荷重感覚や関節運動覚が不良で,随意的な右下肢筋群の筋収縮感覚を認識することが困難であった。
- 本症例は在宅復帰後のリハが未実施であったため,自宅の生活環境において機能的動作を成功させるための麻痺側下肢ならびに非麻痺側下肢の使い方や,体幹筋群と下肢筋群の協調的な活動について学習が不十分であると推察された。
- 主治医からは「今後の機能回復については不明,特別な禁忌やリスクはなく,積極的にリハを実施することが望ましい」との指示を得た。左上下肢や体幹の残存機能と発症から1年以上経過した地域在住脳卒中者に対する訪問リハ(移動・トイレの自立を目標とした動作練習,自主練習指導)によってADLが改善したとする先行研究の報告に基づき,今後の継続的なリハによって生活機能の改善が得られる可能性が残されていると考えた。

介入・連携

- 訪問リハプログラムは,運動学習に基づいた動作練習を中心に立案した(図2)。
- 週2回の訪問リハにて,基本動作練習(立ち上がり着座,立位保持,立位リーチ動作)と屋内歩行練習を実施し,基本動作練習は自主練習としても実施するよう家族に指導した。
- 家族介護者に対して必要最小限の動作介助となるよう介助方法の指導を併せて行った。
- また,レスパイト目的にて,訪問リハとともに通所介護の利用が同時に開始された。そこで,通所介護職員にも訪問リハで練習を実施するトイレ動作方法を提案し,動作方法の定着を促すとともに,活動量の増加を図った。
- その後,6カ月間の訪問リハを定期的に実施した結果,機能障害に明らかな改善が認められなかったものの,動作・活動・参加の各レベルにおいて改善がみられ,その障害像は図3のように整理された。
- 基本動作レベルでは,端座位からの立ち上がり(自立),立位方向転換(自立),立位保持(自立),立位リーチ動作(壁に体をもたれかけて自立),歩行(軽度介助)と,各動作の自立度が改善した。
- 端座位からの立ち上がりでは,手すりを使用すれば座面からの離殿の際に左下肢後面を座面端に押し付けずに自力で立ち上がりおよび着座が可能となった。
- また,立位時の姿勢(体幹前傾位と重心左後方

*MMT:manual muscle testing

偏位）に改善がみられ，左上肢での立位リーチ動作が可能になった．
- トイレ動作を構成する各要素的動作にも改善が得られ，移乗動作（車椅子・トイレ）および更衣動作（下衣）は自宅トイレと通所施設のトイレでは自立となり，息子の全般的な介護負担感が明らかに軽減し，自宅トイレを日常的に使用することが可能となった．
- 立ち上がり動作から立位保持・動作に関する機能的制限が改善したことが活動制限の改善につながったと考えられた．
- さらに，トイレ動作，移動・移乗動作の自立度の向上に伴って，活動意欲が高まり，通所介護の利用回数はレスパイト目的以上に社会交流に主眼が置かれ，週3回の利用へ増やすことになった．
- 歩行については，右下肢の歩幅が安定し，軽度介助により4点杖を用いて往復20mの屋内歩行（居室〜トイレ間の往復歩行）が軽度介助レベルで行えるようになり，対象者本人の屋内歩行自立を次の目標として活動意欲が増進した．

図2　訪問リハ開始時の障害に対応したプログラム立案

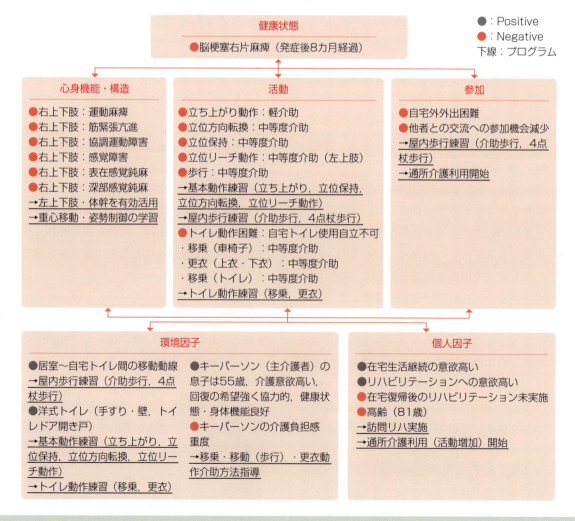

図3 訪問リハ開始後6カ月経過時における障害像

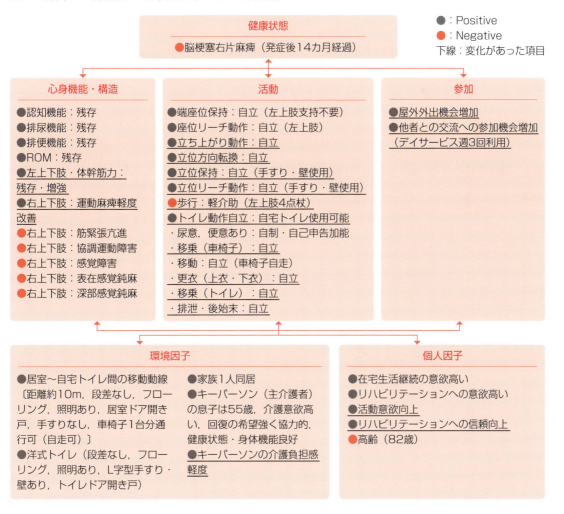

介護予防事業支援

■住民主導型介護予防事業「鬼石モデル」

理学療法士による介護予防事業支援の一例として，筆者らが取り組んでいる住民主導型介護予防事業「鬼石モデル」を紹介する．なお，鬼石町は2006年1月に隣接の藤岡市と合併したため，現在は藤岡市の介護予防事業として実施されている．

概要

鬼石モデルは運動プログラムに取り組む自主グループを地域に多数作り出す事業方法の名称である．運動プログラムには**暮らしを拡げる10の筋力トレーニング**を用いている．

「鬼石モデル」と「暮らしを拡げる10の筋力トレーニング」を用いた介護予防事業は2001年12月に開始され現在も継続されている．初期の4年間を行政と老人クラブと群馬大学との連携によって自主グループを作りだした「普及期」とよび，これに続く現在までの期間はベテラン参加者やボランティアが主役となってグループ数を増やしていくことから「発展期」とよんでいる．事業参加登録者数とグループ数の推移は**図1**に示したとおりで，2017年度末時点で高齢者人口の**約10%**が登録している．

啓発支援

2001年10月に鬼石町総合保健福祉センターで鬼石町老人クラブ連合会の会員を中心とした地域住民向けに開催された転倒予防講演会において「暮らしを拡げる10の筋力トレーニング」を紹介した．

■普及支援（普及期）

「暮らしを拡げる10の筋力トレーニング」に取り組むモデル地区として2グループ（46名）が誕生したことを受けて「鬼石モデル」による普及が始まった．

「鬼石モデル」の中核となる活動は，参加登録者が週に一度，近所の集会所などに集まって行う約1時間の自主グループトレーニング「地区筋

図1 藤岡市における「鬼石モデル」参加登録者数の推移

注1：「地区筋トレ」のグループ（2006年1月に鬼石町は藤岡市に合併した．当時の行政区数は約100地区であった）
注2：2011年度から2012年度にかけて会場数，登録者数ともに急増したことから登録者名簿を実態に合わせて整理した（脱退者や死亡者などを削除）．このため2012年度から2013年度にかけて登録者が減少した．

（藤岡市より資料提供）

トレ」である。グループとしてトレーニングを始めてから「地区筋トレ」の自主グループ活動として独立するまでの期間は約1年間を見込んでいた。この間，月に一度，総合保健福祉センターで理学療法士（筆者ら）が約45分の指導を行った。この指導は異なる地区が異なる複数のグループがセンターに集まることから「合同筋トレ」と名付けられた。

「普及期」の特徴は地区別・期別の進行である。モデル地区を1期生として，3～4カ月経過後には2期生となる地区を加え，以下順に期単位で地区を加えて，4期生を加えるときには1期生が修了するという形である。「合同筋トレ」は期別の内容とし，1期当たり45分の指導を3期分で構成したので理学療法士側からみると指導に費やす時間は月に1回，おおむね半日となった。

■継続支援（発展期）

「普及期」を終えるころにはトレーニングや自主グループ活動を数年にわたり経験したベテラン参加者が増えてきた。同時期には介護予防サポーターなどの住民ボランティアも養成されていた。そこで，「地区筋トレ」の新しいグループの立ち上げにはこうした人材を活用することとし，「住民（ベテラン）が住民（新しいグループ）に教える」を特徴とする「発展期」に移行した。「発展期」では啓発支援と継続支援の相乗効果を期待した総合イベントの形で年に1回，市民ホールで「合同筋トレ」に相当するイベントを行っている。

> **補足**
> 「暮らしを拡げる10の筋力トレーニング」
> 米国のフィアタローネ博士が開発した高齢者向けの体操「Fit for Your Life」の19個の運動から，高齢期の日常生活に必要な動作能力に焦点をあてて筆者らが抜粋し，初級，中級，上級の枠組みへと構築したものである[1]。安全かつ効果的に取り組みと自主グループ活動化を支援するためパンフレットやDVDを整備している（**図2**）。

図2 「暮らしを拡げる10の筋力トレーニング」のパンフレット

初級コース
（トレーニング1～トレーニング4を3単位）概ね45分間

トレーニング1

①開始肢位　座位。膝を90度以上曲げる。
②運動　片膝をゆっくりと伸ばします。膝が伸びたところで，つま先をしっかりと起こします。つま先をできるだけ起こして膝の方に持ってきます。つま先を伸ばして（戻して）から膝を曲げ開始肢位へと戻します。左右交互に行います。（号令　勝を1，2，3，4で伸ばします。膝を伸ばしたところでつま先を1，2，3と起こし，4，5，6，でつま先を伸ばす運動を加えて，5，6，7，8で膝を曲げ開始位置に戻ります。）
③ポイント　膝の動く範囲が，立ったり座ったりする動作と同じだけ曲がったり伸びたりしていることが大きなポイントです。膝を頑張って伸ばしたり，伸ばした足を持ち上げたりしないでください。腰や膝を痛めます。

トレーニング3

①開始肢位　立位。安全のために椅子の背もたれに手を添えて行います。あごを引き，胸をはって，背筋をしっかり伸ばします。
②運動　宙に吊り上げられるようにスーッと伸びてつま先立ちになり，そのままスーッと降りて戻ります。（号令　1，2，3，4で伸び上がり，5，6，7，8で開始位置に戻ります。）
③ポイント　よい姿勢を保ったまま背伸びをします。つま先はできるだけ正面に向け，足は平行に構えます。
伸び上がると不安定になるので，うまくバランスを取る練習をして下さい。

トレーニング2

①開始肢位　座位。背もたれに背中をはなし，あごを引き，胸を張って，良い姿勢をつくります。手を腕の横，耳のぶがつめめくらいの位置に持っていきます。
②運動　頭は前を向いたまま，姿勢を崩さないように両手を真上に伸ばします。肘が伸びきって両手が軽く触れたら開始肢位へと戻します。（号令　勝を1，2，3，4で腕を伸ばし，5，6，7，8で腕を曲げて開始位置に戻ります。）
③ポイント　腕は出来るだけ真上にむかってまっすぐに，滑らかに動くように心がけてください。腕が前方に傾いていないか，側方に拡がっていないか，また肘が曲がっていないか，チェックしましょう。

トレーニング4

①開始肢位　立位。安全のために椅子の背もたれに手を添えて行います。
②運動　片足を軸に対して真横にゆっくりと開きます。姿勢が乱れない程度まで足を開いたら開始肢位へと戻します。左右交互に行います。（号令　1，2，3，4で足を開き，5，6，7，8で開始位置に戻ります。）
③ポイント　足を大きく開く体操ではありません。足を斜め前に出すのではなく，つま先を正面に向けたまま真横に開きます。このとき軸は真っ直ぐに保ちます。右足から左足（あるいは左足から右足へ）と運動を移していく時には出来るだけ体を揺らさないようにして下さい。

（群馬県地域リハビリテーション支援センターの許可を得て一部抜粋引用）

【引用文献】
1）M.A.Fiatarone：NEWお年寄りのための安全な筋力トレーニング（浅川康吉，ほか訳），保健同人社，2001．
2）M.A.Fiatarone：お年寄りのための安全な筋力トレーニング（浅川康吉，ほか訳），保健同人社，1996．

地域リハビリテーション活動支援事業

■板橋区高齢者等地域リハビリテーション支援事業における理学療法士の役割

同支援事業は、板橋区版AIP（aging in place）推進の一環として、「自立支援・介護予防の取り組み強化に向けたリハビリテーション専門職との協働」を目指している。なかでも介護予防に効果のある住民運営通いの場の拡充は「10の筋トレ事業」として、第7期介護保険事業計画（保険者機能強化重点事業）において、60グループの立ち上げ・継続、参加者数900人が目標として掲げられている。

はじめに

東京都板橋区では、地域のなかで元気高齢者と虚弱高齢者が一緒に筋トレをすることで、地域を元気にすることを目的とした「住民運営型介護予防グループの立ち上げ支援」を、おとしより保健福祉センターと、区内のリハビリテーション（以下、リハ）専門職が協力し実施している。群馬県藤岡市にて効果が実証されている、住民主導型介護予防事業「鬼石モデル～高齢者の暮らしを拡げる10の筋トレ～」の事業スタイル（図1）をモデルとし、都市部における特徴を考慮し修正を加えた「板橋区版10の筋トレ」として2017年度より活動している（図2）。

地域リハ活動支援事業「板橋区版10の筋トレ」の概要

■背景

板橋区は東京23区西北部に位置し人口約56万人、高齢化率約23％（2018年4月現在）、認知症高齢者や一人暮らしの高齢者が増加し、要介護認定者数は24,000人を超えている。区では制度創設前年の2014年に、区内におけるリハ連携体制の構築を目指した、「板橋区高齢者等地域リハビリテーション支援事業」を立ち上げ、医療機関や介護施設のリハ職との連携の推進や区事業への協力に働きかけを行ってきた。2016年度には700名を超える区内在勤のリハ専門職が加入する自主活動団体「板橋区地域リハビリテーションネットワーク」が結成され、行政と各関連団体の顔のみえる関係が少しずつ進展した。なかでも「介護予防部会」の地域リハに向ける熱意は「10の筋トレ」事業を生み出す原動力となった。

■概要

「板橋区版10の筋トレ」の中心となる活動は、

図1　鬼石モデルのポスター（群馬県地域リハビリテーション支援センター）

図2　板橋区版10の筋トレの様子

事例

住民運営で週に1回，10人以上の仲間と行う約1時間のグループ筋トレであり，高齢者が歩いて通える範囲に，居場所と出番を作ることである。プログラムは群馬大学が開発した「高齢者の暮らしを拡げる10の筋トレ」(図3)を用いている。

「介護予防部会」による支援内容は，①動機付け支援，②立ち上げ支援，③継続支援とし，それぞれの時期に目的に応じたプレゼンテーションやイベントを準備した。毎週グループで行う「グループ筋トレ」とリハ職がグループに訪問指導する「出前講座」を組み合わせ，10の筋トレを段階づけて指導した(図4)。また，3カ月ごとに行うイベントとして「体験講座」「合同筋トレ」「体力測定会」「グループ交流会」を，1年以上活動が継続したグループには，「マスターコース」「区からの表彰」を行っている(図5)。

■経過

活動開始から約1年半の間に，立ち上がった25グループ(518名)のすべてが，活動を継続している。このことは，体操自体の効果はもちろんのこと，グループ活動は運動の場であると同時に交流の場であるということを，参加者が実感できているからにほかならない。

事業計画の初期に「鬼石モデル」は，「山間の農村部だからできたのだ」という声を多く耳にした。初めてのプレゼンテーションでは「何をしたいの

図3　高齢者の暮らしを拡げる10の筋トレ(初級)

立つ・座る・歩く・またぐ・拾うといったいろいろな生活動作に応じた筋肉や関節の使い方を10種類の筋力トレーニングとしてまとめたものである。生活機能改善の効果が実証されている。

(群馬県地域リハビリデーション支援センター)

図4　動機付け支援と立ち上げ支援

①動機付け支援
- 10の筋トレ体験講座(毎月)
- 出前講座，説明会
- 広報，報道

「週1回実施する意志」と「メンバー・会場」が決まったら…

初級1，2，3回目
- リハ職による初級筋トレ指導
- リーダーや役割分担を決める

→ メンバーのみで筋トレ →

中級移行時
- リハ職による筋トレ指導

→ メンバーのみで筋トレ →

上級移行時
- リハ職による筋トレ指導

→ メンバーのみで筋トレ →

自主活動継続

②立ち上げ支援：グループへのリハ職派遣，CD・DVD・重りの貸し出し

リハ職は4チーム地区担当制

かがわからない」と言われることもあり，住民へ伝えることの難しさを痛感した。これらの言葉は私達を奮い立たせ，「都市部における事業モデルを確立しよう！」は皆の合言葉となり，2020年度末までに60グループを目標としている。

■病院から地域へ

筆者は回復期リハ病院に勤務し，退院患者の多くは地域に帰っていく。病院・施設は，地域と一体となって成り立つ事業であるが，そのために何をしたらよいのかは院内にだけいてもわからなかった。地域包括ケアシステムの構築へ向けて連携の重要性が盛んに叫ばれるなか，リハ職が地域でその専門性を発揮する機会が多くあることや，期待されていることを地域で経験した。行政職員や関係団体，住民とのコミュニケーションを密にするためにさまざまな会合に足を運んだ。そして，その経験が日常の業務にも多く還元されるのだということに気付き，地域を元気にすることに携われていることがうれしかった。若いうちは技術的なことや，目の前の患者のことばかりを考えがちになるが，広い視野で地域に目を向けるということも大切であり，楽しいことなのだということをお伝えしたい。

図5 継続支援（地区合同筋トレ，合同大会など）

図6 密なコミュニケーションが地域理学療法には欠かせない

（板橋区職員によるイラスト）

【引用文献】
1) 浅川康吉：地域リハビリテーション白書3（澤村誠志 監），三輪書店，p161-164, 2013.
2) 板橋区ホームページ：平成29年度 板橋区高齢者等地域リハビリテーション支援事業報告書（http://www.city.itabashi.tokyo.jp/c_kurashi/000/attached/attach_2_3.pdf）
3) 群馬県藤岡市：住民主導型介護予防事業筋力トレーニング教室「鬼石モデル」10年の歩み．

地域貢献活動

■一般介護予防事業および健康増進事業における地域貢献活動の取り組み例

要介護となる要因の上位を占める運動器の障害（ロコモティブシンドローム）や認知症（および軽度認知障害）に対する予防的な取り組み（一般介護予防事業）を紹介する。さらに生活習慣病やメタボリックシンドロームに対する健康増進事業の取り組み事例を紹介する。

われわれ理学療法士がかかわることが考えられる地域貢献活動には，主に介護保険法で定められる介護予防事業や健康増進法で定められる健康増進事業がある。

現在，筆者がかかわっている地域貢献活動について例を挙げて，以下に紹介する。

ロコモコール講習会（ロコモ予防）

われわれは埼玉県某町において，町の福祉課ならびに地域の拠点病院とともに一般介護予防事業として「ロコモコール講習会」を実施している。本事業は3カ月間のホームプログラムを実施するなかで身体・運動機能の向上ならびに運動習慣を獲得し，ロコモティブシンドローム（ロコモ）の予防や介護予防を図ることを目的としている。

年に3クールの実施で年間100名以上の住民に対して介入している。講習会として教室を開催するのは初回と最終の2回のみであり，基本的に事業参加者には自宅でのホームプログラム（ロコモーショントレーニング（ロコトレ），**図1**）を実施してもらう。初回の講習会ではロコモ度テストを含む運動機能測定のほかに，ロコモの概要の説明や測定結果のフィードバックならびにロコトレやウォーキングを指導する。期間中は週1回から2週に1回の頻度で励ましの電話を行うとともに，トレーニングカレンダーを配布し，運動習慣の定着を支援している。3カ月後の最終回では体力測定ならびに修了式を行う。

2016年度における本事業の結果では，105名が参加し，93名が3カ月間継続した（88.6％）。このうち週2回以上のウォーキング習慣にて初回51.7％の実施率から79.2％の実施率に向上した。さらに修了後6カ月においても56.3％の人がウォーキングを週2回以上実施し，ロコトレは69.0％の人が継続していた[1]。

図1 筆者らが指導しているロコモーショントレーニング（ロコトレ）

a　スクワット
・5～6秒かけて殿部を後方におろす
・その後5～6秒かけて立位に戻る
・1セット6回，1日3セット推奨

b　片足立ち
・安定した支持物を（指1本程度で）軽く支え，左右各1分間の片足立ちを行う
・1セット左右1分ずつ，1日3セット推奨

c　ヒールレイズ
・安定した支持物を軽く支えながらまっすぐにつま先立ちを行う
・1セット20回，1日3セット推奨

用語解説　ロコモティブシンドローム（ロコモ）　運動器（骨，関節，筋肉，神経）の障害により移動能力の低下をきたした状態をいう。進行すると介護が必要なリスクが高くなる。移動機能の低下が始まっている状態を指すロコモ度1と，移動機能の低下が進行している状態のロコモ度2の判定が存在し，いずれもロコモ度テストを用いて臨床的判断を行う。

脳いきいき教室（認知症・軽度認知障害（MCI）予防）

　この事業は市の介護予防担当が地域包括支援センターに委託した介護予防普及啓発事業であり，筆者は地域包括支援センターから講師依頼を受けて活動している．本事業は市内の各公民館にて，認知症予防における基礎知識，栄養講座，口腔講座，運動講座，音楽療法，認知機能測定と，各月でテーマを変更して毎月1回の講座を実施している．筆者はこのうち運動講座と認知機能測定の講座を担当している．

　認知機能測定の講座では，認知機能と運動機能の測定とともに**基本チェックリスト**の聴取も行っている．認知機能の測定ではMCIのスクリーニングを行い，運動機能の測定ではロコモのスクリーニングを行っている．

　近年，MCIやロコモは独立した関連性があることが報告されており[2]，運動器の衰えは認知

補足

ロコモ度テスト
　以下のa〜cのテストで1つでも当てはまった場合にロコモとなる．
a．立ち上がりテスト（**図2**）
・40cm，30cm，20cm，10cmの台を用いて，片脚または両脚にて，立ち上がり可能な低さの台を測る．

〈判定基準〉

ロコモ度1	左右どちらかでも40cm台から片脚で立てない．
ロコモ度2	両脚で20cm台から立てない．

b．2ステップテスト（**図3**）
・大股2歩の歩幅を測定する．2回測定した最大値を採用する．
　2ステップ値＝2歩幅（cm）÷身長（cm）

〈判定基準〉

ロコモ度1	2ステップ値が1.3未満
ロコモ度2	2ステップ値が1.1未満

c．ロコモ25
・直近1カ月間の身体の痛みや日常の困難感などを問う質問票．0〜100点で点数が低いほど良好．

〈判定基準〉

ロコモ度1	合計点7点以上
ロコモ度2	合計点16点以上

図2　立ち上がりテスト

例）片脚40cm立ち上がり
・両腕を胸の前で組む
・足底と下腿が作る角度は70°
・挙げている脚は膝を軽く曲げる
・立ち上がったら，片脚立ちで3秒キープ

図3　2ステップテスト

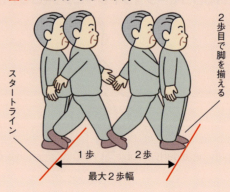

用語解説　基本チェックリスト　「日常生活関連動作」，「運動器の機能」，「低栄養状態」，「口腔機能」，「閉じこもり」，「認知症」，「うつ」の全25問2件法の質問項目から構成された質問紙（「住民支援」（p.169，**表2**）を参照）．介護予防・日常生活支援総合事業（総合事業）において，事業対象者を把握するための評価ツールとして用いられている．

＊MCI：mild cognitive impairment

機能の衰えに影響すると考える。筆者はこの両者をスクリーニングし，ハイリスク者に対しては地域包括支援センターに引き継ぎ，介護予防につなげるよう依頼している。また非該当者に対しては，普及啓発を行い自己認識の向上ならびに知識の伝達を行い，自助的な予防活動を促している。運動講座では，住民が自主的に個人で，あるいはグループ活動のなかで実施できることを目的として，ロコモの予防に有用となるロコトレの紹介ならびに，MCIの予防に有用な二重課題トレーニングの紹介を行っている。

これまで年間に述べ約180名の参加があり，現在までに述べ400名以上に対しての普及啓発を行っている。そのうち30～40％がロコモに該当し，20～30％にMCIが疑われた。またロコモ該当者の約40％はMCI疑いに該当し，ロコモ度1の状態から有意に高い該当率を示した。この対象者のうち2016年度に2回の測定会に継続して参加した67名の結果では，運動機能や認知機能の有意な向上のほか，17名のMCIが疑われる者のうち9名が健常な認知機能に改善を認めた。

生き生き健康ウォーキング（メタボ予防）

この事業は，市の保健センターが主体で行う健康増進事業の1つである。介護予防事業が65歳以上の高齢者を対象とする事業に対して，本事業は成人（特に中高年者）を対象としている。

また，健康増進事業は主として生活習慣病ならびにメタボリックシンドローム（メタボ）をターゲットにして，予防のための身体活動量の増加や栄養改善の指導を行っている。

生き生き健康ウォーキングは，参加者に対して運動の指導とともに活動量計を渡し，6ヵ月の期間を設け，身体活動量の増加や教室参加によりポイントを付与して運動の習慣化や，健康増進を図るものである。筆者らは，事業前後の参加者の体組成ならびに運動機能測定の実施とともに，その解析を担い，事業の効果検証の協力を行っている。

本事業の開始年度当時，**ウォーキングの実施のみを促していたが，主要アウトカムの有意な改善には至らなかった**。この結果を受け，現在では希望者に対する体操教室の実施や，栄養改善および運動指導の講座を設けている。2017年度は114名が参加し，98名が6ヵ月後の測定にも参加した（継続率86.0％）。1日の平均歩数は全体平均約7,000歩から9,000歩に向上し，腹囲の減少とともにメタボ該当者も減少する傾向にあった（メタボ該当率：28.6％→23.7％）。その他，運動機能の向上やGOTやHDLコレステロールなどの改善も認めた。さらに事業開始前後の医療保険料（1ヵ月平均）の比較では約30％の減少がみられた。

【引用文献】

1) 新井智之，ほか：自治体介護予防事業としてのロコモコールプログラムの運動機能改善効果と6カ月後の検証．日本骨粗鬆症学会雑誌，4(4)，2018．
2) Maruya K, et al.：Identifying elderly people at risk for cognitive decline by using the 2-step test. J Phys Ther Sci, 30(1)：145-149, 2018.
3) Shimada H, et al.：Conversion and reversion rates in Japanese older people with mild cognitive impairment. J Am Med Dir Assoc, 18(9)：808.e1-808.e6, 2017

軽度認知障害（MCI） 認知症ではないが，主観的・客観的な認知機能低下が生じている状態を指す。認知症の前駆段階と考えられており，将来的な認知症発症のリスクとなる。MCIは，記憶力低下が主体となる健忘タイプと記憶以外の認知機能低下の著明な非健忘タイプがある。さらにそれぞれの病態にて単独あるいは複数の認知機能低下が合わさった状態に分けられる。認知症は健常者よりも認知症になりやすいが，一方で健常な認知機能へと改善されることも報告されている[3]。

＊GOT：glutamic oxaloacetic transaminase　　＊HDL：high-density lipoprotein

索引

あ
アクティブセーフティ……277
アセスメント……235
　──シート……236
遊び……110
アテトーゼ型脳性麻痺……12
アプローチ……270
　──の理論……195
安全確保……277
安全欲求……177

い
易刺激性……40
移乗動作……217
委託事業……258
一般介護予防事業……250, 262
移動支援……215
医療介護連携……64, 78
医療計画……250
医療圏……250
医療ソーシャルワーカー……77
医療的ケア……13
医療ニーズ……9
医療保険……102
　──制度……81
医療連携……76

う
ウエアラブルデバイス……275
運動失語……16
運動発達……12

え・お
エコマップ……246
エンパワーメント……10, 106, 270
　──相乗モデル……271
大島分類……13

か
介護医療院……156
介護給付……89
介護サービス……86
介護者……5
　──支援……246
介護保険……84, 85
　──事業計画……255
　──法……3, 259
介護予防……64, 167
　──ケアプラン……140, 149
　──支援……88
　──事業支援……292
　──サービス計画書……140, 149
介護療養型医療施設……156
介護老人保健施設……127, 156
外出支援……227
階層型チーム……73
改訂PGCモラール・スケール……191
回復期リハ病棟……83
下肢装具……36
家族……5
片麻痺……284, 288
学校保健師……68
活動……101, 139, 182
通いの場……210
ガワーズ徴候……15
感覚失語……16
環境因子……139, 182
関節可動域運動……149
カンファレンス……74

き
起居移動動作能力……157, 163
起業……263
機能……139
　──訓練事業……3
　──低下予防策……163
基本構想……255
基本情報シート……236
教科学習……202
行政……250
　──保健師……67
協調性検査法……23
興味・関心チェックシート……240

索引

業務委託	258
極低床ベッド	37
虚弱高齢者	58
居宅介護サービス	88
居宅介護支援	88
居宅サービス計画書	140, 149, 238
居宅訪問指導	147
居宅要介護者	146
起立動作	217
筋萎縮性側索硬化症	22

く

クリティカルパス	82
車椅子動作	36
訓練等給付	89

け

ケアプラン	140, 149, 238
ケアマネジメント	234
ケアマネジャー	108, 140, 149, 234
痙直型脳性麻痺	12
軽度認知障害	31
決裁権	253
圏域	2
健康指標	270
健康寿命	55
健康水準	270
健康増進事業	262
健康保険	81
顕在ニーズ	178
健常高齢者	57

こ

コアコンピタンス	264
更衣	226
──動作	36
合議型チーム	73
後期高齢者医療制度	81
校区	2
高次脳機能障害	16
公衆衛生	269
交通バリアフリー法	230
行動・心理症状	31
行動変容	195
高齢者	25
ゴールドプラン	85
国際生活機能分類	182
国民皆保険制度	81
国民健康保険	81
個人因子	139, 182
コミュニケーション能力	257
コミュニティ・エンパワーメント	271

さ

サービス担当者会議	91, 147
災害対応	171
再入院	162
サクセスフルエイジング	55
サルコペニア	28
参加	101, 139, 182
産業保健師	68
産業理学療法	179

し

シームレスリハビリテーション	79
自営	263
持久性運動	149
自己効力感	196
自己実現欲求	177
視神経脊髄炎	19
ジスキネジア	12
姿勢反射	12
施設	76
──間連携	64, 76
──サービス	88
事前協議	264
事前相談	264
自治事務	254
市町村	251
──介護保険事業計画	250
──保健センター	67
疾患別リハビリテーション	83
指定管理者制度	258
指定特定相談支援事業者	91

指定都市	251
指定難病	18
自費診療	263
自閉症スペクトラム障害	39
社会参加	56, 202
社会資源	6, 268
社会生活	5
社会的欲求	177
社会福祉士	70
社会保険方式	81
就学支援	202
住環境整備	221
週間サービス計画表	239
重症心身障害	13, 37
住宅改修	133
集団介入	153
集団行動	202
終末期	158
住民支援	167
就労移行支援	205
就労意欲	179
就労継続支援A型	43
就労継続支援B型	43
就労支援	204
主治医意見書	236
障害支援区分	91
障害者スポーツ	207
障害者総合支援法	89, 102, 111
障害の進行予防	64
仕様書	258
小児	100
情報通信技術	274
職業準備性	17
食事	223
——動作	36
自立訓練	205
自立支援医療	89
自立支援給付	89
神経難病	19
新ゴールドプラン	85
人材育成	268
心身機能	182
身体構造	182
身体障害者手帳	43
診療報酬制度	81

す・せ

スポーツ支援	208
住み慣れた地域	2
生活一体型	7
生活機能	139
生活空間評価	120
生活訓練	205
生活者	5
生活ニーズ	9
生活の質	188
生活範囲	227
生活分離型	7
生活歩行速度	276
生産的な活動	56
清拭	225
成人期中途障害	15
精神障害者保健福祉手帳	43
整容	223
生理的欲求	177
脊髄小脳変性症	21
セルフ・エンパワーメント	270
セルフエフィカシー	196
セルフケア支援	223
セルフモニタリング	199
センサー	275
潜在ニーズ	178
潜在性二分脊椎	14
全人間的復権	272

そ

送迎業務	147
ソーシャルキャピタル	57
尊厳欲求	177

た

退院支援	161
退院前訪問	133
退所前カンファレンス	131

索引

退所前訪問……………………………………131
代替手段………………………………………16
多系統萎縮症…………………………………21
多職種連携……………………………………72
楽しさ-11……………………………………193
多発性硬化症…………………………………19
ダブルケア……………………………………68
多理論統合モデル……………………………196
短期入所サービス……………………………88

ち

地域完結型医療………………………………83
地域共生社会…………………………………232
地域ぐるみの体制づくり……………………64
地域ケア会議…………………………………261
地域貢献活動……………………………260, 297
地域サロン……………………………………229
地域資源…………………………………6, 229
地域生活支援事業……………………………89
地域福祉………………………………………70
地域包括ケアシステム………67, 92, 140, 164, 261
地域包括ケア病棟……………………………83
地域包括支援センター………………………67
地域保健法……………………………………252
地域密着型介護サービス……………………88
地域密着型介護予防サービス………………88
地域リハビリテーション活動支援事業……4, 65, 294
地域連携クリティカルパス…………………83
チームアプローチ……………………………159
地方分権一括法………………………………254
注意欠陥・多動性障害………………………39
中核市…………………………………………251
超・準超重症児判定基準……………………14
直角型老化……………………………………54

つ

通所サービス…………………………………88
通所リハビリテーション事業所……………146
通達……………………………………………255

て

抵抗症…………………………………………158

デイサービス…………………………………108
デュシェンヌ型筋ジストロフィー………14, 39
テレエクササイズ……………………………277
転倒……………………………………………30
　──恐怖感の尺度…………………………198
　──予防……………………………………213

と

トイレ動作……………………………………226
統一多系統萎縮症評価尺度…………………48
動機付け………………………………………195
統合と解釈……………………………………140
登攀性起立……………………………………15
特定疾病………………………………………123
閉じこもり予防………………………………212
都道府県介護保険事業支援計画……………255

な・に

難病……………………………………………18
日常生活活動…………………………………182
二分脊椎…………………………………14, 38
入札……………………………………………258
入浴……………………………………………225
認知症……………………………………30, 158
　──予防……………………………………213

の・は

脳性麻痺…………………………………12, 36, 280
嚢胞性二分脊椎………………………………14
パーキンソン病………………………………19
　──統一スケール…………………………46
パーソナルニーズ……………………………176
ハートビル法…………………………………230
廃用症候群………………………………33, 59, 157
バスマット……………………………………37
パッシブセーフティ…………………………277
発達障害…………………………………15, 39
発達性協調運動障害…………………………39
バリアフリー法………………………………230
半側空間無視…………………………………16

303

ひ・ふ

ピア・エンパワーメント	270
復学支援	202
福祉	69
──用具	133
復興支援	171
フリーアクセス	81
フレイル	26
──予防	213
プロアクティブセーフティ	277
プロダクティブな活動	56
プロポーザル	258

へ・ほ

ヘルスプロモーション	57, 66, 267
ヘルスリテラシー	277
包括医療費支払い制度	81
法定受託事務	254
訪問サービス	88
訪問指導	126
法令	251
ホーエン・ヤールの重症度分類	46
ホームエクササイズ	277
保健医療圏域	2
保健師	66
保健所	67, 252
保健人材	268
保健センター	252
歩行	217
──器	37
──補助具	219
補装具	89

ま・め

マズローの欲求5段階説	6, 177
マネジメント	9
名称独占	66
メガリージョン	275
メンバーシップ	74

も

目標設定	140
モニタリング	240, 275
物のインターネット化	275

や・ゆ・よ

役職	253
役割開放型チーム	73
床埋め込み式便器	37
要介護高齢者	59
予算編成	253

ら・り・れ

ライフコース	54
ライフサイクル	101
リーダーシップ	74
理学療法士及び作業療法士法	2
理学療法プログラム	140
リスク管理	19
リハビリテーション	
──会議	126
──会議録	154
──計画書	154, 240
──実施計画書	159
──・マインド	271
──マネジメント	124, 159, 240
レスパイト・ケア	44

ろ・わ

老研式活動能力指標	186
老人デイサービスセンター	146
老人保健施設	3
老人保健法	3, 85
老年症候群	25, 59
私らしい暮らし	5

索引

A
ABCDE・・・・・・142
activities of daily living(ADL)・・・・・・182
amyotrophic lateral sclerosis(ALS)・・・・・・22, 45, 50
attention-deficit／hyperactivity disorder(AD/HD)・・・・・・15, 39
autism spectrum disorder(ASD)・・・・・・15, 39

B
balanced forearm orthosis(BFO)・・・・・・47
Barthel index(BI)・・・・・・45, 120, 185
basic activities of daily living(BADL)・・・・・・54
behavioral and psycological symptoms of dementia(BPSD)・・・・・・161

C・D
community based rehabilitation(CBR)・・・・・・10, 107
deep brain stimulation(DBS)・・・・・・21
developmental coordination disorder(DCD)・・・・・・15, 39
diagnosis procedure combination(DPC)・・・・・・81
disease(doctor) oriented system(DOS)・・・・・・73

E・F
elderly status assessment set(E-SAS)・・・・・・170
evidence-based medicine(EBM)・・・・・・83
functional independence measure(FIM)・・・・・・45, 120

G・H
general movements(GMs)・・・・・・114
Gowers徴候・・・・・・15
Hoehn & Yahrの重症度分類・・・・・・46

I
ICT・・・・・・274
　──リテラシー・・・・・・277
instrumental ADL(IADL)・・・・・・58, 120, 183
　──評価・・・・・・158

international classification of functioning, disability and health(ICF)・・・・・・182, 188

L・M
life satisfaction index K(LSIK)・・・・・・192
life space assessment(LSA)・・・・・・120
medical social worker(MSW)・・・・・・77
modified Norris scale・・・・・・50
multiple sclerosis(MS)・・・・・・19
multiple system atrophy(MSA)・・・・・・21, 48

N・P
neonatal intensive care unit(NICU)・・・・・・113
neuromyelitis optica spectrum disorders(NMOSD)・・・・・・19
Parkinson's disease(PD)・・・・・・19, 45, 46
portable spring balancer(PSB)・・・・・・47
problem(patient) oriented system(POS)・・・73

Q・S
quality of life(QOL)・・・・・・188
sickness impact profile(SIP)・・・・・・191
SMART・・・・・・142
specific cleaning disorder(SLD)・・・・・・15
spinocerebellar degeneration(SCD)・・・・・・21, 45

T・U
timed Up & Go test(TUG)・・・・・・120
transcranial magnetic stimvlation(TMS)・・・22
transtheoretical model(TTM)・・・・・・195
unified Parkinson's disease rating scale(UPDRS)・・・・・・46

数字
6分間歩行距離(6MWD)・・・・・・120
30秒椅子立ち上がりテスト(CS-30)・・・・・・120

Crosslink 理学療法学テキスト
地域理学療法学

2019年3月30日　第1版第1刷発行

■編　集　浅川康吉　あさかわ　やすよし

■発行者　三澤　岳

■発行所　株式会社メジカルビュー社
〒162-0845 東京都新宿区市谷本村町2-30
電話　03(5228)2050(代表)
ホームページ　http://www.medicalview.co.jp/

営業部　FAX　03(5228)2059
　　　　E-mail　eigyo@medicalview.co.jp

編集部　FAX　03(5228)2062
　　　　E-mail　ed@medicalview.co.jp

■印刷所　シナノ印刷株式会社

ISBN 978-4-7583-2010-8　C3347

©MEDICAL VIEW, 2019. Printed in Japan

- 本書に掲載された著作物の複写・複製・転載・翻訳・データベースへの取り込みおよび送信（送信可能化権を含む）・上映・譲渡に関する許諾権は，（株）メジカルビュー社が保有しています．
- JCOPY〈出版者著作権管理機構 委託出版物〉
  本書の無断複製は著作権法上での例外を除き禁じられています．複製される場合は，そのつど事前に，出版者著作権管理機構（電話 03-5244-5088，FAX 03-5244-5089，e-mail：info@jcopy.or.jp）の許諾を得てください．
- 本書をコピー，スキャン，デジタルデータ化するなどの複製を無許諾で行う行為は，著作権法上での限られた例外（「私的使用のための複製」など）を除き禁じられています．大学，病院，企業などにおいて，研究活動，診察を含み業務上使用する目的で上記の行為を行うことは私的使用には該当せず違法です．また私的使用のためであっても，代行業者等の第三者に依頼して上記の行為を行うことは違法となります．

待望のオールカラー版！

改訂第2版 運動療法のための 機能解剖学的 触診技術

監修　青木 隆明
岐阜大学医学部附属病院整形外科・リハビリテーション部

執筆　林　典雄
運動器機能解剖学研究所 代表

**超音波解剖等の最新の知見を反映し，ボリューム大幅増！
フルカラーの写真とイラストで，より見やすく・わかりやすくなった，触診技術の決定版！**

- 「触診の基本」の章では，肢位から運動の面・軸・方向，姿勢の表し方，指のあて方まで，触診や運動療法を行ううえで必要な基本的知識を解説
- 各部位ごとに，順を追って触診技術をマスターできるよう構成
  - 触診に必要な知識（解剖学的特徴・機能の特徴・臨床への接点・関連する疾患）を箇条書きで冒頭にまとめて掲載
  - 触診に必要な解剖学的知識と，その知識に基づく触診技術をイラスト・写真を多用して詳しく解説
- コラム「Skill Up」・・・徒手検査や疾患の知識など，臨床にも役立つ知識を適宜掲載

上肢
Ⅰ　触診の基本
Ⅱ　上肢の骨
Ⅲ　上肢の靱帯
Ⅳ　上肢の筋

定価（本体5,700円＋税）
B5判・368頁・オールカラー
写真660点，イラスト450点
ISBN978-4-7583-1136-6 C3347

下肢・体幹
Ⅰ　下肢の骨
Ⅱ　下肢の靱帯
Ⅲ　下肢の筋
Ⅳ　体幹―胸郭・脊柱関連組織

定価（本体5,700円＋税）
B5判・344頁・オールカラー
写真640点，イラスト360点
ISBN978-4-7583-1137-3 C3347

※ご注文，お問い合わせは最寄りの医書取扱店または直接弊社営業部まで。

メジカルビュー社　〒162-0845 東京都新宿区市谷本村町2番30号 TEL.03(5228)2050　FAX.03(5228)2059
http://www.medicalview.co.jp　　E-mail（営業部）eigyo@medicalview.co.jp

運動療法に必要な機能解剖学の知識と治療に必要な技術を
症例を通して解説──オールカラー改訂第2版！

改訂第2版 関節機能解剖学に基づく
整形外科運動療法ナビゲーション

編集 整形外科リハビリテーション学会
[編集委員] 林　典雄　運動器機能解剖学研究所 代表
　　　　　浅野昭裕　中部学院大学 看護リハビリテーション学部 理学療法学科 教授

整形外科疾患に対する運動療法は，各手術に応じて適切に，また疾患の種類・病期に応じた適切な運動療法の選択が，良好な結果を生む。診断名が同じでも，バリエーションが非常に多く，その対応には多くの知識と豊富な経験が必要である。「症例から学ぶ」ことは最も基本的なスタイルであり，症例を通して何を学ぶかが，臨床家としての成長に必要である。本書では，治療に必要な整形外科的知識，関節機能解剖学の臨床への応用，具体的な運動療法の技術と留意点について，症例を通して解説する。

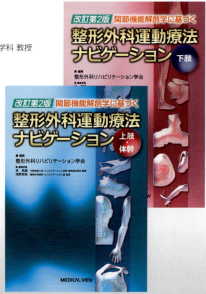

上肢・体幹

主な内容

肩関節　上腕骨骨幹部骨折に対する運動療法／肩鎖関節脱臼に対する修復術後の運動療法／非定型乳房切除術後の運動療法　ほか

肘関節　肘頭骨折に対する骨接合術後の運動療法／筋皮神経障害に対する運動療法／内側型投球障害肘に対する運動療法　ほか

手関節・手　舟状骨骨折に対する術後運動療法／MP関節伸展拘縮に対する運動療法／PIP関節屈曲拘縮に対する運動療法　ほか

体幹　腰部変性後彎症に対する運動療法／頸椎神経根症に対する運動療法／外傷性頸部症候群に合併する頭痛に対する運動療法　ほか

定価（本体6,800円＋税）　ISBN 978-4-7583-1478-7 C3347
B5判・416頁・オールカラー

下肢

主な内容

股関節　変形性股関節症に対する寛骨臼回転骨切り術後の運動療法／股関節可動域制限が原因となる術後跛行に対する運動療法／鼠径管で生じた大腿神経障害に対する運動療法　ほか

膝関節　膝蓋上包に起因する膝関節拘縮に対する運動療法／TKA術後に生じた膝窩筋痛に対する運動療法／後十字靱帯付着部裂離骨折に対する運動療法／半月板縫合術後の運動療法　ほか

足関節・足　下腿骨折後の外旋変形により生じた足部内側痛に対する運動療法／足根管症候群に対する運動療法／距骨骨折に対する術後運動療法／前脛骨筋症候群に対する運動療法　ほか

定価（本体6,800円＋税）　ISBN 978-4-7583-1479-4 C3347
B5判・408頁・オールカラー

メジカルビュー社　〒162-0845 東京都新宿区市谷本村町2番30号　TEL.03(5228)2050　FAX.03(5228)2059
URL http://www.medicalview.co.jp　E-mail(営業部) eigyo@medicalview.co.jp

※お申し込み，お問い合わせは最寄りの医書取扱店または直接弊社営業部まで。

理学療法マネジメントシリーズ

機能障害の原因を探るための臨床思考を紐解く！

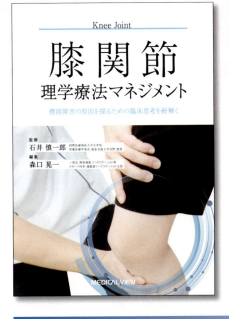

シリーズの特徴

- 理学療法評価とその結果の解釈，そして理学療法プログラムの立案に至る意思決定のプロセスを詳細に解説。

- 多くのエビデンスを提示し，経験則だけではなく科学的根拠に基づいた客観的な記載を重視した内容。

- 各関節で代表的な機能障害を取り上げるとともに，ケーススタディも併せて掲載し，臨床実践するうえでのポイントや判断，実際の理学療法について解説。

- 機能障害を的確に見つめ理解することで，限られた期間でも効果的で計画的なリハビリテーションを実施する「理学療法マネジメント能力」を身に付けられる内容となっている。

■シリーズ構成

■ 肩関節理学療法マネジメント

■ 股関節理学療法マネジメント
- 編集：永井 聡，対馬栄輝
- B5判・368頁・定価（本体5,600円＋税）

■ 膝関節理学療法マネジメント
- 監修：石井慎一郎　● 編集：森口晃一
- B5判・336頁・定価（本体5,500円＋税）

■ 足部・足関節理学療法マネジメント
- 監修：片寄正樹　● 編集：小林 匠，三木貴弘
- B5判・264頁・定価（本体5,400円＋税）

■ 脊柱理学療法マネジメント
- 編集：成田崇矢
- B5判・356頁・定価（本体5,600円＋税）

〒162-0845 東京都新宿区市谷本村町2番30号
TEL.03(5228)2050　FAX.03(5228)2059
E-mail（営業部）eigyo@medicalview.co.jp
http://www.medicalview.co.jp

※ご注文，お問い合わせは最寄りの医書取扱店または直接弊社営業部まで。

スマートフォンで書籍の内容紹介や目次がご覧いただけます。

Crosslink [クロスリンク] 理学療法学テキスト

基礎科目の知識と **結びつけながら** 専門科目を学習し
臨床に必要な知識を **リンク** させて理解を深め
臨床現場へと **橋渡し** する
広く長く活用できる新しいテキスト

刊行開始!!

理学療法学専門科目に対応し,国家試験合格を最終目標とするだけではなく,臨床実習またはその先の臨床の場でも活用できる内容で,広く長く使えるテキストシリーズです。

- 単なる丸暗記するための知識ではなく,なぜその評価法・治療法を選ぶのか,もしくは選んではいけないのか(禁忌)など根拠を示しながら,臨床につなげられるよう具体的に解説。

● さまざまな角度からの情報を盛り込んだ囲み記事が充実!
本文の内容とリンクさせて学ぶことができ,深く正しい理解につなげます。

● オールカラーで,視覚的にも理解しやすい紙面構成。
文字だけの解説ではなく,対応したイラストや写真・図表を豊富に掲載。

● 巻末付録として「症例集」をまとめて掲載。臨床実習の際に活用できます。

▌各巻B5判・オールカラー・200~400頁・定価4,000円~5,000円程度

シリーズの構成

理学療法評価学
編集 中山 恭秀 東京慈恵会医科大学附属病院 リハビリテーション科技師長

骨関節障害理学療法学
編集 加藤 浩 九州看護福祉大学大学院看護福祉学研究科 健康支援科学専攻教授

神経障害理学療法学 I　**発売中**
脳血管障害,頭部外傷,脊髄損傷
編集 鈴木 俊明 関西医療大学大学院保健医療学研究科教授
　　 中山 恭秀 東京慈恵会医科大学附属病院リハビリテーション科技師長
▌定価(本体4,000円+税) 280頁・写真100点,イラスト200点 ISBN978-4-7583-2002-3

神経障害理学療法学 II 神経筋障害　**発売中**
編集 中山 恭秀 東京慈恵会医科大学附属病院 リハビリテーション科技師長
　　 鈴木 俊明 関西医療大学大学院保健医療学研究科教授
▌定価(本体4,000円+税) 220頁・写真100点,イラスト150点 ISBN978-4-7583-2003-0

内部障害理学療法学
編集 解良 武士 高崎健康福祉大学保健医療学部理学療法学科教授
　　 椿 淳裕 新潟医療福祉大学リハビリテーション学部理学療法学科教授
▌定価(本体4,800円+税) 352頁・写真100点,イラスト200点 ISBN978-4-7583-2004-7

運動療法学
編集 対馬 栄輝 弘前大学大学院保健学研究科 総合リハビリテーション科学領域准教授

物理療法学
編集 吉田 英樹 弘前大学大学院保健学研究科 総合リハビリテーション科学領域准教授

小児理学療法学

高齢者理学療法学
編集 池添 冬芽 京都大学大学院医学研究科 人間健康科学系専攻理学療法学講座准教授

日常生活活動学
編集 臼田 滋 群馬大学医学部保健学科理学療法学専攻教授

地域理学療法学
編集 浅川 康吉 首都大学東京健康福祉学部理学療法学科教授
▌定価(本体4,500円+税) 320頁・写真100点,イラスト100点 ISBN978-4-7583-2010-8